KB260355

新 시스템엔지니어링 입문

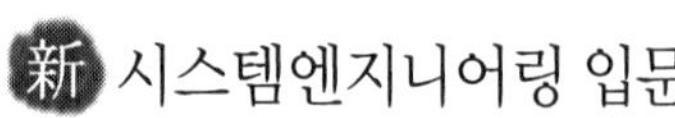 新 시스템엔지니어링 입문

2007년 12월 20일 초판 1쇄 발행
2017년 2월 20일 초판 3쇄 발행

저 자 | 미 국방획득대학교
편 역 | 권용수
펴낸이 | 김영호
펴낸곳 | 아이워크북
디자인 | 아이워크북 편집기획실
등 록 | 313-2004-00186
주 소 | 서울시 마포구 망원동 472-11
전 화 | (02)335-2630
팩 스 | (02)335-2640

값 20,000원
ISBN 978-89-91581-21-0   93550

※ 본 저서는 국방대학교 교수부 2007년도 연구사업의 지원을 받아 출간하였습니다.

新 시스템엔지니어링 입문

권 용 수 편역

시스템엔지니어링은 성공적인 시스템을 구현하는 다분야 학문적 접근방법과 수단이다. 이러한 시스템엔지니어링은 사용자의 요구를 충족시키는 시스템을 개발하는 기술 활동뿐만 아니라 비즈니스를 수행하는 방법이며 사고의 방법이다.

이 책의 원서(원명: Systems Engineering Fundamentals)를 대학에서 강의 교재로 사용하면서 시스템엔지니어링에 대한 내용을 쉽게 이해할 수 있도록 간략하면서도 모든 내용을 전반적으로 다루고 있다고 생각 했다. (저자는 2002년 이 책을 "시스템엔지니어링 입문"이라는 제목으로 출판한 바 있다.)

그러나 급격한 과학기술의 발달에 따라 시스템 기능은 다기능 복잡계로 발전하게 되었을 뿐 아니라, 이제는 복합시스템(SoS: System of Systems) 관점에서 개발 대상을 생각하지 않으면 사용자의 요구를 충족하는 시스템 개발을 할 수 없다는 현실에 직면하게 되었다. 이와 더불어 시스템엔지니어링 프로세스 표준에도 많은 변화가 있었다. 국제시스템엔지니어링협회(INCOSE)에서 발행되는 시스템엔지니어링 핸드북의 기본 프로세스도 2000년 이전의 EIA/IS 632 기반으로부터 EIA 632로, 그리고 2006년에는 ISO 15288로 다시 바뀌어 새로운 핸드북이 발행되었다. 이러한 급격한 변화에 따라 책의 내용을 대폭적으로 보완할 필요성을 느껴 오던 중 그동안 강의를 통해 모아왔던 많은 자료를 독자 입장에서 재정리하여 추가하고 의미 전달이 미흡했던 부분들을 수정 보완하여 이 책을 출판하게 되었다.

새롭게 보완하여 출판하는 이 책은 시스템의 개발 및 수명주기와 관련된 엔지니어링 관리 분야의 기본적이면서도 개념적인 수준의 지식을 제공한다. 또한 엔지니어가 아닌 일반인에게는 시스템의 개발관리에 대한 좋은 개관이 되며, 엔지니어나 사업관리자에게는 시스템 개발계획 및 평가에 대한 기본적 틀을 제공한다.

이 책은 서론, 시스템엔지니어링 프로세스, 시스템 분석 및 통제, 그리고 계획 · 조직 · 계약 및 테일러링의 네 부분으로 구성되어 있다.

제1부는 시스템부터 시스템엔지니어링 프로세스에 대한 기본 개념을 소개하고 그 개념을 시스템 획득과정에 적용하는 방법을 제시한다.

제2부는 시스템엔지니어링 프로세스에 의한 문제 해결 과정을 소개하고, 기본 용어와 전형적인 기법을 다룬다. 시스템엔지니어링 프로세스의 요구사항분석, 기능분석 및 할당, 설계조합 그리고 검증절차가 자세히 설명된다. 마지막은 시스템엔지니어링 프로세스 최종 산출물을 다루고 있다.

제3부는 시스템엔지니어링 프로세스 균형적 관리에 필요한 각종 분석 및 통제 도구에 대해 설명한다. 시스템엔지니어링 프로세스를 지원하고 운용하는데 필요한 형상관리, 기술검토 및 감사, 절충연구, 모델 및 시뮬레이션, 측정기준 그리고 위험관리 등과 같은 주요 활동에 대해 다루고 있다.

제4부는 계획부터 계약 쟁점까지 시스템엔지니어링 활동을 수행하기 위한 문제 통합을 설명하고, 마지막으로 프로세스 테일러링에 대해 다룬다.

한편, 각 장의 부록은 일반 기법이나 정책에서 도출된 프로세스를 보여주는 관련 데이터이다. 이것은 실제 획득 환경에서 시스템엔지니어링의 의미를 분명히 이해할 수 있도록 하는데 도움이 될 것이다.

끝으로 이 책이 시스템엔지니어링에 관심 있는 많은 독자들에게 적게나마 도움이 되었으면 하는 바람이다. 출판을 하는데 있어 국방대학교 무기체계전공 SE & GWS 연구실 대학원생들, 특히 자료를 정리하는 과정에서 많은 도움을 주었던 박종규 연구원 그리고 출판에 적극 협조해 주신 국방대학교 교수부와 아이워크북 김영호 사장께 깊은 감사를 표한다.

2007년 12월

국방대학교 SE & GWS 연구실에서 권 용 수

목 차

제1부

서론

제1장 | 시스템엔지니어링 개론
제2장 | 국방획득과정에서의 시스템엔지니어링 관리

시스템엔지니어링 개론

1.1 목적

이 책의 전반적인 구성은 머리말에 기술되어 있다. 여기서 설명되는 기본적인 내용은 시스템엔지니어링의 개념 이해에 대한 첫걸음이 된다.

1.2 시스템

시스템이란?

시스템(system)은 간단히 말해 정의된 요구(needs)나 목적(objectives)을 충족시키기 위해 능력을 제공하는 사람(people), 제품(products) 그리고 프로세스(processes) 등과 같은 요소들의 결합체이다. 광의의 시스템은 정의된 목적을 이루기 위한 요소들의 결합체를 의미한다. 서로 상이한 엔지니어링 분야에 따라 시스템에 대한 정의는 서로 다르게 나타난다. 예를 들어, 소프트웨어엔지니어는 컴퓨터 프로그램의 결합체를 시스템으로 생각한다. 전기엔지니어는 통합된 복잡한 회로나 전기유닛의 결합체를 시스템으로 볼 것이다. 이러한 용어의 사용은 비록 이해하기에는 편리할지 모르나 시스템엔지니어가 보는 시스템정의(system definition)와는 다르다.

종종 어떠한 요소(elements)가 시스템이 되는지 혼돈되는 경우가 있다. 이는 전적으로 시스템의 목적(objective)이나 기능(function)을 어떻게 정의하느냐에 달려 있다. 예를 들어, 자료를 인쇄하는 것이 목적이라면 프린터가 시스템으로 정의될 것이다. 입력 자료를 처리하고 이 결과를 컴퓨터에 시연할 목적이라면 컴퓨터를 시스템이라고 정의해야 할 것이다. 더 나아가 국내 또는 국제적으로 동일한 데이터베이스를 활용할 목적이라면 컴퓨터네트워크가 시스템으로 정의되고 컴퓨터와 프린터는 하나의 요소로 분류된다. 비행기나 자동차, 그리고 주택 등은 어느 한 레벨에서 시스템으로 분류될 수 있으나, 다른 레벨에서는 단지 하나의 요소(element)나 하부시스템(subsystem)으로 구분된다. 이들은 운송시스템 또는 주거시스템의 중요한 요소로서 개발 대상의 최종제품(end product)이 된다. 뿐만 아니라 주어진 기능을 만족스럽게 수행하기 위해서는 연료, 전력, 인원, 정비 및 수리, 그리고 통신과 같은 다른 지원요소 즉, 지원제품 (enabling product)이 중요하게 다루어져야 한다. 즉 시스템은 정의된 목적을 이루기 위해 함께 작용하는 요소들의 결합체로, 하드웨어, 소프트웨어, 펌웨어, 인원, 정보, 기술, 설비, 서비스 및 기타 지원요소를 포함한다.

시스템(system)에 대한 어원은 조직화된 통일체(an organized whole)로 그리스어 "systema"에서 비롯된다. 그러나, 시스템에 대한 정의는 다음과 같이 시대적 환경에 따라 진화적으로 변화됨을 알 수 있다.

- 공통 목적(common purpose)을 위해 조직적인 방식으로 상호 작용하는 서로 관련이 있는 구성품들의 집합(NASA Systems Engineering Handbook, 1995)
- 기술된 요구나 목적을 충족시키기 위해 능력을 제공하는 사람, 제품 및 프로세스의 통합된 복합체 (Systems Engineering Fundamentals, DAU, 1999)
- 정의된 목적을 이루기 위해 상호 작용하는 요소들의 결합(INCOSE Systems Engineering Handbook Ver.2, 2000 .7)
- 하나 이상의 기술된 목적을 달성하기 위하여 상호 작용하는 구성요소들의 결합(INCOSE Systems Engineering Handbook Ver.3, 2006 .7)

그러나, 더 구체적으로 시스템 속성을 살펴보면 다음과 같다.

- 시스템은 목적(purpose)을 가지고 있어야 한다. 특정 요구에 부합할 수 있도록 기능적이어야 하며 전체적인 목적을 비용-효과적으로 달성할 수 있어야 한다. 따라서 주어진 목적을 달성하기 위해 상위시스템 계층에 영향을 주는 목표는 수정해도 좋다.
- 시스템은 반드시 정해진 기능과 절차에 따라 동작되어야 한다.
- 시스템은 필요한 기능을 수행하기 위하여 여러 개의 요소로 구성된다. 즉, 인력, 물자, 장비, 소프트웨어, 설비, 데이터 등 여러 가지 자원의 결합체로 이루어지며 모든 자원이 서로 효과적인 방법으로 구성되어야 한다.
- 시스템은 계층구조(hierarchy)형태로 이루어지며 계층구조 내의 시스템 요소는 상호 유기적인 협조 관계를 유지해야만 한다.

시스템계층구조(system hierarchy)

프로젝트를 수행 할 때 시스템엔지니어가 해야 할 첫 번째 일(jobs)은 전문약어 및 용어를 명확하게 정립하는 것이다. 그리고 명확한 의사소통과 시스템정의, 시스템기능, 요소, 운용 그리고 관련 프로세스를 분명하게 제시해야 한다. 일반적인 방법과 용어를 사용하여 시스템엔지니어링을 정의하고 이해하도록 하는 것은 매우 중요하다. 시스템엔지니어가 일상적인 용어를 많이 받아들이고 사용할수록 의사소통, 이해 그리고 궁극적인 생산성 면에서 큰 향상을 가져오게 될 것이다. 이러한 의미에서 다음과 같은 시스템 계층구조(system hierarchy)의 레벨을 정의 하는 것이 바람직하다. 이러한 시스템 계층구조(system hierarchy)를 일반적인 레벨관점에서 정의하면 다음과 같다.

- 시스템(system) : 하나 이상의 기술된 목적을 달성하기 위하여 상호 작용하는 구성요소들의 결합
- 요소(element)/부문(segment) : 시스템의 주요 제품, 서비스, 또는 설비(예: 항공 운송시스템의 비행기 부문)
- 하부시스템(subsystem) : 명확하게 분리된 기능을 수행하는 조립품(assembly)의 통합체. 예: 통신, 전자, 구조 또는 조종장치; 유사한 기술 분야 또는 별개의 공급품목
- 조립품(assembly) : 하부시스템을 구성하는 하부조립품 또는 구성품(components)의 통합체(예: 추진 하부시스템의 연료분사장치)
- 하부조립품(subassembly) : 잘 정의된 조립품의 일부를 구성하는 구성품 그리고/또는 부품의 통합체
- 구성품(component) : 여러 부품들로 구성되며 분명하게 식별된 품목(item)
- 부품(part) : 개별적으로 식별 가능한 품목의 최하위 레벨

그러나, 특정 프로젝트는 이와 다른 레벨의 계층구조를 갖는다. 예를 들어, 계측장비는 많은 계층레벨이 불필요하지만, 처음 개발하는 시스템은 보다 많은 계층으로 식별할 필요가 있다. NASA는 요소(elements)와 부문(segments)을 분리하여 시스템, 부문, 요소, 하부시스템, 조립품, 하부조립품, 부품 단계로 하향세분화 되는 계층구조를 주로 사용하고 있다.

SYSTEM	AIR LOGISTICS	AIRCRAFT	INFORMATION	ELECTRIC CAR
ELEMENTS	AIRCRAFT PKG. PROCESSING SUPT. EQUIP. AIR & GRND. CREWS HUB, BASE, FACILITY		COMPUTERS NETWORK PRINTERS DATA STORAGE PERSONNEL	
SUB-SYSTEMS	PROPULSION STRUCTURE CONTROLS	PROPULSION STRUCTURE CONTROLS	DATA PROCESSOR OPERATING SYS. SOFTWARE	PWR. TRAIN BODY CHASSIS
COM-PONENTS	INTAKES COMPRESSOR INJECTORS CONTROLS	INTAKES COMPRESSOR INJECTORS CONTROLS	I/O CPU RAM ROM	BATTERY MOTOR(S) GENERATOR CONTROLLER

그림 1.1 **시스템 계층구조 예**

1.3 시스템엔지니어링

시스템엔지니어링이란

시스템엔지니어링은 시스템엔지니어가 운용하는 기술지식(technical knowledge)과 시스템 엔지니어링 관리(systems engineering management)의 두 영역으로 구성된다. 이 책은 시스템엔지니어링관리 프로세스에 중점을 둔다. 시스템엔지니어링에 대한 정의는 시스템에 대한 정의와 마찬가지로 시대적 환경의 변화에 따라 진화적으로 발전되고 있음을 알 수 있다. 그러나 어떠한 정의든지 고객관점에서 운용환경(operational environment)에 중점을 둔 다분야 학문적 접근방법(interdisciplinary approach)이라는 공통점을 지니고 있다. 다음은 시스템엔지니어링에 대한 다양한 정의를 나타낸다.

- 운용요구(operational need)를 시스템 성능파라미터 설명서와 선호하는 시스템형상으로 변형시키기 위한 각종 활동과 의사결정에 이르는 논리적인 시퀀스(MIL-STD-499A, *Engineering Management*, 1 May 1974, 현재 폐기).
- 고객요구(customer needs)를 충족시키는 사람, 제품 및 프로세스 솔루션의 통합된 수명주기 균형 시스템 개발과 검증을 위하여 필요한 모든 기술적 활동을 포함하는 다분야의 학문과 관련된 접근방법(EIA Standard IS-632, *Systems Engineering, December* 1994).
- 고객의 기대(expectations)와 공공의 수용성(acceptability)을 만족시키는 수명주기 균형 시스템 솔루션을 도출하여 발전시키고, 검증하는 다분야 학문과 관련된 협동연구 접근방법(IEEE P1220, *Standard for Application and Management of the Systems Engineering Process*, 26 September 1994).
- 성공적인 시스템을 구현하기위한 다분야 학문적 접근방법과 수단(*INCOSE Systems Engineering Handbook Ver.3, 2006 .7*)

요약하면, 시스템엔지니어링은 고객 요구를 충족시키는 통합된 수명주기 균형 시스템 솔루션을 발전시키고 검증하는 다분야 학문의 엔지니어링프로세스이다.

시스템엔지니어링 기본 개념

시스템엔지니어링의 기본 개념은 그림 1.2와 같이 다음의 네 가지 요소로 설명되어 진다. (ⅰ) 시스템엔지니어링은 전체(whole)적인 관점에서 시스템 하향식(top-down) 분석과 상향식(bottom-up) 통합 접근방법으로 이루어진다. (ⅱ) 시스템 설계, 개발, 생산/건설, 분배, 운용, 유지 및 지원, 폐기 및 처분 등 모든 단계에 걸친 요구사항을 초기에 도출하여 획득하고 운용하는 수명주기(life-cycle)관점에서 다루어진다. (ⅲ) 초기 시스템요구사항(system requirements) 식별에 더 많은 노력을 기울인다. 이러한 요구사항은 특정 설계목표와 적합한 설계기준을 제시하고 설계 프로세스에 보다 빨리 효과적인 방법으로 의사를 결정하고 분석할 수 있도록 미리 식별되어야 한다. 과거부터 우리는 이러한 초기단계(front-end)의 사전준비와 분석활동이 매우 미약하다. 그 결과 생산/운용단계와 같은 수명주기 후반부 활동에 더 많은 노력이 필요하게 되었고, 이에 따라 제품생산 이후 설계변경과 수정보완 활동이 수 없이 이루어질 수밖에 없었다. (ⅳ) 효율적인 시스템설계 및 개발 프로세스는 다분야 학문분야(interdisciplinary)에 종사하는 전문가들의 협력활동을 통하여 요구 시스템의 설계목표를 달성할 수 있다는 점이다.

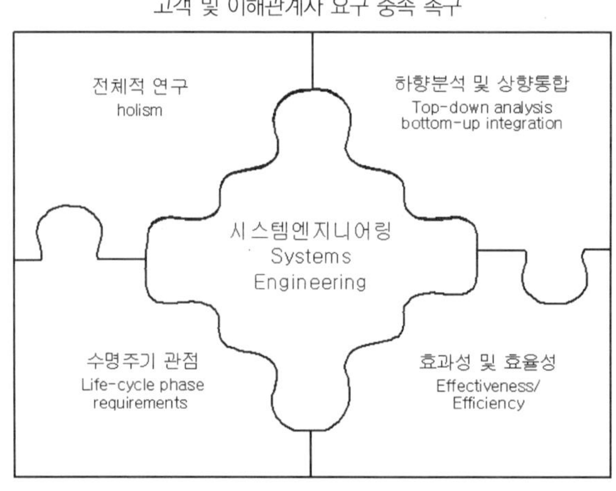

그림 1.2 시스템엔지니어링 기본 개념

시스템엔지니어링 기원 및 발전

제2차 세계대전 이전의 시스템엔지니어는 사실상 이집트의 피라미드, 로마의 수로사업, 후버댐, 금문교 및 엠파이어스테이트 빌딩과 같은 토목사업에 주로 치중되어 있었으며, 철도와 대형 선박 사업 등에서 역할을 수행했었다. 그러나 당시의 시스템엔지니어는 시스템엔지니어링에 대한 이론이나 명확하고 일관된 응용프로세스가 없이 사업을 수행하였다. 제2차 세계대전 중 프로젝트관리자와 수석엔지니어는 비행기를 제작할 때 추진, 조종, 구조, 지원시스템 등 주요 하부시스템(subsystem) 전문가의 도움으로 사업을 추진해 왔다. 제2차 세계대전과 함께 운영분석(operations research)이나 의사결정분석(decision analysis)과 같은 부가적인 시스템엔지니어링 요소들이 개발되었다. 오늘날 요구사항(requirements)과 시스템이 더욱 복잡해짐에 따라 수석엔지니어는 요구사항을 개발하고 관련 프로젝트 팀을 관리하기 위하여 시스템엔지니어링 팀을 활용하게 되었다.

1950년대 시스템엔지니어링은 공학의 한 분야로 발전하기 시작했다. 이 기간 중 우주개발과 핵탄두 미사일개발 사업이 독자생존을 위한 절대적인 국가사업으로 대두됨에 따라, 군 연구기관과 관련 방산업체는 인공위성 및 핵미사일 개발, 시험, 그리고 운용에 많은 압박을 받게 되었다. 신뢰성이 높은 시스템을 개발하고 이러한 신무기와 탐지레이더를 배치하여 운용함에 있어서 육, 해, 공군과 정부로부터 우선권을 부여 받기 위해 치열한 경쟁을 하게 되었다. 이러한 경쟁체제 속에서 보잉, 록히드, 록크웰과 같은 주계약 업체들은 시스템성능(임무달성)과 프로젝트관리(기술성능, 일정관리 및 비용관리)에 유용한 시스템엔지니어링 도구와 기법을 개발하기 시작했다.

이러한 환경에서 개발된 일정관리도구가 PERT(Program Evaluation and Review Technique)이다. PERT는 연속적이고 병행적이며 상호 의존적인 다양한 활동을 포함하여 프로젝트 개발기간을 계획하는 유사통계 일정수립 기법으로, 특정 활동이 지연되거나 촉진됨에 따라 프로젝트기간에 미치는 영향을 한눈에 볼 수 있다. 미 해군은 18개월 이내에 첫 번째 시험을 해야 하는 Polaris A1 개발사업에 PERT를 적용하여 성공하게 되었다. 한편, 시스템엔지니어링은 민간분야에서도 함께 발전되기 시작했다. 1962년 AT&T사의 통신분야 전문가 Arthur Hall이 시스템엔지니어링에 관한 책을 처음으로 출판하였다.

엔지니어링관리 분야 역시 발전되기 시작하여 규격서(specifications), 인터페이스통제문서(interface control documents), 설계검토(design reviews) 및 공식변경통제(formal change control) 등의 절차를 표준화 하였다. 디지털컴퓨터의 발전에 따라 시스템, 하부시스템 및 구성품의 조합과 설계 절충분석을 보다 빨리 최적화 할 수 있는 시뮬레이션 및 평가방법이 개발되기 시작하였다.

이러한 과정을 통하여 여러 가지 실패와 어려움에 대한 교훈을 얻게 되었다. 이것은 실제 첨단기술 제품개발의 엔지니어링, 획득, 제조, 시험 및 품질관리(quality control) 등 모든 단계에 새로운 혁신을 가져왔다. 이러한 혁신의 목표는 보다 높은 시스템 신뢰성을 확보함에 있으며 기간 중 부품 추적성(parts traceability), 재료 및 공정제어(materials & process control), 변경통제(change control), 향상된 제품책임성(improved product accountability) 그리고 공식인터페이스통제(formal interface control) 등과 같은 분야에서 큰 변화가 이루어 졌다.

21세기로 접어들면서 시스템엔지니어링은 시스템 형태별 모델로 발전되기 시작했다. 그리고 여러 가지 전산지원 시스템엔지니어링(CASE: Computer Aided Systems Engineering) 도구를 적용함으로써 모델기반 시스템엔지니어링(MBSE: Model Based Systems Engineering)기법이 태동되기 시작했다. 나아가 모델기반 획득MBA: Model Based Acquisition)기법, 모델링 및 시뮬레이션 기법, 그리고 동시공학(concurrent engineering), 통합 제품 및 프로세스 개발(IPPD: Integrated Product and Process Development)기법으로 발전되면서 시스템 제품개발기간 단축 및 비용절감과 함께 설계변경이나 제품하자 발생을 획기적으로 감소시키고 있다.

1950년대	· 19세기 산업혁명과 제2차 세계대전 후 운영분석 – 기존시스템의 최적화와 시스템분석
1960년대	· 고전적 SE의 태동(분업과 전문화, 수석엔지니어) – 일반시스템이론, 시스템적 접근론, 시스템개발 프로세스, WBS
1970년대	· 대형시스템 개발(소수의 고급 시스템엔지니어) – SE관리 기법개발, 대형시스템의 복합도와 계층분석
1980년대	· 우주항공사업 축소(소규모 사업 시스템엔지니어) – 각종 표준과 아키텍처, 의사결정 전문가 시스템, 지식집약
1990년대	· 범세계적 SE표준 제정(시스템엔지니어 전문가 모임) – NCOSE(1992) 및 INCOSE(1995) 설립
2000년대	· MBSE(Model Based Systems Engineering)로 발전 – MBA, M&S, CALS

표 1.1 **시스템엔지니어링 발전과정**

시스템엔지니어링 가치

대상시스템의 총수명주기 비용 추정은 초기 계획단계에서 시스템 개념설계를 수행할 때 추정된 결과에 의하여 좌우된다. 시스템을 개발한 다음에 언제 어디서 누가 어떻게 운용할 것인가를 미리 고려해야 한다. 그리고 고장발생 시 어떠한 정비개념으로 대상시스템을 운용 유지할 것인지를 설정해 두어야 한다. 즉, 자동 또는 수동 운용방법, 장비고장발생 개념, 고장진단방법, 고장수리수준 등에 대한 의사결정사항이 시스템 초기 기획단계에서 설정되어야 한다. 이는 바로 눈앞에 보이는 개발뿐만 아니라 향후 20-30년간 사용기간에 어떻게 운용할 것인가를 사전에 계획하고 그 구체적인 방안을 수립하는 것이 매우 중요하다는 사실을 주의해야 한다. 그림 1.3은 수명주기비용과 설계변경비용 상호간의 영향을 나타낸다.

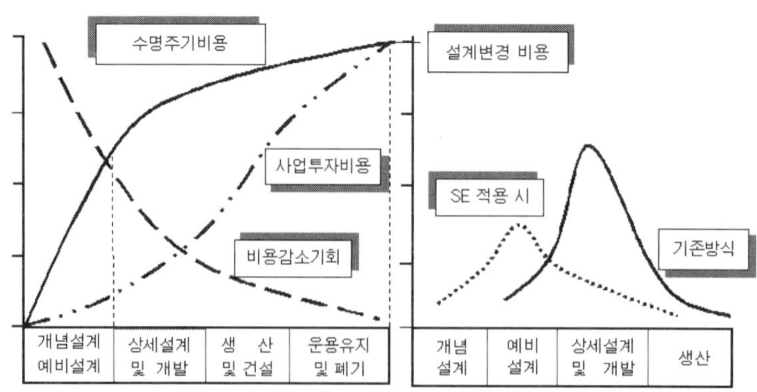

그림 1.3 **수명주기비용과 설계변경비용**

수명주기 단계가 지남에 따라 사업투자비용은 증가하는 반면에 비용감소기회는 줄어진다. 또한 설계변경비용도 증가하게 된다. 따라서 초기 개념설계 단계에서 실제 시스템의 중요한 설계의 약70%가 결정되기 때문에 이 단계에서 개념 투자비를 증가할수록 더 많은 효과를 가져 올 수가 있다. 그림 1.4는 NASA에서 수행했던 30여개의 우주항공 프로젝트에 대한 조기 시스템 개념투자에 따른 비용절감효과를 나타낸다.

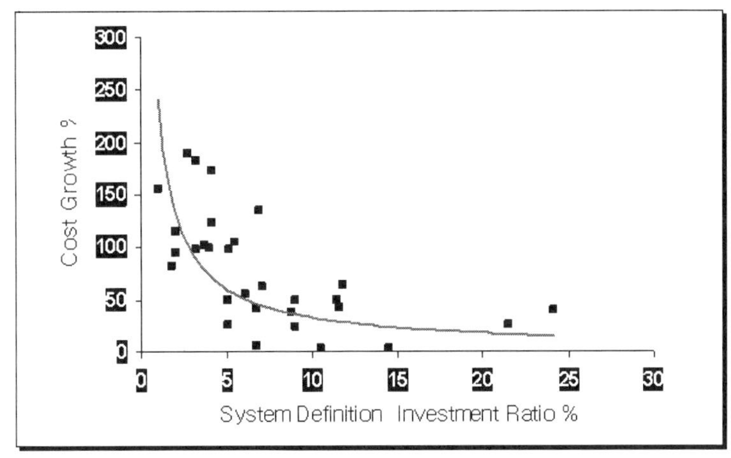

그림 1.4 NASA 프로젝트 분석결과

그림에서 보면 시스템정의 단계 비용을 총수명주기 비용의 5% 정도를 투자하게 되면 총시스템비용 초과가 250%에서 50%까지 감소됨을 알 수 있다. 불확실성이 높은 항공우주개발사업에서 시스템을 분명하게 정의할수록 비용초과를 현저하게 줄일 수 있다. 개발 대상시스템의 복잡성에 따라 초기 시스템정의 단계의 투자비율이 다를 수 있다. 불확실성이 상대적으로 높은 복합시스템(system of systems)의 경우는 기존 시스템을 개량하는 경우와 달리 더 높은 시스템 개념정의 비용이 투자되어야 할 것이다. 또한 시스템의 복잡도가 높을수록, 요구기술의 난이도가 어려울수록, 고객 요구사항이 복잡할수록, 시스템에 연관된 이해관계자가 많을수록 시스템개념정의 비용이 높아져야 한다.

시스템엔지니어링 프로세스 표준

1960년대 말부터 시스템엔지니링 프로세스 표준에 대한 필요를 느껴왔다. 시스템엔지니어링 군사표준(Mil-Std: Military Standards)과 Mil-Std-499와 같은 미 국방 표준(DoD-STD: Department of Defence Standards)에 대한 업그레이드 노력은 미 국방부 조달정책의 변화에 따라 적절히 변경함으로써 크게 문제화된 적이 없는 Mil-Std-499B 초안 작성으로 절정에 이르게 된다. 이러한 Mil-Std 499B를 모태로 출발된 미국 국가표준협회(ANSI: American

National Standard Institute), EIA(Electronic Industries Alliance) 그리고 IEEE(International Electrical and Electronics Engineering) 표준그룹은 1994년에 EIA/IS 632와 IEEE 1220 시험사용 버전을 각각 발표하였다. 이들을 기반으로 진화적으로 발전하여 1998년에는 ANSI/EIA 632와 IEEE 1220 프로세스를 표준으로 선정하였다. 더욱이 과학기술 발전에 따른 시스템의 다기능 복합화에 따라 동시공학기반의 ANSI/EIA 632와 같은 표준뿐만 아니라 네트워크기반의 복합시스템(SoS: System of Systems)에 보다 적합한 ISO 15288에 대한 관심도 높아지고 있다. 그러나, 이 책은 시스템엔지니어링 프로세스에 대한 이해와 기본적인 시스템개발에 적합한 EIA/IS 632 표준을 주 기반으로 시스템엔지니어링을 설명하게 된다.

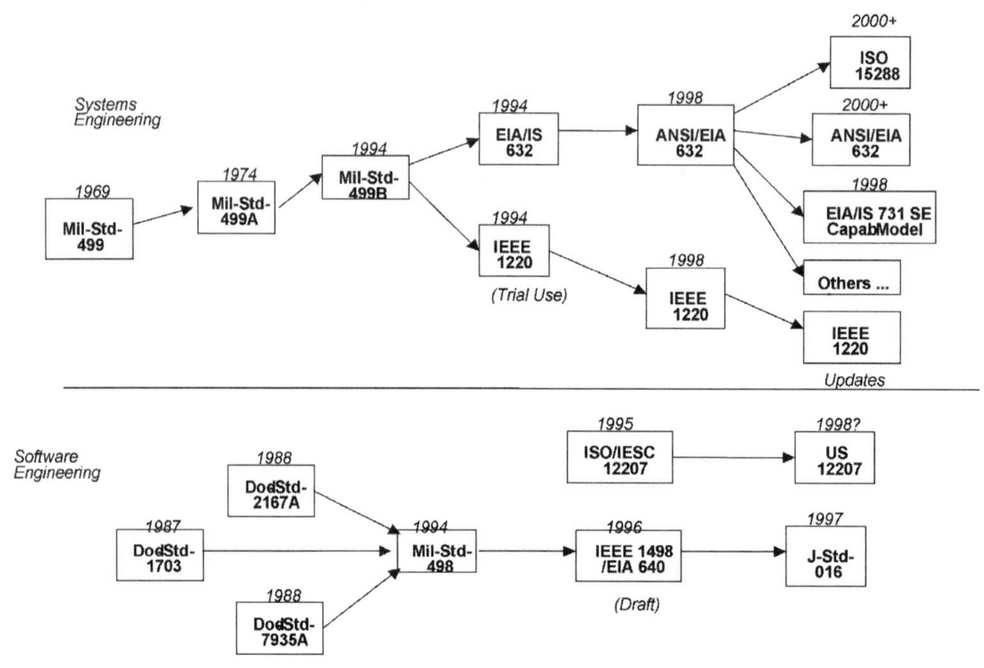

그림 1.5 시스템엔지니어링 프로세스 표준의 발전

시스템엔지니어링 관리는…

그림 1.6과 같이 시스템엔지니어링 관리는 다음과 같은 세 가지 주요 활동의 통합에 의해 이루어진다.

- 설계프로세스를 통제하고 설계노력을 조정하는 베이스라인(baselines)을 제시하는 개발단계화 (development phasing)
- 설계노력을 통해 문제점을 해결하고, 요구사항(requirement)의 흐름을 추적하기 위한 구조를 제공하는 시스템엔지니어링 프로세스(systems engineering process)

- 설계프로세스에 고객을 참여시키고 제품의 수명주기를 통하여 개발된 시스템의 실현 가능성을 보장하는 수명주기 통합(life cycle integration)

이러한 활동은 개발노력을 적절하게 관리하기 위하여 필요하다. 개발단계화는 두가지의 중요한 목적을 지니고 있다. 첫째, 설계노력을 통제하고 기술관리와 전반적 획득노력을 서로 연계시킨다. 각각의 개발 단계를 주관하는 설계베이스라인을 개발함으로써 설계노력을 통제한다. 둘째, 설계의 실현성(viability)을 평가할 수 있는 개발프로세스에서 주요 이벤트를 제공함으로써 획득관리와 상호 연계시킨다. 개발된 베이스라인 의 실현성은 획득관리 마일스톤(milestone) 결정의 중요한 입력물이 된다. 결과적으로 기술개발 단계와 획득일정 간에 적절한 시기의 포착과 상호협력은 성공적인 획득프로그램을 유지하는데 결정적인 사항이라 할 수 있다.

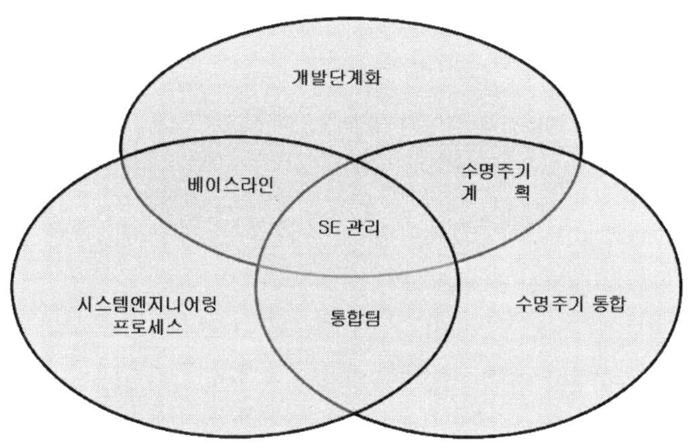

그림 1.6 시스템엔지니어링 관리활동

시스템엔지니어링 프로세스는 시스템엔지니어링의 핵심이다. 그 목적은 요구사항(requirements)을 규격서(specification), 아키텍처(architectures) 및 형상베이스라인(configure baselines)으로 변환하는 구조적이면서 유연성 있는 프로세스를 제공하는데 있다. 이러한 프로세스는 고객 요구를 충족시키는 솔루션의 개발을 위한 통제와 추적성을 제공한다. 따라서 이러한 시스템엔지니어링 프로세스는 개발프로세스 단계별로 한 번 이상 여러 번 반복해 적용된다.

수명주기 통합은 설계솔루션이 시스템 수명주기 동안 실현 가능하도록 보장하기 위해 필요한 활동이다. 일반적으로 다양한 기능적 요소를 설계 및 엔지니어링 프로세스로 통합할 뿐만 아니라 제품과 프로세스 개발에 관련된 계획을 통합해야 한다. 이와 같은 방법으로 제품 개발기간을 단축하며, 재설계나 재작업을 현저하게감소시킬 수 있다.

시스템엔지니어링 관련 분야는…

시스템엔지니어링은 변화와 불확실한 환경에서 시스템 개발에 일관된 접근방법을 제공하는 시스템솔루션에 대한 표준화 및 훈련된 관리프로세스이다. 또한 시스템엔지니어링은 의사전달을 위한 공통기반일 뿐만 아니라 제품과 프로세스의 동시 공학적 개발을 가능하게 한다.

시스템엔지니어링은 개발기간 중 계획, 추적 및 상호협력 활동을 통하여 확실한 기술업무의 진행을 보장하고 있다. 이에 따른 시스템엔지니어링의 책임 영역은 다음과 같다.

- 비용, 일정, 성능 및 위험 요소를 균형 있게 하는 전체시스템(total system) 설계솔루션 개발
- 의사결정에 필요한 기술정보의 개발 및 추적
- 기술적 솔루션이 고객 요구사항(customer requirements)을 충족시키는지에 대한 검증
- 수명주기를 통하여 경제적으로 생산되고 지원될 수 있는 시스템 개발
- 개방형 시스템 접근법을 사용하여 시스템 및 하부시스템의 내·외부 인터페이스 호환성 개발 및 감시
- 기준 및 형상통제의 설정
- 시스템 및 주요 하부시스템 레벨설계 IPTs에 대한 적절한 집중과 구조

다음은 INCOSE(International Council on Systems Engineering)에서 제시하고 있는 시스템엔지니어링에 대한 구체적인 영역을 나타낸다.

- **요구사항엔지니어링(requirements engineering)** : 고객과 이해관계자의 요구사항분석, 요구사항개발, 기능분석 수행, 요구사항도출, 요구사항의 질 보장, 요구사항할당, 요구사항통제, 요구사항데이터베이스 관리유지, 요구사항관리계획 수립 및 이행, 효과도 및 성능척도의 개발

- **위험 및 기회관리(risk & opportunity management)** : 위험 및 기회관리 계획 수립 및 이행, 위험이슈 및 기회식별, 위험이슈 및 기회평가, 위험 및 기회의 우선순위결정, 위험완화 및 기회성취 계획수립 및 이행, 위험감소 및 기회성취활동 추적

- **베이스라인통제(baseline control)** : 형상관리계획서의 개발 및 수행, 요구사항을 위한 기준의 수립과 업데이트, 그리고 형상 및 생산품의 진화활동, 변경통제프로세스 수립 및 시행, 형상의 추적성 유지, 형상통제위원회 참여, 형상품목 식별 및 상태평가에 참석, 기능적 및 물리적 형상 감사에 대한 참여

- **기술계획(technical planning)** : 프로그램 목적과 기술개발전략의 식별; SE 관리계획서, 제품분해구조, 프로그램 업무분해구조, 통합종합계획서 및 통합종합일정계획서의 개발; 제품 기술성능척도(technical performance measures)와 중요 성능파라미터를 포함한 프로그램 측정기준의 식별; 장비, 설비 및 개인적 능력 관점에서 프로그램 자원요구에 대한 식별

- **기술노력 평가(technical effort assessment)** : 제품 기술성능척도 및 중요파라미터를 포함한 프로그램 측정기준의 종합, 분석, 추적 및 보고; 감사 및 검토 수행; 프로세스와 도구사용 준수에 대한 평가; 능력평가 수행; 프로세서와 제품향상의 추천 및 수행

- 아키텍처/설계 개발(architecture/design development) : 베이스라인과 선택가능 후보개념과 아키텍처의 식별; 절충연구계획서 준비, 절충연구 수행 및 문서화, 후보개념과 아키텍처에 대한 평가와 최적화, 시스템/솔루션 기술서 개발

- 품질자격, 검증 및 확인(qualification, verification, and validation) : 품질자격, 검증 및 확인에 대한 계획을 준비하고 수행; 검증요구사항과 통과/실패 판단기준의 개발; 품질자격, 검증 및 확인 노력의 결과에 대한 기록; 요구사항검증 매트릭스와 품질자격 인증에 대한 준비

- 프로세스 정의(process definition) : 엔터프라이즈 프로세서와 최상의 적용에 대한 정의로 프로그램/프로젝트 응용을 위한 엔터프라이즈 프로세서를 조정

- 도구지원(tool support) : SE 컴퓨터 프로그램/도구의 평가, 선택, 획득 및 설치를 위한 요구사항의 구체화

- 교육훈련(training) : 훈련계획의 개발과 수행으로 프로세스와 도구에 대한 교육훈련과정을 개발하고 부여

- 시스템통합(systems integration) : 기술통합전략의 정의, 통합계획서 개발, 통합시험서 개발, 통합시험 시나리오 개발 및 실시, 통합시험의 수행과 문서화, 통합시험결과와 재시험 사항에 대한 추적

- 품질보증(quality assurance) : 품질보증계획의 개발 및 이행, 품질감사 수행 및 보고, 품질보정 행위에 대한 정의 및 추적

- 특수엔지니어링(speciality engineering) : 신뢰성, 유지보수성, 유지성, 생존성, 물류지원, 보안, 안정, 전자기환경영향, 환경공학, 패킹 및 처리 등과 같은 특수분야를 다루기 위하여 시스템엔지니어링 관리계획서와는 별도로 또는 부가적으로 특수엔지니어링계획서를 준비하고 수행

- 기타(Others) : 시스템엔지니어링 활동으로 수행하고 정당화할 수 있는 기타 기능을 기술

1.4 시스템엔지니어

시스템엔지니어 임무 및 필요성

앞에서 설명된 시스템과 시스템엔지니어링에 대한 정의는 시스템엔지니어링분야의 여러 가지 복잡한 용어를 보다 쉽게 해결해준다. 이러한 정의와 함께 어느 전문분야의 엔지니어가 시스템엔지니링 프로세스를 자신의 시스템에 적용한다고 해서 그들을 시스템엔지니어라고 부르지는 않는다. 시스템엔지니어링 프로세스는 마치 모든 과학자가 과학적 방법을 적용하는 것처럼 모든 엔지니어에 의해 연구되고 사용되어야 한다.

시스템엔지니어로서 경험이 없는 특정기술 전문가가 갑자기 시스템엔지니어링에 대한 책임을 맡게 될 때 심각한 문제가 발생될 수 있다. 시스템엔지어니링 프로세스를 간단히 이해하여 이를 적용하는 사람과 잘 훈련되고 경험이 많은 시스템엔지니어 사이의 차이는 매우 크다. 이러한 프로세스는 단지 몇 시간 안에 배울 수 있고, 또한 몇 개월 내에 이를 적용할 수도 있다. 그

러나 대형시스템의 하부시스템 상호간에 중요한 절충과 의사결정을 할 수 있는 경험/지식을 습득하여 유능한 시스템엔지니어가 되려면 5년 이상이 걸린다. 그리고 우주항공업체로부터 자동차업체로 옮길 경우 동일한 효과를 얻기 위해서는 새로운 분야에 대한 수년간의 경험을 쌓아야 한다.

시스템엔지니어의 필요성은 무기나 운송시스템과 같은 대형 복합시스템 개발의 경우에 있어 더욱 명확하게 나타난다. 또한 카메라나 프린터와 같은 소형시스템의 개발, 생산, 판매 및 지원에도 매우 중요하다. 이는 대형 시스템의 하부시스템도 하나의 시스템으로 고려될 수 있다는 사실을 의미한다. 개발영역에서 복잡성이 커질수록 시스템엔지니어의 필요성은 더욱 증가된다. 예를 들면 25년 전 반도체 산업의 칩은 기껏해야 몇 개의 게이트와 4단 레지스터로 구성되어 있었다. 그러나 오늘날 인텔의 펜티엄 프로세서는 매우 복잡한 분석이 요구된다.

시스템엔지니어는 프로젝트 수명주기 기간 중 많은 업무를 수행하게 되지만 대부분의 관리자는 개발단계를 가장 중요하게 생각한다. 이 기간 중 시스템엔지니어는 전체적인 시스템요구사항(system requirements)을 정의하고(핵심 요소와 형상을 나타내는) 시스템아키텍처(system architecture)로 서서히 발전시켜 나간다. 시스템엔지니어는 보다 낮은 하위레벨 시스템 요소에 대한 요구사항을 할당하고 통제한다.

요구사항의 균형을 도모하는 것은 중량, 출력, 크기 및 성능요구사항을 예산으로 할당하는 것처럼 각각의 요소들이 얼마만큼의 기술개발 위험을 감수해야 하는지를 결정하는데 매우 중요하다.

구조엔지니어, 엔진설계자, 그리고 랜딩기어설계자 등과 같은 분야의 항공기 관련 전문가들은 기존의 바탕 위에서 새로운 비행기를 그리는데 숙련되어 있으며, 각자 자신의 특정분야 설계를 고집하기 쉽다. 그 결과 실제로 적용할 수 없는 설비를 만들어 내는 결과가 초래된다. 시스템엔지니어는 이러한 내부적 마찰을 균형 있게 조정하는 역할을 해야만 한다. 각 제품 팀의 주목적은 주어진 기간 내에 주어진 비용(개발, 생산 및 수명주기 비용)으로 특정성능을 낼 수 있는 하부시스템 또는 구성품을 개발함에 있다. 이러한 팀이 생각하는 시스템에 대한 책임이 자기 자신의 우선순위에 따라 압박 수단으로 과장되거나 아니면 지나치게 간과하는 경우 때때로 큰 사고를 유발하게 된다.

제품개발 팀에서 때때로 시스템엔지니어링의 지원이 필요 없다고 주장하는 것을 보게 된다. 이들은 시스템엔지니어를 내보내고 그 예산을 자신들에게 돌려달라고 주장한다. 대신 하드웨어와 소프트웨어 개발에 그 예산을 투자하고, 시스템엔지니어링 활동은 자신들이 할 수 있다고 한다. 이를 수용한 프로그램관리자는 결과적으로 성능이나 인터페이스 요구사항을 충족시키지 못하게 되며 시스템이 제대로 동작되지 않아 더 많은 비용의 결과를 낳고 마침내 재설계를 하게 된다.

시스템엔지니어의 역할

시스템엔지니어링은 정의, 개발, 운용, 유지 그리고 고품질 시스템의 대체에 이르기까지 전 수명주기적 관점에서 고려되는데 반해, 다른 일반 엔지니어링 분야는 시스템의 한쪽 면(전자, 기계, 인간공학, 공기역학, 소프트웨어 등)에 집중되는 경우가 많다. 시스템엔지니어링은 이러한 모든 면을 통합하여 일관성 있고 효율적인 시스템을 만드는 것과 관련된 다분야 학문적 접근 방법이며 성공적인 시스템 실현을 가능하게 하는 수단이다. 시스템엔지니어는 다른 엔지니어링 활동들을 조직화하고 협력하도록 엔지니어링 프로세서(요구사항정의, 최상위레벨 기능설계, 프로젝트관리, 수명주기 비용분석 등)의 모든 측면에 노력을 집중한다. 시스템엔지니어는 시스템 개발과정에서 관리자, 고객, 공급자, 특수 엔지니어간의 중요한 매개 역할을 한다.

그림 1.7은 2005년 INCOSE UK Annual Membership Survey의 결과이며, 표 1.2는 대표적인 시스템엔지니어링 관련 서적으로부터 도출된 시스템엔지니어의 활동영역을 각각 나타낸다. 두 가지의 분석결과를 종합해 볼 때 시스템엔지니어 활동의 주 영역은 요구사항(requirements), 시스템분석(system analysis), 프로세스/관리(process & management) 및 시스템 설계(system design)로 볼 수 있다.

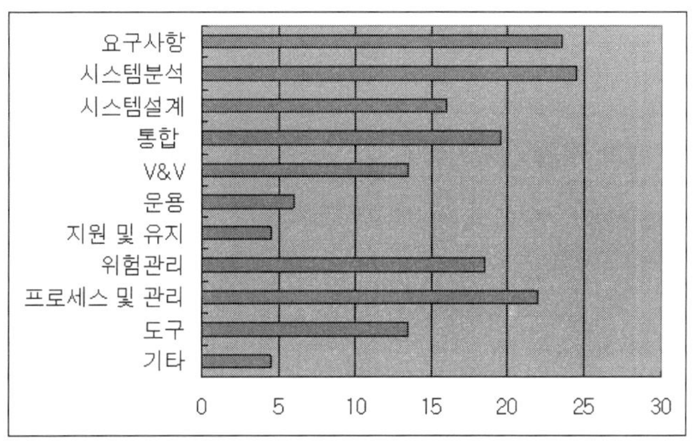

출처 : "INCOSE UK Annual Membership Survey 2005", INCOSE INSIGHT, April 2005, p.5.

그림 1.7 시스템엔지니어 활동영역

Role Reference	RO	SD	SA	W	LO	G	CI	TM	IM	PE	CO
Bahill 94		○	✓								
Beam 94	✓	✓	✓	✓	✓	✓					
Blanchard 94	✓	✓		✓	✓	✓					✓
Boehm 94		○	○			○					
Dick 94	✓		○				✓				
Fabrycky 94	✓	✓	○	○							
Friedman 94	✓		✓	✓	✓	✓		✓	✓	✓	
Grady 94	✓	✓	✓			○	✓	✓		✓	
Hatley 94	○	○	○								
Lacy 94	✓							○		○	
Lake 94	○	✓	✓	○	✓	✓	✓	✓	✓		✓
Mar 94	○	○	✓	○				✓	○		
Rechtin 94		○	✓			✓	○				

Sage 94	✓	✓	✓					✓	✓	σ	
Wymore 94	✓	✓	✓	✓	✓						
Bate 95(SE-CMM)	σ	σ	σ	σ		σ	✓	σ	✓	✓	σ
CAWG 95(SECAM)	σ	σ	σ	σ		✓		σ	✓	σ	σ
DSMC 90	σ		✓	σ	σ	σ		σ	✓		✓
Matty 95	σ	σ					✓	σ			σ
Mckinney 95	σ	✓	σ			σ			✓		✓
Sheard 95	σ	✓		σ		σ	σ	✓			σ

σ= Primary Assumption,   ✓ = Secondary Assumption

표 1.2 시스템엔지니어의 역할

Role	Abbr.	Short Name
1	RO	Requirements Owner
2	SD	System Designer
3	SA	System Analyst
4	VV	Validation/Verification Engr.
5	LO	Logistics/Ops Engineer
6	G	Glue Among Subsystems
7	CI	Customer Interface
8	TM	Technical Manager
9	IM	Information Manager
10	PE	Process Engineer
11	CO	Coordinator
12	CA	Classified Ads SE

시스템엔지니어에 필요한 기술과 자질

- 훌륭한 수학적 능력
- 강력한 시간관리 능력
- 시스템적 사고의 자세
- 훌륭한 일반상식
- 조직력과 효율성을 추구하는 강한 욕구
- 뛰어난 의사소통 능력과 세일즈맨 정신
- 독창적인 문제 해결 능력
- 정량화 능력
- 기술적 완전성
- 향상을 추구하는 지속적인 추진력
- 충분한 지식과 자원
- 경청 능력
- 협상 능력
- 외교력

- 인내력
- 다양한 집단에 상호작용하는 환경적응 능력
- 탐구적인 마음가짐
- 배움에 대한 지속적 욕구

시스템엔지니어에 의해 이루어진 간단한 프로젝트 사례

- 차세대 상용항공기의 설계와 건조에 있어서 회사를 설명하는 일
- 휴대폰 통신시스템을 위해 필요한 네트워크 서비스 설계
- 통신위성의 개발
- NASA의 Jupiter Icy Moons Orbiter(JIMO)의 개발 및 발사
- 심장의 세동 제거용 의학기구를 만들기 위한 프로젝트의 설계분야
- 핵추진 항공모함용 전자기 추진시스템 설계
- 통신 및 전투원과 연관하여 트럭, 탱크, 항공기, 무인항공기, 지상차량으로 구성된 미 육군의 미래 전투체계에 대한 아키텍처 개발
- 신제품을 위해 제안된 운용개념에 대한 시뮬레이션 수행
- 통합제품팀 상의 시스템엔지니어링 문제점 기술
- 차세대 시스템엔지니어링 소프트웨어 도구에 대한 연구수행
- 시스템엔지니어링 과정 교육

1.5 개발단계화

일반적으로 개발단계화(development phasing)는 다음과 같은 명확한 레벨이나 단계(stages)를 거쳐 진행된다.

- 개념연구를 통하여 시스템개념설명서(system concept description)가 만들어지는 개념레벨(concept level)
- 성능요구사항(performance requirement) 용어로 시스템설명서(system description)가 만들어지는 시스템레벨(system level)
- 하부시스템(subsystem)과 구성품(component)에 대한 제품성능설명서(product performance description)가 만들어지고, 다음 생산단계에서 필수적인 제품특성에 대한 상세설명서가 만들어지는 하부시스템/구성품 레벨(subsystem/component level)

시스템엔지니어링 프로세스는 일반적으로 형상베이스라인(configuration baseline)이라 불리는 설명서들을 만들기 위하여 시스템개발의 각 레벨에 대하여 적용된다. 이것은 각각의 개발레벨에서 일련의 형상베이스라인으로 나타난다. 미 국방부(DoD: Department of Defense)의 형상베이스라인은 시스템레벨 설명을 위한 기능베이스라인(functional baseline), 하부시스템/구성품 성능설명서를 위한 할당베이스라인(allocated baseline) 그리고 하부시스템/구성품 상세설명서를 위한 제품베이스라인(product baseline)으로 각각 불리어진다. 그림 1.8은 이러한 베이스라인 사이의 기본적인 관계를 나타낸다. 삼각형은 베이스라인통제 마일스톤을 나타내며, 일반적으로 기술검토(technical view) 및 감사(audit)로 불리어진다.

개발 레벨별 고려사항

시스템 계층구조의 임의 레벨에서 중요한 개발은 상위레벨에서 형상베이스라인이 결정되어 통제된 후 개발이 이루어져야 한다. 기술 검토(reviews)와 감사(audits)는 베이스라인이 다음 개발단계에 대해 준비가 되어 있는지를 확인하기 위해 사용된다. 또한 다음 장에서 알 수 있듯이 이러한 검토 및 감사 프로세스는 필수적인 시스템 성숙도에 대한 평가역할을 수행하게 되며, DoD 의사결정 프로세스를 지원한다.

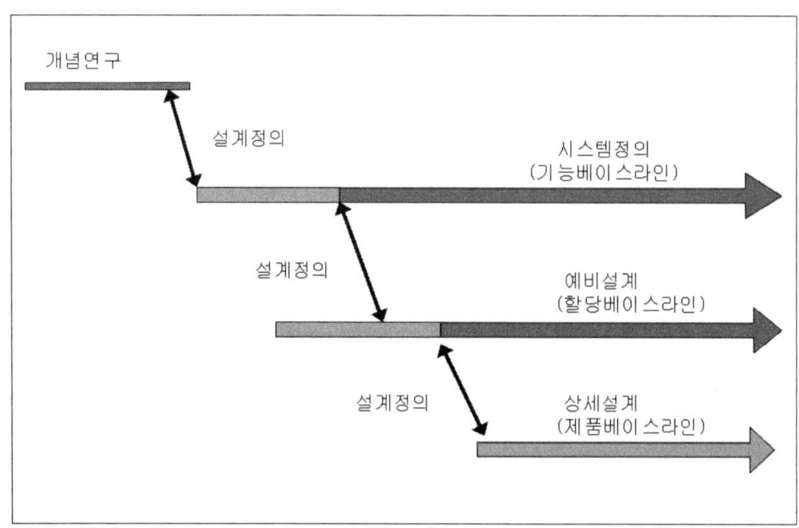

그림 1.8 개발 단계화

1.6 시스템엔지니어링 프로세스

시스템 획득프로세스에 적용되는 다양한 시스템엔지니어링 프로세스가 존재한다. 가장 적합한 프로세스에 대한 선택은 개발대상 시스템의 속성과 복잡성에 따라 달라질 수 있다. 여기서는 1994년에 발표되어 가장 기본적이면서도 폭넓게 사용되고 EIA/IS 632 시스템엔지니어링 프로세스를 중심으로 설명된다. EIA/IS 632 관점에서 시스템엔지니어링 프로세스는 그림 1.9에서 알 수 있는 바와 같이 모든 개발 단계 동안 적용되는 하향식(top-down)이고 포괄적이며 반복 순환적인 문제 해결 과정으로 다음과 같은 목적을 가지고 있다.

- 요구(needs)와 요구사항(requirements)을 시스템 제품과 프로세스 설명서로 변환(이것은 개발 단계가 진행됨에 따라 질이 높아지고 보다 구체화된다)
- 의사 결정자에게 필요한 정보를 생성
- 다음 개발 단계에 필요한 입력 자료 제공

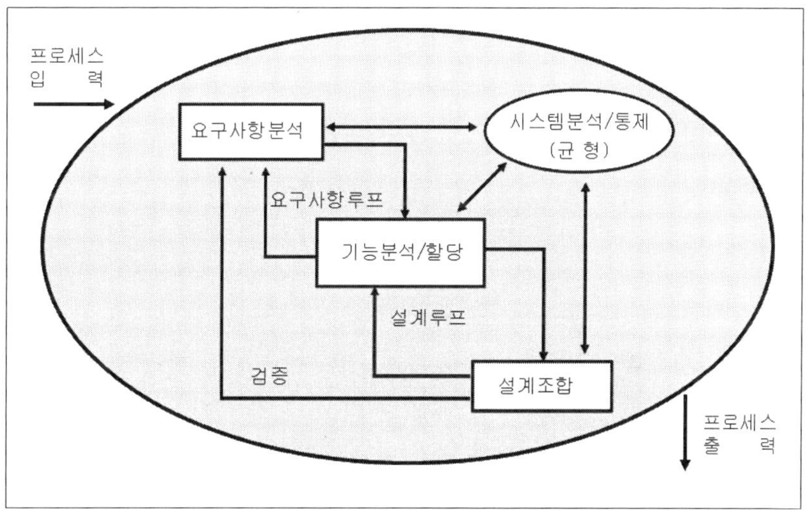

그림 1.9 **시스템엔지니어링 프로세스(EIA/IS 632)**

EIA/IS 632 프로세스는 시스템 분석 및 통제(system analysis & control)로 불리어지는 균형적인 관점에서 총체적인 기술과 도구를 통해 이루어지는 요구사항분석(requirement analysis), 기능분석 및 할당(functional analysis & allocation), 그리고 설계조합(design synthesis)으로 구성된다. 시스템엔지니어링 통제는 의사결정과 요구사항을 추적하고 베이스라인을 유지하며, 인터페이스와 위험을 관리하는 활동이다. 또한, 비용, 일정 및 기술성능을 추적하고 요구사항의 충족여부를 검증하며, 진행과정에 대해 검토(review) 및 감사(audit) 활동을 수행한다.시스템엔지니어링 프로세스 동안 아키텍처(architecture)는 시스템을 보다 쉽게 설명하고 이해하기 위하여 만들어진다. 아키텍처는 일반 엔지니어링 분야에서 여러 가지 의미로 사용되며, 시스템을 만들기 위하여 하부시스템을 어떻게 결합해야 하는지에 대한 일반적인 설명으로 사용된다. 또한 이것은 시스템 양상에 대한 구체적인 설명이 될 수 있다. 무기체계 분야의 C4ISR(Commander Control Communication Computer Intelligence Surveillance Reconnaissance)과 소프트웨어집약 개발에 사용되는 운용아키텍처(operational architecture), 시스템아키텍처(system architecture) 및 기술아키텍처(technical architecture)가 대표적인 예이다. 그러나 국방획득분야의 시스템엔지니어링 관리에서는 시스템의 중요한 양상을 나타내기 위해 다음 세 가지의 아키텍처 즉, 기능아키텍처(functional architecture), 물리아키텍처(physical architecture) 및 시스템아키텍처(system architecture)를 인정하고 있다. 이 책에서는 시스템엔지니어링 프로세스의 필수 구성요소로서 이들 아키텍처를 중점적으로 다룬다.

기능아키텍처는 할당된 기능 및 성능요구사항(functional and performance requirements)을 식별하고 이를 구조화한다. 물리아키텍처는 시스템이 하부시스템과 구성품으로 어떻게 분해되어지는지를 보여줌으로써 시스템 제품을 나타낸다. 그리고 시스템아키텍처는 시스템을 지원하는데 필요한 모든 제품(end product와 enabling product)과 생산/건설, 배치, 운용, 유지, 폐기, 교육훈련 및 검증에 필요한 프로세스를 식별한다.

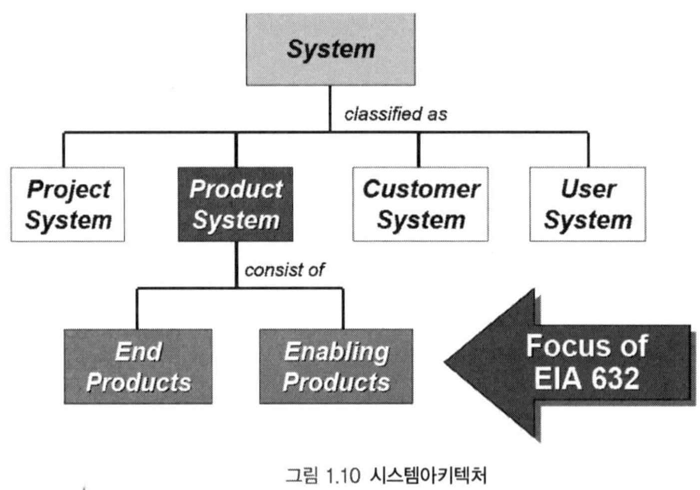

그림 1.10 **시스템아키텍처**

수명주기 통합

수명주기 통합(life cycle integration)은 통합개발, 즉 개발프로세스 동안 모든 수명주기 요구에 대한 동시적 고려(concurrent consideration)를 통해 달성된다. DoD 정책은 통합 제품 및 프로세스 개발(IPPD: Integrated Product and Process Development)이라 불리는 통합 개발을 요구한다. 이것은 획득 계통의 모든 단계에서 적용되는 것으로 IPPD를 다루는 8장에서 별도로 설명될 것이다. 모든 수명주기 요구사항에 대한 동시적 고려는 통합제품팀(IPTs: Integrated Product Teams)으로 불리어지는 다분야 팀을 사용하여 크게 발전되고 있다.

이러한 IPTs의 목적은 다음과 같다.

- 초기에 정의된 요구사항을 충족시키는 설계솔루션을 산출
- 설계솔루션을 분명하고 효과적이며, 적시에 상호 교류

설계레벨의 IPT 팀원은 팀의 목적을 달성할 수 있는 사람으로 구성된다. 일반적으로 다음과 같은 분야의 전문성을 갖춘 사람들로 구성함이 바람직하다.

- 시스템엔지니어링 측면에서의 기술관리
- 수명주기 기능 분야(8대 주 기능)
- 안전성, 위험관리, 품질 등과 같은 특수 기술 분야
- 재정, 비용/예산 분석 및 계약 등과 같은 비즈니스 분야

수명주기 기능

수명주기 기능이란 시스템 수명주기와 연관된 제반 특성 활동을 말한다. 그림 1.11과 같이 수명주기 기능은 개발, 생산/건설, 배치, 운용, 유지, 폐기, 교육훈련 및 검증의 8가지로 구성된다. 이러한 활동은 '요람에서 무덤' 까지의 수명주기 프로세스에 대한 필수적 기능을 제공하는 주 기능 그룹과 연관이 있다. 일반적으로 이와 같은 수명주기 기능을 시스템엔지니어링의 8대 주요 기능이라 한다.

일반적으로 시스템엔지니어의 고객은 수명주기 기능을 수행하게 된다. 시스템 사용자의 요구(need)는 시스템요구사항(system requirement)으로서 나타나지만, 시스템엔지니어는 시스템엔지니어링 프로세스 측면에서 볼 때 사용자가 제기한 기본 요구를 기초로 모든 수명주기 요구사항을 생성해야만 한다는 사실을 잊지 말아야 한다. 이와 같이 주 기능을 수행하는 제반 요구사항은 설계 단계에서 통합개발팀에 수명주기 개념을 제공한다.

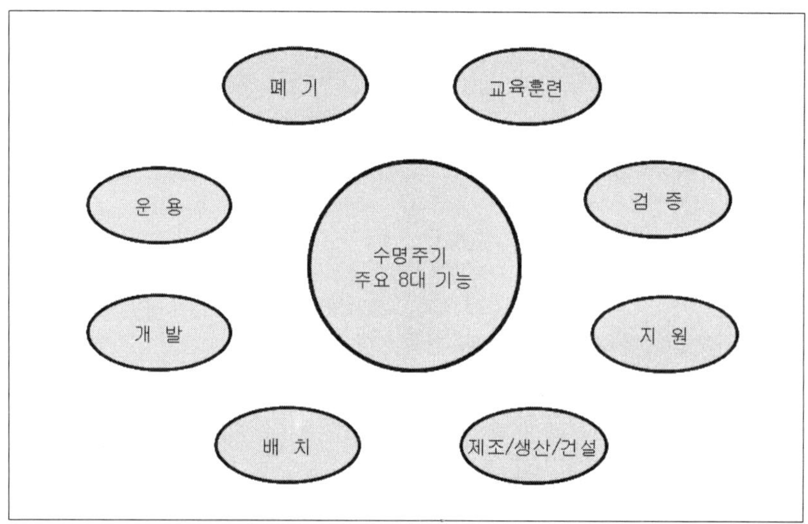

그림 1.11 **수명주기 주요 8대 기능**

주 기능 영역

- **개발(development)** : 고객의 요구로부터 제품 또는 프로세스 솔루션까지 시스템을 진화시키는데 요구되는 활동을 포함한다.

- **제조/생산/건설(manufacturing/production/construction)** : 엔지니어링 시험모델 및 실험모델 (brass boards) 제작, 소량 초도생산, 시스템 및 최종제품의 양산, 또는 대형/단일 시스템 또는 하부시스템 건설을 포함한다.

- **배치(deployment; fielding)** : 완전한 운용능력을 갖도록 하기 위하여 시스템을 처음 만들어 운송, 인수, 처리, 조립, 점검, 교육훈련, 운용, 수용, 저장, 또는 배치하는데 필요한 활동을 포함한다.

- **운용(operation)** : 사용자 기능으로 평시 및 전시 환경 하에서 정해진 운용 목적과 업무를 만족시키기 위하여 필요한 활동을 포함한다.

- **지원(support)** : 운용지원, 정비, 물류 및 자재관리에 필요한 제반 활동을 포함한다.

- **폐기(disposal)** : 모든 적용 규정과 훈령에 의해 퇴역, 파손, 또는 수리불가 시스템 구성품의 폐기를 보장하는데 필요한 활동을 포함한다.

- **교육훈련(training)** : 운용지원 기능의 효율적이며 효과적인 수행에 필요한 지식과 기술수준을 획득하고 유지하는데 필요한 활동을 포함한다.

- **검증(verification)** : 발전하는 시스템 제품과 프로세스의 진행과 효과도를 평가하고, 규격서와의 일치성을 측정하는데 필요한 제반 활동을 포함한다.

1.7 미 국방획득프로그램관리 적용

2003년 5월 개정된 미국의 DoDD 5000.1에서는 다음과 같이 모든 획득프로그램에 대해 시스템엔지니어링의 적용을 의무사항으로 규정하고 있다.

- *Acquisition programs shall be managed through the application of a <u>systems engineering approach</u> that optimizes total system performance and minimizes total ownership costs. A modular, open-systems approach shall be employed, where feasible. (DoDD 5000.1 E.1.27. Systems Engineering)*
- *The policies in this Directive apply to <u>all acquisition programs</u>*

1.8 프로세스 테일러링

시스템엔지니어링은 대형과 소형 시스템, 신규 개발 또는 제품개량 그리고 단일 또는 다수 조달을 위한 모든 획득 및 지원 단계에서 적용된다. 프로세스는 각각 상이한 요구(needs)와 요구사항(requirements)에 따라 테일러링(tailoring)이 이루어져야 한다. 이러한 활동은 시스템의 규모, 복잡성, 시스템레벨의 세부 정의, 시나리오 및 업무, 제약사항 및 요구사항, 기술기반, 주요 위험요소 그리고 조직별 교육훈련과 강도에 따라 다르게 테일러링된다.

예를 들어, 소프트웨어 개발을 위한 시스템엔지니어링은 이 책에 제시한 기본적인 시스템엔지니어링 접근방법을 따라 수행된다. 그러나 소프트웨어 개발환경이나 이에 대한 프로세스 추적 및 검증 문제는 소프트웨어 개발에 알맞게 테일러링해야 한다. 이와 비슷한 방법으로 모든 기술영역에 있어서도 그 프로세스 고유의 요구에 맞추어져야 한다.

이 책은 시스템엔지니어링관리의 개념적 레벨에 대해 설명하고 있다. 제시된 특정한 기술, 전문용어 및 추천 방법이 특별하게 규정되어 있는 것은 아니다. 따라서 기술관리자는 시스템의 요구사항, 제약사항, 환경, 기술영역 그리고 일정/예산 상황에 대처할 수 있도록 시스템엔지니어링 계획을 테일러링해야 한다.

그러나 시스템엔지니어링 접근방법에 있어 고유의 기본적인 적용 개념은 반드시 지속성과 통제를 위해 유지되어야 한다. 복잡한 시스템을 설계하기 위하여 시스템이 무엇을 해야만 하는가에 대한 충분한 이해와 입장은 구성품 성능설명서의 개발에 앞서 수행되어야 하며, 반드시 구성품의 상세한 설명이 선행되어야 한다. 비록 시스템의 어떤 부품은 제약사항 또는 인터페이스로 지시될 수 있지만, 설계문제에 대한 해결은 물리적 대안이 선정되기 전에 요구사항을 분석하고 시스템이 무엇을 해야 하는가에 대한 결정으로부터 시작된다.

이와 같이 프로세스의 테일러링은 본질적으로 알 수 없는 위험 및 불확실성을 피하기 위하여 주의 깊게 수행되어야 한다. 만일, 시스템엔지니어링의 통제, 협조 및 추적성이 없을 경우, 불확실한 환경은 예기치 못한 결과를 초래할 수도 있다. 경험에 의하면, 이러한 결과는 거의 어김없이 일정과 비용에 매우 큰 영향을 미친다. 이 책의 일반적인 개념 접근방법에 따라 테일러링된 프로세스는 전문학회, 학계, 산업협회, 정부 기관 및 대기업들에 의해서 개발되고 채택된다.

1.9 요점

- 시스템엔지니어링관리는 수명주기 기능, 시스템엔지니어링 문제해결 프로세스 그리고 점진적인 베이스라인을 통합하는 다기능 프로세스이다.
- 시스템엔지니어링 프로세스는 시스템 제품과 프로세스를 균형 있게 개발하기 위한 문제해결 프로세스이다.
- 통합제품팀은 수명주기 균형 설계솔루션을 개발하기 위하여 시스템엔지니어링 프로세스를 적용해야 한다.
- 시스템엔지니어링 프로세스는 각각의 개발 레벨에 대해서 적용된다.
- EIA/IS 632 시스템엔지니어링 프로세스의 기본적인 활동은 요구사항분석, 기능분석 및 할당 및 설계조합으로 이루어지며, 모든 활동이 시스템분석 및 통제에 의한 균형을 유지하게 된다.
- 베이스라인 단계화는 시스템엔지니어링 프로세스를 각각 적용하여 제품 및 프로세스를 보다 상세히 설명되도록 한다.
- 간략한 베이스라인작성은 시스템 정의, 구성품 정의, 구성품 설계 그리고 최종적으로 제품까지 도달하는 개념적인 설명이다.
- 시스템엔지니어링 프로세스를 각 단계로 적용한 결과는 다음 단계 프로세스의 주요 입력자료가 된다.

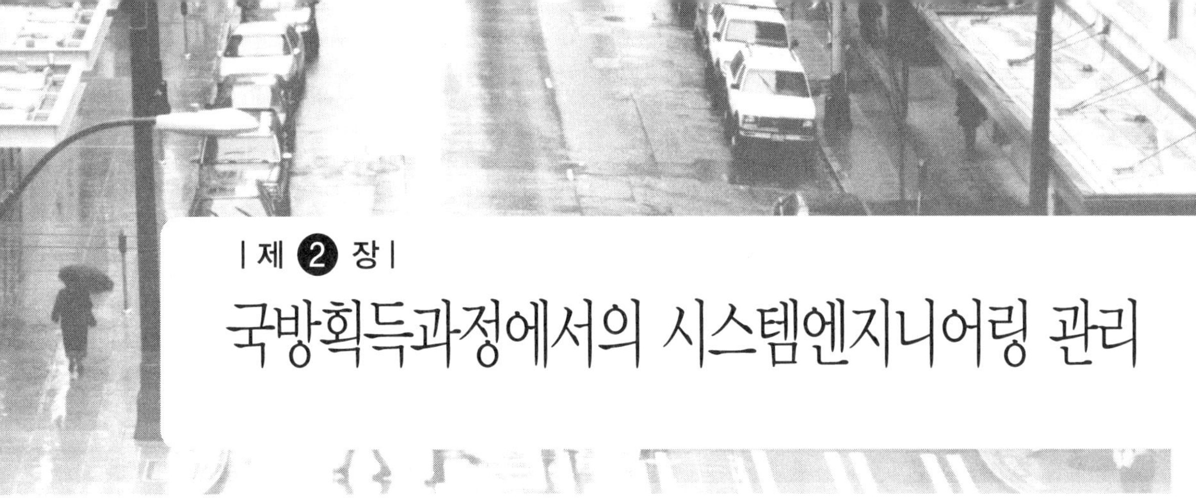

국방획득과정에서의 시스템엔지니어링 관리

2.1 개요

미국의 DoD 획득프로세스(acquisition process)는 연방정부 정책과 공법에 기초를 두고 있다. 군용시스템의 개발·획득 및 운용은 연방공법, 국방훈령, 지침과 매뉴얼, 다양한 서비스와 분야별 규정 그리고 여러 가지 국내·외 협약으로 구성되어 있다.

군용시스템의 개발 및 배치를 위한 획득관리활동은 기술관리(technical management), 비즈니스관리(business magement) 및 계약관리(contract management)의 세 가지 기본적인 활동으로 이루어진다. 이 책에서 다루고 있는 시스템엔지니어링관리는 DoD 획득관리의 기술관리 분야에 속한다.

2003년 개정된 미국의 획득관리프로세스는 그림 2.1에서와 같이 요구사항생성프로세스와 예산프로세스(즉 PPBE: Plan, Programming, Budgeting and Execution)에 통합되어 진행된다. 사용자요구사항(user requirements)은 위협에 따른 이벤트 주도로 제기되며, 예산프로세스는 의회 회계연도에 따른 일정중심으로 운용되고 있다. 시스템엔지니어링관리는 이들 프로세스의 기반이자 교량 역할을 하며, 이벤트주도 소요(event driven needs), 이벤트주도 기술개발 그리고 역일기반 예산의 개별 진행을 해결해야만 한다.

미국은 지난 30년간 위협기반(threat-based) 접근법에 따라 플랫폼을 중심으로 각 군 및 기관이 소요를 제기하고, 결정해왔다. 이런 소요결정체계는 능력기반의 합동능력통합개발체계(JCIDS: Joint Capabilites Integration & Development System)로 개정되었다. JCIDS는 미래 합동전장에서의 임무와 기능을 수행할 통합된 합동능력을 식별하기 위한 하향식 능력기반 접근이다. 즉 이전의 요구사항생성체계(RGS: Requirement Generation System)가 자군 유일의, 상향식 수행이었던 것과는 대조적으로, 능력소요를 정의하고, 솔루션을 제안하기 위해 교리, 조직, 훈련, 물자, 리더십, 인원, 시설(DOTMLPF)에 대한 포괄적인 분석을 실시한다. 획득부서와 긴밀한 협조를 통해 개발된 JCIDS는 ① 국방획득 시스템의 효과적인 통합을 증가시키고, ② 계획 및 의사결정을 위해 통합된 아키텍처를 사용하며, ③ 시스템개발 지침 문서들을 생산하고, ④ 진화적 획득을 지원한다.

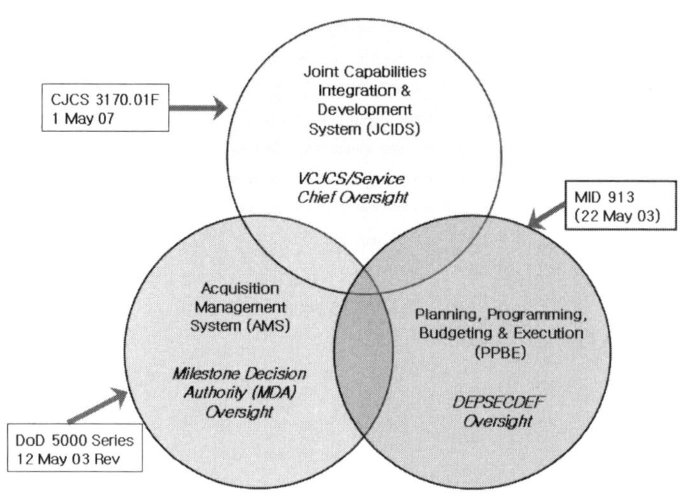

그림 2.1 DoD 의사결정지원체계

JCIDS 프로세스는 그림2.2에서 알 수 있듯이 국가안보전략으로 부터 합동개념으로 이어진다. 합동운용개념(JOpsC: Joint Operations Concept)은 상위 전략지침으로부터 개발되어 미래능력 식별을 위한 하향식 베이스라인을 제공한다. 새로운 물자 혹은 비물자적 능력의 요구사항은 합동운용개념을 통해 식별되는 능력에 직접 관련있다. 그러므로 합동운용개념은 즉각적인 솔루션을 제공하지는 않지만, 긴 시간을 가지고 신중하게 검토할 수 있는 솔루션을 제안한다. 운용개념(CONOPs: Concept of Operations)은 각 군의 단기 능력요구를 의미한다. 이런 개념들은 능력기반평가(CBA: Capability Based Assessment)의 개념적 기반을 제공하며, CBA는 이를 바탕으로 현재 능력의 부족함과 넘침을 식별하고, 잠재적 물자/비물자적 접근에 대한 분석을 실시하며 이 결과는 각 영역의 활동을 위한 기초자료가 된다.

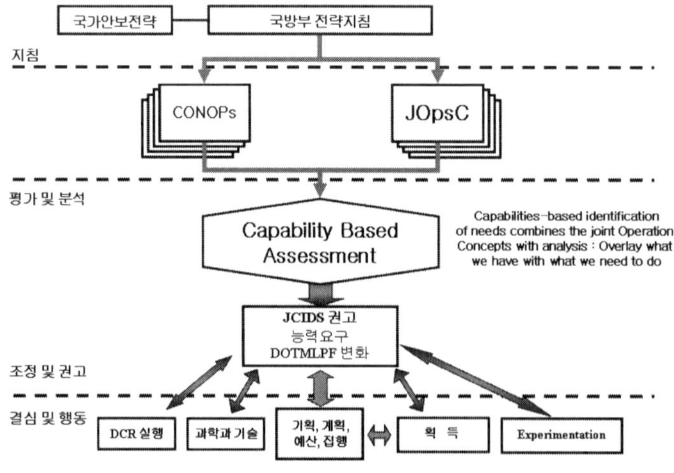

그림 2.2 하향식 능력요구 식별 프로세스

2.2 획득프로세스의 변화

미국의 국방획득프로세스는 1971년 DoDD 5000.1의 획득관리 규정을 시작으로 1996년, 2000년, 그리고 2003년 5월의 개정에 이르기 까지 그림 2.3에서와 같이 급격한 획득환경과 정책 변화에 따라 지속적인 변화를 추구하고 있다. 이러한 변화의 핵심은 시스템 접근방법의 도입으로 볼 수 있다. DoD 5000.1('00. 10) 국방획득관리 규정에서 시스템엔지니어링 접근방법 적용에 대한 규정이 정식으로 언급되기 시작한 후 그 필요성을 인식한 미국은 DoD 5000.2-R('01. 1, '02. 4)과 DoDD 5000.1(' 03. 5)을 통해 모든 획득사업에 대해 시스템엔지니어링 접근방법의 적용을 제도적으로 보장하고 있다. 2003년에 개정된 획득정책은 DoDD 5000.1과 DoDI 5000.2의 역할을 명확히 구분하고 있다. 법률적인 측면의 DoDD 5000.1과 관련된 요구사항을 강조하는 한편, DoDI 5000.2의 불필요한 세부적인 규정 내용들에 대해서는 과감히 축소시켰다. 즉, DoDD 5000.1은 관리원칙을 기술하며, 획득 사업관리에 있어서 주요 절차를 설명하고 있다. DoDI 5000.2는 DoDD 5000.1을 보완하면서 국방시스템 획득에 대해 간단하면서 유연성 있는 프레임워크를 제공한다.

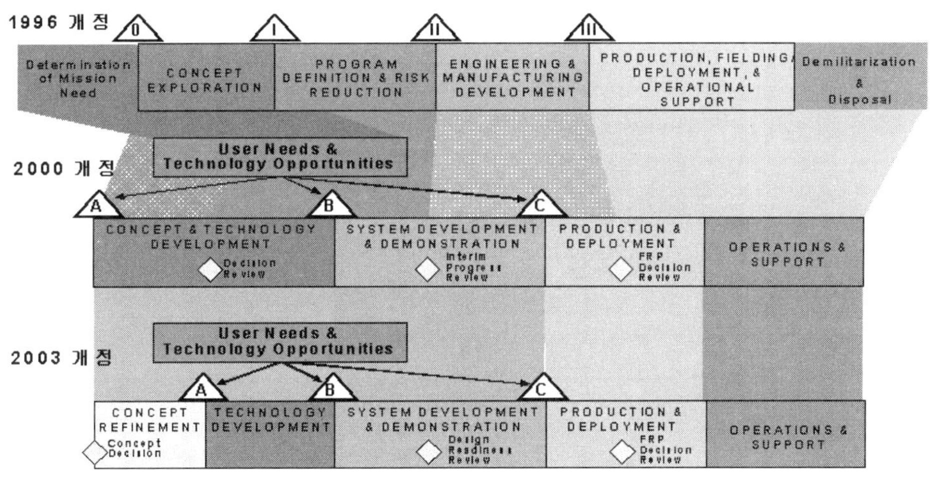

그림 2.3 미 국방부의 획득프로세스 변화

1996년 개정 획득프로세스

1996년 개정 획득프로세스는 임의로 시행되던 정책들을 규정화 했으며, 명확한 책임과 절차를 통해 국방획득사업을 추진토록 했다. 또한 주요 무기체계와 자동화 정보체계가 처음으로 DoD 5000 시리즈로 통합되어 동일한 획득프로세스로 제시되었다. 이외에도 세부적인 변경내용으로는 DoDD 5000.1을 모든 사업에 적용하도록 하였으며, DoDI 5000.2는 주요 사업에만 적용하도록 구분하였다. 한편, 냉전이후의 획득정책 변화를 반영하여, 독립변수비용(CAIV:

Cost As an Independable Value)과 선행개념기술시연(ACTD: Advanced Concept Technology Demonstration), 그리고 통합제품팀(IPTs: Integrated Product Teams) 등과 같은 새로운 개념이 도입되었다. 획득프로세스 단계는 개념탐색(CE: Concept Exploration), 프로그램정의 및 위험감소(PDRR: Program Definition & Risk Reduction), 엔지니어링/제조 개발(EMD: Engineering & Manufacturing Development), 생산/배치(PFD&OS: Production, Fielding, Deployment & Operational Support) 로 구성되며, 0˜Ⅲ까지의 4개 마일스톤을 포함하고 있었다. 이 프로세스는 시스템 자체의 획득에 초점이 맞추어져 있어 획득프로세스가 일괄적이고 순차적이며 한 번에 전체시스템을 획득하려는 개념에 의해 진행되기 때문에 일정 및 비용의 위험을 내포하고 있었다. 특히 공식적인 의사결정이 마일스톤에서만 이루어져 많은 결정사항에 대한 명확하고 간결한 기준을 적용하기 어려웠다.

2000년 개정 획득프로세스

1996년 개정된 획득프로세스의 문제점에 따라 유연하고 절감된 수명주기 비용으로 전투원에 첨단기술을 신속하게 접목시키기 위하여 2000년에 획득프로세스를 개정하게 되었다. 2003년 개정된 현행 미 국방획득프로세스의 핵심은 시스템엔지니어링기반의 진화적 획득전략(evolutionary strategy)이다. 이 프로세스는 기존의 4단계 마일스톤을 3단계(A, B 및 C단계)로 축소시키고 대신 IPR(In Progress/Process Review)이 추가되었다. 그리고 프로세스 적용측면에서 새로운 사용자 요구(user needs)와 기술적용기회(technology opportunity)가 발생했을 때에는 마일스톤 A에서 C까지 어느 단계로도 진입이 가능하도록 유연성이 크게 부여 되었다. 개정 획득프로세스는 공식적인 획득프로세스에 진입하기 이전에 기술적용 가능성이나 임무요구에 대한 사전연구가 되도록 강조하였으며 진화적 획득정책이 반영되었다.

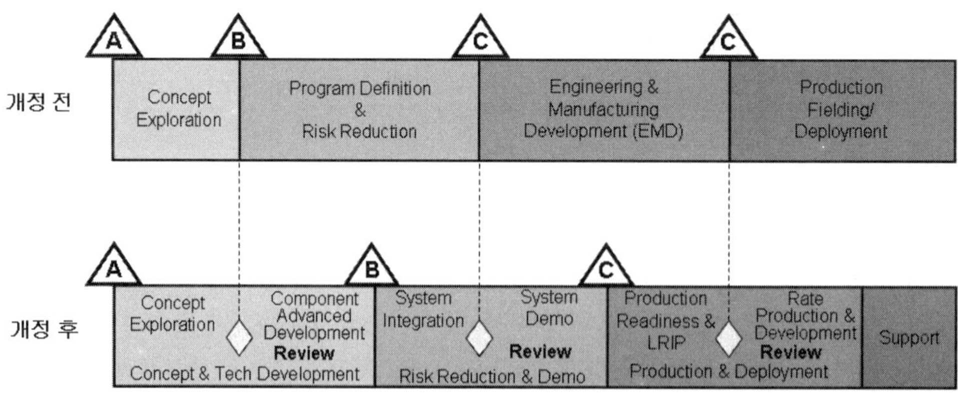

그림 2.4 미 국방획득프로세스 비교(1996년과 2000년)

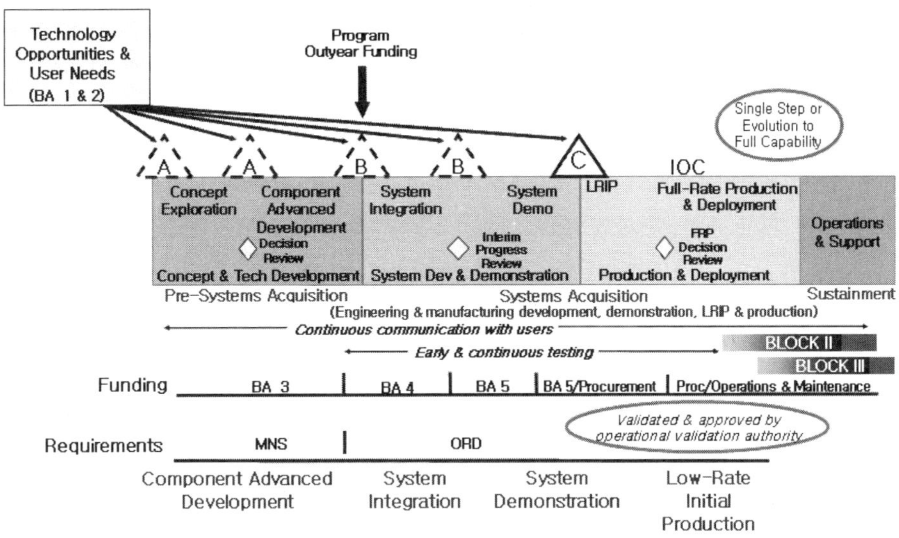

그림 2.5 2000년 개정 미 국방획득프로세스

2003년 개정 획득프로세스

개정된 현행 미 국방획득프로세스의 핵심은 하향식(topdown) 능력기반 소요제기와 진화적 획득전략(evolutionary strategy)이다. 이에 따라서 획득프로세스의 초기단계부터 능력기반 개념을 적용하여 각종 요구사항 관련문서들의 명칭에 대한 수정이 필요하게 되었다. 즉 능력기반 개념과 진화적 접근방법을 적용하여 초기능력서(ICD: Initial Capability Document), 능력개발서(CDD: Capability Development Document) 및 능력생산서(CPD: Capability Production Document) 등이 만들어지고, 차후의 성능개량에 대한 내용을 수용할 수 있도록 했다. 특히, 개념정제(concept refinement)와 기술개발(technology development) 등과 같은 획득사업의 초기 활동이 강조되었다. 이는 운용개념의 중요성을 강조하는 시스템엔지니어링에서의 초기활동이 반영된 것으로 볼 수 있다. 즉, 시스템의 개념결정(concept decision)이 예비시스템획득프로세스로 진입하기 이전에 반드시 이루어지도록 규정하고 획득프로세스의 첫 단계에서 설정된 개념을 다시 정의하도록 했으며, 개념정제가 완료되면 마일스톤 A에서의 의사결정을 통해 기술개발 단계로 진입한다. 기술개발 단계는 2000년 프로세스의 개념 및 기술개발(concept & technology development) 단계를 보다 구체적이고 명확하게 적용하도록 강조된 것이다. 그림 2.6은 2003년 개정프로세스를 나타낸다. 획득프로세스 첫 단계에서 볼 수 있듯이 2003년도 획득프로세스는 소요제기 단계에서 하향식의 시스템 개념정의가 반드시 이루어지도록 규정하고, 획득프로세스로 진입하면서 다시 개념정제 단계를 거치도록 규정화 했다. 시스템개념에 대한 정제활동이 완료되면 마일스톤 A의 의사결정을 통해 기술개발 단계로 진입하게 된다. 2000년 프로세스의 개념 및 기술개발(concept & technology development) 단계가 개념정제 및 기술개발로 분리되면서 초기 활동이 체계화되었다.

따라서 개정 프로세스는 규정된 요구사항보다 능력기반의 요구사항에 의한 산출물에 초점을 두었으며 좋은 산출물을 위해 합동능력(Joint Capability)을 지원하는 요구사항문서에 변화가 나타났다. 즉, 기존의 임무요구서(MNS: Mission Need Statement)가 ICD로 변경되었고, 마일스톤 B에서 획득결정을 지원하기 위해 사용되던 운용요구서(ORD: Operational Requirement Document)는 CDD로 변경되었으며, 마일스톤 C에서의 ORD가 CPD로 변경되었다. 또한 마일스톤 A 이전에 개념정제(concept refinement)를 수행한 후 개념결정(concept decision)을 하는 새로운 결심점이 추가되었다.

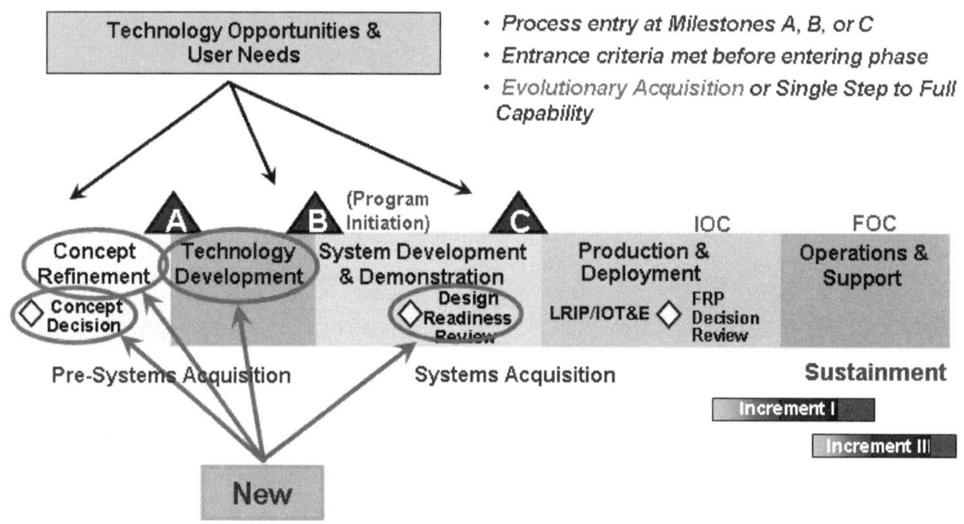

그림 2.6 2003년 개정 국방획득프로세스

소요제기 프로세스는 획득프로세스와 밀접한 관련이 있다. 소요제기는 각 군과 관련기관이, 소요결정은 합참이 각각 주관하고 있으며, 오랜 경험과 구축된 인프라를 기반으로 소요제기/결정 프로세스는 체계적으로 수행되어 왔다. 그러나, 획득정책의 최근 변화에 따라, 미 합참은 소요제기/결정 프로세스를 개정하였다. 2003년 개정된 획득프로세스에서 초기 개념정의 활동이 강화된 것은 소요제기 단계의 활동이 강화됨을 의미한다. 이에 따라 소요제기에 대한 감독과 결정에 대한 권한과 책임을 지닌 합참은 소요제기 및 결정 절차를 개선된 획득정책에 적합하도록 개정하였다. 우선 상향(bottom-up)방식에서 하향(top-down)방식으로 소요가 제기되고 결정되도록 했다. 그림 2.7과 같이 전략정책지침서(Strategic Policy Guidance)로부터 합동운영개념(Joint Operations Concepts)이 도출되고, 이를 통해서 합동작전개념(Joint Operating

Concepts), 합동기능개념(Joint Function Concepts) 및 통합아키텍처가 만들어 진다. 다시, 기능영역분석, 기능요구분석, 전투발전요소분석과 단계별 합참 활동을 거쳐 ICD, CDD 및 CPD가 각각 만들어 진다.

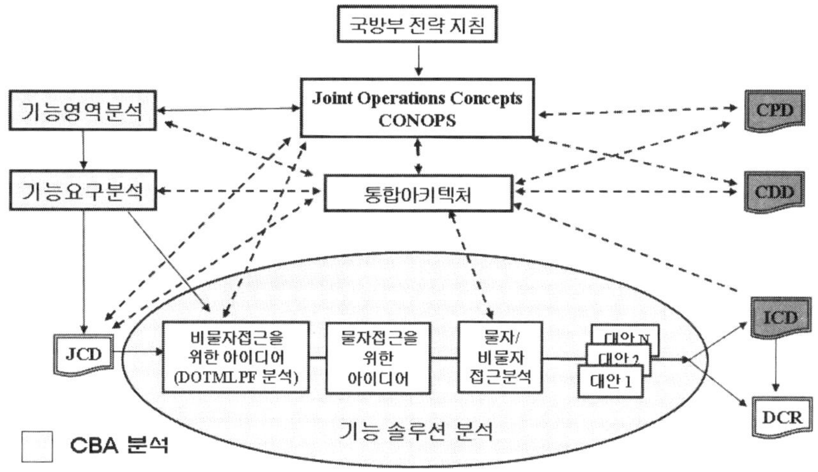

그림 2.7 능력기반 평가절차와 관련 문서

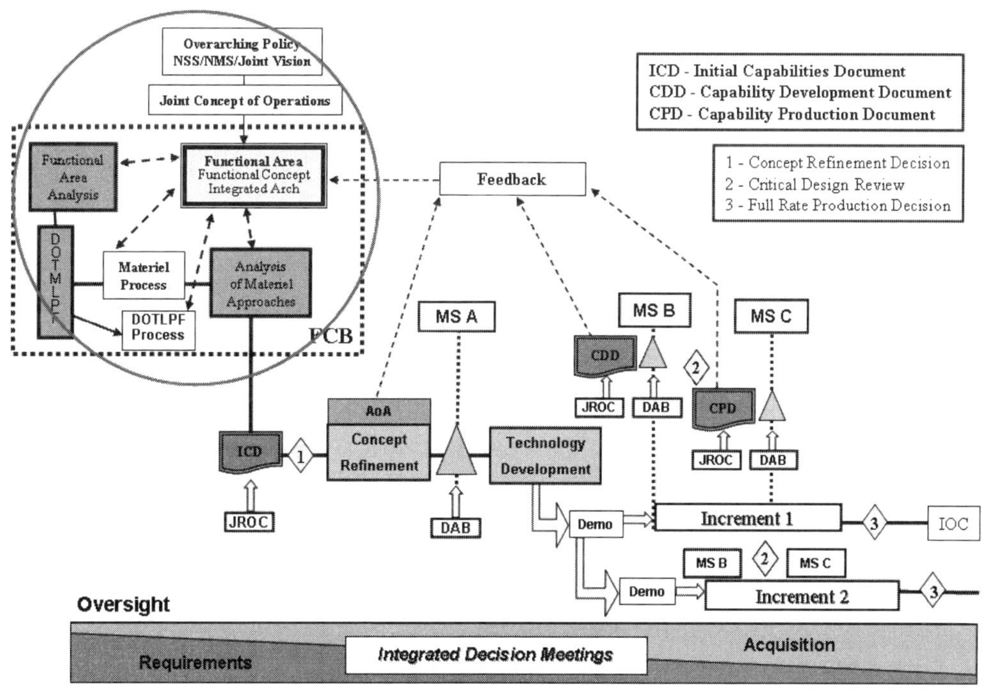

그림 2.8 JCIDS와 획득프로세스의 관계

2.3 획득단계별 시스템엔지니어링 활동

미국의 모든 국방프로그램에 대하여 임의의 개발단계에서 시스템이 프로세스를 시작할 수 있도록 보장하고 있다. 예를 들어, 입증되지 않은 기술을 사용하는 시스템은 프로세스의 초기단계에서 시작하여 장기간의 기술성숙을 통해 진행될 것이다. 반면에 성숙되고 입증된 기술을 바탕으로 하는 시스템개발은 곧바로 엔지니어링개발, 또는 생산단계로 바로 진입할 수 있다.

개념정제 단계(Concept Refinement Phase)

개념정제(concept refinement)로 시작하는 획득전(pre-acquisition) 단계는 기술적용기회(technology opportunities), 일정제약, 자원가용도, 성능파라미터, 운용요구사항 등의 조화에 의해서 시스템 설계에 영향을 미치는 실질적인 기회를 제공하는 단계이다. 주요성능파라미터(KPPs: Key Performance Parameters)와 기타 다른 파리미터로 표현되는 사용자 요구능력은 다음과 같은 관점에서 정의되어야 한다.

- 임무요구사항(mission requirements)을 적절하게 만족시키는 정량화된 측정기준(예 : 속도, 치명도)
- 장기간에 걸쳐 임무를 수행하는데 필요한 모든 범위의 운용요구사항(operational requirements)
  (예 : 신뢰성, 효과성, 군수지원소요(logistics footprint), 지원성 판단기준(supportability criteria))

획득단계 초기에 시스템엔지니어링의 효과적인 적용은 잘 구조화된 시스템엔지니어링계획서(SEP: Systems Engineering plan)에 사용된다. 이것은 중요한 시스템엔지니어링 기술검토 측정에 이용되며, 프로그램 위험을 줄이고 적절한 방법으로 잠재적인 관리 문제들을 식별할 수 있게 해 준다. 개념정제 단계는 초기개념을 정제하고 기술개발전략을 만든다. 이 단계로의 진입을 위해서는 성공적인 개념결정과 승인된 초기능력서(ICD: Initial Capabilities Document)가 요구된다. 획득결정각서(Acquisition Decision Memorandum)는 대안분석 계획에 대한 주요 의사결정기관(Milestone Decision Authority)의 승인을 문서화하고 마일스톤 A 검토를 위한 일정을 수립하게 된다. ICD와 대안분석 계획은 개념정제 단계 활동의 근간을 이룬다. 다음 자료들은 개념정제 단계를 지원하는 시스템엔지니어링 프로세스에 대한 중요한 입력정보를 제공한다.

- 초기능력서(Initial Capabilities Document)
- 대안분석계획서(Analysis of Alternatives Plan)
- 개념정제 단계 종료기준(Exit Criteria for The Concept Refinement Phase)
- 정비 및 군수지원 개념 대안(Alternative Maintenance and Logistics Concepts)

개념정제 단계에서는 이들 입력물을 바탕으로 고객요구분석, 기능적 성능과 시스템개념의 분석 및 평가, 대안시스템 검토 등이 이루어지며 개념정제 단계에서 진행된 시스템엔지니어링 프로세스의 산출물은 다음과 같다.

- 예비시스템규격서(Preliminary system Specification)
- 시험평가전략(Test and Evaluation Strategy)
- 시스템엔지니어링계획서(Systems Engineering Plan)
- 시스템안전분석(System Safety Analyses)
- 지원/정비개념 및 기술(Support and Maintenance Concepts andTechnologies)
- CDD 입력물(Inputs to draft Capability Development Document)
- 기술개발전략 입력물(Inputs to Technology Development Strategy)
- AoA 입력물(Inputs to Analysis of Alternatives)
- 비용 및 인력추정 입력물(Inputs to Cost and Manpower Estimate)

기술개발 단계(Technology Development Phase)

성공적인 마일스톤 "A" 결정은 기술개발 단계에서 시작한다. DoDI 5000.2에 의하면 이 단계는 기술위험을 줄이고 전체 시스템으로 통합되도록 적절한 기술요소를 결정한다. 기술개발은 연속적인 기술의 발견이며 과학기술 공동체, 사용자, 개발자 사이의 밀접한 협력을 반영하는 과정이다. 기술개발은 기술평가와 사용자의 성능파라미터를 정제하는 반복적인 프로세스이다. 최초능력서, 기술개발전략, 그리고 능력개발서 초안은 단계별 노력을 위한 지침을 제공하여 능력개발서를 완성토록 한다. 다음 자료들은 기술개발 단계에 대한 주요 입력물이 된다.

- ICD와 CDD 초안(Initial Capabilities Document anddraft Capability Development Document)
- 선호 시스템개념(Preferred System Concept)
- 종료기준(Exit Criteria)
- 시험평가전략(Test and Evaluation Strategy)
- 시스템 안전분석(System Safety Analyses)
- 지원/정비개념 및 기술(Support and Maintenance Concepts and Technologies)
- AoA(Analysis of Alternatives)
- 시스템엔지니어링계획서(Systems Engineering Plan)
- 기술개발전략(Technology Development Strategy)

기술개발 단계에서는 운용성능 및 운용환경 제약사항을 분석하여 사용자의 요구를 분석하고 핵심기술 및 기타기술과 관련된 검증 계획을 위해 기능적 정의를 개발하며 엔지니어링개발 모델 및 M&S 등을 통하여 시스템통합 이전에 물리적 기능적 형상들을 충분히 검토한다. 기술개발 단계에서 도출된 시스템엔지니어링 프로세스의 산출물은 다음과 같다.

- 예비시스템성능규격서(Preliminary System Performance Specification)
- 시험평가종합계획서(TEMP: Test and Evaluation Master Plan)
- 위험평가(Risk Assessment)
- 시스템엔지니어링계획서(Systems Engineering Plan)
- 프로그램 보호계획서(Program Protection Plan)
- 기술준비평가(TRA: Technology Readiness Assessment)
- 확인된 시스템 지원/정비 목적 및 요구사항(Validated System Support and Maintenance Objectives and Requirements)
- 통합베이스라인검토 입력물(Inputs to Integrated Baseline Review)
- 정보지원계획 입력물(Inputs to the Information Support Plan)
- 시스템위협평가 입력물(Inputs to the System Threat Assessment)
- CDD 입력물(Inputs to the Capability Development Document)
- 획득전략 입력물(Inputs to the Acquisition Strategy)
- 여유성평가 입력물(Inputs to the Affordability Assessment)
- 비용 및 인력추정 입력물(Inputs to the Cost and Manpower Estimate)

시스템 개발 및 시연 단계(System Development and Demonstration Phase)

이 과정은 일반적으로 마일스톤 B에서 획득단계 진입을 의미한다. 시스템 개발 및 시연 단계 진입을 마일스톤 결정위원회가 승인할 때 가능하며 이 단계에서 공식적인 프로그램이 시작된다. 시스템 개발/시연 단계 동안 주요 핵심사항은 종합군수지원 경로 최소화에 대한 특별한 주의로 운용/유지를 보장하는 것이다. 시스템 개발/시연의 목적은 시스템개발 또는 성능증대, 통합 및 제조위험 감소, 군수지원 과정 축소를 포함하는 운용유지 보장, 인간 중심적 시스템 통합, 생산성 향상을 도모하는 설계, 결정적 프로그램 정보보호 및 지원성 확인, 시스템 상호운용성, 안전성, 유용성 등을 확인하는 것이다. 시스템 개발 및 시연 단계에서 시스템엔지니어링 프로세스에 입력되는 사항은 다음과 같다.

- 시스템성능규격서(System Performance Specification)
- 종료기준(Exit Criteria)

- 확인된 시스템 지원/정비 목적 및 요구사항(Validated System Support and Maintenance Objectives and Requirements)
- 획득프로그램 베이스라인(Acquisition Program Baseline)
- 능력개발서(Capability Development Document)
- 시스템엔지니어링계획서(Systems Engineering Plan)
- 정보지원계획서(Information Support Plan)
- 시험평가종합계획서(TEMP: Test and Evaluation Master Plan)
- 프로그램환경, 안전성 및 직업적 건강평가(Programmatic Environment, Safety, and Occupational Health Evaluation)
- 생산유지전략(Product Support Strategy)

시스템 개발 및 시연 단계에서는 각종 시험평가를 포함하여 시험준비검토(TRR: Test Readiness Review), 시스템검증검토(SVR: System Verification Review), 제품준비검토(PRR: Production Readiness Review), 기술준비평가(TRA: Technology Readiness Assessment) 등이 수행된다. 시스템개발 및 시연 단계에서 시스템엔지니어링 프로세스를 통한 산출물은 다음과 같다.

- 초기제품베이스라인(Initial Product Baseline)
- 시험보고서(Test Reports)
- 시험평가종합계획서(TEMP: Test and Evaluation Master Plan)
- 제품지원요소(Elements of Product Support)
- 위험평가(Risk Assessment)
- 시스템엔지니어링계획서(SEP: Systems Engineering Plan)
- 기술준비평가(Technology Readiness Assessment)
- 프로그램환경, 안전성 및 직업적 건강평가(Programmatic Environment, Safety, and Occupational Health Evaluation)
- 제품성능서 입력물(Inputs to the Capability Production Document)
- 시스템위협평가 입력물(Inputs to System Threat Assessment)
- 정보지원계획서 입력물(Inputs to the Information Support Plan)
- 비용 및 인력추정 입력물(Inputs to Cost and Manpower Estimate)

생산 및 배치 단계(Production and Deployment Phase)

생산 및 배치단계는 마일스톤 C에서 시작하며 운용유지를 포함한다. 생산 및 배치 단계 동안 시스템은 임무요구를 충족할 수 있는 운용능력을 달성해야 한다. 이 과정은 양산 결정 검토에 의해 초도양산 및 후속양산의 2단계로 분리되어 있다. 구성품들이 통합되어 시스템으로 개발됨으로써 시험평가 과정에서 개량 및 재설계가 필요한 과제들이 빈번하게 나타난다. 시험환경이 고객이 요구한 환경에 더욱 근접해 질수록 요구되는 성능개량은 복잡하고 까다로워질 수 있다. 초기 제조과정에서 기대하지 못했던 과제들이 나타나기도 한다. 따라서 초도양산은 제조품의 완성도를 높여야 하며 후속양산 및 배치에서 시스템엔지니어링은 프로그램을 위한 물리적 지원을 유도해야 한다. 이 과정 동안 비로소 제품은 초기운용능력을 달성하게 된다. 생산과 배치단계에서 시스템엔지니어링 프로세스 과정에 입력되는 사항은 다음과 같다.

- 시험결과(Test Results)
- 생산과 배치 종료기준 및 운용/유지 단계 진입기준(Exit Criteria to leave the Production and Deployment phase and enter the Operations and Support phase)
- 획득프로그램베이스라인(Acquisition Program Baseline)
- 능력개발서 및 능력생산서(Capability Development Document and Capability Production Document)
- 시스템엔지니어링계획서(Systems Engineering Plan)
- 시험평가 종합계획서(TEMP: Test and Evaluation Master Plan)
- 프로그램 환경, 안전성 및 직업건강평가(Programmatic Environment, Safety, and Occupational Health Evaluation)
- 제품유지패키지(Product Support Package)

생산 및 배치 단계에서는 주로 제품형상을 검증하고 확인하는 단계로서 생산과 배치 동안 기술검토가 수행된다. 각 검토 내용은 통합베이스라인검토(IBR: Integrated Baseline Review), 운용시험준비검토(OTRR: Operational Test Readiness Review), 시스템요구사항검토(SRR: System Requirements Review), 시스템기능검토(SFR: System Functional Review), 예비설계검토(PDR: Preliminary Design Review), 상세설계검토(CDR: Critical Design Review) 등이 있다. 생산 및 배치단계에서 시스템엔지니어링 프로세스의 산출물은 다음과 같다.

- 제품베이스라인(Product Baseline)
- 평가보고서(Test Reports)
- 시험평가종합계획서(TEMP: Test and Evaluation Master Plan)
- 위험평가(Risk Assessment)
- 프로그램 환경, 안전성 및 직업건강평가(Programmatic Environment, Safety, and Occupational Health Evaluation)

- NEPA 승인일정 (필요시)

- 시스템엔지니어링계획서(System Engineering Plan)

- 비용 및 인력 입력물(Inputs to Cost and Manpower Estimate)

운용 및 유지 단계(Operation and Support Phase)

운용 및 유지 단계의 목적은 시스템이 운용/유지 성능요구사항을 충족시키고 총 수명주기에 걸쳐 최대 비용 대 효과를 달성하도록 지원하기 위해 실행하는 것이다. 시스템이 유효수명에 도달했을 때 운용부서는 시스템을 폐기해야 한다. 운용유지 단계는 유지(sustainment) 및 폐기(disposal)의 두 과정으로 이루어진다. 운용 및 유지단계에서 시스템엔지니어링 프로세스를 위한 입력물은 다음과 같다.

- 서비스사용자료(Service Use Data)

- 운용자 피드백(User Feedback)

- 실패보고서(Failure Reports)

- 불일치보고서(Discrepancy Reports)

- 프로그램 환경, 안전성 및 직업건강평가(Programmatic Environment, Safety, and Occupational Health Evaluation)

- 시스템엔지니어링계획서(SEP: System Engineering Plan)

운용 및 유지 단계에서는 제품 사용 중 데이터 감시, 수집 및 분석, 시스템 위험 및 장애요소로 이루어지며 운용 및 유지 단계 기술검토로는 직무검토(ISR: In-Service Review)가 있다. 운용 및 유지 단계에서 시스템엔지니어링 프로세스 수행에 따른 산출물은 다음과 같다.

- 시스템의 다음 점증을 위한 능력개발서 입력물(Input to Capability Development Document for next increment of the system)

- 배치된 시스템을 위한 수정 및 업그레이드(Modifications and upgrades to fielded system)

- 시스템 안전성 분석(System Safety Analyses)

- 프로그램 환경, 안전성 및 직업건강평가(Programmatic Environment, Safety, and Occupational Health Evaluation)

- NEPA 승인일정(필요시)

- 시스템엔지니어링계획서(System Engineering Plan)

모든 개발이 다르다

앞에서 기술된 프로세스는 실제 적용에 있어서 매우 유동적이다. 표준화된 시스템 획득은 절대 없다. 따라서 이 프로세스는 상용 분야에서 입증되고 군사적 목적을 위해 구입된 시스템에서부터 본질적으로 무에서 설계되어 개발된 시스템까지 광범위한 가능성을 수용하기 위해 정의되었다. 프로세스를 통해 수행되는 시스템 개발은 주로 사용하는 기술 성숙도 레벨에 좌우된다. 앞에서 설명된 것과 같이 시스템 설계가 주로 입증 기술된 또는 상용품의 사용에 의해 이루어진다면, 프로세스는 시스템 단계 생략, 또는 단계 내에서 매 세부 단계마다 빠르게 전이되도록 조정될 수 있다. 시스템의 형태가 적용 가능한 기술영역 내에서 잘 알려졌다면, 또는 잘 알려진 최신의 적용버전이라면 프로그램 정의 및 위험감소 활동을 적절하게 조정할 수 있을 것이다.

개발에 적합한 경로를 프로그램관리자에게 조언하고, 그 이유를 개략적으로 말하는 것이 시스템엔지니어의 역할이다. 프로세스 과정의 적합한 경로에 대한 결정은 일반적으로 프로그램관리자 기반의 MDA에 의해 실질적으로 이루어진다. 프로세스는 훌륭한 엔지니어링이고 획득개혁안의 일부로서 DoD 정책이기 때문에 특정한 개발에 맞도록 테일러링되어야 한다. 그러나 테일러링은 시스템엔지니어링 접근방법 고유의 요구사항 추적성, 통제베이스라인통제, 수명주기 초점, 성숙도 추적 그리고 통합을 유지하고자 하는 의도로 이루어져야 한다. 프로세스 테일러링의 타당성은 항시 위험관리 이슈가 되어야만 한다.

2.4 요점

- 시스템의 개발, 획득 및 운용은 다수의 공법, 공식적인 훈령, 지침 및 매뉴얼, 많은 서비스와 구성품 규정 그리고 많은 관련 기관과 국제협정에 의해 결정된다.

- 획득프로세스 모델은 시스템과 변동하는 기술 성숙도에 대해 수용성과 유동성을 지니고 있다. 미완성 기술에 관련된 시스템은 개발 및 생산에 더 많은 시간이 소요되지만, 성숙된 기술을 이용하는 시스템은 상대적으로 빠르게 프로세스 과정을 통해 진행된다.

- 시스템엔지니어링 활동은 관련 활동(문서개발, 기술검토, 형상관리 등)이 획득 프로세스를 유지하고 강화하는 시스템 획득프로세스로 통합된다. 엔지니어링 관리자의 과제는 시스템이 다음 단계로 진행되기 전에 기대되는 성숙도의 성취를 확실하게 하기 위해 엔지니어링 활동이 프로세스의 적당한 시점에서 수행되도록 보장하는 것이다.

부록 2-A. 상용과 국방프로그램 단계 비교

일반회사들은 연방획득규정(FAR: Federal Acquisition Regulation)에 의해 제약을 받지 않는다. 예를 들어, 국방 프로젝트를 수행하는 방위산업체 보다는 훨씬 쉬운 방식으로 운용된다. FAR은 경쟁에서 공정성을 보장하고 정부가 공정한 가치를 받도록 하기 위해 설립되었다. 그러나 이로 인해 정부규제와 획득지연이라는 결과를 가져왔다. 국방프로그램과 상용프로그램의 단계(phase/step) 별로 요구되는 기간을 대략적으로 비교하여 표 2.1에 나타냈다. 표에서의 개발단계는 1996년에 개정되어 2000년 개정 전까지 사용되던 획득프로세스 단계이다.

단 계	시간(개월)	국방 모델	상용모델	시간(개월)	단 계
개념이전 (0단계 이전)	6-18	고객 • 소요식별 • 임무목적 정의 • 임무, 시스템요구사항 정의 • 제약사항 설정 • 조달서류 준비 • 계약자 선정	고객 • 소요(인지되지 않을 수도 있음)	0	0
개념탐색 (0단계)	6-18	계약자(예산지급) • 실현가능성 조사 • 기술소요 정의 • 시스템개념 개발 • 수명주기 비용 추정 • 다음 단계 제안서 작성	계약자(예산 미지급) • 소요인지 • 시장과 가치 정의 • 비즈니스 사례 개발 • 소요에 대한 솔루션 정의 • 소요를 충족시키는 상용 H/W 및 S/W 조사 • 개발소요 정의 • 개념을 관리로 전환	1 - 3	I
프로그램 정의 및 위험감소 (I 단계)	6-48	계약자(예산지급) • 분석 정제 • 요구사항의 세분화 • 대안시스템 절충연구 • 시스템개념 정제 • 기술개발 • 핵심 시연문제점 정의 • 시연과 확인을 위한 H/W 및 S/W 설계 및 개발 • 시연 확인시험의 수행 및 주요 이슈 처리/해결 • 규격서, ICDs, 계획서 개발 • 다음 단계 제안서 작성	계약자(예산 미지급) • 요구사항정의를 위해 고객과 협조 • 운용 및 서비스 개념 개발 • 시스템개념 개발 • 요구사항 정제 • 소요 요소 설계 • COTS 요소 개발 및 통합 • 시스템 시험평가	3 - 24	II
EMD. (II단계)	24-60	계약자(예산지급) • 시험평가 시스템 개발 • 다음 단계 제안서 작성	계약자(운송료 지급) • 생산, 운송, 통합	1 - 9	III
생산/배치	6-24	• 시스템의 생산/배치	• 제품 서비스 • 제품유지 • 폐기지원	24 -150 24 -150 필요시	IV V
운용유지	60-150	• 시스템에 대한 공장지원			
폐기	필요시	• 시스템 폐기지원			

표 2.1 **상용과 미 국방부 프로그램 단계 비교**

국방과 상용프로그램의 명확한 차이는 특정 (또는 전체) 단계를 완료하기 위한 프로그램 단계와 시간간격에서 나타난다. 전형적인 상용프로그램은 제품을 설계, 생산하여 인도하기까지 중요도에 따라 2~3개의 프로그램 단계로 구성된다. 반면 전형적인 국방프로그램은(사전개념 및 프로그램정의 단계의 유무에 따라) 3~4단계로 이루어진다. 상용프로그램의 공식적인 프로젝트 시작부터 제품을 인도하기까지 소요되는 시간은 최소 1년 미만부터 최대 약 4년까지 다양하다.

반면에 국방부에서는 최소 기간이 대략 4~5년이고 최대는 7년 이상이 될 수도 있다. 국방부에서는 이와 같은 상황을 인지하고 이를 개선하기 위하여 많은 변화를 받아드리고 있다. 그러나 예산낭비, 사기 및 직권남용을 최소화하기 위한 정부의 감독요구사항이 상용과 비교하여 큰 짐이 될 수 도 있다.

사전개념(Pre-Con)

상용에는 국방부의 사전개념 단계와 상응하는 단계가 없다. 간단히 말해 상용에서 사전개념 단계는 요구되지 않는다.

개념탐색(CE)

상용과 국방프로그램의 개념탐색 단계는 유사한 점이 많다. 여기서는 상용단계를 간단히 I, II로 칭한다. 중요한 차이는 상용프로그램이 비용 면에서 저렴하고 (내부의) 비공식적인 조사가 신속하게 수행된다는 점이다. 국방 CE 와 상용 I 단계는 대략 동일한 시점에서 종료된다. 남아있는 이슈를 해결하기 위해 보다 노력할 것인가 또는 계속 더 진행할 것인가를 판단한다.

프로그램정의 및 위험감소(PD&RR)

미 국방부의 이 단계는 상용프로젝트에서 거의 사용되지 않는다. 국방부가 PD&RR에서 강조하는 이슈는 상용프로젝트의 경우 정상적인 개발 과정 동안에 중점을 두고 다루어진다. 국방부에서 군사상 우위를 유지하기 위해 시작하는 높은 위험이 수반되는 개발을 상용프로젝트에서는 시작하지 않는다. 상용프로그램에서는 전면(full scale) 개발 결정에 앞서 높은 위험 영역을 예비시제와 특별시험으로 강조해 다루게 된다. 상용프로그램의 II단계는 국방부의 PD&RR과 EMD 단계 활동을 결합한다. 상용개발은 이 두 활동을 결합함으로써, 유사한 국방프로그램과 비교해볼 때 2년에서 4년가량 앞서 개발을 완료하기도 한다.

엔지니어링 및 제조개발(EMD)

EMD는 상용개발 단계 II와 유사하다. 상용 및 군용 경우 모두, 설계가 완료되고 시스템이 만들어지며 시험을 수행한다. 1차 생산마무리(소프트 도구사용)는 설계되어 초기 시험평가 항목을 수행함으로써 품질자격(qualification)을 얻게 된다. 품질자격 취득 후 하드생산 마무리(hard production tooling)에 대해서도 계속하여 추가 시험장비를 만들어 합격시켜야 한다. 이 시점에서 국방부의 EMD II와 상용 II단계가 완료된다.

생산(Production)

국방과 상용생산의 차이점은 생산품의 본질과 사용자/고객과의 관계에 달려있다. 상용제품은 재고목록을 만들고 비축하며, 주문을 기다리거나 고객에게 정시에 배달하기 위해 만들어 질 수 있다. 국방부는 프로세스의 계획된 단계에 대해 획득하게 된다.

운용, 지원 및 폐기(O&S and Disposal)

국방부는 공급자로부터 제공되는 공장지원 장비를 가지고 운용 지원한다. 상용회사는 공장에서 공인된 서비스센터에 부품과 훈련을 제공하며 운용지원 단계에서는 주된 역할을 하지 않는다. 국방부와 상용 사용자는 소요에 따라, 폐기물 지원에 관해 공급자와 계약을 맺는다. 이와 같은 일은 프로그램에 따라 다르다.

국방부는 운용지원과 생산, 배치를 결합하여 운영하고 있다. 그림 2.9는 5개의 서로 다른 기관에 대한 프로그램 단계별 비교를 나타내고 있다. 이 그림은 요구사항정의로 부터 배치, 운용

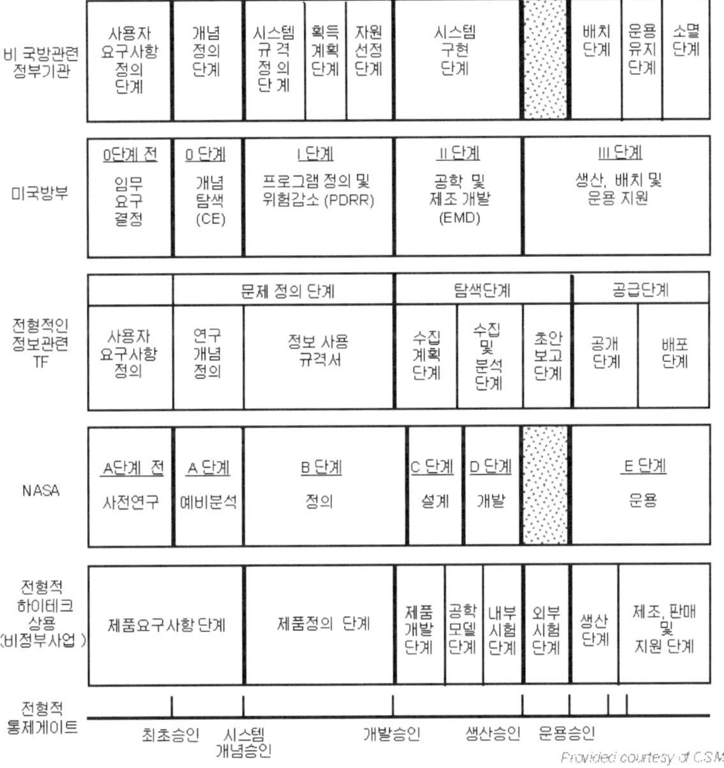

그림 2.9 **프로젝트 주기 비교**

및 지원을 거쳐 활동 하지 않을 때 까지 진행하는데 있어 모든 프로그램이 기본적으로 비슷함을 강조하고 있다. 그러나 일련의 프로세스 과정의 사용 어휘와 뉘앙스에서 차이가 있을 수 있다. 그림에서 2개의 음영 영역은 프로그램과 마일스톤 사이의 비교가 용이하도록 사용된 것으로 시간 간격이 0임을 나타낸다. 마일스톤은 프로그램에 따라 시간간격이 다르게 발생한다.

부록 2-B. 프로그램 단계별 시스템엔지니어링 프로세스 활동

프로그램 단계 / 시스템엔지니어링 프로세스 범례 ●= 주요 활동 ○= 약간의 활동	개념 단계 이전	0 개념 탐색	I 예비 설계	II 상세 설계	III 생산 및 배치	IV 폐기
1. 프로젝트 제안 사전활동 　임무, SRD, SOW, RFP, CDRL	●	●	●	●	●	●
2. 요구사항분석						
소스요구사항 획득	●	●	●	●		●
운용개념개발	●	●	●	●		
기능성능요구사항	○	●	●	●		
설계제한요구사항	○	●	●	●		
요구사항할당	○	●	●	●		
3. 기능분석	○	●	●	●		
4. 시스템아키텍처 조합						
다중아키텍처 조합	○	●	●	●		
시스템요소 요구사항	○	●	●	●		
아키텍처 선정 및 평가	○	●	●	●		
통합 시스템 물리적 형상	○	●	●	●		
인터페이스 정의 및 정제	○	●	●	●		
규격트리 및 규격서 개발	○	●				
5. 시스템 분석						
절충연구	○	●	●	●		
시스템 모델링 및 시뮬레이션	○	●	●	●	○	
위험관리	○	●	●	●	●	●
수명주기 비용분석	●	●	●	●	○	
비용 대 효과분석	●	●	●	●	○	●
6. SE 산출물 통제		●	●	●	●	
7. SE 프로세스 통제						
SEMP, SEMS/SEDS, TPM, 감사		●	●	●	●	
SE 프로세스에 제조 포함	○	○	●	●	●	
8. 시스템 수행 지원						
시스템통합	○	●	●	●	○	●
시스템검증		●	●	●	○	●
베이스라인정비		●	●	●	●	
엔지니어링 유지				●	●	

표 2.2 프로그램 단계별 SE 프로세스 활동

부록 2-C. 기술준비레벨(TRL: Technology Readiness Level)

기술준비레벨	설명
1: 관찰 및 보고된 기본 원칙	기술준비(technology readiness)의 최하위 레벨. 과학적 연구가 기술의 기본특징으로 전환되기 시작한다.
2: 기술개념 및 적용의 공식화	고안(Invention)의 시작 레벨. 일단 기본 원칙이 주어지면, 실질적인 응용물이 고안될 수 있다. 아직까지 추상적인 개념으로서 그 가정을 지원할 수 있는 세부 분석이나 입증된 것은 없다. 사례는 종이 상 연구에 불과하다.
3: 개념에 대한 분석적이며 실험적인 기능 및 특성 입증	실제 연구개발의 시작 단계로 각각의 기술요소에 대한 해석적 예측의 물리적 검증을 위한 분석연구와 실험실 연구가 포함된다.
4: 실험실에서의 구성품 및 실험용 회로판 (bread-board) 검증	부품이 함께 동작되도록 하기 위하여 기본적인 기술 구성품을 통합한다. 이것은 궁극적인 시스템과 비교할 때 상대적으로 낮은 충실도(low fidelity)를 갖는다. 실험실에서 이루어지는 '임시(ad-hoc)' 하드웨어 통합이 일례이다.
5: 관련 환경에서의 구성품 및 실험용 회로판 검증	실험용 회로판 기술의 충실도가 현저하게 증가된다. 그 기술이 모의환경에서 시험될 수 있기 위한 기본 기술 구성품이 실제 적용 가능하도록 통합된다. 실험실에서 이루어지는 높은 충실도의 구성품 통합이 이에 해당된다.
6: 관련 환경에서의 시스템/하부시스템 모델 또는 시제품 시연	레벨 5의 실험용 회로판 시험을 능가하는 모델이나 시제 시스템을 실제 유사환경에서 시험한다. 기술시연 준비에서 중요한 증대가 나타난다. 높은 충실도 실험실 환경 또는 모의 운용환경에서의 시제품 시험이 해당된다.
7: 운용환경에서의 시스템 시제품 시연	계획된 운용시스템에 가까운 시제품 레벨이다. 운용환경에서 실시스템 시제품의 시연을 요구하는 레벨 6으로부터 주요한 증가가 나타난다. 비행기 시험대에서의 시제품 시험이 일례이다.
8: 시험과 시연을 통해 얻어진 완전하고 양질의 실시스템	최종 형태와 기대 조건하에서 작동이 입증된 기술레벨이다. 대부분의 경우 시스템 개발이 완료된다. 예를 들면 설계규격서를 충족시키는 시스템의 개발시험평가를 완료한 경우를 들 수 있다.
9: 성공적인 임무운용을 통해 입증된 실시스템	최종 형태와 임무환경(예를 들면, 운용시험평가와 같은)에서 기술의 실제 적용으로 운용 임무환경에 적용되는 시스템을 말한다.

부록 2-D. 진화적 획득정책 고려사항

　국방획득에 대한 진화적 접근방법(evolutionary approach)은 사용자 요구(user needs)의 변화, 기술적용기회(technological opportunities), 그리고 운용을 통해 얻어진 경험적 지식에 의해 시스템이 진화적으로 발전한다는 간단한 개념이다. 이러한 개념은 전혀 새로운 것이 아니다. 동급의 함정이 모두 다르듯이 비행기와 차량도 설계를 개량하기 위해 설계된 블록변경(block changes)을 하고 있다. 변형된 시스템이 다른 임무를 수행하고, 최초위성과 최종위성 발사 사이에는 진화적 향상이 이루어져 왔다. 그리고 급격한 기술변화로 컴퓨터 자원과 소프트웨어 시스템은 지속적인 진화가 이루어지고 있으며 진화적 획득방법은 선택사항이 아닌 필수사항으로 발달 되었다. 그림 2.10은 진화적 개발프로세스의 기본 개념을 나타낸다.

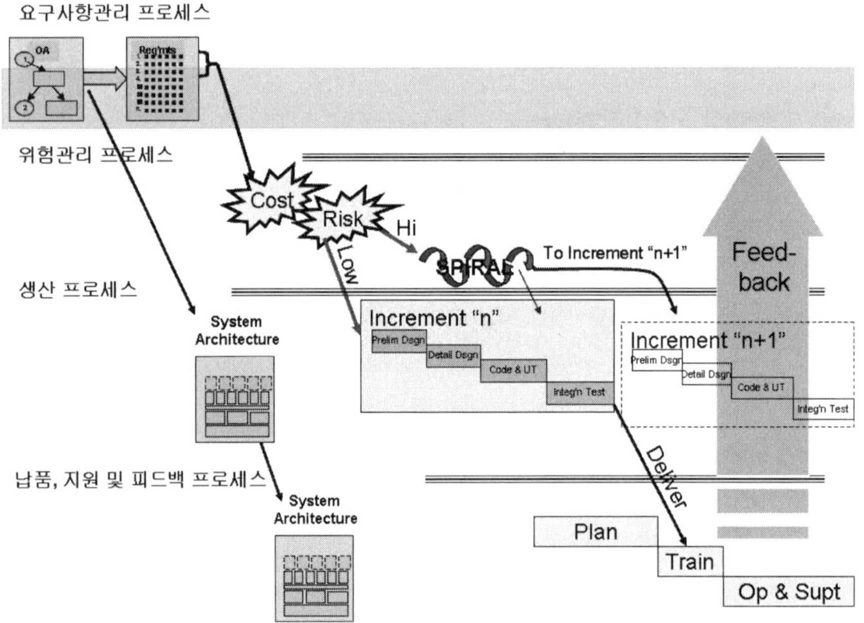

그림 2.10 **진화적 개발 프로세스**

　그림 2.11에서와 같이 진화적 획득은 핵심요소(core) 능력의 개발 및 적용에 따라 시작된다. 시스템 사용으로부터 지식이 얻어지고 기술이 변화함에 따라 시스템은 더욱 편리하고 효과적인 제품으로 발전된다. 진화적 획득의 시작에서 궁극적인 사용자 요구가 일반적인 용어로 알려지지만, 즉각적인 효용성을 지닌 핵심요소 요구는 잘 정의되어야 한다. 미래의 이벤트는 제품의 궁극적인 형태에 영향을 가져오기 때문에 프로그램 시작 단계에서 요구사항이 완전하게 정의되지 않는다. 그러나, 진화적인 개발은 요구사항 검증, 충분히 조성된 예산 그리고 엄격한 기술검토가 요구되는 관리시스템 내에서 수행되어야 한다. 부가적으로 시스템엔지니어링 기능은 모든

요구사항이나 최종형상에 대한 정의가 완전하지 못한 상태의 요구사항 추적과 형상관리 통제에 대한 책임이 있다. 이러한 제약사항과 관심은 사용자, 개발업체 및 관리자의 다양한 관심이 적절하게 충족되는 반면에 이러한 이슈와 연관된 위험이 감소되는 방법으로 수행되는 진화적 접근방법을 요구한다.

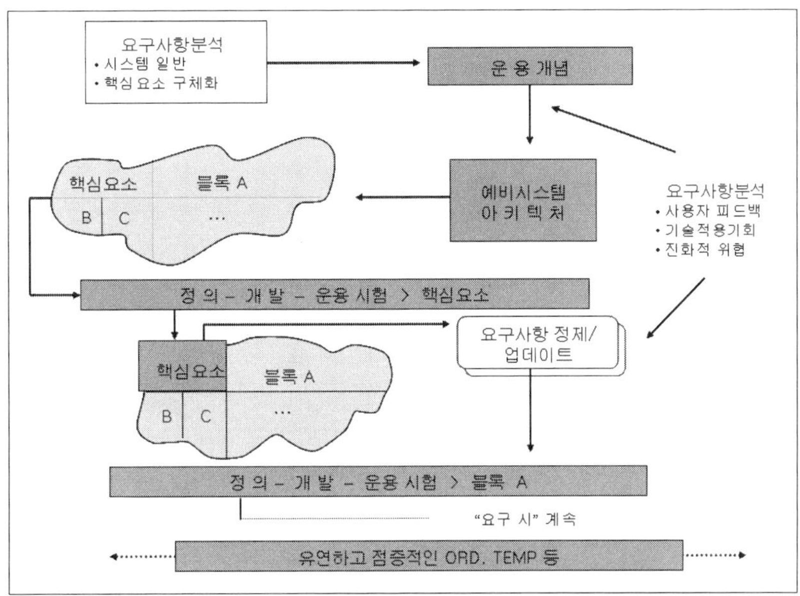

그림 2.11 **진화적 획득**

그림 2.12는 일반적으로 빅뱅(big bang) 접근방법이라고 단일계단(single step) 획득과 진화적 획득을 비교하고 있다. 새로운 제품의 개발과 인도에 대한 진화적 환경은 위험을 감소시키고 비용을 보다 예측 가능하게 한다. 고객이 초기에 궁극적인 목표 능력을 확신하지 못하고 있는 동안, 보다 예측 가능한 낮은 비용으로 보다 높은 품질과 신뢰성을 지닌 제품을 빠르게 생산할 수 있게 된다. 이와 같은 개발접근방법으로 성능개량(improvements)이 제품의 미래 생산을 위해 계획되어 질 수 있다. 미국 공군 F/A-22 전술전투기의 최초 획득전략은 빅뱅 접근방법으로 완전한 목표능력(full capability)에 도달하는 것 이었다. 진화적 접근방법을 사용하지 않음으로써, F/A-22는 큰 위험과 기술적 어려움에 직면했다. 미 공군은 빅뱅 접근방법을 사용함으로써 초기 자금조달에 보다 성공적이었던 반면에, 많은 시연되지 못한 신기술의 발생으로 사업을 어렵게 했다. 이러한 시연되지 못한 기술은 결국, 비용과일정에 대한 정확한 예측을 어렵게 했으며 성능적인 면에서도 어려움이 있었다.

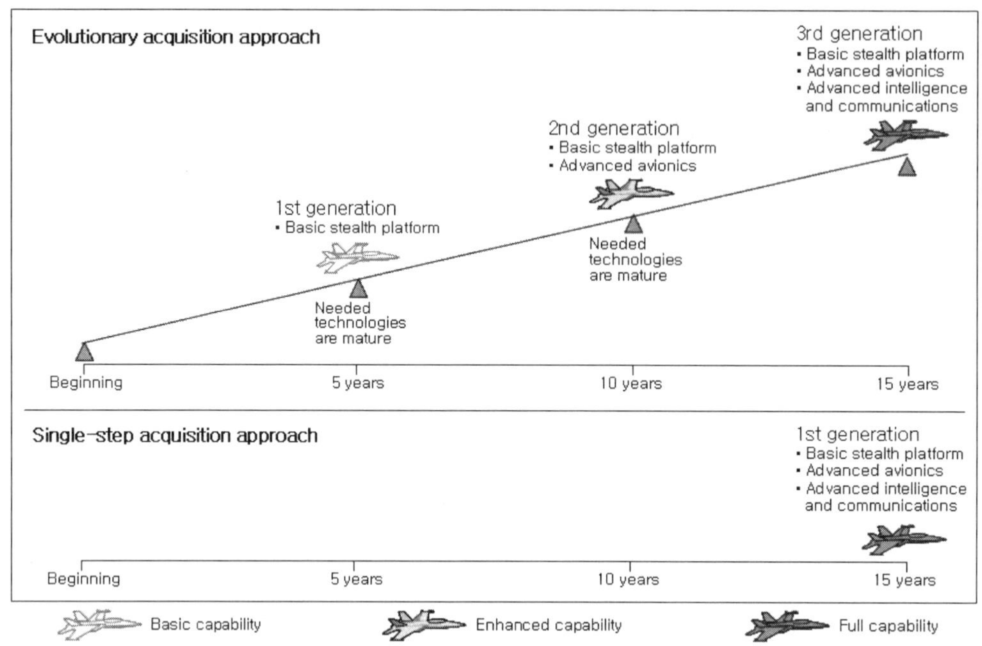

그림 2.12 **진화적 및 빅뱅 획득 접근방법 비교**

진화적 획득을 위한 점증적 개발((incremental development)과 나선형 개발(spiral development)의 두 가지의 개발 프로세스가 있다. 빅뱅 접근처럼 한 번에 개발하고자 하는 대신, 이 두 프로세스는 전체 개발기간 동안 기술 성숙을 기반으로 한다. 이 들 프로세스는 새로운 기술과 능력을 전 기간에 걸쳐 접목시킴으로써 관리 가능한 만큼씩 하드웨어와 소프트웨어를 개발토록 한다. 이것은 일반적으로 초기 하드웨어 또는 소프트웨어를 완전한 개발 노력보다는 적은 규모의 일정한 성능개량의 점증(또는 블록) 능력으로 인도하는 결과를 낳는다.

점증적 개발(incremental development)

점증적 개발은 프로그램 초기에 요구되는 능력이 식별되고, 각각 유효한 기술성숙도에 달려 있는 여러 번의 점증(increment) 개발을 수행함으로써 시간에 걸쳐 요구능력이 달성된다. 첫 번째 점증 단계에서 핵심기능이 식별되고 출시된다. 각각의 새로운 점증 단계가 보다 많은 기능성을 더하게 되며, 이 프로세스는 모든 요구사항이 충족될 때 까지 계속된다. 이 개발은 최종 요구사항이 알려져 있고 프로그램이 성숙됨에 따라 얻어진 교훈들이 합체될 수 있다는 가정 하에 이루어진다.

점증적 개발의 이점은 첫 번째 점증 후 작업산물을 손에 넣을 수 있으며 각각의 주기는 보다 큰 능력을 낳는다는 점이다. 더욱이 점증이 완료되고 사용 가능한 산출물이 얻어질 때 프로그램을 종료할 수 있다. 또한, 프로그램이 여러 개의 작은 부분으로 쪼개지기 때문에 프로젝트관리와 시험이 보다 용이하다.

그러나, 대부분의 요구사항이 초기에 알려져 있어야 한다는 것이 때때로 실현 불가능할 수 있는 단점이 있다. 프로그램이 종료되었을 때 비용과 일정의 초과는 불완전한 시스템의 결과를 낳을 수 있다. 프로그램에 대한 운용/지원은 각각의 점증 출시에 대한 부가적인 지식을 필요로 하기 때문에 덜 효율적이다.

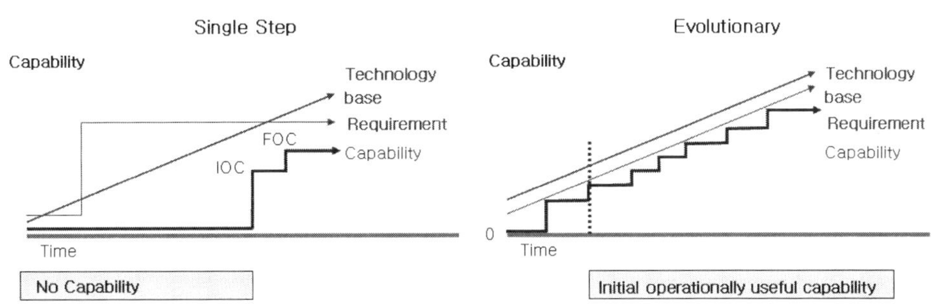

그림 2.13 **점증적 개발**

나선형 개발(spiral development)

나선형 개발에서는 요구되는 성능이 식별되지만, 최종상태 요구사항은 프로그램 초기에 아직 알려지지 않는다. 이들 요구사항은 지속적인 사용자 피드백을 기반으로 하는 시연과 위험관리를 통해 정제된다. 이 접근방법은 각각의 점증개발로 가장 좋은 능력을 제공한다. 이러한 이유와 새로운 신 기술과 접목하는 기술적 위험을 크게 감소시킬 수 있기 때문에 나선형 개발은 종종 민간 시장에서 사용되어진다. 그러나, 이 접근법은 비용과 일정의 위험을 증가시키는 결과를 가져온다. 또한 나선형 개발은 계약업체에게 단계 중복, 요구사항 절충, 그리고 산출물에 대한 재정의 등을 수용하도록 할 수도 있다. 나선형 개발의 이득은 사용자 요구와 요구사항이 보다 좋게 정의되기 때문에, 보다 좋은 위험관리가 가능하다. 반면에, 프로세스를 관리하는데 유연성이 없으며, 때때로 비용과 일정을 초과하는 결과를 낳는다.

점증적 개발과 나선형 개발 모두가 장·단점을 갖고 있지만, 근본적인 차이는 초기부터 프로그램에게 유효한 최종제품(final product)에 대한 지식에 있다. 점증적 개발에서 프로그램 부서는 개발 단계에서 만들어지는 인도할 최종제품을 인지하고 있다. 그러나, 나선형 개발에서, 제품의 최종버전은 최종 개발 단계가 완료될 때까지 결정되지 않은 채로 남아 있다. 즉, 나선형 개발에서 최종제품 설계는 시스템이 만들어지고 있는 동안에 알 수 없다.

비록 빅뱅보다 진화적 개발을 따르는 것이 최상의 관례이지만 자주 비용추정(cost estimates)에 많은 어려움을 겪는다. 이것은 개발과정에서 최종버전이 확정이 되기 전까지는 비용추정이 자주 필요하다고 볼 수 있기 때문이다. 어떠한 경우 미래의 점증과 진화적 개발이 프로그램 초기의 제품과 다르기 때문에, 프로그램 비용추정이 오로지 초기 점증 또는 나선형 개발 동안에만 유효할 수도 있다. 그럼에도 불구하고 나선형 개발은 비현실적인 비용추정을 피하는 가장 좋은 방법이다.

한편, 이와는 달리 진화적 개발을 점증과 나선형 개발방법과 분리하여 표 2.3과 같이 구분하는 경우도 있다. 표에서와 같이 기본적으로 나선형 개발은 불확실한 획득환경 하에서 수행되는 사업에 적합한 방법으로 지속적인 위험관리 활동을 통해 요구사항이 정제된다.

모델명	완전한 요구사항 정의 후 시작	개발단계 중복	중간 산출물 적용
빅뱅(Big Bang)	yes	no	no
점증적(Incremental)	yes	yes	maybe
진화적(Evolutionary)	no	yes	yes
나선형(Spiral)	maybe	maybe	maybe

표 2.3 개발 접근방법 비교

획득관리

DoD 5000 문서와 관련 세부 규정 또는 지침에 나타난 획득관리 요구사항은 일련의 프로그램특정 분석, 보고 그리고 마일스톤 의사결정 프로세스를 지원하는 의사결정 문서를 규정한다. 더욱이, 획득프로세스의 의사결정 이전에 이해관계자간 충분한 협조가 이루어진다. 이러한 절차는 자원 낭비로 보이지만 그 프로그램과 연관된 공동관심을 승인하는 필수적인 프로그램 인증절차이다.

말 그대로 진화적 획득은 『획득 내에서의 획득』을 뜻한다. 한 레벨에서, 엔지니어링관리자는 궁극적인 최종형상으로 발전해 나감에 따라 시스템 관리와 통제를 해야 하는가 하면, 다른 레벨에서는 시스템이 개발됨에 따라 시스템으로 통합되는 수정(modifications), 또는 블록(blocks)에 대한 관리와 통제가 있어야 한다. 시스템은 관련요구사항, 베이스라인 및 검토, 즉 시스템획득의 정상적인 요소를 수행한다. 그러나 각각의 블록마다 특정한 요구사항, 형상 및 관리활동이 수행되어야 한다. 기술관리 업무는 훌륭한 관리원칙이 각 블록 개발에 적용되는 반면, 시스템레벨에서 정의, 요구사항 통제 및 베이스라인을 포함하고, 진화하는 아키텍처를 수여함과 동시에 보장하도록 해야 한다.

시스템엔지니어링 고려사항

진화적 획득은 점증적으로 증가하며 병행적인 개발활동을 필요로 한다. 이러한 활동은 진화된 시스템뿐만 아니라 수정(modifications)을 나타내는 진화적 설계를 개발하는 것이다. 진화적 업그레이드는 수정 그러나 새로운 진화시스템은 새롭게 진화된 요구사항을 지닌 시스템에 의해 평가되고 검증되어야 한다. 비록 임의 지점에서 획득프로세스를 시작할 수 있지만, 시스템엔지니어링에 의해 요구되는 기본적인 베이스라인은 요구사항 추적과 형상통제가 보장되도록 각각의 블록업그레이드에 대해 어느 정도 충족되어야 한다.

그림 2.14에서와 같이 점증적인 능력전달은 진화적 블록업그레이드의 결과 또는 승인된 프로그램 (또는 현재 진화 중인 블록) 내에서 능력의 단계별 발표의 결과이다. 시스템엔지니어링은 둘 다 적용된다. 아직까지 이러한 관계를 규정하는 구조적인 검증 목록은 없지만, 어렵고 복잡한 획득관리계획과 적용을 위한 일반적인 분야별 기본 지침은 다음과 같다. 진화적인 업그레이드는 즉각적인 운용요구, 완전한 운용능력에 앞서 지속적인 제품베이스라인의 정제 그리고 기계획된 병행개발로 인하여 능력전달이 점증적으로 증가되는 운용요구사항(operational requirements)을 기반으로 한다. 만일 수정이 할당 또는 제품베이스라인에 있고 프로그램의 승인된 성능, 비용 그리고 일정에 영향을 주지 않는다면, 시스템은 반드시 획득프로세스에 대해 관리 승인과 마일스톤 베이스라인을 요구하지는 않는다.

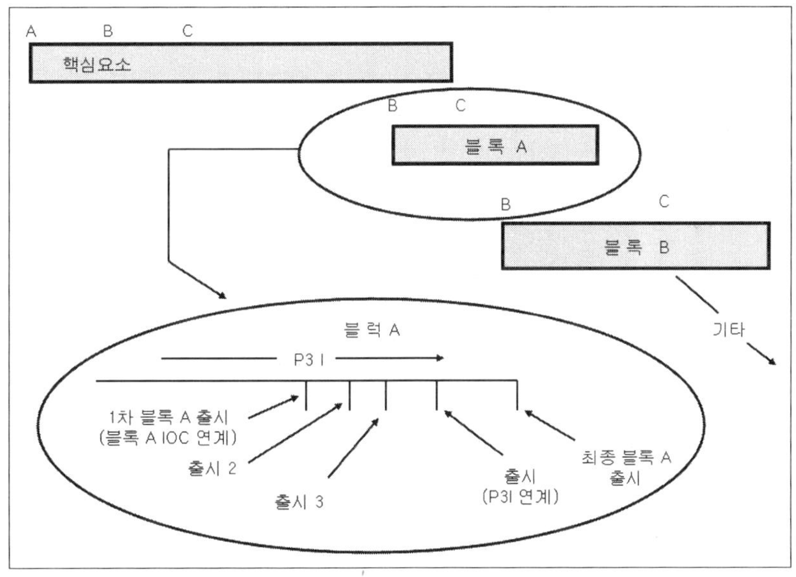

그림 2.14 진화적 블록 단계별 확정

모든 경우에 적절한 시스템엔지니어링 활동을 유지하는 핵심은 진화적 개발에 사용되는 아키텍처와 형상베이스라인이 문서화되고 시연된 형상에 대한 영향을 최소화시키면서 업그레이드시킬 수 있도록 하는 것이다. 이와 같은 문제와 연관된 위험은 획득베이스라인의 최적화와 진화하는 형상에 대한 통제를 중점으로 다루는 프로그램 계획을 통해 현저하게 감소된다.

사례

표 2.4는 주요 자동화 정보시스템(MAIS: Major Automated Information System) 프로그램의 적용에 대해 앞에서 논의된 연관성을 나타낸다. 복잡한 소프트웨어 개발의 속성 때문에 MAIS 획득은 어쩔 수 없이 진화적인 방법으로 획득된다. 표에서 알 수 있듯이 관리통제는 주로 캡스톤, 프로그램, 하부시스템 또는 점증 인도 그리고 지원 프로그램 레벨에 대해 정의된다. 이 표는 주요 획득과 시스템엔지니어링 활동이 진화적 환경에 내에서 어떻게 상호 연관되어 있는가를 보여주고 있다. 가장 큰 교훈은 상호관계가 매우 복잡하여 만일 잘 계획되지 않으면, 프로그램에 큰 위험을 가져올 수 있다는 것이다.

진화적 MAIS 획득 연관성에 대한 개념적 사례					
특성	시스템 레벨	획득 프로그램 레벨	획득요구문서	베이스라인	형상관리 수서
종합요구	주요 프로그램 또는 비즈니스 영역	획득 전략	획득전략문서	최상위 레벨 기능베이스라인	PMO
핵심요소와 진화적 블록	주요 프로그램 블록	획득프로그램	프로그램 문서	기능 및 할당 베이스라인	계약업체 지원
능력의 단계별 확정	블록 확정	내부 획득프로그램	개별 획득문서	제품베이스라인	계약업체 (할당베이스라인 충족)
관련 제품 개선	적용 또는 연동	병행 제품개선 (MAIS 보다 하위)	구성품 혹은 하위 의사결정 레벨 획득프로세스	기능, 할당 및 제품베이스라인	PMO/계약업체

표 2.4 점증적 획득 연관성

요약

획득활동은 획득베이스라인에 정의되어 있는 성능, 비용 그리고 일정과 직접적으로 관련되며, 개발활동의 승인 범위를 규정한다. 획득베이스라인에 의해 규정된 범위를 벗어나는 진화적 개발은 추가적인 요구사항과 함께 신규 또는 개정된 획득 검토 프로세스가 요구된다. 개발과 운용요구서/획득프로그램 베이스라인의 승인은 사용자와 감독요구, 예산통제, 요구사항 추적, 위험감소 그리고 형상관리를 제공하는 진화적 프로세스로 이루어져야만 하는 중요한 활동이다.

제2부

시스템 엔지니어링 프로세스

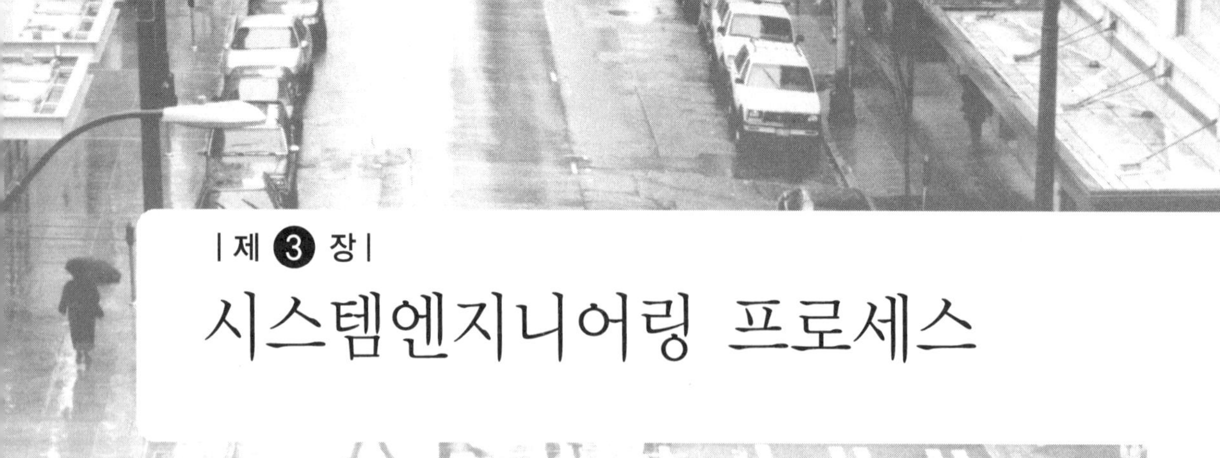

시스템엔지니어링 프로세스

3.1 개요

시스템엔지니어링 프로세스(SEP: Systems Engineering Process)는 풍부한 엔지니어링 경험과 일반 상식에 바탕을 두고 있다. 소프트웨어와 인력이 함께 관련되어 개발하고자 하는 시스템이 복잡해질수록 이를 해결하기 위한 엔지니어링 활동과 조직은 보다 세분화되고 전문화되어야 한다. 그러나 제품의 최적화에 중점을 두고 있는 관련 조직의 경우 전체적인 시스템 관점의 시각을 잃어버리는 경우가 자주 발생되고 있는 실정이다. 이것은 각각의 조직이 자신의 전문분야 판단기준(criteria)에 의해 자신의 분야가 최적화되어야만 한다고 생각하고, 최적으로 수행되기 위해서는 시스템의 모든 분야가 시스템에 대해 종합적으로 최적화가 되지 않으면 안 된다는 것을 인지하지 못하는데서 비롯된다. 시스템요구사항(system requirements)이 전문분야의 요구사항(disciplinary requirements)과 차이가 있을 수 있다는 것을 인지 못하는 것은 시스템개발에 있어 항상 문제가 된다. 시스템엔지니어링 프로세스는 공통의 패러다임과 용어가 부족한 전문가 복합팀의 의사소통과 관리 면에서 주요 노력으로 볼 수 있다.

시스템엔지니어링의 기본적인 엔진은 다음 세 가지의 일관된 활동을 반복적으로 수행하는 프로세스이다. ① 문제를 해결하려고 시도하기 전에 먼저 이해하도록 한다. ② 여러 가지 솔루션을 조사해 본다(곧 바로 설계로 들어가지 말라). ③ 다음 활동이나 문제점으로 들어가기 전에 선정된 솔루션이 올바른지 검증해야 한다.

시스템엔지니어링 프로세스를 통해 수행되는 기본적인 시스템엔지니어링 프로세스 업무는 다음과 같다.

- 시스템 목적(사용자 요구)을 정의
- 기능성을 설정(기능분석)
- 성능요구사항을 설정(요구사항분석)

- 설계 및 운용개념을 진화적으로 발전(아키텍처 조합)
- 기준선정(비용/이득 절충과정)
- 설정된 베이스라인의 요구사항(사용자 소요)에 대한 충족 여부를 검증
- 하위레벨 절충을 통해 프로세스를 반복(분해)

1장에서 시스템엔지니어링 프로세스의 다양한 표준에 대하여 설명하였다. 여기서는 EIA/IS 632 프로세스 표준을 중심으로 설명한다. 이것은 비록 일반적인 개별 시스템 개발에 적합한 표준이지만 가장 기본적이면서도 반드시 이해해야할 내용이다. 그러나, EIA/IS 632를 기반으로 이 후에 출시되어 복잡한 시스템과 복합시스템(SoS: System of Systems) 등에 보다 적합한 ANSI/EIA 632와 ISO 15288은 부록에서 다룬다.

3.2 프로세스

EIA/IS 632 시스템엔지니어링 프로세스는 통합팀에 의해 순차적 하향식(top-down) 방법으로 적용되는 포괄적이고 반복적이며 순환적인 문제 해결 프로세스이다. 이러한 시스템엔지니어링 프로세스는 고객의 요구(needs)와 요구사항(requirements)을 시스템 제품과 프로세스 설명서로 변환하여 의사결정권자에게 필요한 정보를 생성하고, 다음 개발레벨의 입력자료를 제공한다. 따라서 프로세스는 한 레벨씩 순차적으로 적용되고, 각각의 개발레벨에 따라 추가적인 상세 내용과 정의를 포함한다. 그림 3.1과 같이 프로세스는 입력과 출력, 요구사항분석(require-ments analysis), 기능분석 및 할당(functional analysis and allocation), 요구사항루프(requirements loop), 조합(synthesis), 설계루프(design loop), 검증(verification) 그리고 시스템 분석 및 통제(system analysis and control)를 포함한다.

시스템엔지니어링 프로세스 입력

입력은 주로 고객의 요구와 목적, 요구사항과 프로젝트 제약사항으로 구성된다. 입력은 특별히 제한되어 있는 것은 아니지만, 일반적으로 요구되는 시스템의 임무, 효과도 척도, 환경요소, 가용 기술기반, 시스템엔지니어링 프로세스의 이전 단계로부터 출력된 요구사항, 프로그램 의사결정 요구사항 그리고 '합체된 지식(corporate knowledge)' 기반 요구사항을 포함하고 있다.

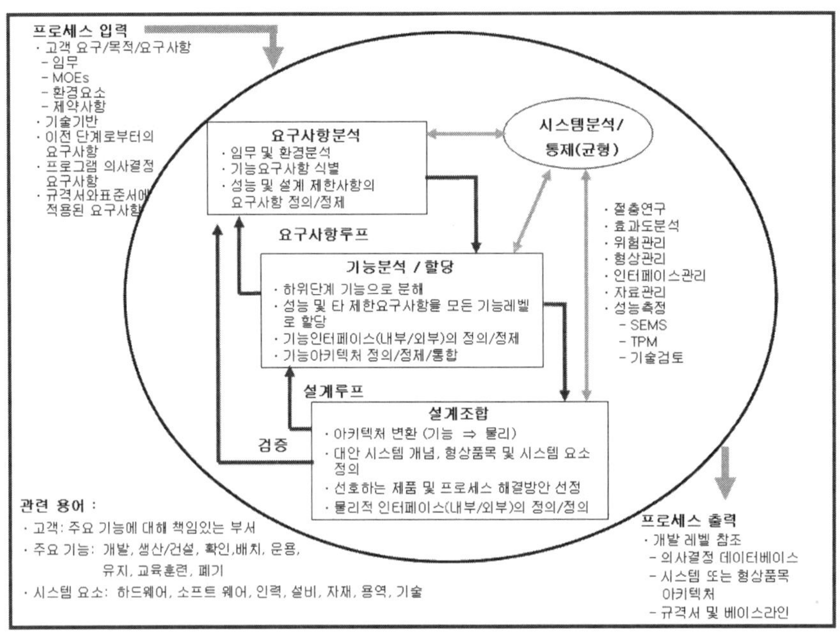

그림 3.1 시스템엔지니어링 프로세스(EIA/IS 632)

요구사항분석(requirement analysis)

시스템엔지니어링 프로세스의 첫 단계는 프로세스 입력 자료를 분석하는 요구사항분석이다. 이것은 기능 및 성능 요구사항을 개발하는데 사용된다. 즉 시스템이 무엇을 어떻게 수행해야만 하는지를 정확하게 나타내는 일련의 요구사항으로 고객요구사항(customer requirements)이 변환된다. 시스템엔지니어는 요구사항을 명확하게 이해해야 한다. 또한, 포괄적이고 간결한지를 검증해야 한다.

요구사항분석은 기능요구사항(functional requirements)과 설계제약사항(design constraints)을 명확하게 정의해야 한다. 기능요구사항은 수량(how many), 품질(how good), 적용범위(how far), 기간(when, how long) 그리고 빈도(how often)에 대해 정의한다. 설계 제약사항은 설계의 유연성을 제한하는 요소(예들 들면, 환경조건, 한계, 내부 또는 외부 위협으로부터의 보호, 계약, 거래 또는 규격표준서 등)로 정의된다.

기능분석 및 할당(functional analysis and allocation)

기능은 요구사항분석을 통해 식별된 상위레벨 기능을 하위레벨 기능으로 분해함으로써 분석된다. 상위레벨에 관련된 성능요구사항(performance requirements)은 하위레벨 기능으로 할당된다. 기능분석 및 할당의 결과는 논리적으로 성능요구사항이 무엇을 하는지와 요구성능 관점에서의 제품 또는 품목설명서이다. 이와 같은 설명서를 제품 또는 품목에 대한 기능아키텍처

(function architecture)라 한다. 기능분석 및 할당은 시스템이 무엇을 해야 하고, 어떤 방법으로 할 수 있는지 그리고 하위레벨 기능과 관련하여 우선순위와 불일치가 어느 정도인지에 대해 보다 알기 쉽도록 한다. 기능분석 및 할당은 물리적 솔루션을 최적화하는 데 필수적인 정보를 제공한다. 기능분석 및 할당에 사용되는 주요 도구로는 기능흐름블록선도(FFBD: Function Flow Block Diagrams), 시계열분석표(TLS: Timeline Analysis Sheets) 및 요구사항할당표(RAS: Requirements Allocation Sheets) 등이 있다.

요구사항루프(requirement loop)

기능분석 및 할당의 수행은 요구사항에 대한 보다 나은 이해와 요구사항분석의 재고를 활성화시킨다. 식별된 기능은 반드시 요구사항을 역 추적할 수 있어야 한다. 기능분석 및 할당의 결과로서 요구사항분석의 반복적인 수행이 이루어지며, 이와 같은 프로세스를 요구사항루프라고 한다.

설계조합(design synthesis)

설계조합은 품목을 함께 구성하고 나타내는 물리 및 소프트웨어적 요소 관점에서 제품 또는 품목을 정의하는 프로세스이다. 이 프로세스의 산출물은 주로 물리아키텍처(physical architecture)로 불리어진다. 각 부품은 적어도 하나의 기능요구사항을 충족시켜야 하며, 어떤 부품은 많은 기능을 지원하기도 한다. 물리아키텍처는 규격서(specifications)와 베이스라인(baselines)을 만들기 위한 기본적인 구조가 된다.

설계루프(design loop)

앞에서 설명한 요구사항루프와 비슷하게 설계루프는 조합된 물리적 설계가 요구하는 성능레벨의 요구기능을 수행할 수 있는지 검증하기 위해 기능아키텍처로 피드백하는 프로세스이다. 설계루프는 시스템이 어떻게 임무를 수행할 것인지를 재고하게 하며, 조합된 설계의 최적화를 돕는다.

검증(verification)

시스템엔지니어링 프로세스 적용에 따른 솔루션은 요구사항과 비교를 해야 한다. 이러한 프로세스 부분을 검증루프 또는 간단히 검증이라고도 한다. 각각의 개발레벨에서 각각의 요구사항이 검증되어야 한다. 시스템엔지니어링 프로세스를 통해 만들어진 베이스라인문서(baseline documentation)에 따라 각각의 요구사항에 대한 검증 방법이 수립되어야 하며, 적용 가능한 검증방법으로는 조사(examination), 시연(demonstration), (모델링 및 시뮬레이션을 포함한) 분석(analysis) 그리고 시험(testing)이 있다. 공식적인 시험평가인 개발시험평가와 운용시험평가는 시스템 검증에서 중요한 역할을 한다.

시스템 분석 및 통제(system analysis and control)

시스템 분석 및 통제는 진도측정, 대안평가 및 선정 그리고 문서자료 및 의사결정에 요구되는 기술관리 활동을 포함한다. 이러한 활동은 시스템엔지니링 프로세스의 모든 단계에 적용된다. 시스템분석 활동은 절충연구(trade-off studies), 효과도분석(effectiveness analysis) 및 설계분석(design analysis)을 포함한다. 이들은 기술 요구사항과 프로그램 목적을 충족시키기 위한 대안 접근법을 평가하고, 성능, 기능 및 설계요구사항을 선정하기 위한 엄격한 정량적 기반을 제공한다. 분석활동에 입력자료를 제공하기 위해 사용되는 도구는 모델링, 시뮬레이션, 실험 및 시험 등이 포함된다. 통제활동은 위험관리, 형상관리, 데이터관리, 이벤트기반 일정, 기술성능측정(TPM: Technical Performance Measurement) 및 기술검토를 포함한 성능기반 진도측정으로 구성된다.

시스템분석 및 통제의 목적은 다음과 같은 사항을 보장한다.

- 대안결정의 솔루션은 시스템효과도, 수명주기 자원, 위험 그리고 고객요구사항에 대한 영향을 반드시 평가한 후에 이루어진다.
- 기술적 의사결정과 규격서요구사항은 시스템엔지니어링 산출물을 기반으로 한다.
- 시스템엔지니어링 프로세스의 입력부터 출력까지 추적성이 유지된다.
- 개발 및 인도일정은 상호 지원적이다.
- 필요한 기술 분야는 시스템엔지니어링 활동으로 통합된다.
- 기능 및 성능 요구사항에 미치는 고객 요구사항의 영향은 타당성(validity), 일관성(consistency), 필요성(desirability) 및 획득가능성(attainability)에 대해 조사된다.
- 제품 및 프로세스설계요구사항은 충족시키도록 설계된 기능과 성능요구사항을 직접 추적할 수 있다.

시스템엔지니어링 프로세스 산출물

시스템엔지니어링 프로세스의 산출물은 개발 레벨에 영향을 받는다. 이것은 개발 단계에 적합한 규격서를 포함하는 의사결정 데이터베이스, 시스템 또는 형상품목 아키텍처, 그리고 베이스라인을 포함한다. 일반적으로 이것은 제품형상 또는 제품을 개발하는데 필요한 프로세스를 설명 또는 통제하는 데이터이다.

3.3 요점

- 시스템엔지니어링 프로세스는 각 개발 단계의 매 레벨마다 적용되며 시스템 제품과 프로세스의 균형된 개발을 도출하는 엔진이다.

- 이 프로세스는 시스템엔지니어링 적용과 함께 제품과 프로세스의 레벨을 상세설명 레벨로 하향 세분화한다. 각각의 적용에 따른 프로세스 산출물은 다음 단계 적용을 위한 입력이 된다.

부록 3-A 시스템엔지니어링 프로세스 기타 표준

ANSI/EIA 632

ANSI/EIA 632와 EIA/IS 632 시스템엔지니어링 프로세스 표준의 근본적인 차이는 EIA/IS 632 표준이 시스템엔지니어링을 위한 프로세스(process for systems engineering)인 반면에 ANSI/EIA 632는 시스템을 엔지니어링하기 위한 프로세스(process for engineering a system)라는 점이다. ANSI/EIA 632는 시스템엔지니어링뿐만 아니라 시스템 개발에 필요한 전기, 기계, 소프트웨어공학 등 제반 공학 영역을 포함하는 엔지니어링에 대한 프로세스로 규정하고 있다. 또한 EIA/IS 632가 순차적이며 반복 순환적 균형 구조를 갖는 4개의 하부프로세스인데 반하여 그림 3.2에서와 같이 동시 공학적 프로세스 특성을 갖는 5개의 영역으로 구분하고 그 아래 EIA/IS 632의 4개를 포함한 13개 하부프로세스로 구성된다.

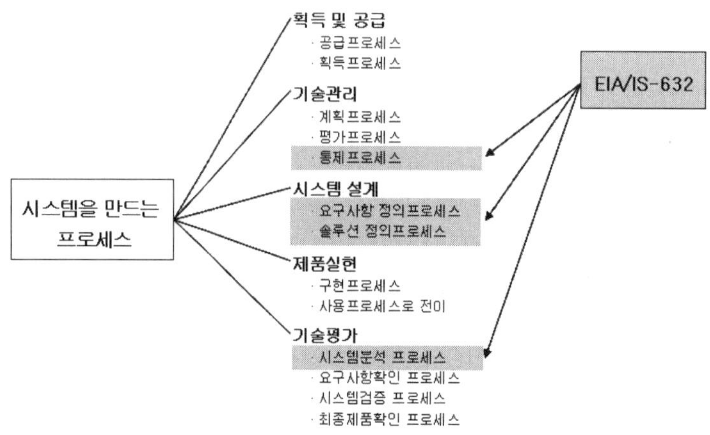

그림 3.2 EIA/IS 632와 EIA 632 하부프로세스 비교

ANSI/EIA 632 시스템엔지니어링 프로세스는 기본적으로 각 시스템 레벨에서의 기술관리(technical management), 획득/공급(acquisition & supply), 시스템설계(system design), 제품구현(product realization), 그리고 기술평가(technical evaluation)에 대한 반복적인 프로세스이다. 이것은 최상위 레벨(시스템레벨)에서 시작하여 궁극적으로 선호하는 시스템솔루션이 얻어지게 되는 일련의 단계를 통하여 전파된다. 각각의 연속적인 단계마다 결정된 설계를 재확인하기 위하여 더 낮은 하부레벨 설계의 반복적인 검증(verification)이 이루어진다.

이러한 반복과정 동안, 많은 대안개념이 제안되고 절충(trade-off) 연구를 통해 분석되고 평가된다. 하나의 하부시스템 결정이 또 다른 하부시스템에 영향을 줌으로써 수많은 상호관련 검토가 이루어져야 한다. 그리고 이러한 요소들은 반드시 적기에 평가되어야 한다. 시스템엔지니어링 프로세스의 전반적인 단계를 그림 3.2에 나타냈다. 시스템엔지니어링은 모든 단계에서 적용되고 시스템설계 동안 하부시스템 레벨로 세분화 되며 설계, 설계변경 및 업그레이드, 고객 피드백, 운용지원을 포함한 다른 모든 활동을 통합해야 한다.

　시스템엔지니어링 프로세스는 개발 중인 시스템의 상세설명서를 작성하기 위하여 각각의 개발단계에서 반복적으로 사용된다. 이 설명서는 의사결정 데이터베이스의 구성요소가 된다. 데이터베이스는 무엇이 달성되어야 하는지(기능요구사항), 얼마나 잘 달성되어야 하는지(성능요구사항), 어떻게 달성될 수 있는지(설계 및 운용개념), 그리고 요구사항을 실제적으로 충족시키기 위하여 설계 및 운용개념의 능력에 대한 분석 또는 시험결과(검증) 자료를 포함한다. 일반적으로 하드웨어 엔지니어는 시스템의 물리적 특성개발에 치중하는 반면, 소프트웨어 엔지니어는 각각의 코드에 대한 기능적 특성을 개발한다. 따라서 시스템엔지니어는 하드웨어 엔지니어에게 기능적 특성을 이해할 수 있도록 도와주어야 하며, 소프트웨어 엔지니어에게는 기능을 수행할 물리적 특성과 연결해 주어야 한다. 시스템엔지니어는 효과적인 시스템엔지니어링을 수행하기 위하여 개발하고 있는 시스템의 공유비전(shared vision)을 보다 효과적으로 의사 전달하수 있도록 노력하며, 통합의 미흡으로 인한 혼선이나 누락되는 일이 없도록 노력해야 한다.

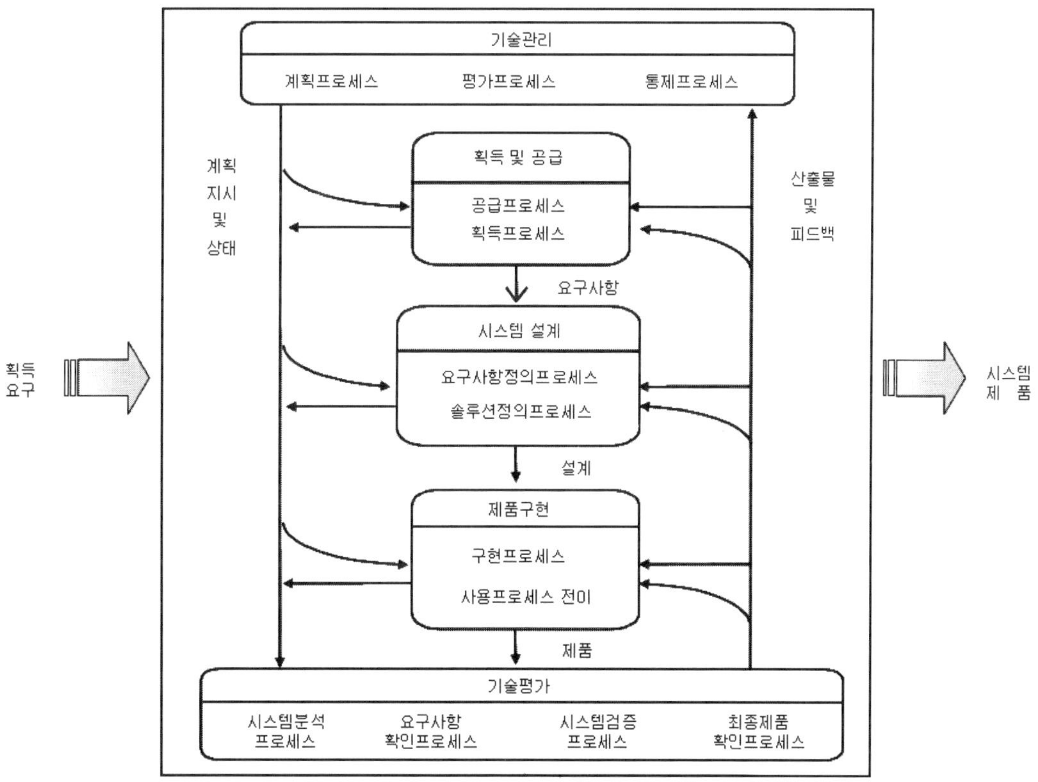

그림 3.3 시스템엔지니어링 프로세스(ANSI/EIA 632)

시스템엔지니어링 프로세스는 개발주기 단계가 진행됨에 따라 보다 세부적인 의사결정 데이터베이스로 개발되어 진다. 시스템을 부품단위까지 분해하는 개념은 시스템엔지니어링 수행에 사용되는 기본적인 전략이다. 각 단계별로 시스템의 완전한 상위레벨 의사결정 데이터베이스를 형성하고 상위레벨 기능설명서를 하위단계로 분해한다. 그리고 상위레벨 요구사항을 각각의 자 기능(child function)에 따라 하위레벨 요구사항으로 분해한다. 이와 같이 분해된 일련의 기능/요구사항은 하위레벨 규격서로 문서화된다. 그리고 가장 비용 대 이득이 높은 솔루션을 얻기 위한 절충연구가 수행되며, 요구능력이 시험과 분석활동을 통해 검증된다.

ISO/IEC-15288

ISO/IEC 15288은 하드웨어와 소프트웨어 분야에 공통적으로 적용할 수 있는 프로세스를 규정하는 새로운 표준에 대한 요구에서 비롯되었다. 시스템엔지니어링 서비스와 관련 산출물에 대한 시장규모가 국제적으로 급격하게 커지던 1990년대 초 하드웨어와 소프트웨어 모두에 대해 동시적이고 통합적인 관점을 제시하는 시스템엔지니어링 표준은 존재하지 않았다. 각 분야는 용어, 설계묘사 등의 독자적인 표준을 발전시키고 있었다. 시스템이 대형, 복합화 되면서, 통합 표준의 부재로 인해 많은 문제점이 발생했다. ISO/IEC 15288은 이를 해결하기 위해 1994년부터 최초 개발이 시작되었고, 18개국 이상의 전문 요원들의 참여하에 2002년 8월 완성, 발표되었다. ISO/IEC 15288이 발표되면서 시스템엔지니어링 핵심은 공급자와 획득자 간에 통용되는 산출물과 서비스를 생성하기 위한 공통의견을 수립하는 공식적 선호 기법으로 인식되었다.

기존의 EIA 632 시스템엔지니어링 표준이 시스템 개발에 필요한 엔지니어링 프로세스를 중심 내용으로 하고 있는 반면, ISO/IEC 15288은 하드웨어, 소프트웨어, 인간, 프로세스, 절차(procedure), 설비, 자연자원 등으로 구성되는 모든 인공(man-made) 시스템에 대한 수명주기(life cycle) 모델을 제시한다. 시스템은 단일 시스템이 아닌 복합시스템(SoS: Systems of Systems) 관점으로 제시되었다. ISO/IEC 15288에서 제시하고 있는 수명주기는 모델은 개념(concept), 개발(development), 생산(prodection), 사용(utilization), 지원(support), 폐기(retirement)의 6단계로 구성되며 각 단계별 목적 및 결심게이트(decision gate)는 표 4.1과 같다. 이런 수명주기 모델과 이에 상응하는 프로세스는 모든 조직의 모든 레벨의 시스템 수명주기를 관리할 수 있는 포괄적이고 통합적인 틀을 제시했다. 이를 통해 전체적 관점에서 시스템엔지니어링과 시스템 관리를 진행할 수 있고, 개발 위험을 감소시키며, 생산성과 제품의 질을 향상시켜 고객을 만족시킬 수 있게 되었다. 또한 이런 전체적 시각은 제품의 향상을 위한 토대 마련을 더 쉽게 만들었다.

수명주기 단계	목적	결심게이트
개념(concept)	· 이해관계자의 요구 식별 · 개념탐색 · 가시적인 솔루션 제시	· 의사결정 옵션 – 다음 단계 수행 – 현 단계 지속 – 전 단계로 복귀 – 프로젝트 활동 · 임시 중단 – 프로젝트 종료
개발 (development)	· 시스템요구사항 정제 · 솔루션설명서 생성 · 시스템 구축 · 시스템 검증 및 확인	
생산 (production)	· 시스템 생산 · 검사 및 시험	
사용(utilization)	· 사용자 요구에 맞도록 시스템 운용	
지원(support)	· 지속적 시스템능력 제공	
퇴역(retirement)	· 시스템 저장, 기록 혹은 폐기	

표 4.1 **수명주기 단계별 목적 및 결심게이트**

ISO/IEC 15288의 시스템 수명주기 프로세스는 그림 3.4처럼 Agreement, Enterprise, Project , 그리고 Technical 등 4개의 프로세스로 구성된다. 4가지 프로세스는 다시 총 25개의 하부프로세스들로 구성된다. 25개의 하부프로세스는 각각의 고유 목표(goal)를 가지며 그 목표를 달성하기 위한 208개의 세부 활동(activity)으로 구성된다. 각 프로세스를 성공적으로 진행하면, 123개의 가시적 결과물(outcome)을 산출하게 된다. 간과하지 말아야 할 것은 각 시스템 특성에 맞는 적절한 프로세스를 적용하는 것이다. 이를 위해 ISO/IEC 15288은 다른 프로세스와 마찬가지로 테일러링을 중요하게 제시하고 있다. 그러나 다른 프로세스 표준과 달리 그림 3.4와 같이 별도의 하부 프로세스 영역으로 제시하고 있다. 테일러링 프로세스를 위한 활동(activity)은 5개로 구성되며 2가지 결과물을 산출한다.

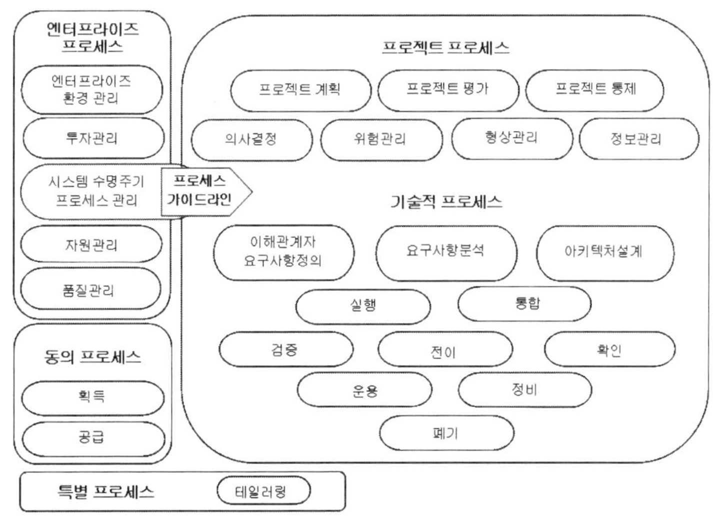

그림 3.4 **시스템 수명주기 프로세스(ISO/IEC 15288)**

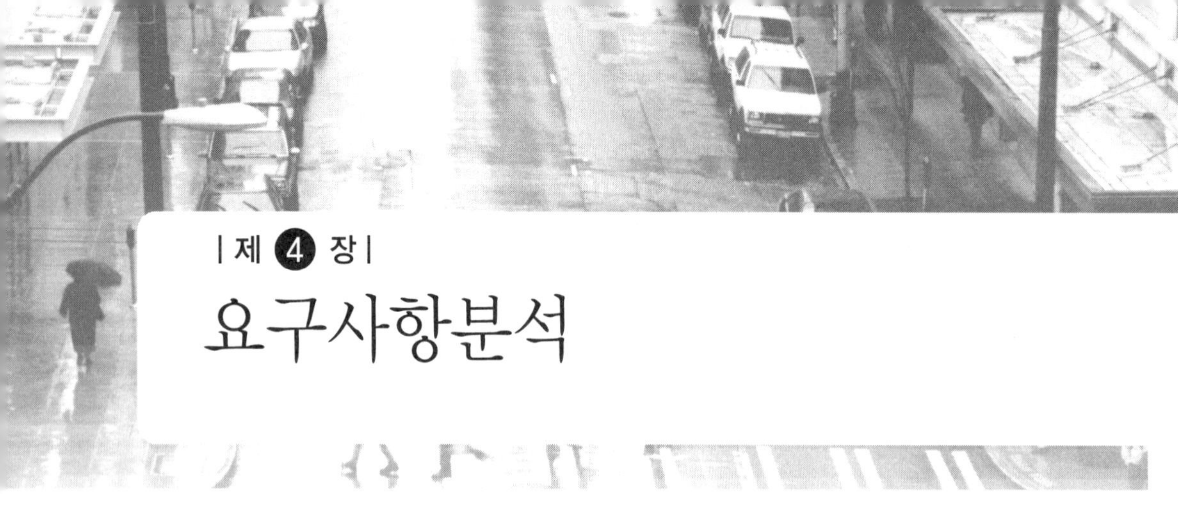

요구사항분석

4.1 시스템엔지니어링 프로세스 입력자료

시스템엔지니어링 프로세스의 입력에는 고객요구사항(customer requirements)과 프로젝트 제약사항(project constraints)이 포함된다. 요구사항은 설계될 시스템의 성능특성과 직접적으로 관련이 있다. 또한, 요구사항은 수명주기 중의 고객요구(customer needs)를 기술한 것으로 시스템의 목적이며, 운용환경에서 그 시스템이 "얼마나 잘 동작될 것인가"와 관련이 있다. 제약사항(constraints)은 외부인터페이스, 프로젝트지원, 기술 또는 수명주기 지원시스템 등에 의한 제약 때문에 존재하는 조건이다. 제약사항은 개발팀의 설계기회를 제한한다.

시스템엔지니어링 프로세스의 주목적이 요구사항을 설계사항으로 변환시키는 것이기 때문에 요구사항은 프로세스의 핵심이 된다. 시스템엔지니어링 프로세스는 제약사항 내에서 이러한 설계를 수행한다. 요구사항은 결국 요구사항과 제약사항 모두를 충족시키기 위해 검증되어야 한다.

요구사항정의

요구사항은 어떻게 정의하는가? Oxford 사전에 의하면 "요구사항은 주문 또는 요구사항으로서 피할 수 없는 사항일 뿐만 아니라 성공조건 또는 이행조건이다."로 설명하고 있다. 소프트웨어 요구사항규격서(IEEE규격)에서는 계약, 규격, 표준 또는 기타 공식적이거나 법적인 적용문서를 충족시키기 위해 요구되는 시스템이나 구성품이 지니고 있어야 할 능력이나 속성으로 정의되어 있다. 또한 대표적인 방위산업체인 Lockheed사(1991년)는 요구사항을 최종제품에 검증되어 나타날 항목, 예를 들면, 능력, 속성 등을 특정 짓는 명시된 규격이라고 정의하고 있다.

요구사항 형태

이러한 요구사항의 형태는 어떻게 이루어져 있는가를 살펴보자. 요구사항의 형태는 일련의 하드웨어, 소프트웨어 그리고 서비스로 구성되어진다. 하드웨어 제품요구사항에 대한 예를 살펴보면 그림 4.1과 같으며, 각각의 9가지 요구사항형태를 좀 더 자세하게 알아보면 다음과 같다.

- 상태 및 모드 요구사항(state/mode requirements) : 이는 요구되는 대상품목의 상태나 모드 (states/mode), 상태 상호간 또는 모드 상호간의 전이나 한 상태에서 다른 상태나 모드로 전이를 말한다. 여기서 상태는 시스템의 요구조건(required condition)을 말한다. 모드란 시스템의 목적을 달성하기 위한 기능적인 그룹을 말하며, 상태보다 낮은 레벨의 시스템 시변(time-varing) 특성을 나타내는 추상적인 개념이다. 하나 이상의 상태에서 동일한 모드가 가능하다.

  예 : 레이더는 OO네트워크의 일부로 동작되어야 하며, 또한 자동모드 작동기능을 갖는다.

- 기능요구사항(functional requirements) : 기능은 시스템에 의해 수행될 특성 활동으로 기능요구사항은 대상시스템이 무슨 기능(what)을 수행해야 하는지를 제시한다. 하나 또는 그 이상의 상태 및 모드와 연계하여 정의된다.

  예 : 모든 비동기식 PAD는 고정 및 가변속도 포트를 지원해야 한다.

- 성능요구사항(performance requirements) : 주어진 기능에 대하여 그 기능이 얼마나 잘(how well) 수행될 수 있는지를 제시하는 것이다. 정량적 또는 분석과정을 통해 정량적으로 도출된 용어로 나타내어야만 한다. 성능요구사항은 제품 또는 서비스에 연관된 기능에만 관계된다.

  예 : 송신기는 $0° - 40°C$ 온도의 $±0.5dB$ 편차범위 내에서 최대출력을 제공해야 한다.

- 외부인터페이스(external interface requirements) : 시스템경계(system boundary)를 정의한다. 요구사항 대상시스템이 다른 외부시스템과 연결되는 지점이나 영역에서 요구되는 특성을 나타내며, 시스템영역에 대한 모든 입력과 출력 사항을 명시해야 한다.

- 환경요구사항(environmental requirements) : 자연이나 인공적인 외부환경이 대상시스템이나 외부환경에 미치는 영향과 환경적 제약사항을 말한다. 주변온도, 습도, 충격, 진동, 풍속, 먼지, 얼음, 가스, 피치(pitch), 요(yaw) 등과 같은 파라미터를 포함한다.

- 자원요구사항(resource requirements) : 외부에서 제공되어 사용되는 자원이나 소비재의 제한사항을 말한다. 전력, 냉각수, 컴퓨터 메모리 및 처리능력, 인터페이스 대역폭, 소비재, 인력 등과 같이 외적으로 제공된 자원의 소비 또는 사용 한계치를 말한다.

- 물리적 요구사항(physical requirements) : 대상 품목의 크기, 무게, 용적 등 물리적 특성으로, 전체 제품의 전반적인 물리적 속성을 말한다.

  예 : LRU의 무게가 15kg을 초과해서는 안 된다.

- 기타 품질요구사항(quality requirements) : 목적에 적합한 제품의 기타 요구 특성이다. 특수엔지니어링 분야와 연관된 전형적인 기타 품질은 "ilities"로 표현된다. 정확성, 검증성, 신뢰성, 가용성, 효율성, 사용성, 생존성, 상호운용성, 호환성, 운송성, 유지성 등이 기타 품질의 예이다.

  예 : 네트워크의 가용성(availability)은 xxx에 명시된 기준에 대하여 임의의 1달 기준 최소 99.5% 이상이 되어야 한다.

- 설계요구사항(design requirements) : 제품의 제작요구사항으로 특정 설계방법을 제시하거나 포함되어야 할 제작방법 또는 적용되어서는 안 될 제작방법(how to build, or not to build)을 기술한 것이다.

  예 : 시스템 내부의 DC전압 허용범위는 28V DC ±5%이어야 한다.

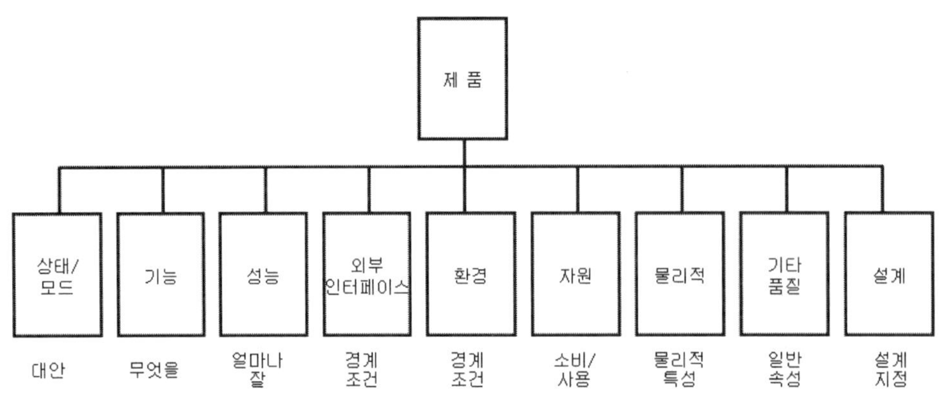

그림 4.1 시스템 하드웨어 요구사항

제품 소프트웨어 요구사항은 그림 4.2에서와 같이 하드웨어 요구사항에서 물리적요구사항과 환경요구사항이 제외되고, 서비스요구사항은 물리적요구사항만 제외된다.

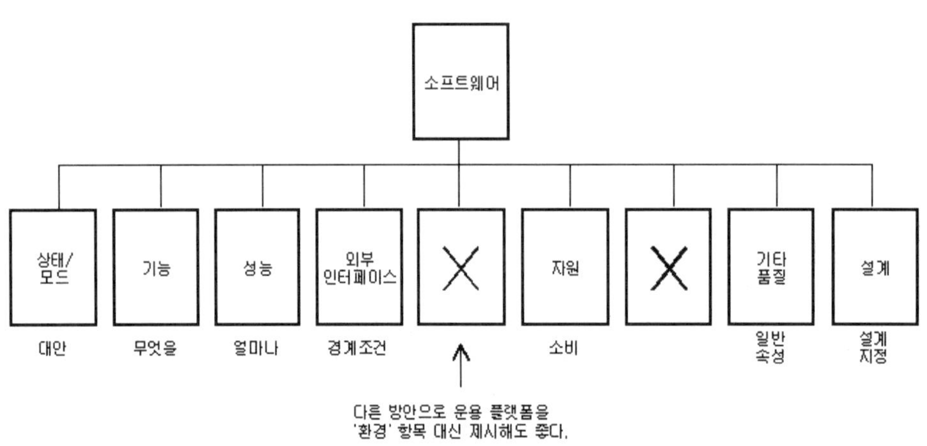

그림 4.2 시스템 소프트웨어 요구사항

또한, 개발 대상시스템의 기술관리 관점에서의 일반적인 요구사항 형태는 다음과 같다.

고객요구사항(customer requirements) : 임무목적, 환경요소, 제약사항, 그리고 효과도(MOE: Measure of Effectiveness)와 적합성척도(MOS: Measure of Suitability) 측면에서 시스템의 기대를 정의하는 사실과 가정에 대한 설명이다. 고객은 주요 고객으로서 운용자를 특별히 강조한 시스템엔지니어링의 8대 주요 기능(제1장 참조)을 수행하는 모든 사람을 포함한다. 운용요구사항 (operational requirements)은 기본적인 요구를 정의하며, 최소한 그림 4.3의 질문에 대한 답변이 될 수 있어야 한다.

> **운용분배 또는 배치** : 시스템이 어디에 사용될 것인가?
>
> **임무프로필 또는 시나리오** : 시스템의 임무목적을 어떻게 달성할 것인가?
>
> **성능 및 관련파라미터** : 임무를 달성하기 위한 시스템의 핵심파라미터는 무엇인가?
>
> **사용환경** : 다양한 시스템 구성품이 어떻게 사용되어질 것인가?
>
> **효과도 요구사항** : 시스템이 임무를 수행하는데 있어 얼마나 효과적 또는 효율적이어야 하는가?
>
> **운용수명주기** : 시스템이 사용자에 의해 얼마나 오래 사용되어질 것인가?
>
> **환경요소** : 시스템이 효과적으로 운영되기 위해 기대되는 환경요소는 어떤 것인가?

그림 4.3 운용요구사항 - 기본 질문

기능요구사항(functional requirements) : 필수적인 임무(task), 행동(action) 또는 반드시 달성되어야 할 활동(activity)이다. 요구사항분석에서 검증된 기능요구사항(what has to be done)은 기능분석의 최상위레벨 기능으로 사용된다.

성능요구사항(performance requirements) : 반드시 수행할 임무나 기능의 범위는 일반적으로 수량, 품질, 범위, 적시성, 또는 준비성 등의 측면에서 측정된다. 요구사항분석 동안, 성능(how well does it have to be done)요구사항은 시스템 수명주기 요소를 근거로 검증된 모든 기능에 걸쳐 상호 연관적으로 개발되고, 성능의 확실성, 시스템 성공의 중요도, 그리고 다른 요구사항과의 관계성 측면에서 특성 지어진다.

설계요구사항(design requirements) : 개발제품에 대한 "build to", "code to" 또는 "buy to"와 같은 요구사항과 프로세스를 위한 "how to execute" 요구사항은 기술자료패키지(TDP: Technical Data Package)와 기술메뉴얼에 수록된다.

도출요구사항(derived requirements) : 상위단계로부터 변환되거나 수반되어 나타난 요구사항이다. 예를 들면, 장거리 또는 고속에 대한 요구사항은 경량화라는 설계요구사항의 결과를 가져온다.

할당요구사항(allocated requirements) : 상위단계의 요구사항을 여러 개의 하위 단계의 요구사항으로 나누거나 할당하여 작성한 요구사항이다. 예를 들면, 두 개의 하부 시스템으로 구성된 100파운드의 품목은 각각 70파운드와 30파운드의 하위품목 무게 요구사항으로 나눌 수 있다.

좋은 요구사항의 속성

우리가 다루고 있는 대상시스템은 불완전한 사람이 함께 배우면서 모여 사는 현실 세계에서 이루어지기 때문에 요구사항은 처음부터 확정되는 것이 아니라 진화되어 간다. 따라서 이를 인정하고 요구사항을 만들어 가도록 계획하는 것이 바람직하다. 이러한 면에서 요구사항은 마치 좋은 포도주를 만들어 가는 숙성과정(requirements mature like good wine)이라고 할 수 있다. 좋은 요구사항에 대한 속성은 다음 사항을 포함한다.

- 달성할 수 있는 요구사항이어야 한다. 요구사항은 반드시 가용비용을 고려한 상태에서 기술적으로 달성 가능한 솔루션에 따른 요구(need)와 목적(objective)를 반영해야 한다.
- 검증할 수 있어야 한다. 예를 들면, 초과하는(excessive), 충분한(sufficient) 그리고 내성이 있는(resistant) 등과 같은 단어로 정의해서는 안 된다. 기대 성능이나 기능적 효용성(utility)은 객관적이고, 되도록 정량적으로 검증이 가능한(verifiable) 방식으로 표현되어야 한다.
- 요구사항을 명확하게 나타내야 한다. 요구사항은 가능한 한 가지 의미만을 가져야 한다.
- 요구사항은 완전하고 모든 임무프로필, 운용 및 정비개념, 사용환경 및 제약사항 등을 포함해야 한다. 고객의 요구를 이해하기 위해 필요한 모든 정보가 요구사항에 포함되어 있어야 한다.
- 요구사항은 솔루션이 아니라 요구측면에서 기술되어야 한다. 즉 "어떻게 하는가(how to do)"가 아니라 요구에 대한 "왜(why)" 그리고 "무엇을(what)"을 언급해야 한다.
- 다른 요구사항과 일치되어야 한다. 요구사항간의 상충은 사전에 해결되어야 한다.
- 요구사항은 시스템 계층구조의 각 레벨에 맞게 작성되어야 한다. 지나치게 상세한 요구사항은 현 설계레벨의 솔루션을 제약할 수 있다. 예를 들면, 시스템 구성품에 관한 요구사항은 일반적으로 시스템레벨의 규격서에포함될 수 없다.

4.2 요구사항분석

요구사항은 프로그램의 기초가 되며, 설계, 제조, 시험, 그리고 운용을 위한 기반을 형성한다. 결과적으로, 각 요구사항은 프로그램의 비용에 큰 영향을 미친다. 그러므로 완전하면서도 최소한의 요구사항이 프로그램 초기에 설정되어야 한다. 개발주기 후반의 요구사항 변경은 비용적인 면에서 프로그램에 큰 영향을 미치게 되며, 이로 인해 프로그램이 취소되는 경우가 발생될 수도 있다.

요구사항은 아무것도 없는 진공상태에서 개발되는 것이 아니다. 요구사항 개발프로세스에서 필수적인 것은 운용개념(operational concept)과 이에 대한 함축적인 설계개념, 그리고 관련된 기술요구이다. 요구사항은 다양한 소스로부터 나온다. 어떤 것은 사용자와 고객으로부터, 어떤 것은 규정 및 규약으로부터, 또한, 실체(entity)로부터 나오기도 한다. 그림 4.4는 이러한 요구사항의 도출 환경을 보여주고 있다. 요구사항 정의는 성능분석, 절충연구, 제약사항 평가 그리고 비용/이득분석 등이 포함된 복잡한 프로세스이다. 시스템요구사항은 하위레벨 요소에 대한 이들의 영향을 검토하지 않고서는 만들어질 수 없다. 그러므로 요구사항 정의는 하향식 및 상향식의 반복적이고 균형적인 프로세스이다. 일단 상위레벨의 시스템 요구사항이 설정되면,

그것을 점차적으로 하위레벨로 할당해 내려가는 과정이 필요하다.

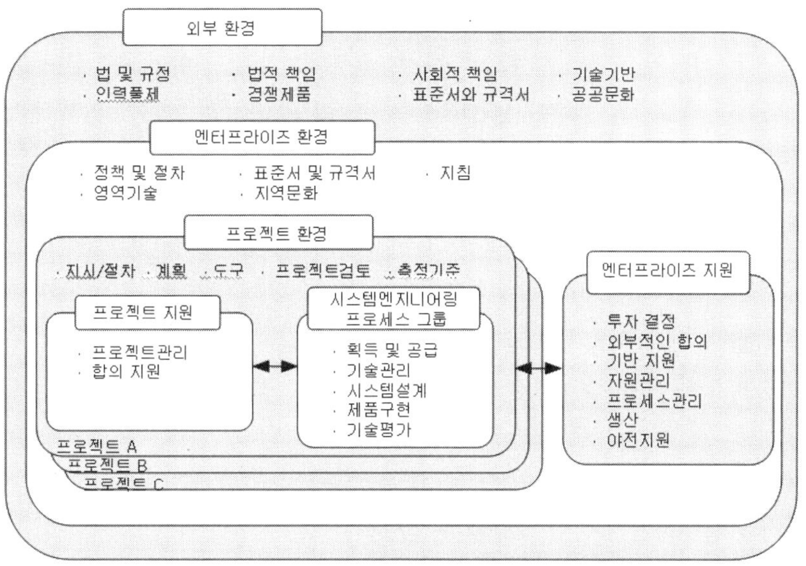

그림 4.4 **요구사항의 소스와 환경**

요구사항분석(requirement analysis)에서 할당(allocation)과 하향세분화(flowdown) 프로세스가 반복됨에 따라, 모든 시스템레벨 요구사항이 최종설계단계에서 충족되기 위해서는 추적성을 유지하는 것이 매우 중요하다. 일반적으로 최종요구사항 데이터베이스는 각 요구사항에 대한 많은 속성들을 포함하고 있으며, 또한 요구사항 검증활동에 사용된다.

일반적인 요구사항정의(requirements definition) 프로세스는 그림 4.5와 같이 서로 상호작용하는 하부 프로세스로 이루어진다. 이러한 요구사항정의 프로세스를 EIA/IS 632 시스템엔지니어링 표준에서는 요구사항분석(requirement analysis)로 불리어 진다.

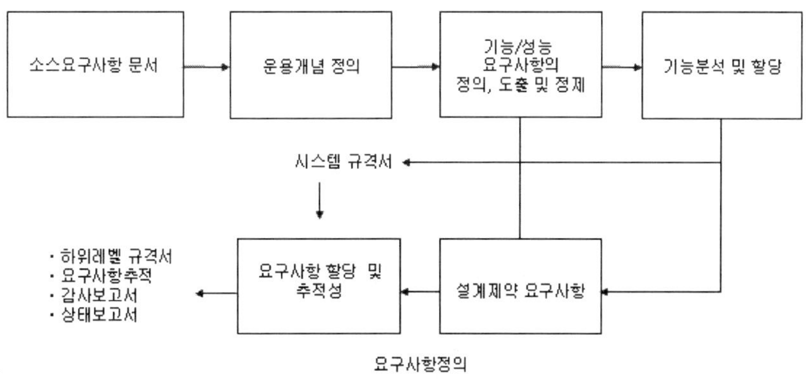

그림 4.5 **개략적인 요구사항 개발 절차**

EIA/IS 632에서의 요구사항분석은 계획된 고객사용, 환경요소 그리고 시스템기능에 대한 요구사항을 결정하기 위해 식별된 시스템 특성을 배경으로 고객요구(customer needs)와 목적(objectives)에 대한 정의를 포함한다.

요구사항분석은 식별된 기능의 성능요구사항을 최적화시키고, 조합된 솔루션이 고객 요구사항을 만족시키는지 검증하기 위해 기능분석(functional analysis)과 함께 반복적으로 수행된다. 요구사항분석의 목적은 다음과 같다.

- 고객의 목적과 요구사항을 명확하게 한다.

- 초기성능 목적을 정의하고 요구사항을 명확하게 한다.

- 솔루션을 제한하는 제약사항을 식별하고 정의한다.

- 고객이 제공한 효과도척도(MOE: Measures of Effectiveness)에 근거하여 기능 및 성능 요구사항을 정의한다.

이러한 목적을 달성하기 위하여 요구되는 일반적인 요구사항분석은 다음 사항을 포함해야 한다.

- 기능(function) : 대상시스템이 어떠한 기능을 수행해야 하는가?

- 성능(performance) : 그 기능이 얼마나 잘 수행되어야 하는가?

- 인터페이스(interface) : 그 시스템이 운용될 환경은 어떤가?

- 기타 요구사항과 제약사항은 어떠한 것이 있는가?

이와 같이 요구사항분석을 효과적으로 수행하기 위해서는 다음과 같은 기본사항이 고려되어야 한다. 그림 4.6은 이러한 요구사항분석 프로세스를 나타낸다.

- 시스템 콘텍스트분석 : 콘텍스트분석(context analysis)은 시스템 경계와 환경(자연적 및 인위적)에 대한 경계를 결정하며, 요구시스템의 상위레벨을 빨리 이해하는 수단으로 사용된다. 또한, 모든 특정 시스템엔터페이스 및 시스템 입력/출력을 획득함으로써 빠진 외부 인터페이스요구사항과 입력/출력을 식별하기 위하여 점진적으로 개발된 참고사항이 된다. 콘텍스트분석의 산출물로는 콘텍스트흐름도(context flow diagram), 콘텍스트도(context diagram), 인터페이스목록 또는 데이터종합목록, 인터페이스 요구사항에 대한 각각의 요구사항기술 등이 있다.

- 각각의 요구사항에 대한 분석 : 요구특성에 대해 독립적인 기술(statement)로서 요구사항을 분석 및 수정/완성한다.

- 콘텍스트 상의 요구사항분석 : 다른 요구사항의 콘텍스트 상에서 요구사항분석 및 수정/완성한다.

- 반복(iteration) : 요구사항분석 내에서 분석 상호간의 광범위한 반복이 요구된다. 잔여 요구사항

이슈가 식별됨에 따라 요구사항을 수정하기 위하여 상위레벨 및 초기단계의 재확인이 필요하다.

• 추적가능성 : 각 요구사항의 소스와 영향을 기록 유지하기 위하여 요구사항을 상호 연결하여 확인하여야 한다.

• 검증요구사항 분석 : 검증가능성이 보장되고 검증활동이 요구사항에 포함되도록 검증요구사항을 표현함과 동시에 관련 검증요구사항을 할당해야 한다.

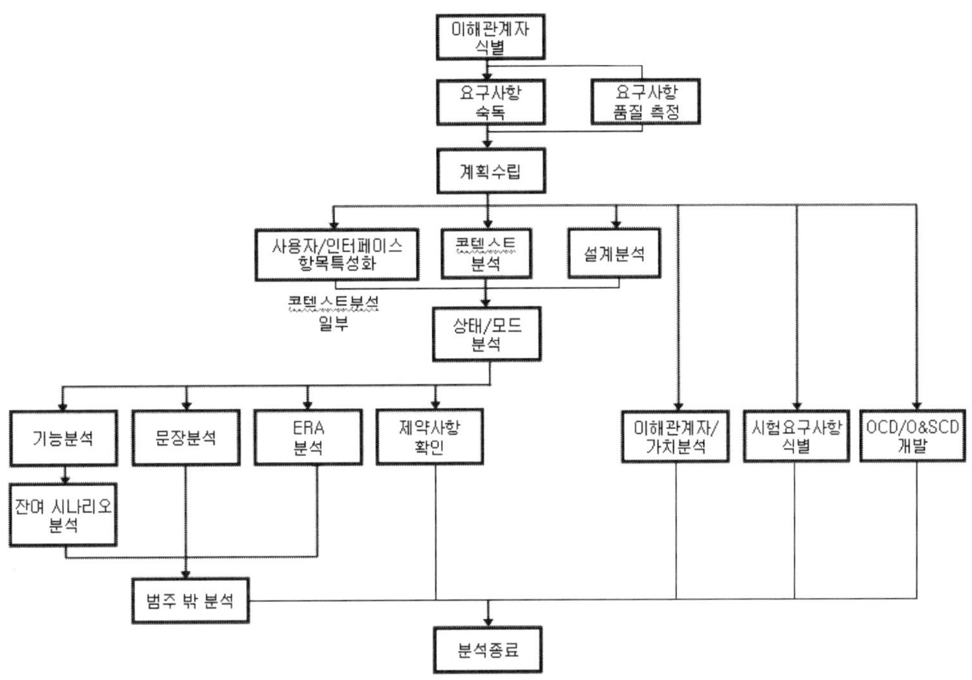

그림 4.6 **요구사항분석 프로세스**

입력(inputs)

좋은 요구사항분석은 성공적인 설계를 정의하는 기초가 된다. 요구사항분석을 위한 입력물을 다시 한 번 요약해 보면 그림 4.7과 같다. 전형적으로 고려해야 할 입력물은 고객요구(customer needs)와 목적(objectives), 임무요구서(MNS: Mission Need Statement), 운용요구사항서(ORD: Operational Requirement Document), 효과도 및 지원성 척도(MOE/MOS), 환경조건, 주요성능파라미터(KPP: Key Performance Parameter), 기술기반, 이전 시스템엔지니어링 프로세스 단계의 출력사항이 포함된다. 이러한 입력 요구사항은 시스템 수명주기 8대 요소인 개발, 조립, 검증, 배치, 운용, 지원, 교육훈련, 폐기단계에 걸친 제품과 프로세스 전반에 대한 내용이 포괄적이고 명확하게 정의되어야 한다.

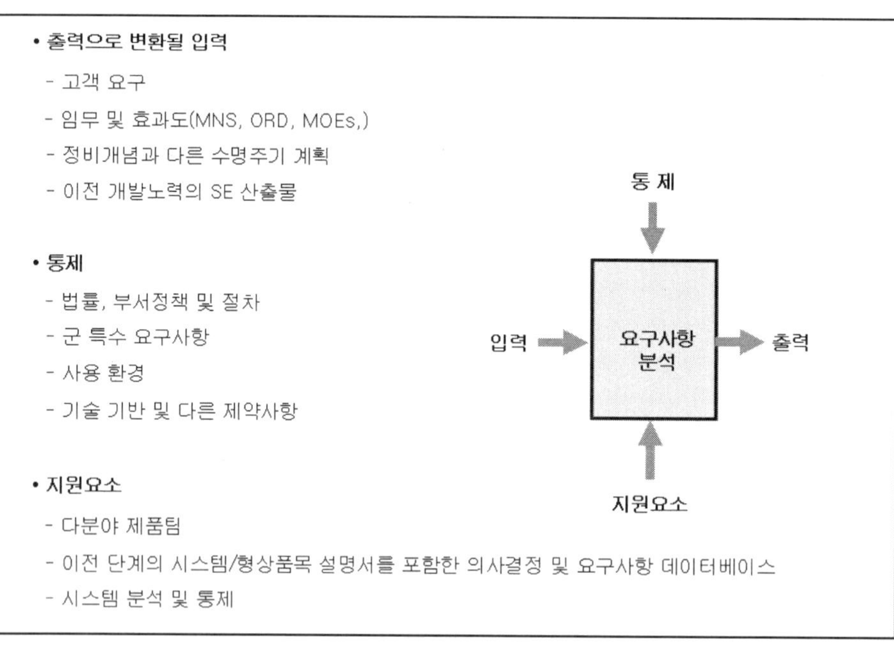

그림 4.7 요구사항분석의 입력물

요구사항분석 질문

요구사항분석은 질의와 해답의 프로세스이다. 다음은 프로세스를 통해 시작할 수 있는 전형적인 질문이다.

- 시스템 개발의 배경은 무엇인가?
- 고객의 기대사항은?
- 누가 사용자이며 제품을 어떻게 사용하려는가?
- 사용자는 어떤 제품을 기대하는가?
- 전문지식의 수준은?
- 시스템이 운용되는 환경은 어떠한 특성을 가지고 있은가?
- 기존 또는 앞으로 계획된 인터페이스는 무엇인가?
- 시스템이 수행해야 할 기능은 무엇이며 어떠한 고객언어로 제시되어 있는가?
- 시스템을 제약하는 하드웨어, 소프트웨어, 경제요소 및 절차는 어떠한 것이 있는가?
- 제공되어야 할 최종제품 형태는 모델, 시제품, 양산 등 어떠한 형태인가?

요구사항분석 목록은 요구사항을 분석하기 위해 필요한 비판적이며 의심스러운 견해를 나타낼 수 있다. 그러나 이것은 단지 시작일 뿐이다. 테일러링된 프로세스가 필요한 요구사항분석 산출물을 생성하기 위해 개발되어야 한다.

4.3 요구사항분석 산출물

요구사항분석을 통해 나타난 요구사항은 운용(operational), 기능(functional) 및 물리적 뷰(physical views) 중 하나로 표현된다. 이 세 가지 관점은 모두 필요하며, 고객의 요구와 목적을 충분히 이해하기 위해 조정되어야 한다. 이들은 의사결정 데이터베이스에 문서화된다.

운용뷰(operational view)

운용뷰는 사용자가 시스템을 어떻게 이용할 것인지에 중점을 둔다. "어떻게 잘(how well)" 그리고 "어떤 조건 하에서(under what condition)"의 요구사항이 구축되는 시기에 운용뷰가 유용하다. 운용뷰에 대한 정보는 다음 사항을 식별하는 운용개념서(OCD: Operational Concept Document)에서 제공된다.

- 운용요구 정의
- 시스템 임무분석
- 운용시퀀스
- 운용 환경요소
- 시스템이 대응해야 하는 조건/이벤트
- 시스템의 운용 제약사항
- 임무의 성능요구사항
- 사용자와 정비사의 역할(직무와 기술요구사항 또는 제약사항에 의해 정의)
- 시스템을 운용하고 지원하며 유지하는 조직의 구조
- 다른 시스템과의 운용인터페이스

요구사항분석은 운용적 다른 수명주기 요구 그리고 제약사항에 대한 이해를 필요로 한다.

기능뷰(functional view)

기능뷰는 요구되는 운용 동작을 만들어 내기 위해서 "시스템이 무엇을 해야 하는가(what the system must do)"에 초점을 두고 있다. 여기에는 요구 입력, 출력, 상태 및 변환 규칙이 포함된다. 물리적 요구사항과 결합하여 기능요구사항은 궁극적으로 시스템 규격서에 반영되는 주요 요구사항 소스가 된다. 기능뷰 정보는 다음을 포함한다.

- 시스템 기능
- 시스템 성능
  - 정성적(how well)
  - 정량적(how much, capacity)
  - 빈도성(how often)
- 수행되어야 할 업무 또는 행동
- 내부 기능 관련성
- 하드웨어와 소프트웨어의 기능적 관련성
- 성능 제약사항
- 잠재적 개방형 시스템의 식별을 포함한 인터페이스 요구사항(개방형 시스템을 촉진시킬 수 있는 잠재적인 표준서가 반드시 식별되어야 한다)
- 독자적인 소프트웨어 또는 하드웨어
- (검사, 분석/시뮬레이션, 시연 및 시험을 포함하는) 검증 요구사항

물리적 뷰(physical view)

물리적 뷰는 시스템이 어떻게 구축되는가에 초점을 둔다. 물리적 뷰는 운용자와 장비 그리고 기술요구사항 사이의 물리적 인터페이스를 구축하기 위한 중요한 수단이다. 물리적 뷰에는 일반적으로 다음과 같은 사항이 포함된다.

- 시스템 형상
  - 인터페이스에 대한 설명
  - 정보 전시의 특성 및 운용자 통제
  - 시스템/물리적 장비에 대한 운용자의 연관성
  - 지정된 기능을 수행하기 위해 요구되는 운용자의 기술 및 수준
- 사용자의 묘사
  - 장애(특수한 운용 환경요소)
  - 제약사항(움직임이나 시각상의 제한)

- 시스템의 물리적 제약사항

  – 물리적 제약사항(용량, 출력, 크기 및 중량)

  – 기술적 제약사항(범위, 정밀도, 자료 전송률, 주파수 및 언어)

  – 관급장비(GFE: Government Furnished Equipment), 상용품(COTS: Commercial-Off-The-Shelf), 미개발 품목(NDI: Nondevelopment Item), 재활용 요구사항

- 필수 또는 지시된 규격서

4.4 요점

- 요구에 대한 초기 설명은 일반적으로 명확하지 못하다.

- 다양한 수명주기 고객 간의 충분한 협력은 수용 가능한 요구사항문서를 작성하는데 필요하다.

- 요구사항은 해결해야 할 문제를 기술한 것이다. 제약되지 않고 통합되지 않은 요구사항은 솔루션을 설계하는데 충분하지 않다.

- 다른 고객의 요구사항이 서로 상충되고, 또한 제약사항이 조건을 제한하며, 자원에 한계가 있기 때문에 절충연구는 고객의 요구에 대해 실현 가능한 솔루션을 제공하는 균형된 요구사항을 선택하기 위해서 반드시 수행되어야 한다.

부록 4-A. 요구사항분석 절차

다음 부분은 요구사항분석을 위한 계획을 나타내는 업무(task)의 목록이다. 이 개념상의 프로세스는 IEEE P1220에 열거된 15가지 요구사항분석 업무에 기초를 두고 있다. 산업표준과 그 외의 것들은 적절한 활동의 식별과 구성에 도움을 주기 때문에 엔지니어링활동을 준비할 때 협의가 이루어져야 한다.

개발 중인 특정 시스템을 맞출 때, 모든 기술과 관련하여 연구원은 테일러링하는데, 즉 더하고 빼는데 주의를 해야 한다. 더욱이 상호 구축을 통해 이루어진 이러한 업무를 단순히 순차적인 것으로만 생각해서는 안 된다. 모든 업무는 선행업무 결정을 재검토해야 하는 필요성의 원인이 될 수 있다. 이러한 업무 결정은 재검토에 필요한 원인을 이해하는데 기여한다. 이것이 모든 시스템엔지니어링 활동의 본질이다.

준비사항 : 의사결정 데이터베이스의 수립과 유지

시스템엔지니어링 프로세스를 시작할 때, 시스템의 의사결정 데이터베이스가 적절하게 기록되도록 해야 한다. 의사결정 데이터베이스는 선행기술 결정사항과 향후 참고를 위한 요구사항을 담고 있다. 이것은 요구사항의 추적성을 유지하는 중요한 방법이다. 의사결정 데이터베이스 관리시스템을 개발하고 제품개발의 새로운 단계를 수용하기 위해서는 시스템을 검토하고 업그레이드시켜야 한다. 데이터베이스 관리시스템의 중요한 부분은 하부시스템, 형상품목 그리고 기능영역에 대한 요구사항을 도식화한 요구사항 추적성 매트릭스(requirements traceability matrix)이다.

의사결정 데이터베이스 관리시스템은 반드시 규칙적인 기반 위에서 개발되고 업그레이드되며 재발행되어야 한다. 모든 요구사항은 반드시 기록되어야 한다. 그렇지 않으면 승인요구사항이 될 수 없다.

IEEE P1220의 15대 업무

IEEE 시스템엔지니어링 표준은 요구사항분석을 위한 프로세스를 제공한다. 요구사항분석은 반드시 수행되어야 할 주요 업무를 종합적으로 식별한다. 그림 4.3에 분석해야 할 15가지 업무 내용을 나타냈다.

업무 1. 고객의 기대사항(customer expectations)

고객의 기대사항을 정의하고 정량화하라. 고객의 기대사항은 시스템엔지니어링의 8대 주요 기능, 운용요구서(ORD: Operational Requirement Documents), 임무요구, 기술기반 조건, 고객과의 직접적인 대화, 또는 상위 시스템 레벨로부터의 요구사항 등으로부터 나온다. 이 업무의 목적은 고객이 어떤 시스템을 원하는지, 각 기능이 얼마나 잘 달성되어야 하는지를 결정하는 것이다. 이것은 시스템의 제품이 운용되거나 사용될 자연 그대로 및 도출된 환경, 그리고 제약사항(예를 들면, 자금조달, 비용, 또는 가격목표, 일정, 기술, 미개발/재사용 품목, 물리적 특성, 일일 운용시간, 온-오프 시퀀스 등)을 포함한다. 여기서 중요한 것은 고객의 요구사항은 완전하고, 명확하게 표현되어지지 않으므로 문제를 이해하고 분석하는데 고객이 팀원으로 참석해야 한다는 것이다.

1. 고객 기대사항	9. 수명주기
2. 회사 및 프로젝트 제약사항	10. 기능요구사항
3. 외부 제약사항	11. 성능요구사항
4. 운용 시나리오	12. 운용상태
5. 효과도척도MOEs)	13. 기술 성능 측정
6. 시스템 영역	14. 물리적 특성
7. 인터페이스	15. 인간공학통합
8. 사용환경	

표 4.1 IEEE 요구사항분석절차

업무 2. 프로젝트와 엔터프라이즈의 제약사항(project & enterprise constraints)

솔루션을 설계하는데 영향을 미치는 제약사항을 식별하고 정의하라. 프로젝트특정 제약사항은 다음을 포함한다.

- 승인된 규격서와 선행 시스템엔지니어링 프로세스 적용을 통해 개발된 기준
- 비용
- 최신 기술과 프로젝트 계획
- 팀 할당 및 구조
- 통제 구조
- 진도를 측정하기 위해 요구되는 측정기준(metrics)

엔터프라이즈의 일반적인 제약사항은 다음 사항을 포함한다.

- 선행 기술검토로부터의 의사 결정된 사항을 관리
- 일반적인 엔터프라이즈 일반규격서

- 표준서 또는 지침

- 정책 및 절차

- 적용영역 기술

- 프로젝트에 대한 물리적, 재정적 그리고 인적자원의 할당

업무 3. 외부 제약사항(external constraints)

설계 솔루션 또는 시스템엔지니어링 프로세스 활동에 영향을 미치는 외부 제약사항을 식별하고 정의하라. 외부 제약사항은 다음 사항을 포함한다.

- 공법, 국제법 그리고 규정

- 기술 기반

- 협력요구사항: 법적, 상호 운용성 또는 다른 이유로 협력이 요구되는 산업 및 국제적 문제, 그리고 다른 일반 규격서, 표준서 및 지침

- 위협 시스템 능력

- 인터페이스 시스템 능력

업무 4. 운용시나리오(operational scenarios)

시스템 제품의 예견된 사용을 전망하는 운용시나리오를 식별하고 정의하라. 각각의 운용시나리오를 위해 다음과 같은 사항이 정의된다.

- 환경과 다른 시스템간의 상호작용

- 인터페이스 시스템, 플랫폼, 또는 제품 간의 물리적 상호 연관성

업무 5. MOE/MOS

전반적인 고객의 기대와 만족을 반영한 시스템의 효과도척도(MOEs: Measures of Effectiveness)를 식별하고 정의하라. MOEs는 고객의 임무를 얼마나 잘 수행하는가와 관련이 있다. MOEs는 임무성능, 안전성, 운용성, 신뢰성 등을 포함한다. 적합성척도(MOSs: Measures of Suitability)는 의도하는 환경 하에서 시스템이 얼마나 잘 수행되는가에 관계되며, 지원성, 정비성 및 용이성에 대한 척도를 포함한다.

그림 4.8 시스템 MOE 및 MOS

업무 6. 시스템 경계(system boundary)

다음을 포함하는 시스템 경계를 정의하라. 시스템경계는 시스템규격서와 외부인터페이스에 대한 인터페이스 요구사항규격서로 정의된다. 경계에 대한 모델링은시스템엔지니어링의 고유 업무이며, 분석 및 경험에 의하여 지원되는 원칙과 일치되어야 한다.

- 어떠한 시스템 요소가 수행활동의 설계 통제 하에 있는가?, 또한 어떠한 시스템 요소가 통제를 벗어 나는가?
- 설계 통제하의 시스템 요소와 외부 또는 상위 레벨 상호작용 그리고 시스템 범위 밖의 상호 작용하 는 시스템 사이에서 기대되는 상호작용(개방형 시스템 접근법을 포함).

시스템콘텍스트의 경계모델링은 먼저 대상시스템이 처해 있는 자연적 및 인위적인 환경을 생각해 보고 시스템의 전후관계가 어떻게 연관되어 있는지를 분석하는 활동이다. 이를 시스템 콘텍스트(context)라고 부른다. 대상시스템의 모든 환경을 끝까지 다 고려할 수는 없기 때문에 본 시스템 분석 한계, 즉 시스템 경계(systems boundary)를 그림 4.9와 같이 분명하게 설정하는 것이 매우 중요하다. 예를 들면, OHP의 전원 공급에 대한 시스템 경계를 전력을 공급하는 발전소 시스템까지 고려할 수는 없다. 따라서 건물 내의 전력공급선이면 충분하며 OHP시스템의 경계는 건물 내에 설치되어 있는 전원공급 단자(terminator)까지이다.

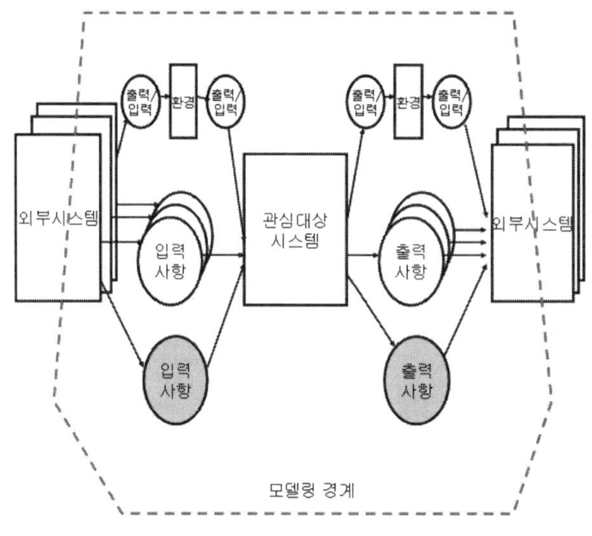

그림 4.9 **시스템 경계와 모델링 영역**

업무 7. 인터페이스(interfaces)

외부 또는 상위레벨 상호작용 시스템, 플랫폼, 그리고 제품에 대한 기능 및 물리적 인터페이스를 정량적인 관점에서 정의하라(개방형 시스템 접근법을 포함한다). 기능 및 물리적 인터페이스는 기계적, 전기적, 열적, 데이터, 제어, 절차, 그리고 다른 상호작용을 포함한다. 인터페이스는 또한 내부/외부 관점에서 검토될 수 있다. 내부 인터페이스는 착수된 시스템에 대해 설정된 경계 내의 요소를 다룬다. 이러한 인터페이스는 일반적으로 시스템 개발에 책임이 있는 계약업체에 의해 식별되고 통제된다. 반면에 외부 인터페이스는 시스템 설정된 경계 밖의 실체(entity) 연관성을 포함하며, 이것은 일반적으로 정부에 의해 정의되고 통제된다.

업무 8. 사용 환경요소(utilization environments)

각각의 운용시나리오에 대한 환경요소를 정의하라. 시스템 성능에 영향을 미치는(자연적인 또는 도출된) 모든 환경요소는 반드시 식별되고 정의되어야 한다. 환경요소는 다음 사항을 포함한다.

- 기상 조건(예: 비, 눈, 햇빛, 바람, 결빙, 먼지, 안개 등)
- 온도 범위
- 지형(예: 해양, 산, 사막, 평야, 초목지대),
- 생태(예: 동물, 곤충, 조류, 균류)

- 시간(예: 새벽, 낮, 밤, 황혼)
- 도출 환경(예: 진동, 전자기, 화학작용)

업무 9. 수명주기 프로세스 개념(life cycle process concepts)

개발 중인 시스템 제품의 개발, 생산, 시험, 분배, 운용, 지원, 교육훈련, 그리고 폐기에 필요한 핵심적인 수명주기 프로세스 요구사항을 정의하기 위해 업무 1에서 업무 8까지의 결과를 분석하라. 시스템엔지니어링의 8대 주 기능을 나타내는 통합팀을 이용하라. 시스템의 유효 수명 전반에 걸쳐 지원성(supportability)과 여유성(affordability)에 영향을 미칠 것으로 기대되는 비교적 비용이 많이 들고 위험이 높은 시스템 요소에 중점을 두고 분석하는 것이 바람직하다.

업무 10. 기능요구사항(functional requirements)

시스템이 반드시 수행해야 할 기능 또는 수행할 수 있는 기능을 분명하게 정의하라. 요구사항 분석을 통해 식별된 기능은 기능분석 및 할당 단계를 거쳐 더욱 하부레벨로 분해되어 간다. 기능(function)이란 요구시스템에 의해 수행되어야 할 특성 활동을 말한다. 곧 그 시스템이 무엇(what)을 수행해야 하는지를 제시하는 것이다. 예를 들면, "표적을 추적한다"는 기능요구사항은 "추적한다'는 행위(동사)와 '표적'이라는 행위대상(명사)이 있어야 한다. 또한 어떠한 표적을 말하는지, 어떠한 조건하에서 해당 기능이 수행되어야 하는지를 식별해야 한다. 일반적으로 이러한 기능은 하나 또는 그 이상의 상태(state)와 모드(mode)를 연계하여 정의되어진다. 예를 들면, 정상운용기능, 고장탐지기능, 고장회복기능 그리고 비정상적인 입력사항을 다루는 기능 등을 들 수 있다.

업무 11. 성능요구사항(performance requirements)

시스템이 수행해야 할 상위레벨 기능에 대한 성능요구사항을 정의하라. 주요 성능은 효과도를 나타내는 척도인 MOE(Measure of Effectiveness)로 나타내거나, 주요성능파라미터(KPP: Key Performance Parameter)로 식별되어 종합시험계획에 포함될 뿐만 아니라 품질 및 분석기관의 주요 관심사항으로 관리되어야 한다. 이러한 성능요구사항이란 시스템의 기능이 어떻게 잘 수행(how well)되는가를 말하는 것이다. 이는 정량적으로 나타내어야 한다. 만일 정성적이라면, 분석과정을 통해 정량화 할 수 있는 도출된 용어로 제시되어야 한다. 일반적으로 성능요구사항은 제품이나 서비스에 연관된 기능으로 관계된다.

업무 12. 운용모드(operational mode)

개발 중인 시스템 제품에 대한 다양한 운용모드를 정의하라. 운용모드를 결정짓는 조건(환경, 형상, 운용 등)은 이러한 정의에 포함되어야 한다. 표적탐지 기능에 대한 운용모드 사례는 다음과 같다. 운용상태(operational states)에서 완전탐지능력 모드(full detection capability mode), 축소탐지능력 모드(reduced detection capability mode), 자동추적 모드(automatic tracking mode), 오프라인 진단 모드(off-line diagnostics mode), 축소 분해능력 전시 모드 (reduced resolution display mode) 등을 들 수 있다.

업무 13. 기술성능척도(technical performance measures)

설계 프로세스 기간 중 추적해야 할 시스템의 핵심 성능지표를 식별토록 한다. 이러한 기술성능척도(TPMs: Technical Performance Measures)를 선정하는 것은 기술적인 한계와 사업의 목적에 따라 다르다. 만일 이를 충족하지 못할 경우, 프로젝트의 비용, 일정 또는 시스템 성능에 결정적인 위험을 초래할 수 있다. 따라서 이러한 TPMs은 관리자로 하여금 기술진도를 파악할 수 있도록 주요 성능별로 KPPs의 요구목표 대비 현재치를 지속적으로 추적 관리해야 한다. 이와 같이 TPM을 선정하고 추적 관리하는 프로세스는 제품개발단계(development phase)에 따라 이루어진다. 이러한 개발단계와 요구사항분석, 기능분석 및 설계조합 등 시스템엔지니어링 프로세스 단계(process step)가 함께 고려되어야 한다.

업무 14. 물리적 특성(physical characteristics)

개발 중인 시스템 제품에 대해 요구되는 물리적 특성(예를 들면 그대로 색상, 질감, 크기, 무게, 부력 등)을 식별하고 정의하라. 절충연구를 근거로 어떤 물리적 특성이 확실한 제약사항이 되는지 그리고 어떤 것을 변경할 수 있는지를 식별해야 한다. 전자파 간섭(EMI)이나 폭풍 등에 대한 요구사항은 물리적이긴 하지만 일반적으로 품질요구사항이나 환경요구사항에 포함시키고 있다.

업무 15. 인간요소(human factors)

개발 중인 시스템 제품의 운용에 영향을 미칠 인간요소 고려사항(예를 들면, 물리적 공간 제약, 기후 제한, 시야, 미치는 범위, 인간공학 등)을 식별하고 정의하라. 인간 시스템 통합 상 어떤 것이 제약사항이고 또한 절충연구를 근거로 바꿀 수 있는 것은 무엇인지를 식별하라. 인간-기계(man-machine)시스템 통합 시 어떠한 것이 제약사항이고 또한 이를 변경 할 경우, 어떠한 요소를 바꿀 수 있는지 절충연구를 통해 식별되어야 한다.

후속 업무

후속업무는 시스템엔지니어링의 반복적인 프로세스를 통해 요구사항을 통합하거나 검증하는 활동이다.

요구사항통합 : 요구사항간의 상충점이 위험과 여유성 측면에서 균형된 설계요구사항을 도출하는 여러 방법으로 해결될 수 있도록 요구사항 결정에 대해 통합팀 접근법을 이용하라.

요구사항확인 : 기능분석 및 할당 프로세스 동안에 도출된 기능과 성능이 운용요구사항을 추적할 수 있는지를 검증하라.

요구사항검증 :

- 설계, 제조, 배치 그리고 시험 프로세스를 조정하라.

- 요구사항이 달성 가능하고 시험 가능한지를 보증하라.

- 설계비용 목적이 달성 가능한지를 검증하라.

- 기능분석 및 할당 프로세스 동안에 정의된 기능 및 물리적 구조와 조합이 허용 위험레벨 내에서 통합기술, 비용, 그리고 일정 요구사항을 충족시키는지 검증하라.

부록 4-B. 운용개념서(OCD)

운용개념서(OCD: Operational Concept Document)는 운용자의 운용개념(CONOPS: Concepts of Operations)으로부터 도출되고, 시스템엔지니어링의 기능 및 거동의 분해와 조합을 모든 프로그램의 요구사항을 충족시키는 실행 가능한 시스템아키텍처로 개발하는 기술 설계문서이다. OCD의 주요 목적은 시스템 거동을 획득하는 것이다. 시스템 거동 분해는 요구되는 거동을 도출하기 위해 요구사항, 제약사항 및 시스템의 거동 목표를 체계적으로 적용한다. 시스템 거동은 OCD에서 문서화되며, OCD는 통상 고객과 운용자가 가장 접근하기 쉬운 문서이다.

그림 4.10은 OCD, 운용요구서(ORD: Operational Requirement Document) 그리고 규격서와의 관계를 나타내는 그림이다. 그림에서와 같이 전략으로부터 만들어진 능력(capability)을 기반으로 운용개념을 작성하게 된다. OCD는 임무, 운용시나리오, 전력화지원요소 등을 운용관점에서 표현한 것으로, 운용시험의 운용효과도(MOEs: Measures of Effectiveness)를 측정하는 기준문서가 된다.

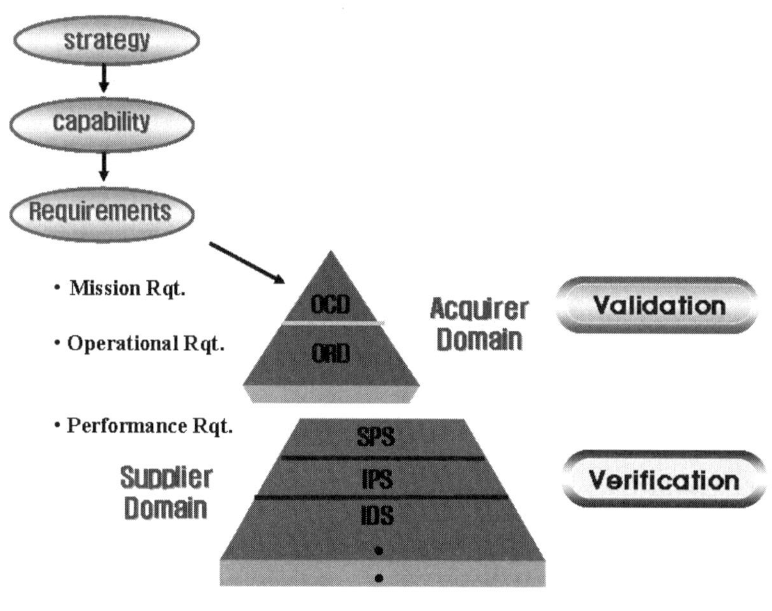

그림 4.10 OCD, ORD 및 규격서 관계

OCD는 하드웨어, 소프트웨어 및 운용자 사이의 상호작용을 구체화하는 시스템 거동을 획득하는 시스템 설계개발과 관련하여 개발된다. OCD는 운용 교범이 아니라, 운용 및 정비 문서를 개발하는 방법을 지원한다. 시스템의 운용시나리오를 구체화하는 것은 사전 전개준비과정(연습 및 훈련)뿐만 아니라 검증 계획과 절차의 개발을 손쉽게 한다. OCD 기능은 계약 팀 일원에게 큰 그림(big picture)을 제공하고, 소프트웨어 개발자에게 기능과 인터페이스를 설명하며, 이해관계자들(운용자, 정비사, 고객, 시험담당자, 시스템엔지니어, 관리자)에게 새로운 시스템에 대한 이해를 촉진시킨다. 또한 시스템을 개발 및 배치하고자 할 때 계약 팀을 인도한다.

이러한 OCD는 다음과 같은 특징을 갖는다. OCD는 사용자의 언어를 사용하여, 기술적인 요구사항 규격서와는 달리 이야기체 서술식으로 작성된다. 또한 언제든지 가능하다면 시각적 형태(도형, 삽화, 그래프)와 같은 도구를 사용하여 표현할 수 있다. OCD는 사용자의 요구와 개발자의 기술적인 요구사항 문서 사이에 교량 역할을 하며, 사용자의 전망과 기대를 가시화하는데 도움을 준다. OCD는 서로 다른 이해관계자의 관점에서 도출된 일련의 시나리오를 담고 있으며, 시나리오를 내·외부 시스템의 입출력을 갖는 복합적인 시스템거동 시계열로 통합시킨다.

다음은 AIAA 및 IEEE 지침에 기초한 OCD의 작성 양식이다.

<table>
<tr><td>

운용개념서(OCD)

1.0 범위

2.0 참고문서

3.0 운용

3.1 운용개요

3.2 인력

3.3 운용프로세스

4.0 운용요구

5.0 시스템 개요

5.1 시스템 범위

5.2 사용자

5.3 시스템 인터페이스

5.4 시스템 상태 및 모드

5.5 시스템 능력

5.6 시스템 목표 및 목적

5.7 시스템 아키텍처

</td></tr>
</table>

표 4.2 **운용개념서 양식**

5.1 개요

　기능분석 및 할당(functional analysis and allocation) 프로세스 활동 목적은 요구사항분석을 통해 식별된 기능, 성능, 인터페이스 및 다른 요구사항들을 후속 설계조합(design synthesis) 활동을 유도하기 위해 사용될 수 있는 시스템 기능의 논리적인 설명으로 변환시키는 것이다. 설계자는 시스템이 무엇을 해야 하며(what the system must do), 얼마나 좋게(how well), 그리고 어떠한 제약사항이 시스템의 유연성을 제한하는지를 알아야 할 필요가 있다.

　기능분석 및 할당 프로세스는 기능을 논리적 시퀀스로 정렬하고 상위레벨 기능을 하위레벨 기능으로 분해하며, 상위부터 하위레벨 기능까지 성능을 할당함으로써 이루어진다. 사용되는 도구에는 기능흐름블록선도(FFBD: Functional Flow Block Diagram)와 시계열분석(timeline analysis) 등이 포함된다. 이 프로세스의 산출물은 물리적인 설명보다는 오히려 기능 및 성능 파라미터의 관점에서 시스템을 기술한 기능아키텍처(functional architecture)이다. 기능분석 및 할당은 요구사항부터 설계조합의 산출물인 솔루션 설명서까지 추적을 용이하게 한다.

　시스템엔지니어링에서 기능(function)이라 함은 시스템의 요구 성능을 달성하기 위하여 반드시 수행해야 하는 특성을 나타내는 업무(task), 행동(action), 또는 활동(activity)을 나타낸다. 즉, 시스템의 목적을 달성하는데 필요한 명확하게 구별되는 행동을 말한다. 이런 기능은 명확하게 기술되거나, 또는 기술된 요구사항으로부터 도출할 수 있다. 기능은 궁극적으로 장비(하드웨어), 소프트웨어, 펌웨어, 설비, 인력,및 절차상의 자료 등으로 구성되는 하나 또는 이들의 결합체를 통해 수행되거나 달성된다.

5.2 기능분석 및 할당

어느 시스템레벨의 기능 및 성능 요구사항은 상위레벨 요구사항으로부터 개발된다. 기능분석 및 할당은 연속적으로 하위레벨의 기능 및 성능 요구사항을 정의하기 위해 반복된다. 그러므로 이전보다 하향 세분화된 레벨에서 아키텍처가 정의된다. 시스템요구사항은 통합 시스템설계를 지원하기 위한 설계 및 검증기준을 제공할 수 있도록 충분히 세부적으로 할당되고 정의되어야 한다.

목적

기능분석 및 할당(functional analysis and allocation) 프로세스의 목적은 그림 5.1에서와 같이 하드웨어/소프트웨어와 운용(즉, 요원)에 대한 기능과 하부기능의 할당을 통하여 시스템 아키텍처를 정의하는데 기초가 되는 기능아키텍처를 만들어 내는 것이다. 기능아키텍처는 분해된 기능의 계층구조와 계층구조 내의 기능에 성능요구사항을 할당하는 내용만을 포함하며, 시스템의 하드웨어아키텍처나 소프트웨어아키텍처를 기술하는 것은 아니다. 하드웨어아키텍처나 소프트웨어아키텍처는 시스템엔지니어링 프로세스의 시스템조합(system synthesis) 단계에서 개발되어진다.

기능분석 및 할당은 시스템이 무엇을 할 것인가(what)에 대한 설명이지 어떻게 할 것인지(how)를 기술하는 것은 아니다. 운용요구사항(operational requirements)의 충족을 위하여 시스템에 의해 이루어져야 하는 모든 기능은 할당된 기능, 성능, 그리고 기타 제한요구사항의 관점에서 식별되고 정의되어야 한다. 그 다음, 각 기능은 하부기능으로 분해되며 기능으로 할당된 요구사항들은 각각 기능과 함께 분해된다. 이 프로세스는 시스템이 완전하게 하부기능으로 분해되고, 최하위레벨의 각 하부기능이 주어진 요구사항에 대해 단 하나의 의미를 가지며 완전하게 정의될 때까지 반복된다.

기능분석 및 할당은 기능아키텍처 개발뿐만 아니라 누락된 기능요구사항의 식별, 도출요구사항(derived requirements)의 개발, 그리고 비현실적 또는 모호하게 기술된 요구사항의 식별 등을 포함한다. 또한, 기능분석 및 할당은 기능영역, 순서 및 인터페이스를 정의하는데 있어서 임무(mission)와 운영개념 분석(operational concept)을 지원한다.

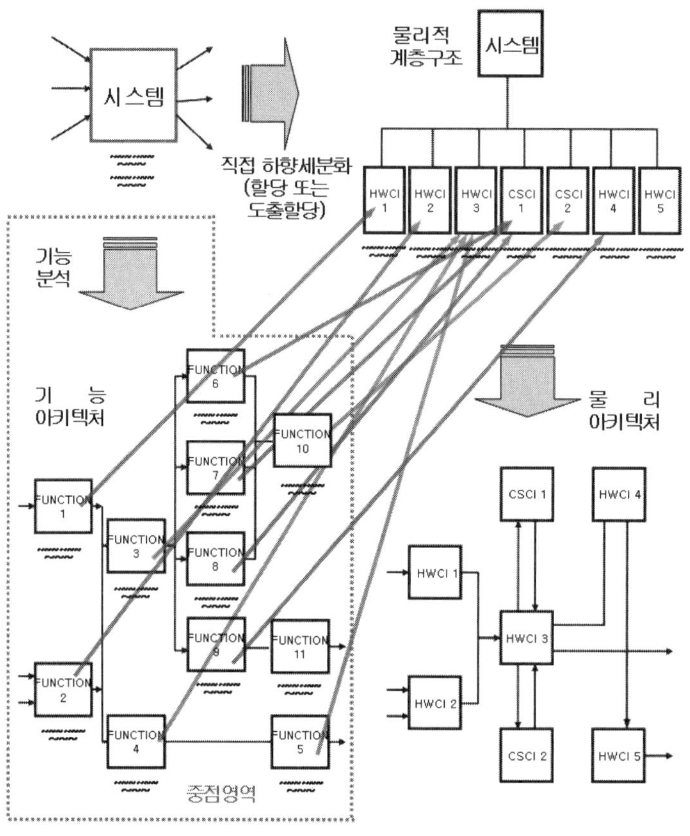

그림 5.1 **기능분석 및 할당 영역**

입력

순차적이며 반복 순환적인 문제해결 프로세스라 할 수 있는 EIA/IS 632 표준의 기능분석 및 할당 입력은 그림 5.2에서와 같이 요구사항분석의 출력물이 된다. 그러나, 동시공학 기반인 EIA 632 표준에서의 입력은 이와 달리 사용자/고객을 포함한 프로그램관리자로부터 직접 도출될 수 있다. 다음과 같은 사항들이 대표적인 입력물이 될 수 있다.

- 고객요구, 목적 및 요구사항
- 기술기반
- 프로그램 의사결정 요구사항(하드웨어와 소프트웨어를 재사용하는 목적 등)
- 규격서와 표준 요구사항
- 운용개념

　요구사항분석, 기능분석/할당, 시스템아키텍처 조합, 그리고 시스템분석/통제 등과 같은 시스템엔지니어링 프로세스는 시스템 수명주기 동안에 걸쳐 반복적으로 여러 번 수행된다. 이것은 시스템설계 동안 구체적인 다양한 레벨을 포함한다. 이것은 초기 개념개발 동안에 수행되며 시스템 조달기간 중 순환되기도 한다. 또한, 부문(segment)으로부터 형상품목(CI: Configuration Items) 레벨 아래까지 반복된다. 이러한 이유 때문에, 기능분석 및 할당 프로세스를 시작하고 종료하기 위해 필수적으로 인용할 수 있는 단일 요구사항문서는 없다. 최상위 레벨에서는 시스템레벨 규격서가 바람직하다. 하위레벨에서는 부문레벨 규격서, 형상품목 또는 컴퓨터소프트웨어 형상품목 규격서이면 충분하다.

- **출 력**
  - 기능아키텍처와 세부 지원사항
- **입 력**
  - 요구사항 분석의 산출물
- **지원요소 :**
  - 다분야 제품팀, 의사결정 데이터베이스 ;
    도구&모델 : 제품기능선도(QFD), 기능흐름블록선도(FFBD), IDEF, N2 차트, 요구사항할당표,
    시계열일정분석표, 데이터흐름도도, 상태/모드 도표, 거동도표
- **통 제**
  - 제약사항; 관급장비, 상용품, & 재사용 S/W ; 시스템 개념 & 하부시스템 선정 ; 조직절차
- **활 동**
  - 시스템 상태와 모드 정의
  - 시스템 기능 & 외부 인터페이스 정의
  - 기능인터페이스 정의
  - 기능에 성능요구사항 할당
  - 성능분석
  - 일정 및 자원 분석
  - 결함모드 효과와 치명도 분석
  - 고장탐지 및 수리활동과 복구거동분석
  - 기능통합

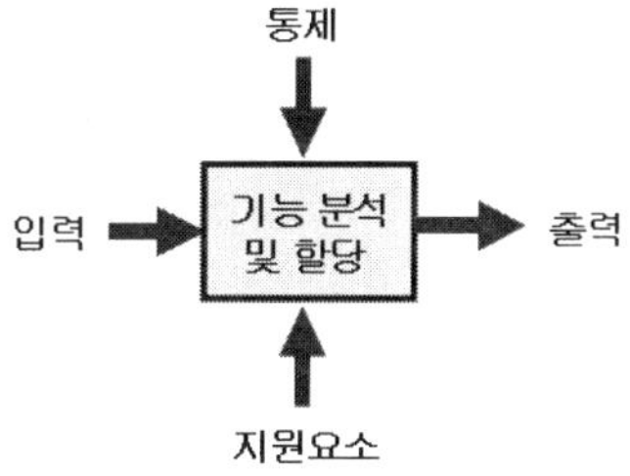

그림 5.2 기능분석 및 할당

출력

　성공적으로 기능분석 및 할당 활동을 종료한다는 것은 곧 시스템엔지니어링 프로세스의 시스템조합 단계의 시작을 의미한다. 기능분석 및 할당 활동의 완료에 대한 최종 판단기준은 완전한 문제정의(problem definition)에 달려 있다. 이것은 임무에 의해 수행될 그 기능이 식별되고 기능이 얼마나 잘 수행되어야하는 가를 정의한 요구사항이 있어야 하는 프로세스이다.

　산출물(output product)은 임무요구(mission needs)와 시스템요구사항을 만족시키기 위해 수행되어야하는 기능시퀀스와 관련이 있다. 이들은 성공적인 임무수행을 위해 핵심적인 시간상의 관계를 나타내어야 한다. 이러한 기능이 얼마나 잘 수행되어야 하는지를 명시하는 성능과 품

질 요구사항은 고객사회 또는 법적 요구사항에 의해 시스템에 주어지는 임무요구와 제약사항뿐만 아니라 시스템요구사항에 대한 추적성이 보장되어야 한다.

기능분석/할당 업무를 나타내고 설명하는 다양한 형식의 대표적인 도구는 다음과 같다.

- 거동도(behavior diagrams) : 시간시퀀스, 동시성, 조건, 동기점(synchronization points), 상태정보 및 성능구조를 사용하여 시스템레벨의 반응을 구체화시킨 거동으로 기술한다. 이 표기는 시스템의 데이터흐름, 상태전이 그리고 상태머신(state machine) 특성에 대한 구조를 제공한다.
- 콘텍스트도(context diagrams) : 특정 레벨의 시스템분해에 관련된 데이터흐름도의 최상위레벨 그림이다. 이 그림은 시스템의 모든 입력과 출력을 표현하지만 어떠한 분해도 나타내지 않는다.
- 데이터흐름도(data flow diagrams) : 시스템이 수행해야 할 각각의 거동에 대한 상호연결을 제공한다.
- 기능블록선도(functional block diagrams) : 시스템에 의해 서로 수행되는 거동(behaviors)에 관련된 그림으로 입력과 출력을 나타내며 시스템 기능 사이의 흐름에 대한 통찰을 제공한다.
- 시계열분석표(timeline analysis sheet) : 시스템의 유용성, 운용시간 및 정비가동 휴지시간에 직접적으로 영향을 미치는 시간에 따른 주요 기능을 나타낸다.
- 요구사항할당표(requirements allocation sheet) : 할당된 성능을 식별하고 성능요구사항의 추적성을 규정한 도표이다.
- IDEF도(IDEF diagrams) : 순차적 입력과 출력흐름에 의해 기능간의 관계를 보여주는 프로세스 통제도이다. 프로세스통제는 표현된 각 기능의 상부로부터 입력되고 아래로 들어가는 선은 기능에 의해 요구되는 지원 메커니즘을 나타낸다.

이들 다양한 도구를 사용한 산출물이 기능아키텍처를 특성화하는데 반드시 필수적인 것은 아니다. 그러나 많은 경우, 다양한 산출물은 기능아키텍처 및 향후 시스템아키텍처 조합 내에 내재되어 있는 위험을 이해하는데 필요하다. 하나 이상의 이러한 형식을 사용하는 이유는 분석프로세스를 점검하고 균형을 유지하게 하며 시스템설계 팀 상호간의 의사소통에 도움을 주기 위함이다.

5.3 기능분석 및 할당 프로세스

시스템 수명주기의 한 단계 내에서 수행되는 기능분석 및 할당 프로세스 또한 반복적이다. 기능아키텍처는 할당된 기능, 성능 및 제약요구사항과 함께 각각 적용 가능한 요구사항문서 또는 규격서 내에서 정의된 기능 집합으로서 최상위레벨에서 시작된다. (극단적으로 말하면, 최상위레벨의 경우, 기능만이 시스템이고, 모든 요구사항이 기능에 할당된다.) 그 다음, 그림 5.3과 같이, 기능아키텍처의 다음 하위레벨이 개발되고 보다 더 분해가 필요한지를 결정하기 위해 평가된다. 더 분해할 필요가 있는 경우에는, 이 프로세스를 반복한다. 그렇지 않은 경우에는, 이 프로세스는 종료되고 시스템 조합(system synthesis)이 시작된다.

기능분석 및 할당 프로세스는 기능아키텍처가 완료될 때 까지 일련의 레벨을 통해 반복되어진다.

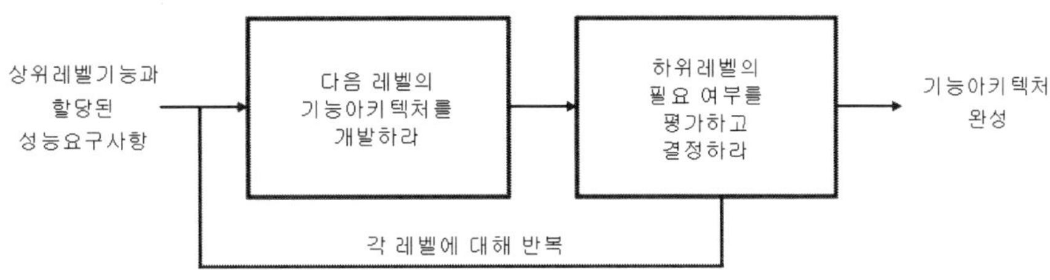

그림 5.3 기능분석 및 할당 프로세스

기능분석 및 할당 프로세스의 각 단계에서, 대안분해 및 할당은 각 기능과 선정된 단일버전에 대해 평가된다. 모든 기능이 다루어진 후, 분해된 하부기능에 대해 모든 내부 및 외부인터페이스가 만들어진다. 그림 5.4의 점선부분이 기능분해의 각 레벨에서 분해되고 할당되는 성능요구사항을 보여주고 있지만, 때때로 성능요구사항을 할당하기 전에 여러 레벨을 통하여 수행되기도 한다. 또한, 기능아키텍처 대안을 개발하고, 선호하는 기능아키텍처를 결정하기 위하여 절충연구를 수행할 필요가 있다. 기능분석 및 할당이 매 반복할 때마다, 대안을 분해하고 하부대안을 평가하며 이에 따른 모든 인터페이스를 정의한다.

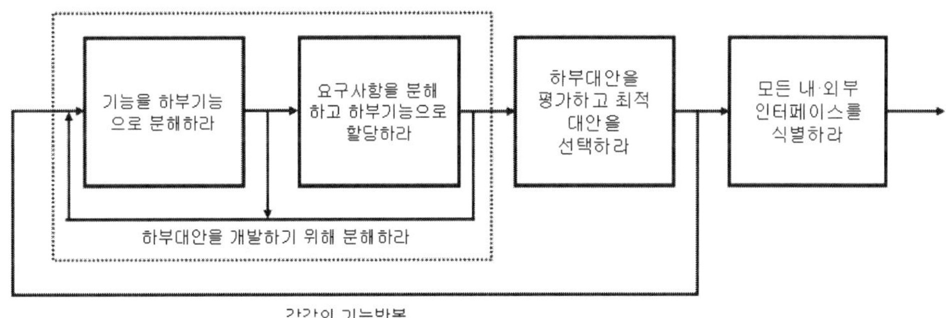

그림 5.4 기능분해 대안평가 및 정의

5.4 기능아키텍처

기능아키텍처(functional architecture)는 시스템의 기능 및 성능 요구사항을 하향식으로 분해한 것으로, 수행되어야 할 기능뿐만 아니라 기능의 논리적 시퀀스와 기능 관련 성능요구사항도 함께 나타낸다. 또한 시스템에 사용될 기존제품과 관급품목(government furnished items)에 대한 기능 설명도 포함된다. 이것은 기존 구성품의 리엔지니어링이 요구된다.

기능분석 및 할당 프로세스에 의해 생성된 기능아키텍처는 기능을 분석하고 성능요구사항을 할당하기 위해 개발된 문서화의 상세패키지이다. 기능아키텍처는 기능흐름 블록선도, 시계열분석표, 요구사항할당표, IDEF0 도표 및 시스템 기능 특성을 기술하기 위해 개발된 모든 다른 문서를 포함한다. 그러나 기능아키텍처를 구성하는 기본적 논리가 존재한다. 이러한 기능아키텍처를 구상하기 위해서는 선행적으로 준비하는 그림 5.5와 같은 예비 기능아키텍처를 작성해야 한다.

기능아키텍처 사례

어느 부대원에게 50km 거리를 분대단위로 부대를 이동시키는 임무요구사항이 주어졌다. 부대는 운송시스템이 도착한 시간으로부터 반드시 90분 내에 이동해야만 한다. 그리고 부대 이동 간에 지속적인 통신이 이루어져야 한다. 이를 분석하기 위해 이 임무수행과 관련된 요원으로 구성된 통합팀(IPT: Integrated Product Team)으로 하여금 기능분석과 할당을 하도록 한다. 실현 가능성(feasibility study) 분석결과, 운송수단으로 병력 이동 운송 트럭을 사용토록 되어 있을 경우, 운송 트럭이 도착하게 되면 분대요원 탑승, 출발, 이동, 정지 그리고 하차하라 순서로 운송기능이 분해되고 각각의 기능별로 수행시간과 이동거리가 할당된다. 그 결과를 도식적으로 표현하면 그림 5.5와 같다.

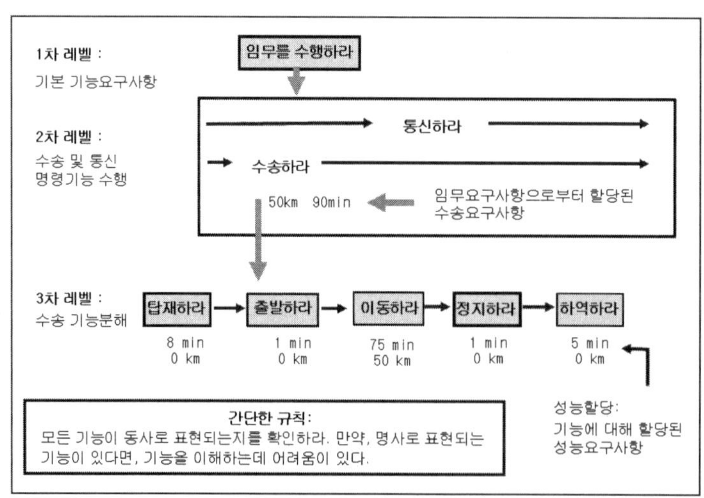

그림 5.5 **기능아키텍처 사례**

5.5 요점

기능분석은 요구사항분석 결과(즉, 상위레벨의 기능 및 성능 요구사항 식별)와 함께 시작된다. 기능분석 및 할당은 하위레벨에 대한 상위레벨의 분해와 그 다음, 그 기능에 대한 요구사항의 할당으로 구성된다.

- 기능아키텍처의 개발을 지원하는데 유용한, 예를 들면, 기능흐름블록선도, IDEF0, 시계열분석표, 요구사항할당표 등과 같은 많은 도구가 있다.
- 이 장에서 설명된 다양한 도구를 사용한 산출물이 필수적인 것은 아니다. 그러나 많은 경우, 다양한 산출물은 기능아키텍처 및 향후 시스템아키텍처 조합 내에 내재되어 있는 위험을 이해하는데 필요하다.

부록 5-A. 기능흐름블록선도(FFBD)

기능흐름블록선도(FFBD: Functional Flow Block Diagram)를 작성하는 목적은 기능적 측면에서 시스템요구사항을 설명함에 있다.

목적

FFBD는 다음사항이 명확하도록 이루어진다.

- 모든 수명주기 기능을 포함한다.
- 모든 시스템요소를 식별하고 정의한다(예; 주요장비, 교육훈련, 예비부품, 데이터, 소프트웨어 등).
- 시스템 지원요구사항은 특정시스템 기능으로 식별되어진다.
- 핵심 설계인터페이스를 포함하여 적합한 활동시퀀스와 설계연관성을 수립한다.

특성

FFBD는 솔루션을 지향하기 보다는 기능에 치중되어 있다. 하위레벨 기능을 정의하고 그 연관성을 순차적으로 나타내는 프로세스를 기능분해(functional decomposition)라고 한다. 따라서 FFBD는 각각의 레벨에서 수직적 추적성을 가능하게 한다. 설계조합의 가능성 여부를 확인하기 위하여 기능아키텍처를 개발하는 것이 FFBD의 중요 단계이다. 그림 5.6과 5.7은 각각 FFBD의 하향 세분화(flow-down)와 FFBD의 형식을 나타낸다.

최상위레벨에서 시스템 기능은 1.0에서 6.0까지 순차적으로 분해되었으며 1차 레벨에서 1.0 기능이 다시 1.1에서 1.7까지 하부기능으로 분해된다. 이 중에 1.4 기능의 예를 들면 2차 레벨에서 1.4.1에서 1.4.6까지 분해되어진다. 다른 시스템 기능 역시 같은 방법으로 1차, 2차 기능으로 하향 세분화 된다.

주요 FFBD 속성

기능블록 : FFBD 상에서 각 기능은 분리되어야 하고 한 개의 상자(실선 표시)로 나타내야 한다. 각 기능은 시스템요소에 의해 수행될 명확하며 유한의 개별적인 활동으로나타내야 한다.

기능번호 부여 : 각 레벨은 일치되는 번호체계를 가져야 하며, 기능기반과 관련된 정보를 제공해야 한다(예를 들면, 최상위 레벨 – 1.0, 2.0, 3.0 등; 레벨 2 – 1.1, 1.2, 1.3 등; 레벨 3 – 1.1.1, 1.1.2, 1.1.3 등). 이 번호는 모든 기능분석 및 할당 활동을 통해 수행되는 식별과 연관성을 규정하고 하위부터 상위레벨까지 추적을 용이하게 한다.

기능참조 : 각 도표는 기능 참조(괄호상자)를 사용하여 다른 기능도표에 대한 참고가 되도록 해야 한다.

흐름연결 : 기능을 연결한 선은 기능의 흐름을 나타내며 시간이나 중간활동을 지나치지 말아야 한다.

흐름방향 : 도표의 흐름방향은 일반적으로 왼쪽에서 오른쪽이 되도록 해야 한다. 화살표는 기능흐름을 표시하기 위해 자주 사용된다.

합 게이트 : 원은 합 게이트를 표시하거나 AND/OR가 나타날 때 사용된다. AND는 병렬 기능을 표현하는데 사용되고 모든 조건이 만족되어야 진행된다. OR은 대체 경로가 만족될 때 진행된다.

GO 및 NO-GO 경로 : 'G'와 'Ḡ'는 'go' 'no-go'의 상태를 가리킨다. 이런 기호는 대체경로를 가리키기 위해 특별한 기능을 표시하는 라인에 인접해 위치한다.

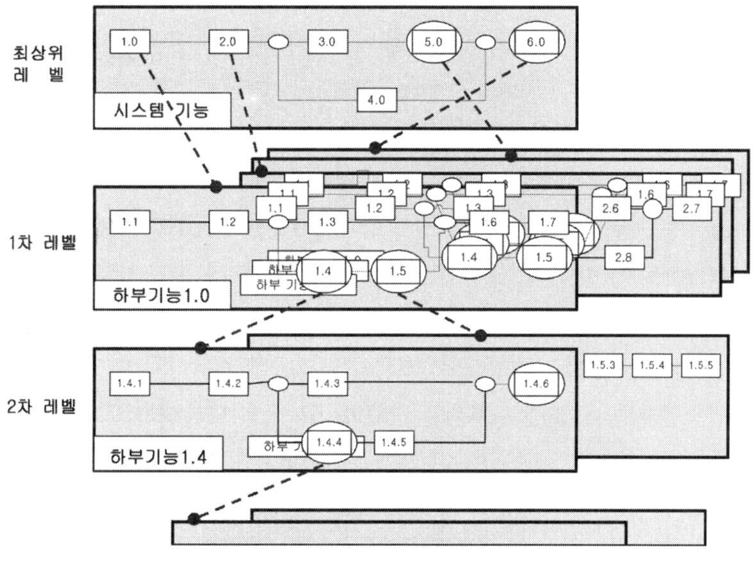

그림 5.6 FFBD 기본구조

그림 5.7 FFBD 기본양식 사례

부록 5-B. IDEF0

기능모델링 통합정의(IDEF0: Integration Definition for Function Modeling)는 분석, 개발, 리엔지니어링 및 정보시스템 통합; 비즈니스 프로세스; 또는 소프트웨어 엔지니어링 분석을 위한 일반적인 모델링 기법이다. FFBD가 제품의 기능흐름을 나타내기 위해 사용되는 반면, IDEF0는 데이터흐름, 시스템통제, 그리고 수명주기 프로세스의 기능흐름에 사용된다.

IDEF0는 넓고 다양한 비즈니스, 제조 및 다른 형태의 엔터프라이즈 활동을 상세한 레벨까지 시각적으로 표현할 수 있다. 이것은 정확하고 명확하게 설명 해주며, 사용과 해석의 일관성을 향상시킨다. IDEF0는 수년간에 걸쳐 정부나 민간사업을 통하여 그 유용성이 입증되었다. 이것은 다양한 전산지원도구에 의해 효과적으로 활용되고 있다. 특히 많은 상업제품이 IDEF0와 모델의 개발과 분석을 지원한다.

IDEF0는 도표, 텍스트, 그리고 상호 참고되는 용어의 연속적인 계층 구조로 구성된 모델이다. 두 개의 주 모델링 구성요소는 기능(도표에서 상자로 표시)과 그러한 기능과 상호관계를 갖는 데이터 및 객체(화살표로 표시)다. 그림 5.8에서 처럼 화살표가 상자에 접한 위치는 인터페이스의 특정 역할을 의미하고, 프로세스통제는 기능상자의 상부로부터 입력된다. 입력자료, 데이터 또는 객체는 상자의 왼쪽으로 들어가고, 연산의 결과물은 기능상자의 오른쪽으로 나온다. 아래로 들어가는 입력은 기능에 의해 요구되는 지원 메커니즘을 나타낸다.

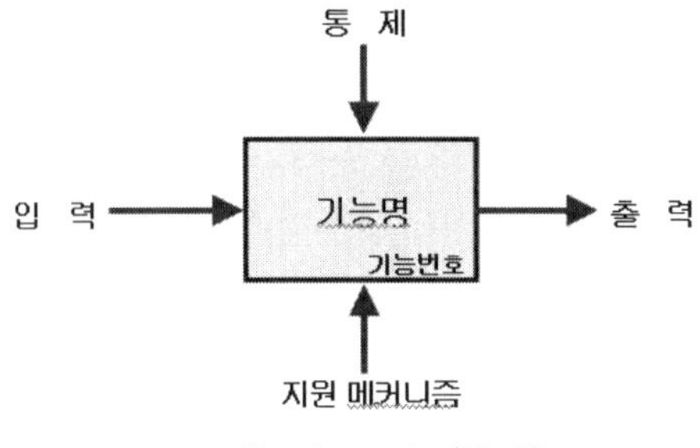

그림 5.8 IDEF0 기본모델

IDEF0 프로세스는 분해될 주요 기능의 식별과 함께 시작된다. 이 기능은 특정 IDEF0 분석의 범위를 정의하는 '최상위레벨 콘텍스트도(top level context diagram)' 상에서 정의된다. 그림 5.9는 IDEF0로 나타낸 엘리베이터시스템 관리프로세스에 관한 최상위레벨 콘텍스트도를 나타낸다. 이 도표로부터 그림 5.10과 같은 하위레벨 IDEF0가 생성된다.

관련 기술인 정보모델링을 위한 통합정의(IDEFx)는 데이터집약 시스템을 위한 IDEF0를 보완하기 위해 사용된다. IDEF0 표준, 즉 연방정부 정보처리 표준서공표(FIPS 183)와 IDEFx 표준(FTPS 184)은 국가표준기술협회(NIST: National Institute of Standards and Technology)에 의해 관리 유지된다.

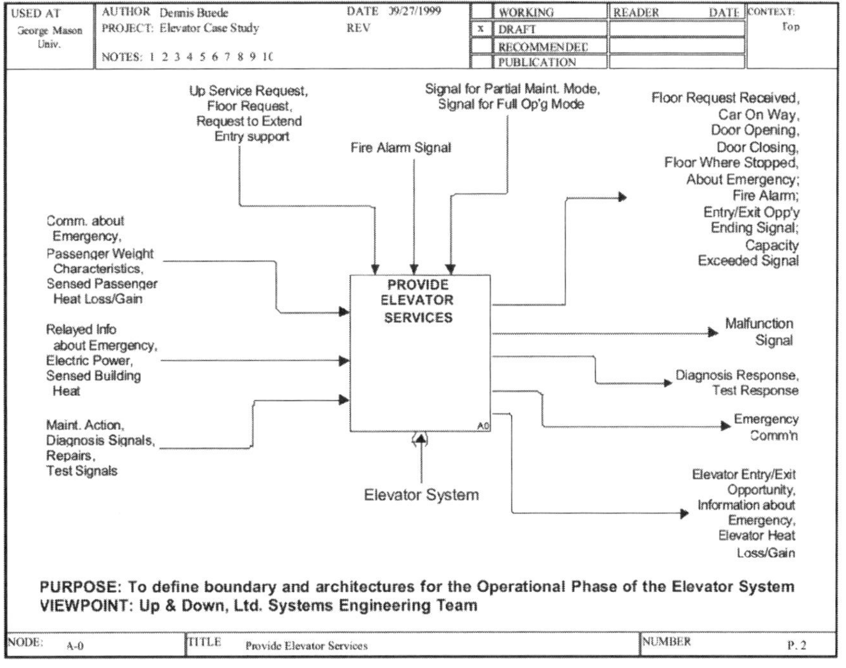

그림 5.9 최상위레벨 콘텍스트도 사례

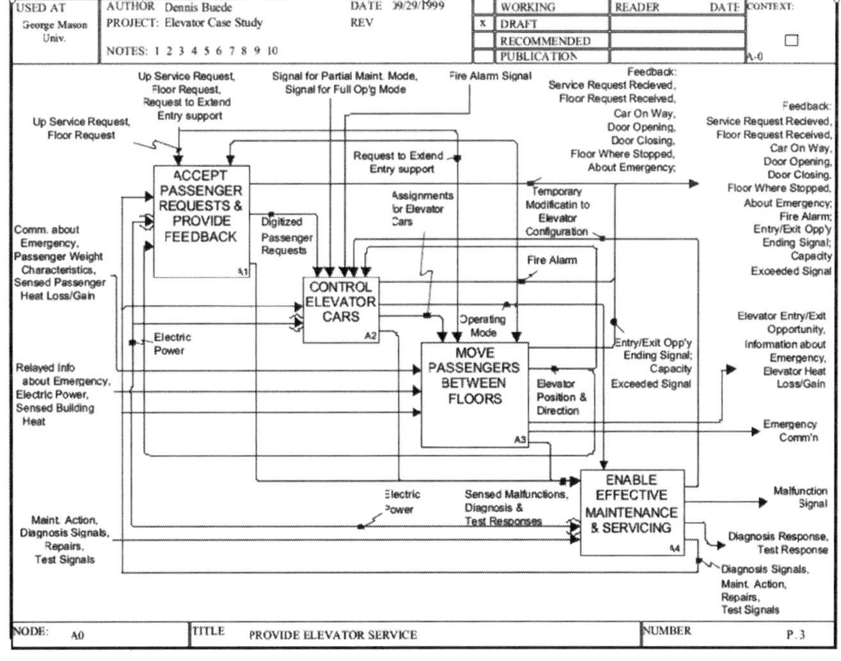

그림 5.10 하위레벨 IDEF0 사례

부록 5-C. 시계열분석표(TLS)

FFBD가 순차적인 기능흐름을 나타내고 있는데 반하여, 시계열분석표(TLS: TimeLine analysis Sheets)는 다양한 기능의 기간을 정의하는데 세부항목을 추가하여 보다 상세하게 나타낸다. TLS는 기능과 업무의 동시성, 중복성, 그리고 순차적인 관계를 나타낸다.

결과적으로 해당기능이 언제 수행될 것인가를 분석함으로써 기능과 업무관계를 순차적으로 분석할 수 있다. 이를 통해 시간적으로 치명적인 항목을 미리 식별함으로서 이와 연관된 시스템의 가용성(availability), 운용시간(operating time) 및 정비시간(maintenance downtime)을 분석할 수 있다. 시계열분석표에는 수행기능의 목적과 세부적인 성능특성, 기능의 중요도, 그리고 설계제약사항 및 모든 정량적이고 정성적인 요구사항뿐만 아니라 이에 필요한 자원도 식별된다. 그림 5.9는 TLS의 사례로서, 지대공유도미사일 시스템의 FFBD 기능 3.1인 "발사 35시간에서 2시간 전까지 발사차량 준비 및 유지"에 대한 구체적인 활동과 그 기간을 나타낸다.

시스템: 지대공미사일	하부시스템: 발사대										
FFBD	기능 3.1	위치	기능설명: 발사전 35시간에서 2시간 전까지의 차량준비 및 유지								
번호	명 칭		시 간								
			30	25	20	15	10	5	4	3	2
3.1.1	전원을 공급하라.										
3.1.2	에어컨을 동작시켜라.										
3.1.3	베터리를 장착 및 연결하라.		2.5								
3.1.4	무기를 장착하라.			7.5							
3.1.5	이상전압 점검 및 무기를 연결하라.				2.6						
3.1.6	연료탱크를 적재하라.					7.5					
3.1.7	산화제 탱크를 적재하라.						7.5				
3.1.8	유도시스템을 작동하라.							2.5			
3.1.9	추진력을 설정하라.								1.0		
3.1.10	원격조종시스템을 "ON"하라.										2.5

그림 5.11 TLS 사례

부록 5-D. 요구사항할당표(RAS)

요구사항할당표(RAS: Requirements Allocation Sheet)는 할당기능, 할당성능 및 물리적 시스템 사이의 연결을 문서화한 것으로, 기능분석에 기초한 특정 설계요구사항을 식별하는데 사용된다. 이것은 기능분석/할당과 설계조합 사이의 추적성을 제공하며, 단절 상태를 보여주기도 한다. RAS는 기능아키텍처와 이를 기반으로 한 설계 사이에서의 일관성을 유지시키는 중요한 도구이다(기능번호는 FFBD와 일치된다).

기능분석을 통해 얻어진 질적 및 양적 성능요구사항은 RAS에 의해 식별된다. 이러한 요구사항은 각각의 기능요구사항을 충족시키기 위하여 장비, 인력, 소프트웨어, 및 설비 항목의 자원을 복합적으로 조합하고 여러 가지 대안으로 평가할 수 있어야 한다. 이러한 자원요구사항이 RAS에 포함되어야 한다. 이러한 RAS 사례를 표 5.1에 나타냈다.

요구사항 할당표	기능흐름 선도 제목과 번호 2.58.4는 유도부 냉각장치 규정 지침	장 비 식 별		
기능명 및 번호	기능성능 및 설계 요구사항	설 비 요구사항	명칭	CI 또는 상세 규격서 번호
2.58.4 냉각시킨다.	유도계통 구성품의 온도는 초기 보정온도인 + 0.2 ° F 이내로 유지되어야 한다. 구성품의 초기 보정온도는 66.5~68.5 ° F 이다.			
2.58.4.1 냉각제를 주입한다.	65gal의 냉각 고체 냉각제(수)를 위한 저장용기가 필요하다. 저장 냉각제의 온도를 계속적으로 감시해야 한다. 저장 냉각제는 40~50 ° F 를 유지해야 한다.			

표 5.1 RAS 사례

6.1 설계개발

설계조합(design synthesis)은 기능분석 및 할당의 산출물인 기능아키텍처를 기반으로 개발되는 개념 또는 설계에 의한 프로세스이다. 그러나 동시공학적인 시스템엔지니어링 프로세스 개념에서 보면, 시스템아키텍처 조합은 요구사항분석과 기능분석을 포함하는 전체적인 시스템설계(system design) 프로세스의 일부이다. 조합(synthesis)은 사전에 기술된 성능 파라미터의 제한된 범위 내에서 요구된 역할을 수행할 수 있는 물리아키텍처(제품, 시스템 및 소프트웨어 요소의 집합)를 개발하는 창조적인 활동이다. 설계조합은 주어진 일련의 기능 및 성능 요구사항을 충족시키기 위해 개발된 다수의 하드웨어 또는 소프트웨어 아키텍처가 있을 수 있기 때문에 제시된 아키텍처 중에서 가장 최적의 대안을 선택하기 위한 절충연구의 단계를 설정한다. 설계조합의 목적은 기술된 요구사항을 충족시킬 수 있는 설계솔루션을 달성할 수 있는 방법으로 하드웨어와 소프트웨어의 구성품을 결합하거나 재구성하는 것이다. 개념개발 동안, 조합은 시스템개념을 생성하고, 하부시스템 간의 기본적 관계를 규정한다. 예비설계와 상세설계 동안, 하부시스템과 구성품의 설명서가 만들어지고, 모든 시스템 구성품 사이의 상세인터페이스가 정의된다.

물리아키텍처는 예를 들면, 규격서, 베이스라인, 업무분해구조(WBS: Work Breakdown Structure) 등과 같은 설계정의 문서에 대한 기반을 수립한다. 그림 6.1은 설계조합 프로세스의 기본 파라미터에 대한 일반적인 설명을 나타낸다.

특성(characteristics)

물리아키텍처는 전형적인 용어이다. 그러나 명칭에도 불구하고, 물리아키텍처는 하드웨어 요소뿐만 아니라 소프트웨어 요소를 포함한다. 설계조합의 주 산출물인 물리아키텍처의 일반적인 특성은 다음과 같다.

• 물리적 또는 소프트웨어 구성품은 하나 이상의 요구사항을 충족시킬 수 있으나 기능분석과의 상관

성은 적어도 하나의 기능요구사항에 대한 충족을 요구한다.

- 아키텍처는 절충연구와 효과도분석을 통해 정당함이 증명된다.

- 물리아키텍처는 물리적 계층구조로부터 개발된다.

- 측정기준(metrics)은 주요성능파라미터(KPPs: Key Performance Parameters) 사이의 진도를 추적하기 위해서 개발된다.

- 모든 지원정보는 데이터베이스 내에 문서화 된다.

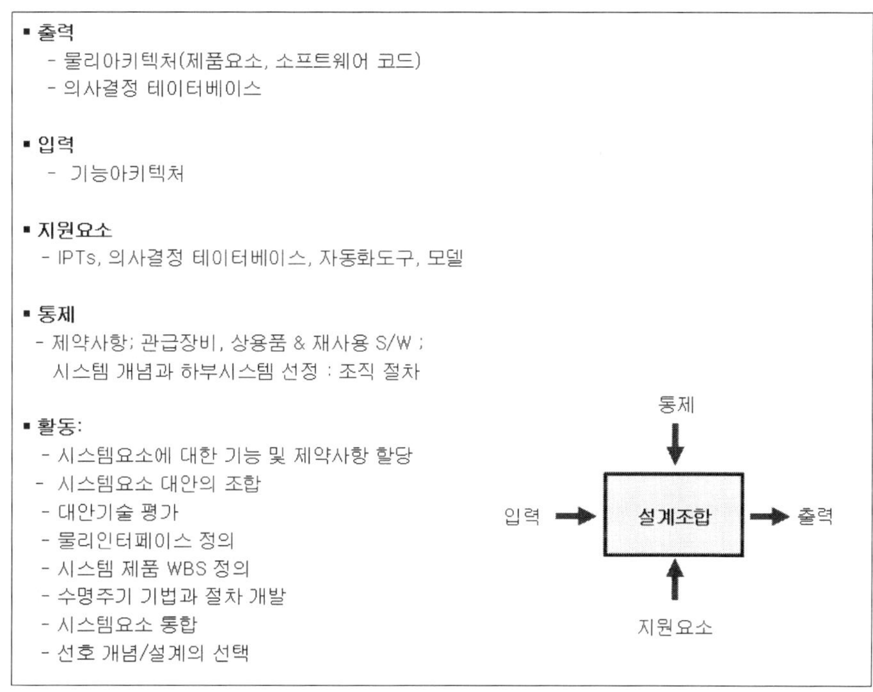

그림 6.1 설계조합

모듈식 설계(modular design)

모듈식 설계는 하나의 독립적인 기능이나 하나의 논리적인 업무를 수행하는 구성품의 그룹화를 통해 수행하는 방법을 말한다. 기능관련 그룹화는 모듈식 설계 솔루션과 기타 관련사항에 대한 탐색을 용이하게 한다. 모듈식 유닛의 바람직한 속성은 낮은 커플링(coupling), 높은 응집력(cohesion), 그리고 낮은 연결성(connectivity)이다. 모듈간의 커플링은 모듈간의 상호 의존성에 대한 척도, 또는 두 모듈간의 공유 정보량을 나타낸다. 모듈을 완화시키는 것은 개발위험을 줄이고 나중에 있을 수정(modification)을 용이하게 한다. 응집력은 모듈 내 수행되는 업무의 유사성을 말하는 것이다. 동일하거나 유사계열 구성품, 또는 다기능을 수행하는 단일 구성품의 사용 여지가 있기 때문에 높은 응집력이 바람직하다. 연결성은 하나의 모듈 내 내부요소와 또 다른 모듈의 내부요소 사이의 상호관계를 말한다. 높은 연결성은 설계, 개발 및 시험 등을 방해할 수 있는 복잡한 인터페이스를 만들기 때문에 가급적 피해야 한다.

설계루프(design loop)

설계루프는 개발된 물리아키텍처가 기능 및 성능 요구사항과의 일치성을 검증하기 위해 기능아키텍처를 재수행하는 것을 포함한다. 이것은 기능아키텍처와 물리아키텍처 사이의 맵핑이다. 그림 6.2는 간단한 물리아키텍처의 사례를 나타내며 기능아키텍처와 어떻게 연관성이 있는지 나타낸다. 설계조합이 이루어지는 동안, 기능분석의 재평가는 초기분해의 재시험이 요구되는 설계이슈의 발견에 의해 야기된다. 이들 이슈는 초기 기능아키텍처의 요구사항에 의해 예상되는 것과 다른 기능적 특성을 지닌 바람직한 물리적 솔루션 또는 개방형 시스템 기회에 대한 식별을 포함할 수 있다.

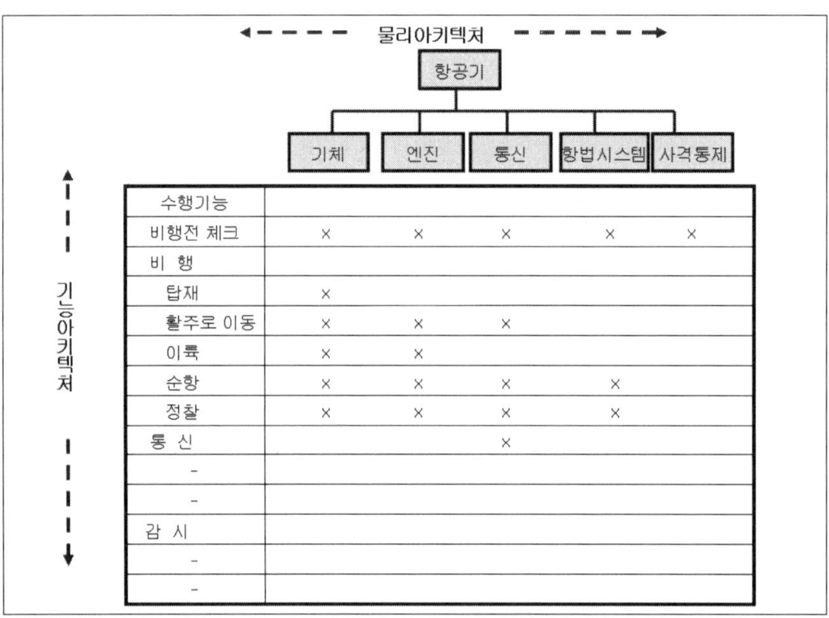

그림 6.2 기능/물리적 매트릭스

6.2 설계조합 도구

설계조합과정 동안의 다양한 분석, 엔지니어링 그리고 모델링 도구는 설계활동을 지원하고 문서화하는데 사용된다. 절충연구와 같은 분석도구는 물리적 솔루션을 최적화하기 위한 의사결정을 지원한다. 요구사항 할당표는 기능 및 성능 요구사항에 대해 추적성을 제공한다. 개념기술서(CDS: Concept Description Sheet)와 같은 간단한 설명은 시스템의 개념을 가시화하고 의사소통에 도움을 준다. 도식적인 블록선도(SBD: Schematic Block Diagram)와 같은 논리모델은 시스템내의 설계와 상호관계를 규정한다.

CAD(Computer-Aided Design), CASE(Computer-Aided Systems Engineering) 그리고 CAE(Computer-Aided Engineering) 등의 자동화 엔지니어링 관리도구는 설계활동을 조직하고, 조정하며, 문서화하는 것을 돕는다. CAD는 SBDs, 상세 도면, 3차원 입체 도면을 포함한 제품 설계를 설명하는 상세한 참고문서를 생성시키며, 기술적 성능 측정을 추적할 수 있다. CAD는 가상 모델링 및 시뮬레이션을 위한 중요 입력자료를 제공하며, 통합 설계 개발을 위한 공통 설계 데이터베이스를 제공한다. CAE는 절충연구, 8대 주 기능에 대한 관련분석 그리고 비용분석을 지원하기 위한 시스템 요구사항과 성능분석을 제공한다. CASE는 기술관리 분석과 문서의 자동화를 제공한다.

모델링 기법은 설계 결정에 앞서 물리적 제품을 가시화하고 평가하는데 사용된다. 모델은 하드웨어와 소프트웨어의 파라미터에 대한 최적화를 가능하게 하며, 달성 가능한 성능을 예측하며 도출된 운용시퀀스를 미리 알아 볼 수 있도록 한다. 이를 통하여 시스템 요소별로 기능 및 성능 요구사항의 최적 할당을 가능하도록 한다. 설계조합에 사용되는 전형적이고 논리적인 산출물이 SBD이다.

6.3 요점

- 설계조합은 기능분석 및 할당(기능아키텍처)의 결과와 함께 시작된다. 기능아키텍처는 기능분석 및 할당에서 식별된 기능의 수행에 필요한 물리적 구성품을 정의함으로써 물리아키텍처로 변환된다.
- 많은 도구가 물리아키텍처의 개발을 지원하기 위해 사용된다.
  - 시스템 개념에 대한 정의 및 기술(CDS)
  - 구성품과 그들의 연관성에 대한 정의 및 묘사(SBD)
  - 구성품에 대한 성능요구사항의 추적성 규정(RAS)
- 규격서와 제품 WBS는 물리아키텍처로부터 생성된다.

부록 6-A. 개념기술서(CDS)

개념기술서(CDS: Concept Description Sheet)는 기술적 접근방법 또는 설계개념을 서술 또는 도식형태로 설명하며, 성능 및 기능요구사항을 충족시키기 위해 시스템이 어떻게 통합되는지를 보여준다. 이것은 일반적으로 시스템의 개념을 보여주기 위해 초기 개념설계 단계에서 주로 사용된다.그림 6.3은 미사일 추적시스템의 개념기술서를 나타낸다.

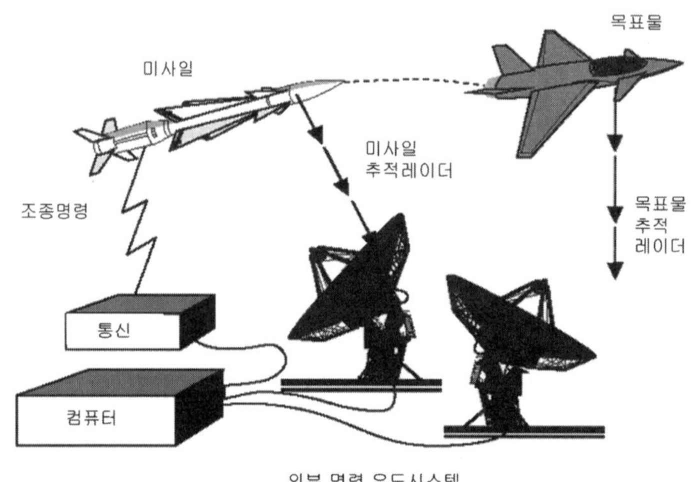

그림 6.3 CDS 사례

부록 6-B. 도식블록선도(SBD)

도식 블록선도(SBD: Schematic Block Diagram)는 하드웨어와 소프트웨어 구성품 그리고 이들의 상호관계를 나타낸다. SBD는 상위단계의 요구사항 내에서 하위단계 기능을 정의하기 위한 분석을 진행하면서 연속적으로 하위단계에서 개발된다. 이들 요구사항은 요구사항할당표(RAS: Requirements Allocation Sheet)를 통하여 보다 세분화되고, 할당된다.

SBD는 관련시스템 요소의 가시성 그리고 RAS, FFBD 및 기타 시스템엔지니어링 참고문서 상호 간의 추적성을 제공한다. SBD는 기능아키텍처에 의해 설정된 기능 및 성능 요구사항에 대한 솔루션을 기술한다. 시스템 구성품 사이, 시스템 구성품과 타 시스템 구성품 또는 하부시스템 구성품 사이의 인터페이스를 보여주며, 구성품과 인터페이스의 기능적 소스와 추적성을 지원한다. 형상통제를 강화하기 위하여 효과적인 도구를 제공한다. 또한 SBD는 인터페이스통제문서(ICDs: Interface Control Documents) 개발에도 사용되며, 시스템 운용의 전반적인 이해에 도움을 준다.

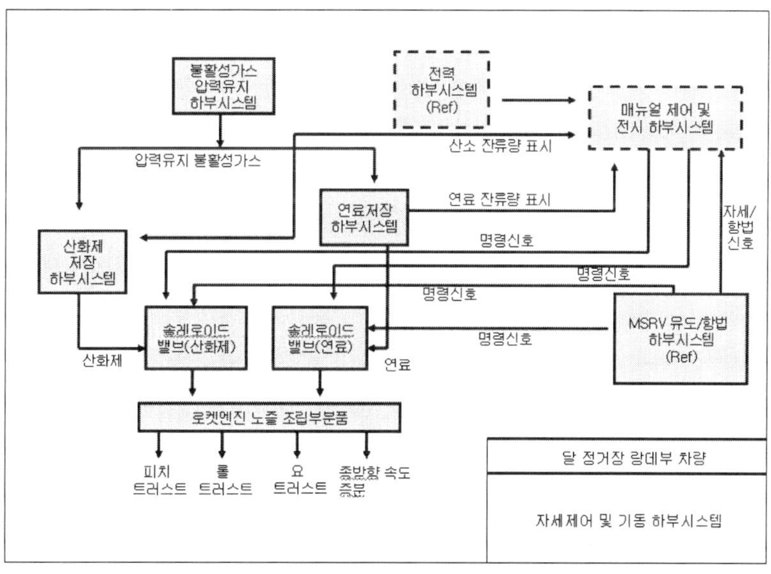

그림 6.4 SBD 사례

그림 6.4는 달 정거장 랑데부를 위한 자세제어 및 하부기동시스템에 대한 SBD 사례를 나타낸다. 여기에서 연료저장, 산화제 저장 구성품 및 유도/항법 구성품 상호간의 연결을 볼 수 있으며 이를 더욱 세부적으로 나타내어 로켓 엔진 노즐 구성품 내에서 수행될 피치, 롤, 요, 및 종방향 속도에 대한 상세한 기능과 이들 상호간의 관계가 상세하게 묘사되도록 개발된다. 확장된 SBD는 구성품과 관련된 WBS 번호를 식별할 수 있다.

부록 6-C. 요구사항할당표(RAS)

기능분석과 할당에서 시작된 요구사항할당표(RAS: Requirements Allocation Sheet)는 기능요구사항과 물리적 시스템 사이의 연결을 문서로 나타내기 위해 설계조합에서 확장된다. RAS는 기능분석 및 할당과 설계조합 활동 사이에 추적성을 제공한다. 이것은 기능아키텍처와 아키텍처를 기본으로 하는 설계 사이에서 일관성을 유지하는데 사용하는 중요한 도구이다.그림 6.5는 기능분석과 할당 관련문서 즉, 요구사항할당표를 포함한 FFBD, 시계열분석표, 절충분석보고서, 설계기준표 및 설계데이터표 사이의 관계를 나타낸다.

요구사항 할당표	기능흐름 선도 제목과 번호 2.58.4는 유도부 냉각장치 규정 지침	장비식별		
기능명 및 번호	기능성능 및 설계 요구사항	설비 요구사항	명칭	CI 또는 상세 규격서 번호
2.58.4 냉각시킨다	유도계통 구성품의 온도는 초기 보정온도인 +0.2° F 이내로 유지되어야 한다 구성품의 초기 보정온도는 66.5~69.5° F이다			
2.58.4.1 냉각제를 주입한다	65gal의 냉각 고체 냉각제(수)를 위한 저장욕기가 필요하다 저장 냉각제의 온도를 계속적으로 감시해야 한다. 저장 냉각제는 40~50° F를 유지해야 한다			

표 6.1 RAS 사례

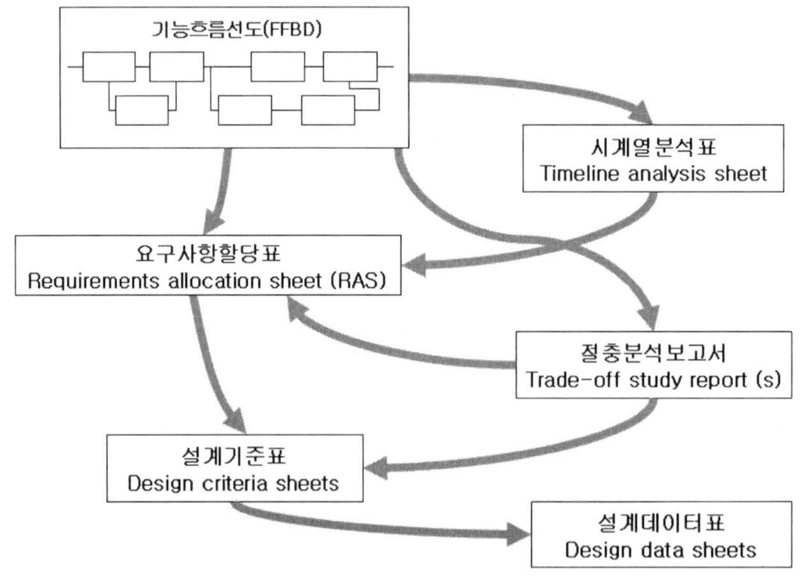

그림 6.5 기능분석 및 할당 관련문서

7.1 개요

시스템엔지니어링의 최종 적용을 위한 솔루션은 최초 요구사항을 비교하는 활동이다. 프로세스의 이 부분을 가리켜 검증루프(verification loop) 또는 일반적으로 검증(verification)이라고 부른다. 각각의 개발 레벨에서 각 요구사항에 대한 검증이 이루어져야 한다. 시스템엔지니어링 프로세스를 통해 형성된 각각의 베이스라인은 문서화되고 이를 검증할 수 있는 계획을 수립해야 한다. 이때 적용 가능한 방법은 조사(examination), 시연(demonstration), 분석(modeling & simulation 포함) 및 시험(test)이 있다. 공식적인 시험평가(개발시험 및 운용시험)는 시스템 검증에 중요한 역할을 한다. 특히 정부계약의 경우 사용자, 사업관리자, 계약자 및 공급자 상호간에 일어나는 검증(verification) 및 확인(validation) 활동은 그림 7.1과 같다.

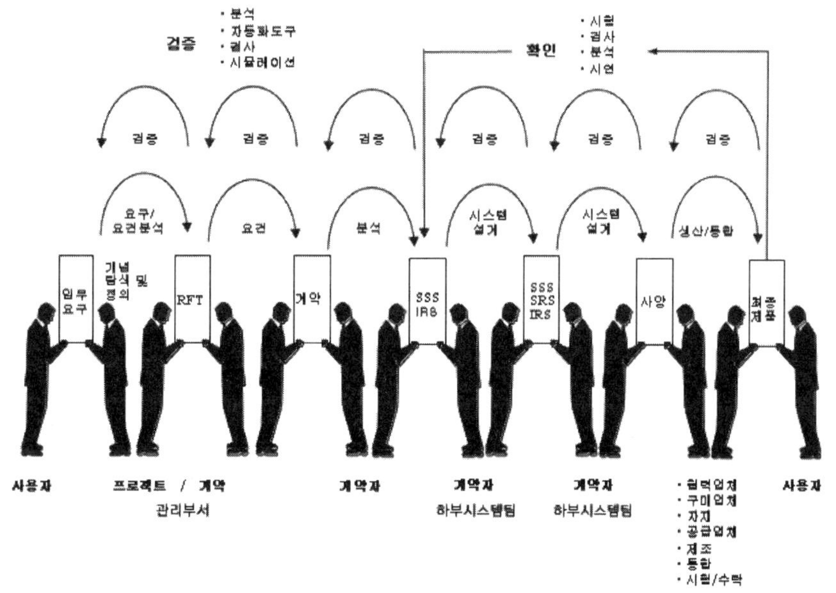

그림 7.1 **정부사업의 검증 및 확인 절차**

검증(verification)이 사용자가 요구한 대상제품(work product)과 제품요구사항의 일치여부를 검증하는 활동이라면, 확인(validation)은 대상제품의 필요성(needs)과 일치여부를 검증하는 활동을 말한다. 주요 검증수단으로 설계검토(design review)를 수행한다. 검증과 확인활동에 대한 개념과 방법은 IEEE 1021을 참조하기 바란다.

검증 목적

검증프로세스의 목적은 비용, 일정 및 성능요구사항이 허용 위험레벨을 충족시키기 위해 가장 낮은 레벨부터 전체 시스템까지 물리아키텍처(소프트웨어와 인터페이스 포함)의 검증을 수행하기 위해 설정된 기준(criteria)의 사용을 포함한다. 보다 큰 목적은(시스템, 하부시스템 그리고 하위레벨이 이들 규격서 요구사항의 충족을 확신시키기 위해) 생성된 데이터와 시스템설계 솔루션에 사용될 기술에 대한 검증이다. 각각의 요구사항을 검증하는 방법은 요구사항분석과 기능할당의 활동 동안 설정되고 기록된다(만약 검증될 수 없다면, 그 요구사항은 적합하지 않은 것이다). 검증목록은 요구사항할당표(RAS: Requirements Allocation Sheet)와 직접 연관이 있으며, RAS와 일치되도록 지속적으로 업데이트되어야 한다.

검증 활동

검증프로세스는 설계조합과정에서 도출된 물리아키텍처가 시스템요구사항을 충족하고 있는지 확인하는 활동이다. 따라서 검증의 목적은 시스템의 하위레벨에서부터 상위레벨까지 도출된 물리아키텍처가 주어진 비용, 일정, 성능요구사항 및 위험레벨을 충족시키고 있는지를 검토하는데 있다. 나아가 시스템, 하부시스템 및 하위레벨 시스템 구성품이 시스템규격서 요구사항을 충족하고 있는지를 설정된 베이스라인에 의해 도출된 데이터와 설계솔루션에 사용된 기술내용과 함께 검증한다. 시스템설계 솔루션은 다음과 같은 활동을 통해 검증된다.

- 분석(analysis) : 계산된 데이터나 하위레벨 구성품 또는 하부시스템 시험으로부터 도출된 데이터를 기반의 요구사항에 대한 설계의 추종여부를 예측하기 위해 수학적 모델링과 분석적인 기법을 사용한다. 이것은 물리적 시제품이나 제품을 사용할 수 없거나 비용 대 효과 분석자료가 없을 때 일반적으로 사용된다. 분석은 제13장에서 자세하게 다룰 모델링과 시뮬레이션을 사용한다.

- 검사(inspection) : 시스템, 하부시스템, 또는 구성품을 육안으로 검사하는 방법이다. 이것은 일반적으로 물리적 설계 특징 또는 특정 제조자 식별을 검증하는데 사용된다.

- 시연(demonstration) : 요구사항이 시스템에 의해 달성될 수 있다는 것을 보여주기 위하여 시스템, 하부시스템 및 구성품을 사용한다. 일반적으로 수행능력을 검증하는데 사용하고 수집되는 세부데이터가 적다는 점에서 시험과 구별된다.

- 시험(test) : 성능을 검증하기 위한 세부데이터를 얻거나 또는 보다 구체적인 분석으로 성능을 검증하는데 필요한 충분한 정보를 제공하기 위해 시스템, 하부시스템, 또는 구성품을 사용한다. 이 장의 후반부 설명과 같이 시험은 상세하며 정량적인 검증방법이며, 궁극적으로 시스템설계를 검증하기 위해 요구된다.

검증방법의 선택은 잠재적인 위험영역을 고려해야 한다. 부적절한 방법의 사용은 부정확한 검증의 결과를 초래한다. 특성을 정의하는 요구사항, 예를 들면, 주요성능파라미터(KPPs: Key Performance Parameters)는 시연 및 시험에 의해 검증된다. 시험에 의한 전체적인 검증이 실현 가능하지 않은 경우, 시험은 설계분석이나 시뮬레이션에 사용된 주요특성과 가정을 검증하기 위해 사용된다. 검증활동의 핵심과 속성은 물리적 제품에 대한 개념부터 상세설계까지 설계가 진행됨에 따라 변화된다.

초기 설계단계 동안, 검증은 시스템, 하부시스템 및 구성품 레벨에 대한 개념 입증에 초점을 둔다. 제품에 대한 정의활동이 진행되는 후반단계 동안, 시스템이 고객요구사항(customer requirements)을 충족시키는지 검증하는 것으로 변화된다. 그림 7.2에서 알 수 있듯이 검증활동은 상향식(bottom-up) 프로세스인 반면에 설계는 하향식(top-down)프로세스이다. 구성품은 하부시스템 보다 먼저 조립되고 시험되며, 하부 시스템은 완전한 시스템 개발 이전에 조립되고 시험된다.

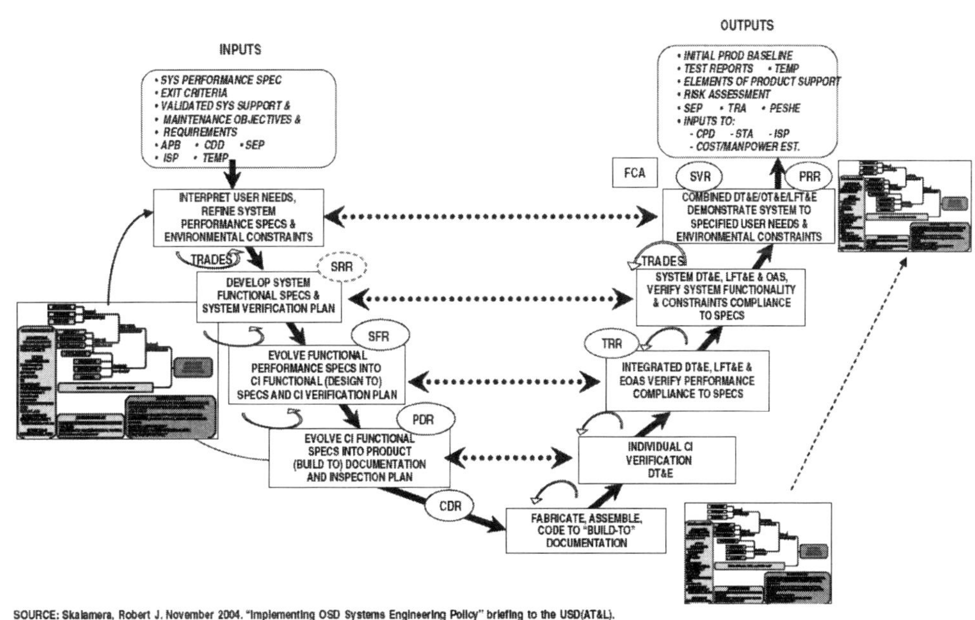

그림 7.2 시스템엔지니어링과 검증활동

성능 검증

성능요구사항(performance requirements)은 객관적으로 검증할 수 있어야 한다. 즉 요구사항의 측정이 가능해야 한다. 적절한 곳에서 기술성능측정(TPM: Technical Performance Measurements)과 다른 관리측정기준(management metrics)이 성능목표와 요구사항의 충족을 지향하는 검증프로세스에 대한 통찰력을 제공하기 위해 사용된다. IEEE 표준 P1220은 검증활동을 위한 구조를 제공한다. 그림 7.3에서 알 수 있듯이 검증구조는 포괄적이며 검증계획화에 대한 좋은 시작점을 제공한다.

이 절차는 설계조합으로부터 물리적 검증을 위한 검증방법, 검증절차 및 검증환경을 설정한 다음 검증평가수행을 통해 요구사항 베이스라인과 기능아키텍처를 평가하고 아키텍처 완료여부, 기능 및 성능 검증, 제약사항을 검증한 후 문제점을 식별한다. 이에 따라 요구사항분석과 설계조합을 재수행하거나 물리아키텍처를 검증하게 된다. 그 결과에 따라 규격서와 형상베이스라인을 개발하고 제품분해구조(PBS: Product Breakdown Structure)를 개발하여 시스템아키텍처를 검증한다.

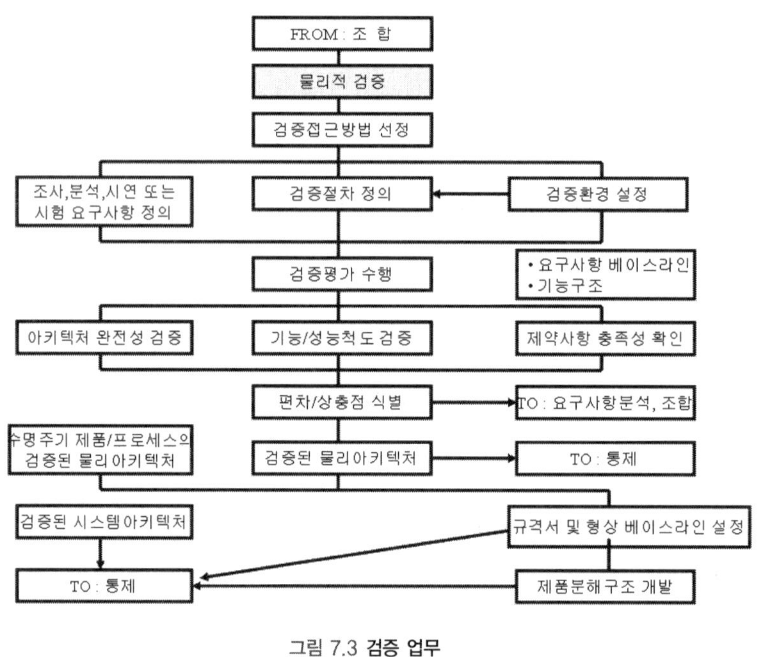

그림 7.3 **검증 업무**

7.2 시험평가

미 국방부(DoD)의 시험평가(T&E: Test and Evaluation) 정책과 절차는 검증된 시스템엔지니어링 프로세스를 직접적으로 지원하고 있다. 시험은 시스템이 서술된 목표의 만족에 대하여 '충족', '초과', '실패'의 범위에 따라서 객관적인 판단이 되도록 하는 수단이다. 평가 목적은 체계적인 의사결정을 하기 위하여 시험 및 기타 방법으로부터 수집된 데이터를 검토, 분석 그리고 평가하는 것이다. 시험평가의 목적은 기술 성능, 운용 효과성, 운용 적합성을 검증하는데 있으며, 이는 의사결정지원에 필수적인 정보를 제공한다.

미 국방획득프로세스 상에서 시험평가 관련활동을 그림 7.4에 나타냈다. 예비시스템획득

(pre system acquisition)단계의 개념정제(concept refinement) 활동을 통해 만들어진 시험평가전략을 기반으로 기술개발 단계에서 예비시험평가종합계획서(예비 TEMP: Preliminary Test & Evaluation Master Plan)가 작성된다. 이 시험평가계획서는 획득 단계가 진행됨에 따라 진화적으로 발전되며 이러한 활동은 생산/배치 단계까지 지속적으로 진행된다. 각각의 시험평가활동은 시스템개발 수명주기에 맞추어 수행된다.

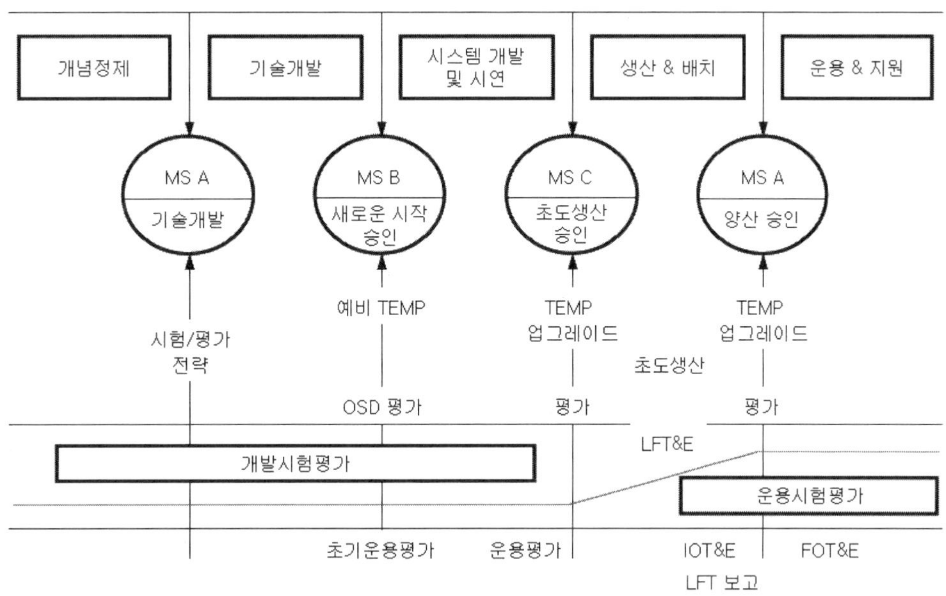

그림 7.4 **시험과 획득프로세스(DoD 사례)**

시험평가의 일반적인 형태

시험평가 정책은 개발시험을 요구한다. 이것은 기술요구사항이 만족되는지, 독립적인 분석과 시험이 시스템 운용 효과도와 적합성을 검증하는지 확인한다. 전통과 지침에 따라 DoD 시험평가는 다음과 같이 분류된다.

- 기술적 성과에 주로 초점을 둔 개발시험평가

- 운용 효과도와 적합성에 초점을 둔 초기단계 운용평가(EOA: Early Operational Assessment), 운용평가(OA: Operational Assessment), 최초 운용시험평가(IOT&A: Initial Operational Test and Evaluation), 후속 운용시험평가(FOT&E: Fellow-On Operational Test and Evaluation)를 포함하는 운용시험평가

- 요구되는 과업에 상응하는 실제 조건 하에서 시스템의 취약점과 치사율에 대한 평가 결과를 제공하는 실운용시험평가

시험평가

 DoD 사업 관련 부서는 시험이 시기 적절하고 효과적이며 포괄적이고 완전하도록 보장하며, 또한 시험 결과가 시스템 향상으로 전환되는 것을 보장하기 위해 시험활동을 계획하고 관리한다. 시험계획은 검증 프로세스의 효과성을 결정한다. 모든 시스템엔지니어링 계획활동처럼 시험계획에 대한 주의 깊은 태도는 프로그램의 위험을 줄일 수 있다. 핵심 시험계획 문서는 시험평가 종합계획서(TEMP: T&E Master Plan)이다. 이 문서는 목적, 일정 그리고 사업부서와 의사결정을 계획하는 운용시험 조직에 영향을 미치는 자원을 설계한다. 이러한 활동의 통합을 보장하기 위해 사업부서는 시험계획 활동을 통제하는 시험계획 실무그룹(TPWG: Test Planning Work Group)이나 시험작업레벨 통합제품팀(test working level IPT)을 조직해야 한다.

시험계획 실무그룹/시험작업 통합제품팀

 시험계획 실무그룹(TPWG)/시험작업 통합제품팀(Test WIPT)은 시스템 개발 단계의 재료 개발업체, 설계 공동체, 물류 공동체, 사용자, 운용상의 시험자 그리고 다른 이해 당사자로 대표되는 구성원들 사이의 밀접한 협력을 통하여 시험요구사항과 활동의 통합을 용이하도록 한다. 이 팀은 시스템 요구사항 기반 시험 요구의 개략적 설명, 시험 설계에 대한 지시, 각각의 시험에 요구되는 분석 결정, 시험 결과의 잠재 사용자 식별 그리고 시험평가 결과를 신속하게 전파하는 기능을 수행한다.

시험평가종합계획서(test & evaluation master plan)

 TEMP는 사업관리자가 작성해야 할 주요문서이다. 운용시험을 수행해야 할 사용자는 이를 검토하여 운용시험계획을 수립한다. 이를 위해 상호간 협의가 이루어진다. 협의된 결과는 이해 당사자로 하여금 승인토록 한다. 이는 사업관리자와 설계자 상호간에 상호연계를 시켜주는 관리요소로 활용된다. 따라서 TEMP는 기술면과 시스템 및 하부시스템 레벨의 검증계획을 위한 템플릿을 제공함으로서 유용한 검증도구로 활용된다. 이를 통해 사용자의 운용요구사항을 재검증할 수 있고, 다양한 운용시나리오에 대한 요구사항 내용을 재해석하는데 큰 도움을 준다. TEMP의 양식은 다음과 같다.

- **제1부 시스템 개요 :**

  시스템의 임무 기술, 위험평가, MOEs/MOSs, 시스템 설명, KPPs를 정의한다.

- **제2부 통합시험프로그램 :**

  시험계획을 통합하여 통합시험프로그램 일정과 전반적인 시험관리 프로세스를 제공한다.

- **제3부 개발시험평가(DT&E: Developmental Test & Evaluation) :**

개발시험 평가내용과 개발시험계획을 기술한다.

- 제4부 운용시험평가(OT&E: Operational Test & Evaluation) :

  운용시험 평가내용과 운용시험계획을 기술한다. 이는 운용자에 의해 작성된다.

- 제5부 시험평가 자원요약(Test & Evaluation Resource Summary) :

  필요 시험장비, 설비 등의 물리적 자원과 지원책임 부서를 식별한다.

- 부록 :

  시험대상제품, 시험장소, 시험지침서, 시험지원장비, 위협표시, 시험표적 및 소모품, 운용시험지원, 시뮬레이션, 모델, 시험대, 시험필수요구사항, 시험비용, 교육훈련 등의 항목을 기술한다.

주요성능파라미터(key performance parameters)

모든 시스템은 설계 솔루션에 의해 달성되어야 하는 성능 특성인 일련의 주요성능파라미터(KPPs: Key Performance Parameters)를 가지고 있다. 이는 운용요구사항과 도출된 MOEs의 결과로부터 생겨난다. KPPs는 사용자, 의사 결정권자, 또는 운용 시험자에 의하여 식별된다. 이는 TEMP에 대한 증거를 제공한다.

개발시험평가(developmental test & evaluation)

개발시험평가(DT&E: Developmental Test & Evaluation)는 설계 솔루션이 시스템의 기술요구사항을 충족시키고 성공적인 운용시험평가를 위한 준비가 되어 있는지를 검증하는 시험이다. DT&E은 운용요구사항, 비용대 성능 절충분석 타당성, 획득기술위험 완화 및 시스템 성숙도를 확인해 가는 활동이다. 미 국방부에서 운용되고 있는 획득수명주기상의 중요 개발시험 활동을 살펴보면 그림 7.5와 같다.

개념연구단계에서는 기술타당성을 검증하고, 시스템개발단계에서는 요구사항을 검증하며, 생산 및 배치단계에서 규격서 인증 및 품질시험을 수행한다. 이 밖에 생산설계 시험 및 운용 및 지원단계 시험을 수행한다. DT&E 활동을 요약하면 다음과 같다.

- 잠재적 운용 및 기술 성능, 대안 개념의 제한, 추구하는 설계 옵션을 식별한다.
- 대안의 성능과 제한 분석을 제공함으로써 비용 대 성능 절충의 식별을 지원한다.
- 설계 기술 위험의 식별과 설명을 지원한다.
- 중요한 운용사항, 획득기술 위험 완화, 요구사항과 시스템 성숙도의 제조 프로세스를 달성해 나가는 진도를 평가한다.
- 가정의 타당성과 분석 결과를 평가한다.
- OT&E, 실운용시험 및 기타 요구된 사항을 위하여 준비된 시스템을 증명하기 위한 데이터 및 분석을 제공한다.

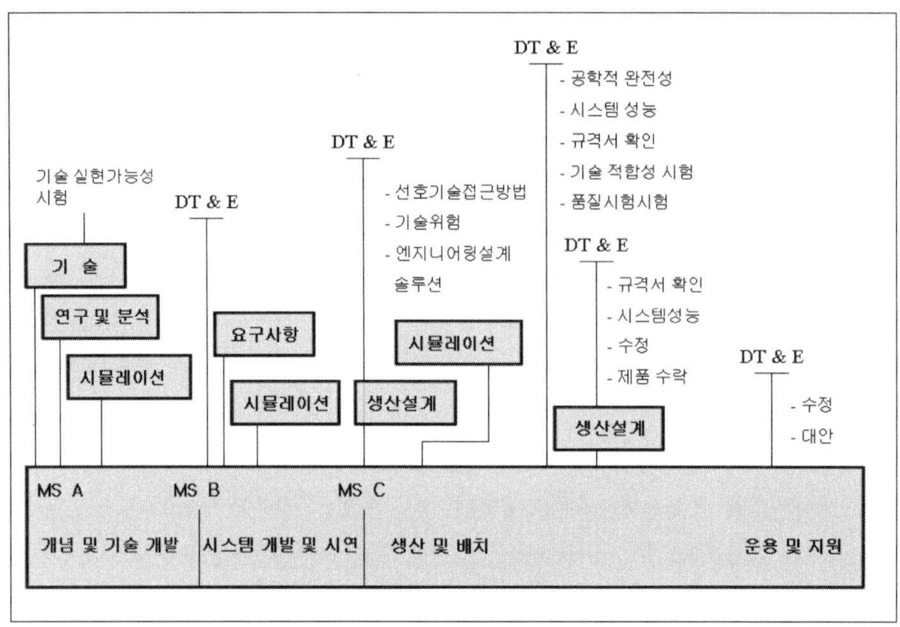

그림 7.5 미 국방부 개발시험(2000년 개정)

실운용시험평가

실운용시험평가(LFT&E: Live Fire Test and Evaluation)는 전투에서 시스템이나 사용자를 보호하기 위하여 설계된 형상을 포함한 무기체계 획득 범주 레벨 Ⅰ 또는 Ⅱ에 대해 시행된다. 이것은 잠재적인 사용자의 피해, 취약성 그리고 치명성에 관한 정보를 제공하는 생산 형상품목(production configured article)에 대해 수행된다. 또한 실제 전투 상황에서 공격과 성능에 대한 시스템의 민첩성을 규정하는 데이터를 제공한다.

운용시험평가(operational test & evaluation)

운용시험평가(OT&E: Operational Test & Evaluation)는 실제 시스템운용환경에서 운용과 운용적합성에 대한 평가를 위해 수행된다. 이는 사용자의 운용요구사항서(ORD: Operational Requirement Document)에 명시되어야 한다. 최소 허용가능한 운용성능요구사항 충족여부를 검증해야 한다. 운용시험은 제품 양산적용여부를 결정하기 위하여 대표적인 생산제품에 대하여 시험을 수행한다. 사용자의 피해, 취약성 및 치명성에 대한 실제 환경하에서의 운용시험(LFT&E: Live Fire Test & Evaluation)은 일반적으로 운용시험 기간 중에 수행된다. 이러한 운용시험 활동은 그림 7.6과 같다.

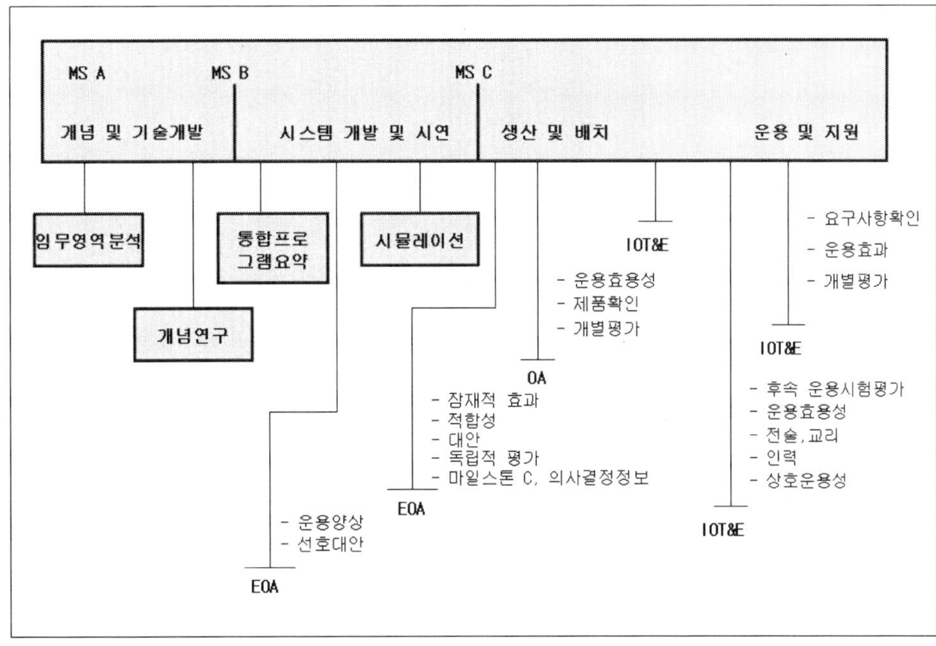

그림 7.6 미 국방부 운용시험평가(2000년 개정)

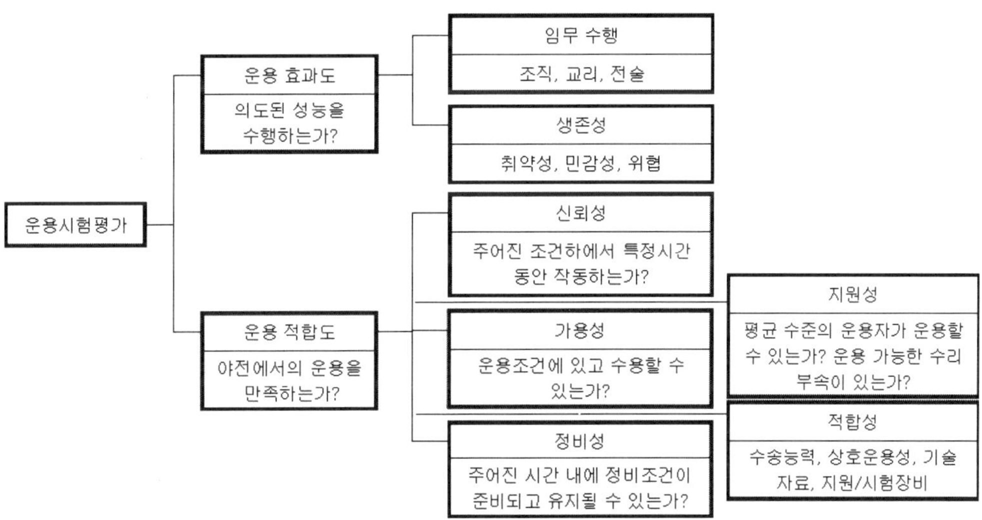

그림 7.7 운용시험평가의 중점 영역

7.3 요점

시스템엔지니어링 프로세스의 검증활동은 물리적 설계가 시스템 요구사항을 충족시키는지 검증하기 위하여 수행된다.

- TEMP는 사업부서에서 준비하는 의무적인 문서이다. TEMP는 기술, 시스템 및 주요 하부시스템 레벨 검증계획에 대해 훌륭한 템플릿을 준비하는 유용한 검증도구이다.

- 미 국방부의 시험평가 정책은 개발, 운용, 실운용시험, 분석 그리고 평가의 순차적 과정을 통해 검증 프로세스를 지원한다. 계획과 실행의 시험평가 활동을 위한 주요 관리도구는 TEMP와 IPT이다.

- 미 국방부의 시험평가에는 기술적 위험식별을 통한 솔루션 도출, 기술적합성 시험을 통한 운용적합성을 조기에 식별하는 개발시험평가와 운용적인 측면에서의 최선의 대안을 위한 시험평가를 실시하여 작전운용성능의 충족 여부을 확인하는 운용시험평가가 있다.

시스템엔지니어링 프로세스 산출물

8.1 요구사항과 설계문서

시스템엔지니어링 프로세스의 출력물은 시스템요구사항과 설계솔루션을 정의하는 문서로 구성된다. 조합프로세스(synthesis process)를 통해 개발된 물리아키텍처는 이와 연관된 지원제품(enabling product)과 서비스를 포함한 시스템아키텍처로 확장된다. 이러한 시스템레벨의 아키텍처는 시스템 요구사항과 문서를 보다 포괄적으로 나타내기 위하여 사용된다. 시스템엔지니어링 프로세스 산출물은 시스템과 형상품목 아키텍처, 규격서, 베이스라인 및 의사결정 데이터베이스를 포함한다.

산출물은 개발레벨에 따라 달라진다. 그것은 시스템정의(system definition)가 개념설계(concept design)로부터 상세설계(detail design)로 진행됨에 따라 기술적으로 구체화된다. 시스템정의의 각 단계가 완료됨에 따라 개발된 정보는 시스템엔지니어링 프로세스의 성공적 수행을 위한 입력이 된다.

아키텍처(architecture) : 시스템/형상품목

시스템아키텍처는 전체 시스템을 기술한다. 이것은 설계조합을 통해 개발된 물리아키텍처를 포함하고, 또한 배치, 지원 및 관리의 수명주기 동안 요구되어지는 지원제품과 서비스를 추가한다. 미 군사핸드북(MIL-HDBK-881), WBS(Work Breakdown Structure)는 무기체계 아키텍처에 대한 참고모델을 제공한다. 그림 8.1의 MIL-HDBK -881은 전형적인 시스템아키텍처의 상위 3개 레벨을 나타낸다. 사업부서(program office)는 특정시스템의 요구에 맞도록 테일러링된 상위레벨 아키텍처 개발을 돕기 위하여 시스템정의 과정 동안 MIL-HDBK-881 템플릿을 사용할 수 있다. 설계 계약업체는 일반적으로 이러한 상위레벨 3이하를 개발한다. 이 책의 9장에서는 WBS에 대하여 보다 상세하게 설명하고 있다.

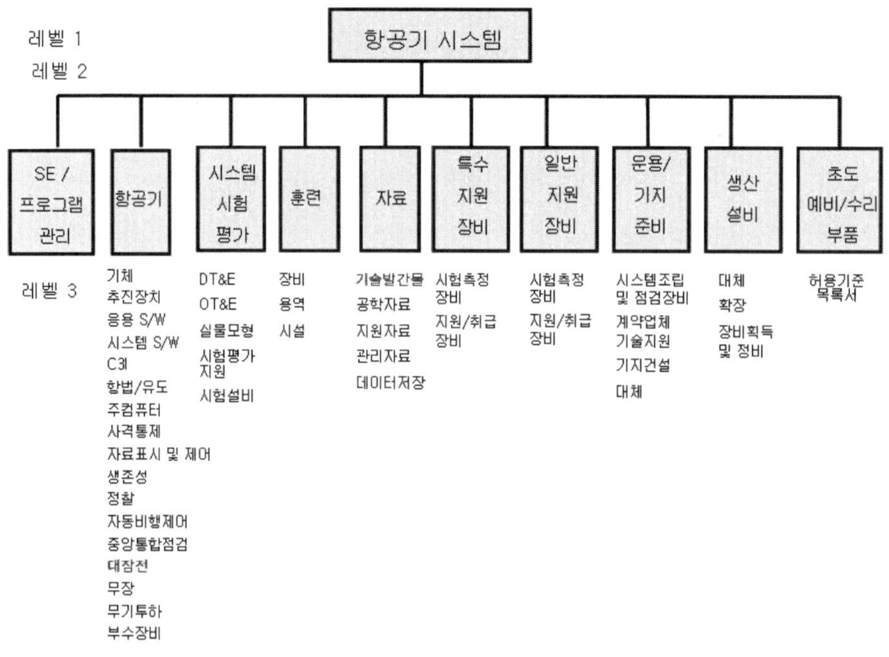

그림 8.1 MIL-HDBK-881 업무분해구조

규격서(specifications)

규격서는 품목, 재료, 또는 요구사항의 충족여부를 결정하는 절차를 포함한 서비스를 명확하고 정확하게 기술한 문서이다. 규격서는 중복과 불일치를 방지하고 필요한 작업과 자원의 정확한 추정을 가능하게 하며, 공학적 변경(changes)에 대한 협상과 참고서류로 사용된다. 또한 규격서는 형상문서를 제공하고, 시스템엔지니어링의 8대 주 기능과 관련하여 일관성 있는 의사전달이 가능하도록 한다. 규격서는 시스템의 효율적인 설계와 설계대안의 비용을 추정하기 위하여 해결해야 할 문제에 대한 명확한 개념을 통합제품팀에 제시하며, 각각의 기술적 요구사항검증을 위한 시험평가자에게 지침을 제공한다.

규격서는 시스템을 구성하는 모든 하드웨어와 소프트웨어 품목에 대해 일정한 형식으로 작성되어야 한다. 규격서와 기타 설계관련 문서들은 시스템형상을 규정하고 있으며(형상품목이 아닌) 쉽게 획득할 수 있는 품목은 그와 관련된 문서와 형상이 제조자에 의해 관리되는 표준부품번호를 갖는다. 개발되었거나 개발 중에 있는 모든 하드웨어 및 소프트웨어 품목은 규격서, 보조 설계문서 및 형상통제를 필요로 한다.

규격서의 윤곽이나 템플릿은 여러 소스로부터 얻을 수 있다. 가장 유용하고 일반적인 방법은 이미 개발되어 자신의 조직에서 사용하고 있는 유사 시스템규격서를 참조하는 것이다. 일반적으로 최소한의 수정만으로 사용할 수 있는 유용한 방법이다. 추가적으로, 시스템, 하드웨어 및 소프트웨어 규격서에 적용할 수 있는 표준으로는 군용표준 양식과 IEEE 양식이 있다.

규격은 설계실체와 시험실체를 나타낸다. 규격은 설계와 시험의 관점으로부터 적절한 복잡성을 나타내야 한다. 많은 요소가 적절한 구성요소의 선택에 기여하지만, 복잡성 측면에서 요구사항규격서는 너무 많은 요구사항을 포함하거나 너무 적은 요구사항으로 구성되어서도 안 된다. 일반적으로 규격서에 포함될 기능/성능 관련 요구사항은 50~500개 사이가 적절하다. 또한 물리적이거나 환경적인 측면에서의 요구사항은 기능/성능 관련 요구사항에 추가될 수 있다.

프로그램고유 규격서(program-unique specifications)

시스템 개발 동안 세분화된 다른 레벨에서 시스템을 기술하기 위해 일련의 규격서가 작성된다. 이러한 프로그램고유 규격서는 형상베이스라인(configuration baseline)의 핵심을 이룬다. 그림 8.2와 같이 시스템 계층구조 내의 다른 레벨에 추가하여 이러한 베이스라인은 설계프로세스의 다른 단계에서 정의된다.

초기 시스템은 최상위레벨(시스템)의 기능, 성능 그리고 인터페이스 관점에서 설명된다. 이러한 기술요구사항(technical requirements)은 사용자에 의해 만들어진 운용요구사항(operational requirements)으로부터 도출된다. 시스템레벨의 기술설명은 시스템레벨 기능베이스라인(functional baseline)의 주요 참고문서가 되는 시스템규격서에서 상세히 기록된다. 그 다음 시스템요구사항은 설계기준(design criteria)이 각각 해당품목에 대해 만들어진 것과 같이, 시스템레벨 이하의 품목에 하향세분화(할당)된다. 이러한 품목설명서는 품목성능규격서(item performance specification)로부터 얻어지며, 품목성능규격서는 다른 인터페이스 정의, 프로세스 설명, 도면 그리고 때때로 "설계목표(design to)" 베이스라인으로 불리어지는 할당베이스라인문서로 이루어진다. 각각의 품목에 대한 설계요구사항이 베이스라인화되면 상세설계(detailed design)가 이루어진다. 상세설계는 설계요구사항을 충족시키기 위해 사용될 수 있는 물리적 속성 관점에서 최상위레벨부터 최하위레벨까지의 시스템정의를 포함한다. 상세설계가 완료되면 최종베이스라인이 정의된다. 이것은 일반적으로 제품베이스라인(product baseline)이라고 불리며, 개발 단계에 따라 "제조목표(build-to)" 또는 "기제조(as built)" 설명을 나타낸다. 제품베이스라인은 기술데이터패키지(TDP: Technical Data Package)에 의해 문서화된다. TDP는 품목상세규격서 뿐만 아니라 프로세스/재료 규격서, 도면, 부품목록 그리고 최종시스템을 완전히 물리적으로 상세하게 기술한 기타 정보까지 포함한다. 표 8.1은 규격서가 관련 베이스라인과 어떻게 연계되어 있는지를 나타낸다.

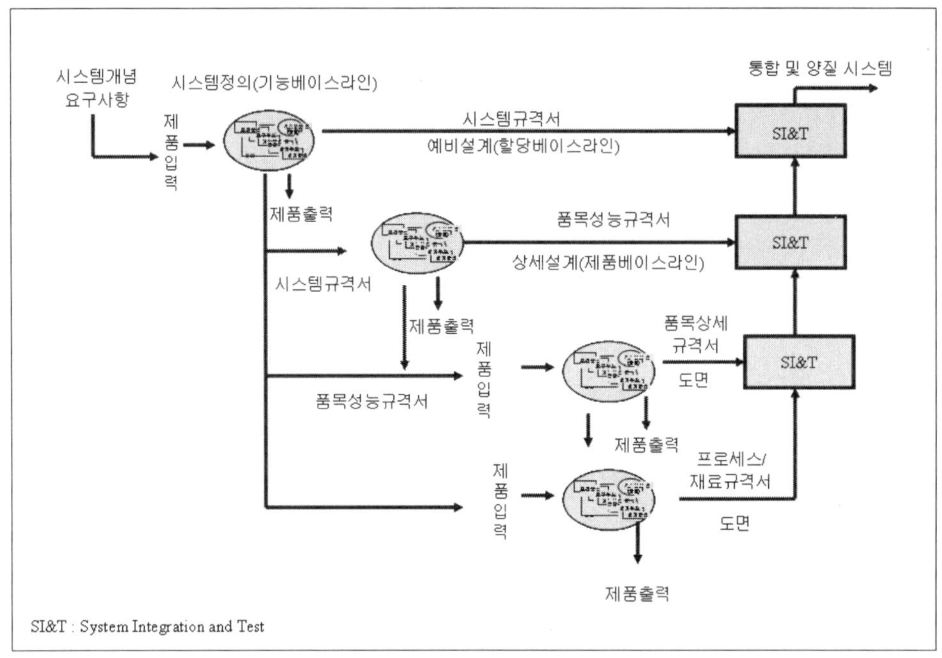

그림 8.2 **규격서와 개발레벨**

규격서	내용	베이스라인
시스템규격서	임무 및 기술 성능 요구사항 정의, 요구사항을 기능 분야에 할당, 인터페이스 정의	기능
품목성능규격서	형상품목과 S/W형상품목의 성능특성을 정의 할당기준으로부터 작성되는 도면과 문서에 의한 상세설계 요구사항	할당 "설계목표"
품목상세규격서	수락을 위한 양식, 수정, 기능, 성능 및 시험 요구사항 정의(품목, 프로세서 및 재료규격서는 제품기준의 출발점이 되지만 최종 감사를 받는 기준은 TDP의 모든 제품을 포함한다.)	할당 "설계목표"
프로세서	조립과정의 프로세서 정의	
재료규격서	조립에서 사용되는 원재료 및 1차 가공 재료의 생산을 정의	

표 8.1 **규격서 형태**

규격서 역할

요구사항문서는 왜 개발이 필요한지 그 이유를 나타낸다. 규격서문서는 요구시스템이 무엇을 해야 하는지를 기술요구사항(기능, 성능 및 인터페이스)으로 표현한 것이다. 설계문서(도면, 관련 목록 등)는 설계요구사항을 충족시키는 방법을 기술한다. 그림 8.3은 요구사항이 어떻게 최상위레벨의 규격서로부터 설계문서까지 할당되는지를 나타낸다. 규격서를 준비하는 것은 시스템엔지니어링 프로세스의 일부분이지만 법적 및 문서적으로 모든 의사소통 기술과 연관된 기법을 포함한다.

규격서를 작성하는 과정은 시스템엔지니어링 프로세스에 따라 기술되지만 문서적으로 이와 연관된 모든 문서와 기법을 포함하도록 되어 있다. 이에 대한 경험적인 몇 가지 규칙을 제시해 보면 다음과 같다.

- 규격서 작성 시 목차를 사용하고 모든 약어와 동의어를 정의한다.

- 수동적인 문장을 피하고 능동적인 어휘를 사용한다.

- 필수적인 요구사항을 나타낼 때는 "해야만 한다(shall)"을 사용한다. 지침사항의 경우에는 "해도 좋다(may 또는 should)"는 용어를 사용한다.

- 필요하다면(as necessary), 계약업체 재량에 따라(contractor's best practice), 순조롭게(smooth) 등 애매모호한 표현은 사용하지 않는다.

- 요구사항을 분명하게 제시하기 위하여 시스템엔지니어링 프로세스를 사용한다. 이를 중복해서 기술하지 말라.

- 한 단계 아래 적용되는 필수적인 요구사항은 해당 규격서에 언급되어야 한다. 계층적으로 계속해서 나열되는 것을 피하라.

- MIL-STD-491D에 규정된 요구사항 양식만이 구속력이 있다. 범위, 문서, 주기와 같은 구속력이 없는 문장에 요구사항을 기술하지 말라.

- 데이터 요구사항 문서는 계약 데이터요구사항목록(CDRL)에 의해 구체화 되어야 한다.

이를 요약해 보면, 규격서는 대상시스템이 무엇을 수행해야 하는지, 이를 어떻게 잘 수행해야만 하는지, 그리고 이를 어떻게 검증할 수 있는지를 제공하고 있는 기본문서라고 할 수 있다.

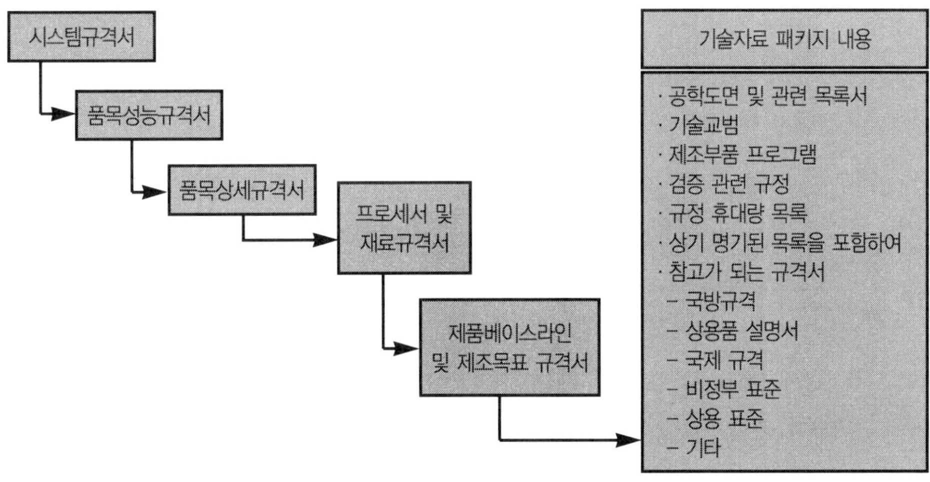

그림 8.3 규격서로부터 설계문서가 만들어지는 과정

베이스라인(baseline)

베이스라인은 주어진 임의 설계정의 레벨에서의 출력물을 공식적으로 문서화한 것이다. 이것은 후속 하위개발에 대한 참고가 된다. 대부분의 국방시스템은 앞에서 설명된 기능, 할당 및 제품의 3 가지 전형적인 베이스라인을 사용하여 개발된다. 비록 프로그램고유 규격서가 대표적인 베이스라인 참고문서이지만, 그것만으로는 베이스라인을 완전하게 구성하지 못한다.

추가적으로 최종(end) 및 지원제품(enabling products) 모두에 대한 내용이 포함되어야 한다. 최종제품 베이스라인문서(end product baseline document)는 일반적으로 시스템요구사항, 기능아키텍처, 물리아키텍처, 기술도면패키지(technical drawing package) 및 요구사항 추적성에 대한 내용을 포함한다. 지원제품베이스라인문서(enabling product baseline document)는 제조 계획/프로세스, 지원계획, 보급문서, 매뉴얼, 교육훈련 계획/프로그램, 시험계획, 배치계획 그리고 기타 문서를 모두 포함하는 광범위한 문서를 포함한다. 모든 지원제품은 시스템 형상변경에 따른 영향에 대한 민감성을 검토해야 한다. 만일 문서가 시스템 일부에 대한 설명이며 형상이 변할 때 문서변경이 요구된다면, 이것은 베이스라인문서에 포함하여 작성해야 한다.

획득프로그램 베이스라인(acquisition program baseline)

획득프로그램 베이스라인과 형상베이스라인은 서로 관련이 있다. 프로그램 베이스라인을 정확하게 하기 위해서는 형상베이스라인(configuration baseline)의 실체를 반영해야만 한다. 그러나 두 가지가 서로 혼돈되면 안 된다. 획득프로그램 베이스라인은 프로그램의 성숙도와 실행가능성에 대한 상위레벨의 평가이다. 형상베이스라인은 시스템에 대한 설명이다. 표 8.2는 부가적인 설명을 제시한다.

의사결정 데이터베이스(decision database)

의사결정 데이터베이스는 형상 솔루션의 의사결정을 지원하고 설명하는 참고문서이다. 이것은 절충연구, 비용 대 효과 분석, 품질기능개발(QFD: Quality Function Deployment) 분석, 모델, 시뮬레이션, 그리고 요구사항에 대한 이해, 대안솔루션 개발, 또는 대안을 선택하기 위해 생성되는 데이터를 포함한다. 이러한 항목은 10장에서 기술할 자료관리프로세스의 일부로 유지되고 통제된다.

<table>
<tr>
<td>

- 프로그램 기준
  - 가장 중요한 비용, 일정, 성능 목표와 최저 허용한계 만을 포함한다.
  - 허용한계를 맞추지 못하면 MDA 수준의 재평가를 초래한다.
  - 선정된 주요 성능변수
  - 개발단계에 따라 명백하게 진화하며 주요 통제점의 검토 또는 프로그램 재구성에 따라 보완된다.
- 상황의 보고 및 평가를 위한 모든 프로그램에 적용이 요구됨

</td>
<td>

- 형상기준
  제품의 기능적, 물리적 특성을 식별하고 정의한다.
  - 기능기준 : 시스템 레벨의 요건 기술
  - 할당기준 : 시스템 레벨 이하의 품목에 대한 설계 요건 기술
  - 제품기준 : 물리적 제품을 상세하게 기술한다.
- 시스템 엔지니어링 프로세스의 출력의 입증

</td>
</tr>
</table>

표 8.2 획득프로그램 베이스라인과 형상베이스라인

8.2 미 국방 규격서 및 표준서 정책과 시행

DoD는 입증된 방법 및 시행과 관련된 지침을 제공하는 제품요구사항과 표준서에 대한 의사소통을 위해 규격서를 사용한다.

규격서(specifications)

DoD는 기본적으로 규격서를 재료규격서(material specifications), 프로그램 고유규격서(program-unique specifications) 및 비국방규격서(non-DoD specifications)의 세 가지로 분류하여 사용한다.

DoD에 의해 개발된 재료규격서는 재료 구매를 위한 필수적인 기술요구사항을 기술한다. 프로그램 고유규격서는 시스템 개발프로세스를 통합하는 부분이다. DoD 준비에 대한 표준 시행과 프로그램 고유규격서는 MIL-STD-961D를 따른다. 이 표준은 성능규격서(performance specifications)와 상세규격서(detail specifications) 개발에 대한 지침을 제공한다. MIL-STD-961D의 부록 A는 프로그램 고유 규격서를 개발하기 위한 추가적인 지침을 제시한다.

미 국방규격서와 DoD으로부터 사용이 승인된 표준은 DoDISS(DoD Index of Specifications and Standards)에 수록되어 있다.

DoD의 규격서 정책

DoD 정책은 조달 및 획득을 위한 성능규격서(performance specifications)를 개발하는 것이다. 일반적으로 상세규격서(detail specifications)는 계약업체가 개발하고 사용하기 위해 남

겨 두어야 한다. DoD 조달 또는 획득에 대한 상세규격서 사용은 단지 이것이 어디에 절대적으로 필요한지와 이후 절충연구 및 획득 당국의 승인을 지원하기 위해서만 고려되어야 한다.

DoD의 정책은 독특한 설계 개발보다는 정부의 요구사항을 만족시킬 수 있는 상용 솔루션의 사용을 선호한다. 따라서 상용품목의 규격서 및 설명서 사용은 시스템아키텍처 개발에서 우선적으로 고려되어야 한다. 단지 상용솔루션이 불가능한 경우에만 정부의 상세규격서가 채택된다.

상세규격서와 도면을 정부가 소유하고 있는 재조달의 경우, 표준화 또는 인터페이스 요구사항은 상세규격서 사용을 위한 요구를 나타낸다. 전체소유비용(total ownership cost)과 수명주기의 8대 주 기능에 관련된 절충연구는 시스템, 하부시스템 그리고 형상품목의 재 조달을 위해 사용되는 규격서 형태와 관련된 의사결정을 지원한다. 이와 같은 절충연구와 비용분석은 상세규격서 또는 개발을 위한 의사결정 그리고 재 조달 과정에서 성능규격서가 사용되기 전에 수행되어야 한다.

성능규격서(performance specifications)

성능규격서는 요구시스템의 결과를 어떻게 도출할 것인가를 나타내는 방법을 기술하는 것이 아니라 요구성능을 검증할 수 있는 기준(criteria)을 제시하는 요구사항 형태를 기술한다. 일반적으로 성능규격서는 기능, 성능 및 인터페이스 요구사항의 형태로 제품을 정의한다. 성능규격서는 제품의 기능요구사항, 제품이 운용될 환경 그리고 인터페이스와 상호 호환성의 특성에 대해 나타낸다. 계약업체는 전형적으로 인터페이스요구사항을 통해 정부기관으로부터 부여되는 제약사항에 대하여 어떻게 요구사항이 가장 잘 달성되는지를 결정하기 위한 유연성을 갖는다. 시스템규격서와 품목성능규격서는 성능규격서의 예이다.

상세규격서(detail specifications)

제품상세, 재료 및 프로세스 규격서와 같은 상세규격서는 설계요구사항을 제공한다. 상세규격서는 사용될 재료, 요구사항을 달성하기 위한 방법, 또는 품목의 조립/제작 방법 등을 포함한다. 만약 규격서가 성능과 상세요구사항 모두를 포함하고 있으면, 그것은 상세규격서로 간주된다. 성능규격서 내의 인터페이스와 상호 호환성 요구사항이 상세하게 표현되어 있는 경우, 예를 들면 신발의 성능규격서는 크기요구사항이 상세하게 명시되나, 건설은 재료와 방법이 성능용어로 기술된다. 이것은 성능규격서이지 상세규격서는 아니다.

소프트웨어 참고문서 - IEEE/EIA 12207

소프트웨어 수명주기 프로세스, IEEE/EIA 12207 Software Life Cycle Process는 소프트웨어 프로세스에 대한 미국 ISO 표준 이행을 기술하고 있다. 이 표준서는 소프트웨어규격서의 개발을 소프트웨어 개발프로세스의 하나로 기술한다.

하향식 요구사항할당과 모든 레벨에서의 요구사항 문서화에 대해 IEEE/EIA 12207에 기술된 프로세스는 이 책에서 설명하고 있는 시스템엔지니어링 프로세스와 유사하다. 이 표준은 먼저 시스템레벨의 요구사항을 소프트웨어품목(또는 형상품목)으로 할당하고, 소프트웨어 요구사항은 기능성, 성능 그리고 인터페이스의 관점에서 문서화되며, 품질자격요구사항(qualification requirements)이 명시화된다. 소프트웨어품목요구사항은 시스템레벨까지 추적이 가능해야 하며, 또한 일치되고 검증할 수 있어야 한다.

개발업체는 각각의 소프트웨어품목을 소프트웨어 구성품으로 구성한 다음 코딩이 될 수 있는 소프트웨어 유닛으로 분해해야 한다. 요구사항은 품목레벨에서 구성품으로 그리고 최종적으로는 단위레벨까지 할당된다. 이것이 바로 상세설계 활동이며, IEEE/EIA 12207는 이러한 요구사항의 할당이 '설명서(descriptions)', 또는 특정 품목의 경우 '규격서(specifications)'로 불리는 문서로 기록된다. 이러한 문서의 내용은 IEEE/EIA 표준에서 정의된다. 그러나 요구되는 세부레벨은 프로젝트에 따라 변경된다. 그러므로 각 프로젝트는 소프트웨어 개발활동의 모든 이해관계자 사이에서 수립된 기대의 공통레벨을 보장하여야 한다.

국방규격서 시행 표준(MIL-STD-961D)

미 국방표준 MIL-STD-961D의 목적은 규격서를 준비하기 위한 일정한 시행을 규정한다. 이것은 필수 요구사항의 포함 여부를 보장하며, 각 요구사항에 대하여 수립된 검증 방법의 포함 여부를 보장하고 규격서 내용의 사용 및 분석에 도움을 준다. MIL-STD-961D는 시스템, 형상품목, 소프트웨어, 그리고 프로세스/재료규격서에 대한 형식과 내용을 규정한다. 이러한 프로그램고유 규격서는 시스템엔지니어링 프로세스의 적용을 통해 개발되며, 그림 8.4와 같은 계층구조를 갖는다.

표준(standards)

표준은 품목, 재료, 프로세스, 방법, 설계 및 엔지니어링 수행에 대한 공학 및 기술 제약사항과 적용을 규정한다. 표준은 프로세스를 어떻게 수행하는지를 설명하는 '합체지식(corporate knowledge)'의 문서 또는 지식체의 설명서이다. 표준은 소스의 실행과 지식기반을 나타내는 많은 소스로부터 만들어진다. 핸드북을 포함한 국방표준의 형식과 내용은 MIL-STD-962에 의해 결정된다. DoD에서 사용되는 다른 형태의 표준으로는 상용표준, 법인표준, 국제표준, 연방표준 및 연방정보처리표준이 있다.

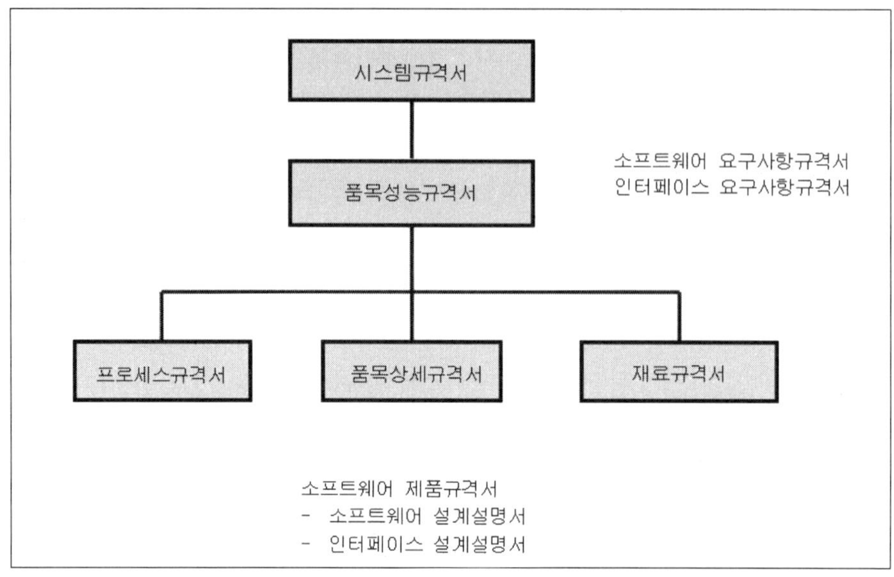

그림 8.4 **규격서의 계층구조**

미 국방부 표준화 정책

일반적인 DoD 정책은 계약상에 표준관리 접근방법 또는 제조프로세스를 요구하지 않는다. 이러한 정책은 군용규격서(military specifications)와 표준에 모두 적용되며, 추가적으로 상용과 산업 표준에도 적용될 수 있다. 일반적으로 선호하는 접근방법은 계약업체가 정부의 요구를 충족시킬 수 있을 것으로 판단되는 산업, 정부, 법인, 또는 회사 표준을 사용하도록 하는 것이다. 정부는 계약 선정프로세스 또는 계약 검토프로세스를 통해 계약업체의 접근방법을 검토하고 허용한다.

정부는 최종 수단으로서 적절한 절충연구 분석을 지원하기 위해 프로세스 또는 표준의 적용을 강요한다. 만일 특정 표준이 계약상에 부과될 경우, 정부 감독기관에서 이를 제외시킬 수 있는 권한이 주어져 있다. 그러나 표준화, 인터페이스 및 개방형 시스템 개발 등의 이유로 특정한 표준의 직접적 사용이 필요한 경우도 있다. 이와 같은 경우는 합동기술 아키텍처(JTA: Joint Technical Architecture)와 같이 상호운용성 표준이 필요한 경우를 들 수 있다. 이것은 국방차원에서 각 군의 인터페이스 표준을 채택하도록 한 것이다. 이러한 합동 표준은 상호운용성 촉진, 지원가능 인터페이스 활용 및 개방형 시스템 개발촉진을 위해 정당화되어 있다. 국방레벨에서의 기술관리자는 제시된 표준서의 관련 프로그램 적합성 여부에 관심을 두어야 한다. 제시된 표준서 적용에 대한 의사결정은 절충연구와 요구사항추적에 의해 확인되어야 한다.

8.3 요점

- 시스템엔지니어링 프로세스의 산출물은 시스템/형상품목 아키텍처, 규격서 및 베이스라인 그리고 의사결정데이터베이스 등을 포함한다.

- 시스템/형상품목 아키텍처는 물리아키텍처와 지원제품 및 서비스를 포함한다.

- 프로그램고유 규격서는 시스템엔지니어링 프로세스의 주요 산출물이다. 프로그램고유 규격서는 시스템 또는 형상품목이 무엇을 수행해야 하는지와 어떻게 검증해야 하는지를 기술한다. 프로그램고유 규격서는 시스템성능, 품목성능 그리고 품목상세규격서를 포함한다. 시스템규격서는 시스템요구사항을 기술하며, 품목 성능 및 품목상세 규격서는 형상품목의 요구사항을 기술한다.

- 형상베이스라인은 기술개발을 관리하고 통제하기 위하여 사용된다. 프로그램 베이스라인은 프로그램의 상태를 측정하고 지원하기 위하여 사용된다.

- 의사결정 데이터베이스는 형상베이스라인의 정형화 과정에서 의사결정과 이해를 돕기 위한 문서 또는 소프트웨어를 포함한다.

- DoD의 정책은 조달 및 획득을 위한 성능규격서의 개발을 지원한다. 계약시 성능규격서보다 다른 것이 요구된다면, 미리 정의되고 입증되어야 한다.

- DoD 정책은 계약에 대한 표준관리 접근방법 또는 제조프로세스를 요구하지 않는다.

- 어떤 표준시행에 대한 의무적 사용이 필요할 수 있으나 분석을 통하여 그 정당성이 입증되어야 한다. 필요한 경우 합동기술 아키텍처에 목록화된 표준을 의무적으로 사용토록 할 수 있다.

부록 8-A. 시스템규격서 양식(DoD)

1.0	범위
2.0	적용문서
3.0	시스템 요구사항
3.1	정의 – 시스템도를 포함한 운용개념
3.2	특성
3.2.1	성능 특성
3.2.1.1	상태 이름 – 대기, 준비, 배치 등
3.2.1.1.1	모드 이름 – 감시, 위협평가, 무기할당 등
3.2.1.1.1.1	시스템 능력 이름 – PUID 포함 – 측정 가능한 용어로 파라미터로 표현하라
3.2.1.1.1.X	(다음 능력 상기 준수)
3.2.1.1.X	(다음 모드 상기 준수) – 능력에 대한 복사가 필요하다면, 상기 내용을 참조하고 반복하지 마라.
3.2.1.X	(다음 상태 상기 준수)
3.2.2	시스템 능력 관계성 – 능력, 모드 및 상태간의 관계 요약
3.2.3	외부 인터페이스요구사항 – 다른 시스템과의 인터페이스; IFS나 ICS를 참조할 수 있다. 상태와 모드간의 관계를 나타내라.
3.2.4	물리적 특성 – 중량, 치수제한, 운송, 저장, 안전 등
3.2.5	시스템 품질요소
3.2.5.1	신뢰성 – 신뢰성 할당모델을 포함하여 정량화된 용어로 표현
3.2.5.2	정비성 – MTTR, MDT
3.2.5.3	가용성 및 효율성
3.2.5.4	상호운용성
3.2.5.5	생존성(적용 가능한 경우)
3.2.6	환경조건 – 저장, 운송 및 운용 기간 중
3.2.7	운송성
3.2.8	유연성 및 확장 – 성장영역
3.2.9	이동성 – 배치, 물류지원
3.3	설계 및 구축

3.3.1   재료, 부품 및 공정

3.3.2   전자기 방사

3.3.3   명판 및 제품 표시

3.3.4   기술(workmanship)

3.3.5   상호호환성

3.3.6   안전

3.3.7   인간공학

3.3.8   핵통제

3.3.9   시스템 보안

3.4   문서화

3.5   지원

3.6   인원 및 교육훈련

3.7   부속요소의 특성

3.7.1   부문 이름(목적, 기술, 부문이 수행할 시스템성능의 식별)

3.7.X   (기타 부문 상기내용 준수)

3.8   (요구사항의) 선행

4.0   검증

4.1   검사 책임

4.2   특수 시험 및 조사

4.3   요구사항 상호교차참조(3.0 요구사항과 4.0의 QA 규정을 관련시켜라 – VCRM은 부록에 있다.)

5.0   배치 준비

6.0   주기(두문자어, 약어, 용어풀이 등)

7.0   부록 이름(별도 가능)

RADAR INTEG, ASSEMBLY TEST AND CHKOUT
TEST AND EVALUATION
ELOPMENT TEST AND EVALUATION
RATIONAL TEST AND EVALUATION
CKUPS
T AND EVALUATION SUPPORT
T FACILITIES
ENGINEERING PROGRAM MANAGEMENT
TEMS ENGINEERING

시스템 분석 및 통제

업무분해구조

9.1 개요

업무분해구조(WBS: Work Breakdown Structure)는 시스템과 제품 분해를 기반으로 시스템 개발활동을 조직하는 수단이다. 앞장에서 설명한 시스템엔지니어링 프로세스는 시스템과 제품 설명서를 만들어 낸다. 이러한 제품아키텍처는 관련 서비스(예를 들면, 프로그램관리, 시스템엔지니어링 등)와 함께 WBS 구조와 유사한 계층목(hierarchical tree)으로 조직화되고 표현된다 (그림 9.1 참조).

WBS는 물리적인 시스템아키텍처의 직접적인 파생물이기 때문에 시스템엔지니어링 프로세스의 출력으로 생각할 수 있다. WBS는 시스템엔지니어링 프로세스의 필수적인 효용성(utility) 때문에 시스템 분석 및 통제 도구로서 여기서 소개된다. 이것은 개발활동을 구조화하고 자료와 문서를 검증하며, 그리고 통합팀을 조직하고 기타 비기술적 프로그램관리의 목적으로 사용된다.

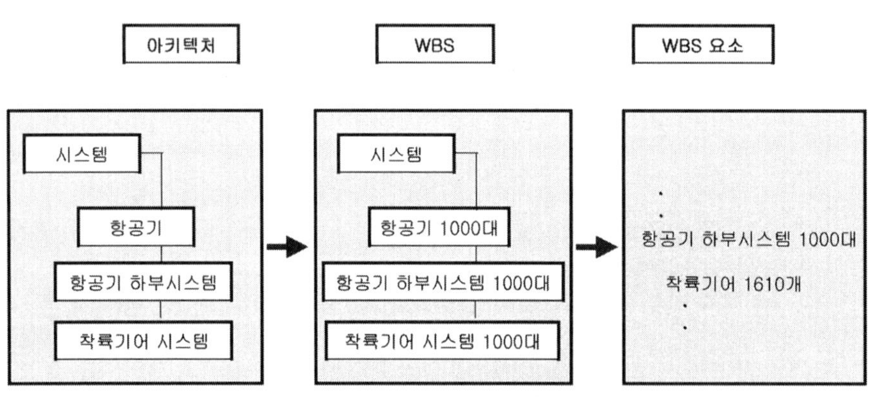

그림 9.1 WBS 흐름에 대한 아키텍처

국방 시스템엔지니어링에서 WBS의 역할

DoD 5000.2-R은 프로그램/기술 계획, 비용추정, 자원할당, 성능측정, 그리고 상태보고에 대한 하부구조를 제공하기 위해 만들어진 프로그램 WBS를 요구하고 있다. WBS는 전체 시스템을 정의하고, 하드웨어, 소프트웨어, 서비스, 데이터, 그리고 설비로 구성되는 제품지향 가계도(product oriented family tree)로 나타낸다. 또한 이들 요소 간의 관계 및 최종제품과의 관계를 설명하기 위해 사용된다. 프로그램부서는 MIL-HDBK-881에서 제시된 지침에 따라 프로그램 WBS을 테일러링하여야 한다.

프로그램 WBS는 상위 3 레벨을 정의하기 위해 초기에 개발된다. 개발을 통해 프로그램이 진행되고 보다 구체적으로 정의됨에 따라, 프로그램 관리자는 관리와 보고에 대한 모든 고비용 및 고위험 요소를 식별하기 위하여 WBS를 확장하도록 해야 한다. 반면에 계약자가 작업 수행방법을 반영한 보고요구사항(reporting requirement)보다 낮은 레벨로 WBS를 확장시키기 위해 완전한 유연성을 갖도록 보장해야 한다.

WBS의 기본 목적

조직화 : WBS는 프로그램관리에 대해 조정된 포괄적인 견해를 제공한다. 이것은 통합제품팀 설계, 개발 및 유지를 포함하는 시스템 개발활동의 조직화에 대한 구조를 제공한다.

비즈니스 : WBS는 예산과 비용추정에 대한 구조를 제공한다. 이것은 획득가치보고서(비용 대 성능보고서, 또는 비용/일정통제시스템기준보고)를 위하여 구체적인 비용수집과 분석을 준비하는데 사용된다.

기술 : WBS는 다음과 같은 활동을 위한 구조를 제공한다.

- 제품, 프로세스 및 데이터의 식별
- 위험관리 분석 및 추적의 조직화
- 형상/데이터 관리 능력. 인터페이스 식별/통제 수립에 대한 지원
- 작업지시와 재료/부품 신청에 대한 작업패키지 개발
- 기술검토 및 감사의 조직화

WBS는 규격서를 개발하기 위해 제품품목을 그룹화하고, 작업기술서(SOW: Statements Of Work)를 개발하며, 특정계약 산출물을 식별하기 위해 사용된다.

WBS 장점

WBS는 논리적으로 제품요소를 작업패키지로 분해함으로써 전체 시스템을 설명할 수 있다. 잘 만들어진 WBS는 모든 프로그램 활동을 설명하게 된다. 이것은 프로그램의 목적과 활동을 자원과 연결시키고, 초기예산을 촉진시키며 후속 비용보고를 간소화시킨다. WBS는 다양하고

독립적인 측정기준(metrics)과 다른 데이터를 비교하여 전반적인 흐름을 알 수 있도록 한다.

WBS는 프로그램/기술 계획, 사업일정 정의, 형상관리, 위험관리, 데이터관리, 규격서 작성, SOW 작성, 상태보고/문제점 분석, 비용추정, 그리고 예산작성 등을 포함한 모든 프로그램 활동의 근거가 된다.

9.2 WBS 개발

물리적 시스템아키텍처는 WBS를 준비하기 위해 사용된다. 아키텍처는 모든 필요한 제품과 서비스를 식별하고, 또한 모든 업무에 대해 하향세분화의 연속성을 보증하기 위해 검토되어야 한다. 비용/일정 통제의 목적을 위한 작업패키지를 식별하기 위하여 충분한 레벨이 제공되어야 한다. 충분한 레벨이 식별되지 않는다면, 가시화된 관리와 작업패키지의 통합이 어렵게 된다. 또한 너무 많은 레벨이 식별된다면 프로그램 검토와 통제활동에 지나치게 많은 시간이 소비될 것이다.

WBS 레벨은 프로그램(사업)에 따라 매우 다양하게 나타나며, 프로그램의 복잡성과 위험에 달라진다. 그러나, 각각의 WBS는 적어도 상위 3레벨을 나타내야 한다. 레벨 1은 전반적인 프로그램을 나타내며, 하나의 요소 즉, 프로그램의 시스템 명(name)이 된다. 레벨 2는 주요 프로그램 요소(elements) 또는 부문(segments)으로 이루어지며, 레벨 3은 하위레벨 구성품 또는 각 부문에 대한 하부시스템을 포함한다. 이들 관계를 그림 9.2에 나타냈다. 이것은 매우 간단한 자동차시스템(automobile system)을 나타낸다.

상위 3 레벨은 다음과 같이 구성된다.

레벨 1 - 전반적인 시스템
레벨 2 - 주요 요소(부문)
레벨 3 - 하부구성품(주요품목)

상위 3 레벨의 하위레벨은 구성품 분해가 형상품목 레벨까지 나타나게 된다. 일반적으로 정부는 상위 3 레벨의 작성에 대해 책임을 지며. 계약업체는 그 아래의 하위레벨에 대해 책임져야 한다.

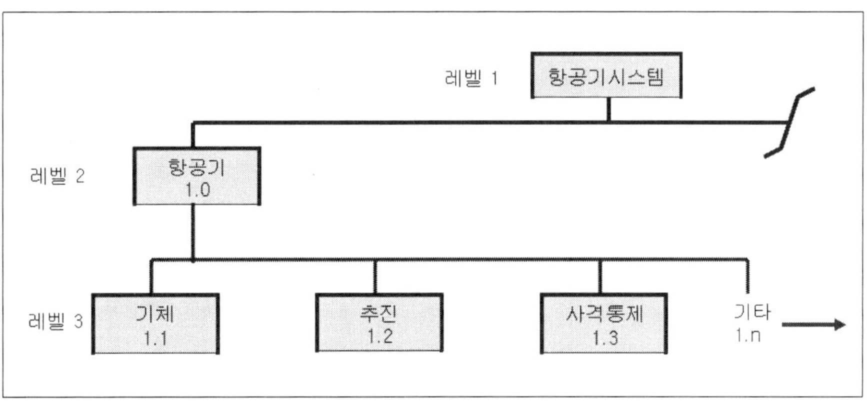

그림 9.2 **프로그램 WBS-제품부품(물리아키텍처)**

DoD의 관례

MIL-HDBK-881에 규정된 DoD 5000.2-R의 DoD 필수절차와 일반적인 DoD의 관례에 따라서 사업부서는 각각의 계약에 대한 계약업무분해구조(CWBS: Contract Work Breakdown Structure)와 프로그램 WBS를 개발한다. 프로그램 WBS는 전체 시스템을 표현하는 WBS이다. 즉 프로그램 WBS는 시스템아키텍처를 나타낸다. CWBS는 특정계약의 산출물이며 업무와 관련된 WBS의 일부분이다.

MIL-HDBK-881은 프로그램 WBS의 상위 3 레벨을 개발하는 시스템엔지니어링 프로세스를 지원하고, 계약업체에게 하위레벨 WBS 개발의 지침을 제공하기 위해 사업부서(program office)에서 사용한다. 대부분의 표준서나 핸드북과 같이 MIL-HDBK-881의 사용이 계약요구사항을 명확하게 나타낸다고는 할 수 없다.

비록 WBS 개발이 시스템엔지니어링 활동일지라도 이는 계약담당자뿐만 아니라 비용과 예산 전문가에게도 영향을 미친다. 이러한 이해관계자를 대표하는 통합팀은 WBS개발을 지원하기 위해 구성된다.

WBS 구조

프로그램 WBS는 최종제품(end product)과 지원제품(enabling product)을 포함한다. 시스템의 최종제품은 일반적으로 운용고객에게 인도될 주 임무제품으로 구성된다. WBS 부품은 운용요구사항으로부터 개발된 물리아키텍처를 기본으로 한다. 이것은 WBS가 제품개발에 포함되는 것을 의미한다.

시스템의 '지원제품(enabling product)' 부분은 최종제품을 개발, 생산 및 지원하기 위해 요구되는 제품과 서비스를 포함한다. WBS의 이 부분은 시스템아키텍처의 수평적 요소(최종제품 제외)를 포함하며, 제품의 수명주기 요구를 지원하기 위해 필요한 모든 제품과 서비스를 정의한다. 그림 9.3은 완전한 WBS 트리(tree)의 상위 3 레벨을 나타낸다.

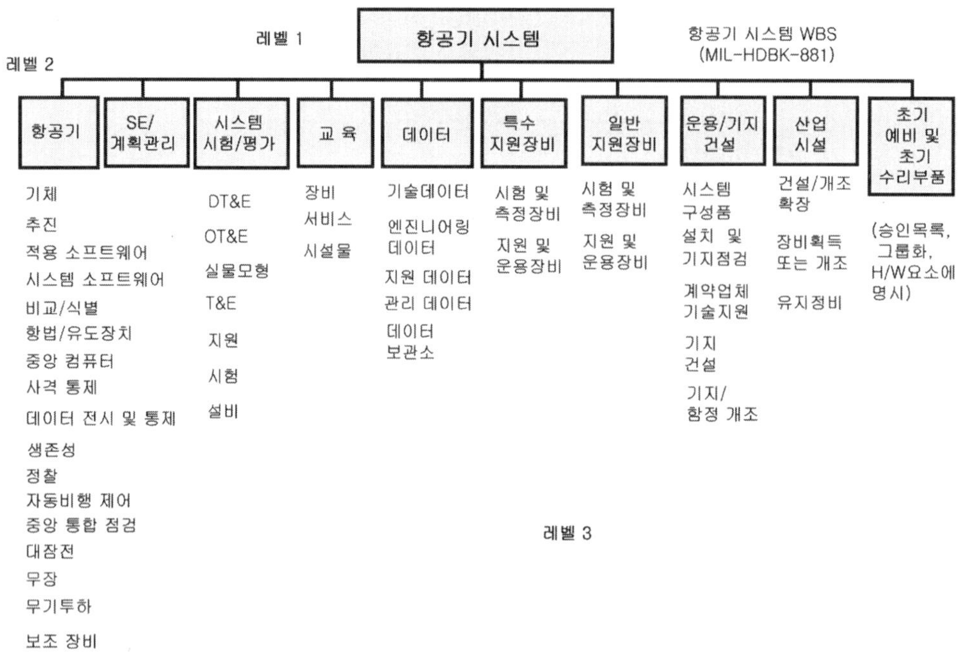

그림 9.3 **완전한 WBS**

WBS 공통요소

주어진 프로그램 또는 시스템에 대한 특정 하드웨어 및 소프트웨어에 추가하여, 모든 프로그램에 대해 표 9.1과 같은 공통요소(common elements)가 적용된다. 그러므로, 예를들어, 비행기, 정보기술시스템, 또는 위성과 같은 물리적 요소로 분해되는 주 임무장비에 대한 제품지향 WBS외에도, WBS는 사업 시작부터 모든 노력이 확실하게 식별되도록 이와 같은 공통요소를 포함해야 한다. 이러한 WBS는 전반적인 노력에 대한 기획과 관리를 편리하게 한다. 그림 9.4 는 비행기시스템에 있어서 공통요소를 포함하여 나타낸 WBS이다.

공통 요소	내 용
통합, 조립, 시험과 점검	설계, 개발 및 외형, 구조물, 설비, 부품, 자재 조합의 산물과 관련된 모든 기술적, 기능적 활동 노력을 포함하고, 레벨 3 설비 (하드웨어 및 소프트웨어) 요소를 레벨 2의 임무 요소(하드웨어 및 소프트웨어)로 조립하는 데 요구되는 소프트웨어를 포함하라.
시스템엔지니어링	시스템 또는 사업의 전체 통합 엔지니어링을 위한 노력을 지휘 및 통제하는 기술 및 관리 노력
사업관리	사업 및 관리 계획, 조직화, 지휘, 조합, 통제 및 전체 프로그램 달성을 위해 지정된 승인 활동은 특정 하드웨어 요소에 관련되지 않으며 시스템 엔지니어링 내에 포함되지않는다.
훈련	사용자가 시스템에 대한 최대 효과를 내기 위해 사용되어 지는 제공 가능한 훈련 활동, 장치, 부속 장비, 보조 장치, 설비 및 부품.
자료	계약 자료 요구 목록 상에 제공 가능한 자료. 그러한 자료들은 형상관리, 비용, 일정, 계약자료 관리 및 사업관리에 필요한 기술 문서, 엔지니어링 자료 지원과 관리에 관련된 자료를 포함한다.

시스템 시험 및 평가	사업의 개발단계에서 시스템의 성능에 대한 엔지니어링 자료를 얻거나 확인하기 위해 시제, 생산품 또는 특별 제작된 하드웨어 및 소프트웨어의 사용. 또한 시스템 레벨 시험 프로그램을 지원하는 모델, 표본, 비품 및 계측기 및 설계와 관련된 모든 활동들을 포함한다.
특수지원설비	사업 지원에 필요한 고유 설비 : 차량, 설비, 공구, 연료, 서비스, 수송, 기중기, 수리, 창정비, 조립, 분해, 시험, 점검과 같은 것 또는 이외의 임무를 수행할 수 있는 설비를 유지하기 위해 사용되는 것. 또한 시스템의 소프트웨어 수정 또는 유지를 위한 추가적인 설비 및 소프트웨어를 포함한다.
일반지원설비	사업 고유의 설비가 아닌 많은 사업에서 개발에 이용할 수 있는 설비
운용 및 배치 활동	운용 및 지원 시설에서 임무 및 지원 설비의 설치를 포함하라. 그리고 운용 상태 확인을 위한 시스템 점검 및 조정을 완료하라. 주요 임무를 수행하기 위한 저장소, 서비스 및 설치에 요구되는 모든 설비를 제공하기 위한 부동산, 건물, 개조, 장비가 포함될 수 있다.
시설	특수 시스템의 결과로서 요구되는 계약자 창정비 및 부품목록, 생산을 위한 기존 산업 설비의 확장, 건축, 건축의 용도 변경을 포함하라.
초기 예비품 및 수리부속	최종 산출물인 무기체계에 초기 교체용으로 사용되는 제공 가능한 여분의 구성품, 조립체, 하부 조립체를 포함하라.

표 9.1 WBS 공통요소

CWBS(contract work breakdown structure)

그림 9.4의 최상위레벨 WBS은 전반적인 프로그램을 포함하고 있다. 이러한 WBS는 일반적으로 정부조직인 사업부서((program office)에 의해 개발된다. 그러나, 주어진 하드웨어 부분에 대해 계약업체는 계약 업무분해구조(CWBS: Contract WBS)라고 불리는 WBS를 개발해야한다. 이것은 개발될 하위레벨 구성품에 대한 식별이며 계약업체가 개발에 대한 책임을 갖게 되는 모든 요소(하드웨어, 소프트웨어, 데이터 등)를 포함한다. CWBS 초안은 시스템 개발에 필요한 작업계약을 준비하는 프로그램부서에 의해 개발되며, 계약 체결 후에 계약업체에 의해 구체적으로 개발된다. CWBS는 계약업체의 EVM 통제시스템의 기반이 된다. 그림 9.4의 프로그램 WBS로부터 도출된 CWBS의 간단한 예를 그림 9.5에 나타냈다. 완전한 CWBS는 계약업체의 업무를 조직하고 식별하기 위해 사용된다. 사업부서의 예비버전은 제안요구서(RFP: Request For Proposals)의 SOW를 작성하기 위해 사용된다.

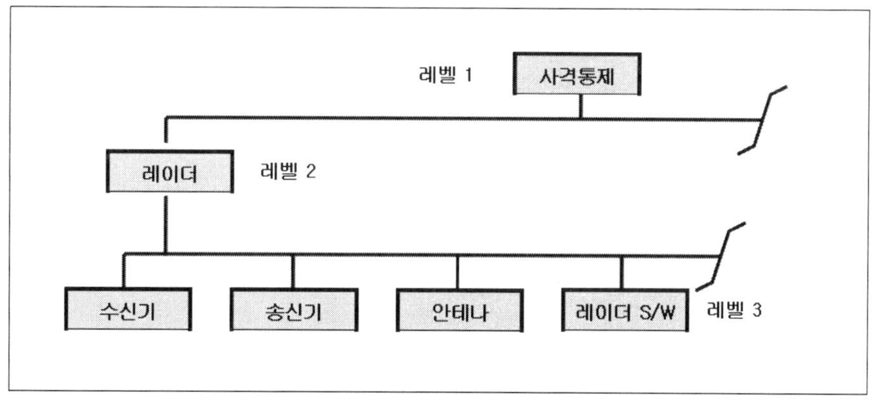

그림 9.4 CWBS 구조

그림 9.5는 주 계약업체가 작업진도를 보고하기 위하여 협력업체에게 WBS를 어떻게 사용하도록 하는지를 나타내는 다른 사례이다. 그림에서 "fire control"(주계약업체 WBS의 레벨 3) 노력은 협력업체의 레벨 1에 해당한다. 그러므로, 협력업체 CWBS 레벨 1에서의 모든 "fire control" 비용은 프로그램 WBS 레벨 3의 "fire control" 요소와 맵핑된다. 이것은 협력업체가 작업을 달성하기 위하여 레벨 3 항목을 어떻게 하위레벨로 분해하는지를 나타낸다.

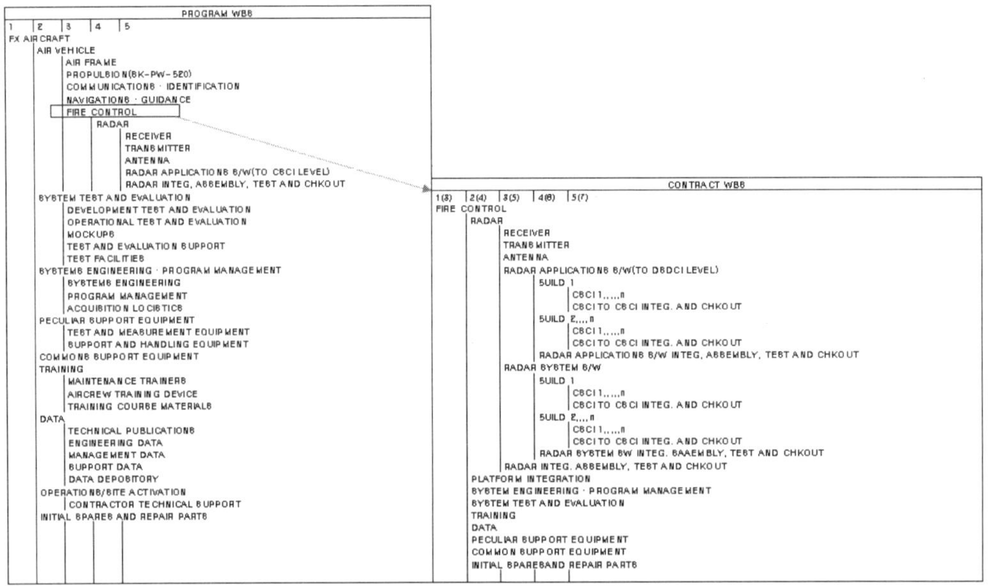

그림 9.5 CWBS 구조

9.3 작업 설계와 추적

WBS는 주로 작업에 대한 설계와 추적을 위해 사용된다. WBS는 어떠한 작업이 필요하며, 작업패키지를 어떻게 논리적으로 분해하고, 어떻게 피드백을 구성하는지 설정하기 위해 사용된다. 그림 9.6에 나타난 것처럼 WBS 요소는 업무를 책임지는 회사의 조직에 대한 매트릭스(matrix) 형태로 제시된다. 이것은 상세레벨의 비용계산과 업무정의를 위해 사용된다. 이는 특정 WBS 요소를 위해 어떠한 전문지식과 기능지원이 요구되는가를 규정함으로써 통합팀의 합리적인 조직과 기타 조직적 구조를 가능하게 한다. 이것은 정확한 기술추적과 기타 관리를 가능하게 한다.

WBS 종합목록(WBS dictionary)

WBS의 작업과 비용통제 사용의 일부로서 WBS 종합목록이 만들어진다. 각 WBS요소에 대해 도표에 기입할 사항은 업무에 대한 기술, 사용 비용(활동), 그리고 관련 계약라인 항목번호와 SOW 단락에 대한 참고사항 등이다. 표 9.2는 레벨 2의 WBS 요소 도표 기입사항에 대한 예를 나타낸다.

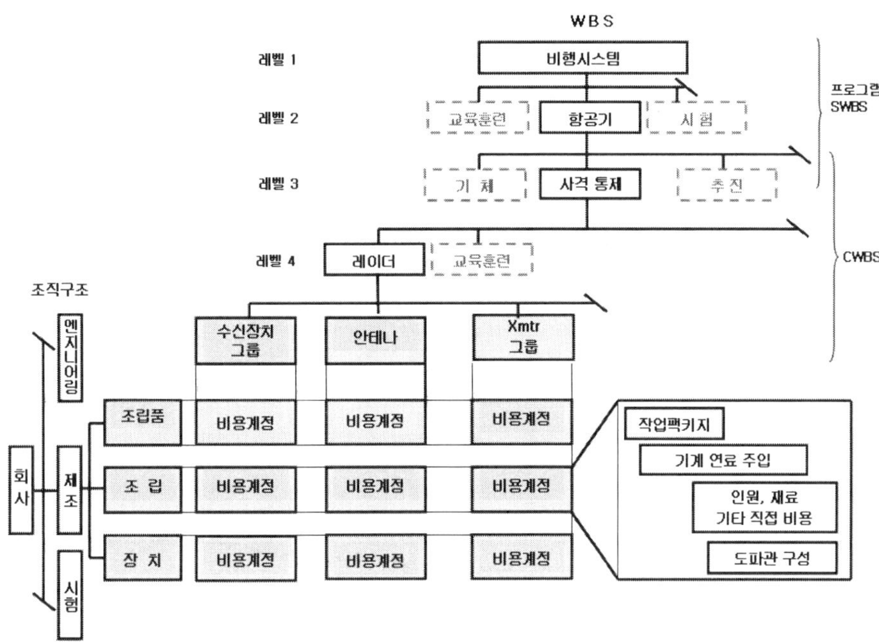

그림 9.6 WBS 통제매트릭스

색인 품목 No. 2		WBS 레벨 2		계약 번호 F33657-72-C-0923
WBS 요소 A10100		**WBS 제목** 항공기		**계약 항목** Line Item: 0001, 0001AA, 001AB, 001AC, 001AD 001AE, 001AF, 001AG, 001AH
변경 일자	변경번호	변경부서	승인	
규격서 No. 689E078780028	규격서 제목: Prime Item Development Specification for AGM 86A Air vehicle/Airframe			

업무기능 설명	비용 설명
기술 내용: 업무기능설명이란 완전한 항공기를 생산하기 위해 엔진요소와 함께 기체 주요항목, 항공 개발시험장비, 항공 운영시험장비, 통합구성품 및 이러한 전체요소의 점검사항을 개발,제작, 통합 및 시험을 위해 요구되는 활동을 나타낸다 항공기 요소에 요약되고 포함된 하위 레벨의 요소는 다음과 같다. 　기체 요소(A11100), 항법/유도 요소(A32100), 항공 개발시험 장비(A61100), 항공 운영시험장비(A61200)	업무지시/업무부서 MPC/PMC A10100 하위레벨 WBS요소 참조 **비용 내용-시스템 계약업체** 이러한 요소에 대해 계산될 비용은 항공기를 위해 계획, 개발, 제작, 조립, 통합 및 개발시험 ,분석 및 보고서 작성등의 수행에 요구되는 모든 비용을 요약하여 포함하고 있다. 또한, 이러한 요소를 만들기 위해 GFP를 통합, 조립 및 점검하는데 있어 필요한 활동과 관련한 모든 비용을 포함하기도 한다 **적용 가능한 업무기술서 단락** 3.6.2

표 9.2 WBS 종합목록

WBS 작성 유의사항

- WBS는 인덱스와 종합목록으로 구성되어 있다. 두 가지를 함께 작성하라.

- WBS는 기능구조가 아니라 제품과 서비스구조로 되어 있다.

- 만일 기능 활동이 제품요소로 식별 가능하다면 그것을 해당 제품요소의 일부분으로 사용하라.

- 개별 제품요소의 표준으로 제시하지 말고 해당요소의 범주와 속성을 정의하라.

- 업무기술서(SOW: Statement of Work)의 모든 항목이 WBS에 포함되었는지를 확인하기 위하여 모든 소스문서를 검토하라. 추적을 위한 검증매트릭스(verification matrix)를 작성하라.

- 계약 및 하청계약 활동과 WBS요소 정의 상호 간에 대응토록 유지하라.

- 하청계약의 간접경비를 최소화하기 위하여 WBS에 정의된 요소를 많이 사용하도록 하라.

- WBS는 관리도구이지 규격이 아님을 기억하라. 지나치게 상세히 기술하지 말라. 하나 내지 두 문장으로 표현하는 것이 바람직하다.

- WBS 세부목록에 비용, 일정 및 자원정보를 포함하지 말라. 이는 다른 계획서에 포함된다.

- 고객이 요구하는 불완전한 WBS를 수용하지 말라. 이에 따른 비용 손실이 커질 수 있다.

- 충분히 이해하고 관리될 수 있는 낮은 레벨까지 작성하고 간접경비가 적절한 범위의 상위레벨까지 작성하라.

- 프로젝트 시작에서 종료까지 변경 가능한 문서로 WBS를 작성하라.

9.4 요점

- WBS는 시스템엔지니어링 프로세스의 조직과 통제를 위한 필수도구이며, 시스템엔지니어링 프로세스의 산출물이다.

- WBS의 중요성은 기술영역을 벗어나 업무 전문가와 계약 담당자까지 확대된다. 모든 이해관계자의 요구가 개발기간 동안에 고려되어야 한다. 프로그램부서는 각 계약에 대한 프로그램 WBS와 상위레벨 CWBS를 개발계약업체는 계약과 관련하여 하위레벨 CWBS를 개발한다.

- 시스템아키텍처는 프로그램 WBS를 위한 구조를 제공한다. SOW 업무는 이러한 WBS로부터 진행된다.

- WBS는 IPTs 조직과 측정기준 추적을 위한 구조를 제공한다.

형상관리

10.1 개요

형상(configuration)

기술문서에서 설명되는 "형상(configuration)"은 기술 참고문서에 제시되며, 최종제품에서 얻게 될 기존 또는 계획된 하드웨어, 펌웨어, 소프트웨어 또는 결합체의 기능적, 물리적, 그리고 인터페이스 특성으로 이루어진다. 형상은 8장에서와 같이 기능, 할당, 또는 제품베이스라인(product configuration baseline)과 관련하여 공식적으로 표현된다.

형상관리(configuration management)

형상관리는 시스템, 하부시스템, 또는 형상품목(configuration item)의 규칙적인 개발을 통하여 이루어진다. 좋은 형상관리 프로그램은 설계 요구사항이 추적 가능하고 변경사항을 통제 및 문서로 기록하며, 인터페이스를 정의하고 이해함과 동시에 제품과 해당 문서 사이에서 일관성이 유지되도록 한다. 형상관리는 무엇이 만들어질 것인지, 무엇이 만들어지고 있는지, 무엇이 만들어졌는지, 그리고 생산된 것에 대해 어떠한 변경이 이루어졌는지를 설명하는 문서를 제공한다.

형상관리는 베이스라인에 의해 수행되며, 형상수정(configuration modification)에 대한 승인 레벨은 각각의 베이스라인에 따라 변경될 수 있다. 전형적인 시스템 개발에 있어서 고객이나 사용자 대표는 운용요구사항(operational requirements)과 시스템개념(system concept)을 통제하게 된다. 사업부서(program office)는 일반적으로 기능베이스라인을 통제한다. 할당 및 제품베이스라인은 수명주기 관리전략에 따라 사업부서, 생산자, 또는 물류 관리인에 의해 통제된다. 이와 같이 형상베이스라인 구조에 따라 형상통제 권한체계가 만들어 진다. 하부레벨의 베이스라인이 상위레벨 베이스라인과 일치해야 하므로, 하부레벨의 변경(changes)은 반드시 상위레벨 베이스라인에 영향을 주지 않도록 검토되어야 한다. 영향을 주게 되는 경우, 반드시 영향을 받게 되는 최상위레벨로부터 승인을 받아야 한다. 예를 들면, 엔진개발에 사용되는 엔진터

빈 조립품이 할당베이스라인에 의해 요구되는 연속적인 작동온도를 충족시킬 수 없다고 가정해보자. 이 경우, 터빈과 같은 하부레벨 상의 변경에 따른 영향뿐만 아니라 엔진 출력 및 추력과 같은 요구사항이 존재할 수 있는 기능베이스라인에 대한 잠재적 영향에 대해서도 반드시 검토되어야 한다.

항상 형상변경에 대한 여지가 있지만, 시스템엔지니어링은 변경이 필연적이고, 가장 비용 대효과적인 솔루션이 제안되도록 보장해야 한다. 이를 달성하기 위한 형상관리 프로세스를 그림 10.1에 나타냈다.

형상관리는 통합 제품 및 프로세스개발(IPPD: Integrated Product and Process Development) 환경에서 통합팀에 의해 유지되고 수행된다. 형상관리는 기술데이터 관리 및 인터페이스관리와 밀접하게 관련되어 있다. 데이터 및 인터페이스 관리는 적절한 형상관리를 위하여 필수적이며, 형상관리는 이들을 포함한다.

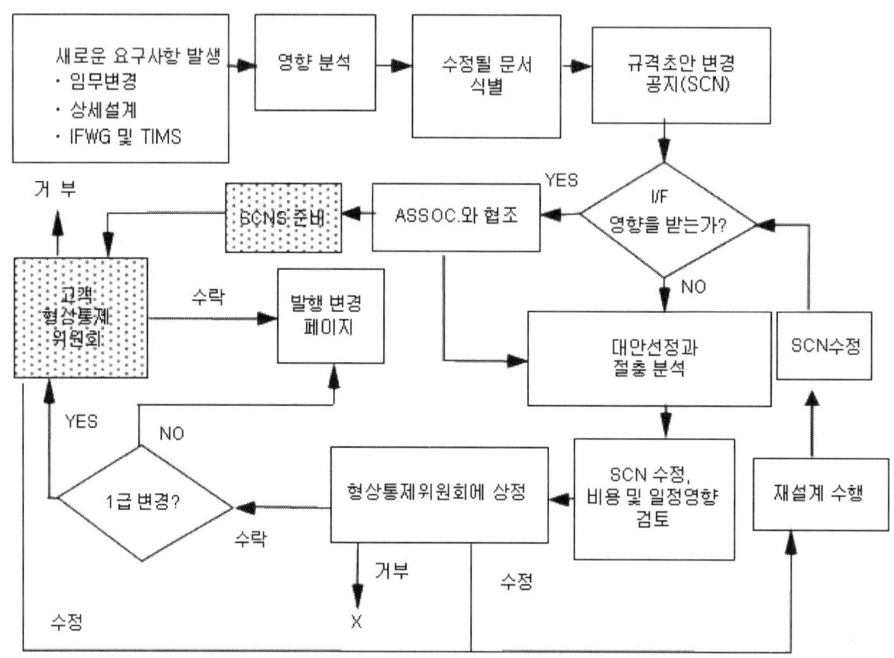

그림 10.1 **형상관리 프로세스**

형상관리의 DoD 적용

개발계약 동안, 정부는 상세설계에 대해 계약업체 책임이 부여되는 기능 및 성능 요구사항에 대한 형상통제만을 유지한다(SECDEF Memo 1994. 6. 29). 이것은 기능(시스템 요구사항)베이스라인에 대한 정부 통제를 의미한다. 정부가 할당 및 제품 베이스라인과 같은 하부레벨 베이스라인에 대한 통제 권한을 가질 것인지에 대한 결정과 시기는 궁극적으로 특정프로그램에 필요한 요구사항과 전략에 의해 좌우된다. 일반적으로 하부 레벨 베이스라인에 대한 정부의 통제는 설계가 안정된 후 개발프로그램 후반부에 적용된다.

형상관리계획

형상관리를 계획하는 경우 누가, 언제, 무엇을, 어떻게 해야 하며 또한, 어떠한 자원이 필요한지 등과 같은 기본적인 사항이 고려되어야 한다. 형상관리계획은 시스템 구성품의 기능과 물리적 특성, 인터페이스, 그리고 문서를 관리하는 방법과 절차를 정의하는 조직적이며 기능적인 구조를 포함해야 한다. 또한 책임과 권한의 구분, 통제 방법, 감사(audit) 및 검증(verification) 방법, 마일스톤, 그리고 일정을 포함하여야 한다. EIA IS-649, *National Consensus Standard for Configuration Management*와 MIL-HDBK-61이 형상관리계획을 위한 지침으로 사용된다.

형상품목(configuration item)

형상품목(CI: Configuration Item)은 형상관리계획에 영향을 주는 중요 개념이다. CI 결정은 형상이 무엇을 관리할 것인지를 결정한다. CI는 최종사용 기능을 만족하고 개별적인 형상관리를 위해 지정된 하드웨어, 펌웨어, 또는 컴퓨터 소프트웨어, 또는 이들 분리된 부분 중의 하나가 된다. 일반적으로 물류지원에 필요하거나 다른 획득을 위해 지정된 품목도 CI로 식별된다. 중요한 인터페이스, 또는 시스템 내부나 외부의 다른 구성품과 통합운용의 필요성 때문에 구성품도 CI로 지정될 수 있다. 추가적인 기술데이터 개발이 필요한 경우, 전적 또는 부분적으로 정부 자금에 의해 개발된다면 비개발 품목(NDI: Non-Development Items)을 포함한 품목이 CI로 지정될 수 있다. 모든 CI는 WBS에 의해 직접적인 추적이 가능하다.

형상품목의 지정은 형상품목에 대한 개별적인 형상관리 활동, 또는 관련 형상품목의 그룹화를 요구한다. 품목 또는 품목들을 공식적인 형상통제 하에 놓는 결정은 다음과 같은 결과를 가져온다.

- 개별적인 규격서
- 변경서의 공식적 승인
- 형상상태 관리에 대한 분리 기록
- 개별적 설계 검토 및 형상감사
- 개별적 식별자와 명판
- 개별적 품질시험
- 개별적인 운용 및 사용자 매뉴얼

10.2 형상관리 구조

형상관리는 다음 4가지의 상호 연관된 활동으로 이루어진다.

- 형상식별(configuration identification)
- 형상통제(configuration control)
- 형상상태보고(configuration status accounting)
- 형상감사(configuration audits)

또한 형상관리와 직접 관련된 활동은 데이터관리와 인터페이스관리이다.

형상식별(configuration identification)

형상식별 프로세스는 베이스라인형상 내에 있는 요소를 식별한다. 이러한 식별활동은 베이스라인의 종합재고목록(master inventory lists)을 만들고 유지하는 능력을 촉진시킨다. 규격트리(specification tree)와 관련문서는 프로그램의 모든 형상품목 문서를 식별한다. 규격트리 내에 포함된 문서항목들은 기준식별을 초기화한다. 다양한 규격서의 약정 관계 그리고 형상품목 또는 시스템을 정의하는 다른 문서는 규격트리 내에서 제공된다.

형상식별은 다음 사항을 포함하여 공식적으로 승인된 베이스라인과 규격서로 구성된다.

- 형상품목 선정
- 각각의 형상품목에 대해 요구되는 형상문서의 유형 결정
- 각각의 형상품목에 대한 기능 및 물리적 특성에 대한 증거 제시
- 인터페이스관리 절차, 조직 및 문서의 구축
- 내부 및 외부 인터페이스를 포함하여 시스템/형상품목의 형상구조와 관련한 고유번호와 다른 식별자에 대한 보증
- 형상품목의 식별 및 관련 형상문서 배포

형상문서(configuration documentation)는 품목의 기능 및 물리적 특성을 식별하고 정의하는 기술적 문서이다. 이것은 명확하게 진화하면서 증대되는 3가지의 상세레벨을 통해 개발, 승인 및 유지된다. 형상문서의 3가지 레벨은 기능, 할당 및 제품 형상문서로 불리어지는 3가지 베이스라인을 구성한다. 이들은 어떠한 개발 시점에서 시스템 또는 시스템구성품에 대해 분명한 기술적 설명을 제시한다.

형상통제(configuration control)

베이스라인이 될 품목을 수집하여 관리하는 것은 형상관리의 또 다른 양상이다. 형상통제는 승인된 변경을 용이하게 하고 승인되지 않은 변경의 혼합을 방지함으로써 식별되는 형상품목과 베이스라인의 통합성을 유지시킨다. 통제된다는 것은 규격서트리에 반영된다는 것이다. 형상베이스라인(configuration baseline)에 대해 제안된 변경제안을 검토하는 권한은 현재 개발되고 있는 기준의 레벨에 따라 다르다.

형상통제는 형상베이스라인이 공식적으로 설정된 이후에 시스템/품목의 형상에 대해 승인된 모든 변경사항의 체계적인 제안, 정당화, 우선순위, 평가, 조정, 승인, 거부 및 적용에 관한 활동이다. 다시 말해서 이는 시스템 및 시스템형상품목에 대한 형상변경 통제프로세스의 실행 및 관리 방법이다.

형상통제는 가시적인 관리를 제공하고 제안된 변경사항과 관련된 모든 요인을 평가하며, 또한 불필요한 변경을 예방하고 변경 순위를 결정한다. DoD의 경우, 이러한 형상통제는 주로 문서를 공식화하고 변경 승인을 위한 관리 구조를 제공하는 변경프로세스로 이루어진다.

형상상태보고(configuration status accounting)

형상상태보고는 형상을 효과적으로 관리하는데 필요한 정보를 보고하고 기록하는 것으로 다음 내용을 포함한다.

- 승인된 형상문서의 목록
- 형상식별과 관련하여 제안된 변경, 규격변경 및 규격포기의 상태
- 승인된 변경사항의 이행상태
- 운용상의 재고목록을 포함하는 모든 유닛의 형상

형상상태보고의 목적은 다음과 같은 내용에 의해 형상관리에서 필요로 하는 정보를 제공하는 것이다.

- 관련 자료의 수집과 기록
  - 베이스라인형상
  - 제안된 변경사항
  - 승인된 변경사항
- 관련 정보의 배포
  - 승인된 형상
  - 제안된 변경사항의 현황과 영향

- 승인된 변경사항의 요구사항, 일정, 영향 및 상태
- 조달된 품목의 최신 형상

형상감사(configuration audits)

형상감사는 형상문서와 관련된 시스템과 시스템 요소의 일치성을 검증하는데 사용된다. 형상감사는 시스템 개발에 있어 중요한 마일스톤이지만, 독립적으로 이루어지지는 않는다. 다음 장에서는 설계의 성숙도를 평가하는 전반적인 프로세스에서 감사가 어떤 역할을 하게 되는지 설명한다.

기능형상감사(FCA: Functional Configuration Audits)와 시스템검증검토(SVR: System Verification Review)는 개발 및 생산 단계의 생산준비(production readiness)와 소량초도생산(LRIP: Low Rate Initial Production) 시기에 수행된다. FCA는 형상품목의 실질적인 성능이 규격서요구사항을 충족시키는지 검증하는 데 사용된다. SVR은 FCA를 수행한 후 시스템레벨 감사의 역할을 한다. 일반적으로 물리형상감사(PCA: Physical Configuration Audit)는 초안 수준의 기술데이터패키지(제품베이스라인문서)에 대한 대표적인 생산유닛의 공식적 감사로서 시험생산(rate production) 및 개발 단계에서 수행된다.

FCA 또는 PCA 이든 오늘날 대부분의 감사는 최종적인 FCA 또는 PCA가 프로그램 개발의 정상적인 흐름에 대하여 부담이나 방해되지 않도록 품목을 점진적으로 감사하는 일련의 연속적인 검토 형태로 발전하고 있다.

10.3 인터페이스관리

인터페이스관리는 인터페이스의 식별, 인터페이스를 관리하는 작업그룹 구성 그리고 인터페이스통제문서의 그룹 개발로 구성된다. 인터페이스관리는 시스템운용에 필요한 외부 및 내부 인터페이스를 식별, 개발 및 유지한다. 변경영역의 외부영향에 대한 완전한 이해 상태에서 형상결정이 내려지게 함으로써 형상관리 활동을 지원한다.

인터페이스 식별

인터페이스는 두 개 이상의 시스템, 제품 또는 요소들 간의 공통영역에 존재하기 위해 요구되는 기능적, 물리적, 전기적, 전자적, 기계적, 유압적, 기압적, 광학적, 소프트웨어, 또는 유사 특성이다. 일반적으로 계약 관계에서 조달기관은 외부인터페이스를 식별하고, 통합팀을 위한 요구사항을 설정하며, 팀을 위해 해당 인원을 제공한다. 계약설계 대리인, 또는 생산업체는 내부인터페이스를 관리하고; 통합 설계팀을 계획, 운용 및 인도하고; 내부 및 외부 인터페이스 요구사항을 유지하며; 변경서의 시기 적절한 배포 및 책임을 보장하기 위해 인터페이스를 통제한다.

인터페이스 통제실무그룹

인터페이스 통제실무그룹(ICWG: Interface Control Working Group)은 시스템 또는 요소의 인터페이스 설계를 담당하는 사람 사이의 공식적인 의사전달 링크를 구축하기 위한 전형적 그룹이다. 통합 제품 및 프로세스개발(IPPD: Integrated Product and Process Development) 체제하에 ICWG는 인터페이스 설계 IPTs 사이의 링크를 구현하는 통합팀이나 시스템레벨 엔지니어링실무그룹으로 통합된다. ICWG 또는 이와 유사한 통합팀의 구성원은 각 계약업체, 매각인 그리고 참여하는 정부기관을 포함한다. 조달프로그램 조직(외부 및 선정된 최상위레벨 인터페이스) 또는 주 계약업체(내부인터페이스)가 보통 의장을 지명한다.

인터페이스 통제문서

인터페이스 통제문서(ICD: Interface Control Documentation)는 인터페이스 통제도면, 인터페이스 요구사항규격서 그리고 관련 또는 연동 시스템 또는 구성품 간의 물리 및 기능적 인터페이스를 나타내는 다른 문서를 포함한다. ICD는 ICWGs 또는 유사 통합팀의 산출물이며, 이들의 목적은 인터페이스 시스템 또는 요소들 간의 호환성을 구현하고 유지하는 것이다.

개방형 시스템 인터페이스 표준

독자적인 인터페이스 설계의 영향을 최소화하고, 상호 운용성을 개선하며, 상용 구성품의 사용을 극대화하고 그리고 향후 성능을 개량하기 위하여 개방형 시스템 접근방법은 인터페이스 통제계획에 있어 매우 중요한 부분을 차지한다. 개방형 시스템 접근방법은 시스템의 내부 및 외부 인터페이스를 명시하기 위해 산업계에서 사용되고 있는 규격서와 표준서를 선택해야 한다. 개방형 시스템은 다음과 같은 특성을 갖는다.

- 인터페이스에 대한 영향 없이 구성품 선정의 유연성을 증대시키기 위한 기능 분할 및 모듈 설계의 증가
- 산업계가 인정하는 표준기관 또는 전문협의체에 의해 개발 또는 채택된 표준서 기반 비전매 인터페이스 또는 프로토콜에 대한 정확한 정의와 광범위한 사용
- 시스템에 대한 영향을 최소화하면서 추가적인 또는 상위 성능 요소의 도입을 통해 확장 또는 성능개량 구현 가능

10.4 데이터관리

데이터관리(data management)는 시스템의 수명주기 결정, 방법, 피드백, 측정기준 그리고 형상통제를 나타내는 데이터베이스를 기록하고 유지한다. 데이터관리는 형상상태보고 프로세스를 직접 지원한다. 데이터관리는 계약업체에게 부여된 데이터의 선정, 생성, 준비, 획득 및 사용을 관장하고 통제한다.

계약에 필요한 데이터

데이터는 양식이나 특성에 관계없이 기록된 정보로서 정의되며, 계약업체로부터 조달에 필요한 모든 행정, 관리, 재정, 과학, 엔지니어링 그리고 물류정보와 문서를 포함한다. 계약시 필요한 데이터는 다음의 세 가지 형태로 분류된다.

- Type I : 기술 데이터
- Type II : 비 기술 데이터
- Type III : 1회성 데이터(기술 또는 비 기술적)

데이터는 다음과 같은 두 가지의 기본 목적을 위해 필요하다.

- 프로그램관리 통제를 위해 계약업체로부터의 정보 피드백
- 시스템을 관리, 운용 및 지원하는데 필요한 의사결정 정보(예를 들면, 규격서, 기술매뉴얼, 기술도면 등)

데이터의 분석 및 관리에는 많은 비용과 시간이 소요된다. 현재 DoD의 방침은 계약업체가 기술데이터패키지(TDP: Tactical Data Package)를 포함하여 기술데이터의 많은 부분을 관리하고 유지하도록 요구하고 있다. 이것은 정부가 TDP 개발에 대한 비용을 지불하지 않거나, 납품 후 사용에 필요한 사본을 받지 않는다는 것을 의미하지 않는다. 계약업체의 데이터형식(예를 들면, 계약업체가 생산에 사용하는 것과 동일한 도면을 수용)을 요청하고 정부자금으로 개발된 품목에 대한 세부 품목만을 요구함으로써 TDP의 비용을 감소시킨다.

정부계약을 위한 자료 요청

입찰요청서(Invitation for Bid) 또는 제안요청서(RFP: Request for Proposal) 개발의 한 부분으로서, 사업부서(program office)는 획득계획을 설명하고 통합팀 관리자 및 기능관리자에게 계약에 필요한 데이터 요구사항의 식별 및 적법성의 근거를 보이도록 요청하는 서한을 발행한다. 각 데이터항목에 대한 설명은 해당 팀 또는 기능관리자에 의해 개발되고, 사업부서에

의해 검토된다. 획득관리시스템 데이터목록(AMSDL: Acquisition Management Systems Data List) (제8장 참조)에 있는 데이터항목설명서(DID: Data Item Descriptions)는 이러한 설명서를 개발하는 지침으로 사용된다.

규격서 및 표준서의 DoD 정책에 수반하여 계약서 상에 표준데이터항목설명서(Standard Data Item Descriptions)의 사용을 배제하고, 계약자료요구목록(CDRL: Contract Data Requirements List) 상에 나와 있는 독자적인 데이터설명서로 데이터 항목을 지정하려는 경향이 있다.

10.5 요점

- 형상관리는 정부와 계약업체 간의 공동 책임이다. 계약관리자의 주요한 요소는 식별, 통제, 상태보고 및 감사이다.
- 형상관리는 전 수명주기에 걸쳐서 시스템설계를 통제하는데 필수적이다.
- 통합 제품 및 프로세스 개발(IPPD)환경에서 통합팀의 운용은 복합시스템의 다분야 형상관리를 위해 필요하다.
- 기술데이터관리는 의사결정 및 변경사항을 추적하고 설계, 프로세스 및 절차를 기록하는데 필수적이다.
- 인터페이스관리는 시스템 요소가 반드시 형상, 조립성 및 기능 면에서 호환성을 갖도록 보장해야 한다.
- 다음의 세 가지 형상베이스라인이 관리된다.

  - 기능형상베이스라인(시스템레벨)
  - 할당형상베이스라인(설계목표)
  - 제품형상베이스라인(제조목표 또는 기제조)

부록 10-A. 형상통제 관련문서 및 활동

정부의 형상관리와 관련된 베이스라인통제에는 엔지니어링변경제안서(ECP: Engineering Change Proposal), 변경요청서(Request for Deviation) 및 포기요청서(Request for Waivers)의 3가지 변경문서가 있다.

- ECP는 영구적인 형상변경의 필요성을 식별한다. ECP가 승인되는 경우 새로운 형상이 정해진다.
- 변경 또는 포기요청서를 통해 형상베이스라인으로부터 일시적으로 벗어나는 것을 요청하게 된다. 이것은 아직 규정화가 이루어지지 않은 자료의 사용을 허용한다. 변경 또는 포기 요청이 받아들여진 후에도 기록된 형상은 변경되지 않는다.

엔지니어링 변경제안서(engineering change proposal)

ECP는 형상베이스라인에 대한 변경을 설명하고 제안하는 문서이다. 뚜렷한 목표가 있는 각각의 변경에 대해 별도의 ECP가 제출된다. 미리 통보하고 서류작업을 줄이려면, 공식적인 ECP를 제출하기 전에 예비 엔지니어링변경제안서(Preliminary ECP) 또는 선행변경/연구통보서(Advance Change/Study Notices)를 사용할 수 있다. 승인과정에 대한 시간과 노력은 예비 변경제안서를 검토 및 편집하는 정부와 계약업체의 통합팀을 통해 더욱 줄일 수 있다.

ECP는 Class I 또는 Class II로 구분된다. Class I 변경사항은 형상을 변경하기 전에 정부 승인이 필요하다. 이러한 변경사항은 베이스라인요구사항, 안전성, 인터페이스, 운용/서비스 능력, 사전조정, 숙련도를 포함하는 휴먼인터페이스, 또는 교육 훈련상의 문제로부터 기인할 수 있다. Class I 변경사항은 또한 이미 제공된 시스템을 개조, 변경 및 이와 유사한 방법을 통해 새로운 형상으로 성능개량하는데 사용된다. 또한 Class I ECP는 예를 들면, 비용, 보증, 납품, 또는 데이터 요구사항에 영향을 주는 변경과 같이 형상베이스라인에 직접 영향을 주지 않는 계약사항을 변경하는데 사용된다. Class I ECP는 일반적으로 정부의 사업관리자(program manager)나 지정대리인이 이끄는 공식적인 형상통제위원회(Configuration Control Board)를 통한 사업부서(program office)의 승인을 필요로 한다.

Class II 변경사항은 현재의 형상을 유지하며, 문서를 수정하는 미미한 모순, 오타 및 기타 '관리유지(housekeeping)' 용 변경사항을 수정한다. Class II는 문서가 변경되었으나 형상이 변경되지 않는 경우에만 적용된다. Class II ECP는 보통 현장의 정부 관리인에 의해 처리된다. 일반적으로 Class II ECP는 변경이 적절하게 분류되었다는 정부의 동의만을 필요로 한다. 국방 계약관리사령부(DCMC: Defense Contract Management Command)의 주도 하에 ECP의 구분을 결정할 수 있는 계약업체의 권한이 점차 확대되고 있다.

그림 10.2는 ECP에 관련된 중요 속성을 나타낸다. 그림에서 언급된 예비 ECP는 제안된

ECP를 설명하는 공식적인 ECP에 대한 단순화된 버전으로 변경에 따른 개략적인 일정과 비용을 제시한다. ECP의 개발비용은 예비 ECP의 검토 결과 변경이 불필요하다고 판단되는 경우에는 무시된다. 예비 ECP에서 사용되는 접근방법은 형식과 이름 면에서 ECP와 다르다. 예비 ECP 및 선행변경/연구통보서 모두가 이러한 프로세스를 공식화하는데 사용되나 특정프로그램에 맞도록 만들어진 양식도 사용된다.

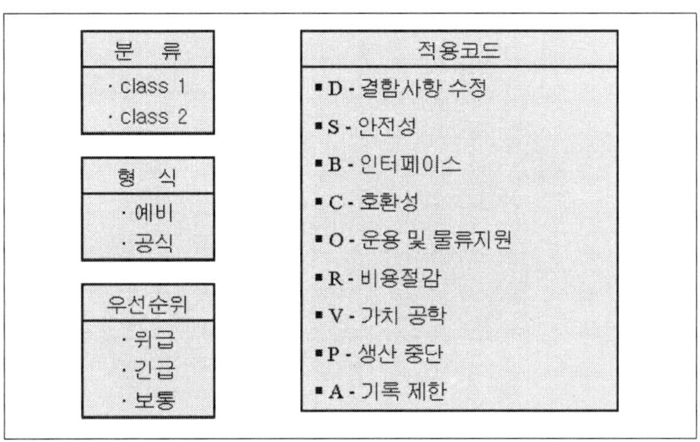

그림 10.2 **ECP 표기방법**

형상통제위원회(configuration control board)

형상통제위원회(CCB: Configuration Control Board)는 Class I ECP를 검토 및 승인하기 위하여 구성되며, 제안된 변경사항에 대해 승인 또는 비승인을 권고한다. 보통 사업관리자(program manager)가 역임하는 CCB 위원장은 최종 결정에 대한 권한을 갖는다. 위원은 충고와 권고를 할 수 있으나 결정 권한은 위원장에게만 주어진다. 조달, 프로그램통제(예산) 책임자 및 CCB 사무장인 형상통제 관리자를 포함한 CCB 위원은 8대 수명주기 주요 기능을 수행해야 한다.

그림 10.3는 CCB 프로세스를 나타낸다. CCB의 프로세스는 계약업체와 함께 시작된다. ECP 또는 예비 ECP에 대한 계약업체 요청은 정부의 식별된 형상변경을 시작하는데 필요하다. 부서장의 검토 과정은 CCB의 수락에 앞서 정부의 계약 및 기술검토의 적합성을 보장하도록 하는 과정을 포함한다.

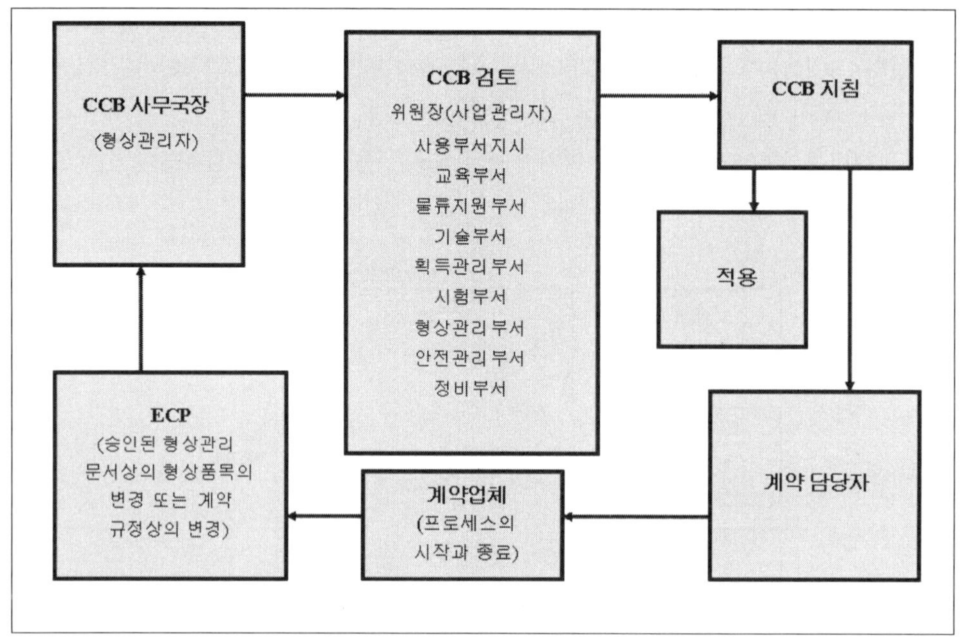

그림 10.3 **형상통제위원회**

형상통제위원회의 관리방식

CCB 프로세스는 형상통제 과정이다. 그러나 CCB 위원장의 결정은 계약 동의 및 프로그램베이스라인뿐만 아니라 형상베이스라인에도 영향을 준다. 계약정책, 프로그램 일정 및 예산에 관한 관심사항은 형상관리, 기술이슈 및 기술활동 일정에 관련된 관심사항과 상충될 수 있다. CCB 기술위원 및 부서장은 기술적 필요성과 상충사항에 대한 명확한 대안을 제시할 책임을 갖는다. CCB 부서장은 다음과 같은 사항에 대한 보장뿐만 아니라 CCB를 충분히 알리고 준비할 책임을 갖는다.

- 정부/계약업체 기술실무그룹은 ECP 및 제반 지원 자료를 분석하고, CCB의 검토를 위한 의견을 준비하며, CCB를 지원할 수 있도록 한다.
- 검토를 위해 모든 관련 정보를 준비한다.
- ECP는 적절한 기능활동을 통해 검토된다.
- 이슈사항을 식별하고 제기한다.

형상통제위원회 문서

일단, 형상통제위원회(CCB) 위원장이 ECP에 관련된 결정을 하면, CCB는 결정 내용을 배포하고 다음과 같은 변경사항의 이행과 관련된 주요 정보를 식별하는 CCB 지침을 알린다.

- 이행계획(누가 무엇을 언제)

- 1차 및 2차 계약서

- 계약일자

- 문서(도면, 규격서, 기술 매뉴얼 등), 관련 비용 그리고 일정 완료일자

- 설계 및 발행되는 지침 또는 순서의 식별

규격변경요청서 또는 규격포기요청서

규격변경(deviation)은 특정 유닛 수나 특정 기간에 대한 성능 또는 설계요구사항의 변경을 위하여 품목이 제조되기 전에 주어지는 특별한 서면 인가이다. 반면에, 규격포기(waiver)는 명시된 요구사항으로부터 벗어나지만, "현재(as is)" 또는 수리 후 사용에 적합한 형상품목을 허용하기 위한 서면 인가이다.

규격변경 및 규격포기요청서는 시스템의 설계 및 성능에 영향을 줄 수 있는 일시적인 베이스라인의 이탈에 관계된다. 베이스라인 내용은 그대로 유지되며, 정부는 다른 "불일치(non - conforming)" 형상이 수용 가능한 대안이 될 수 있는지의 여부를 결정한다. 수용 가능한 대안이 지원 요소에 영향을 미치지 않고 영향을 받는 시스템이 효과적으로 운용될 수 있으며 그리고 아무런 후속 작업이나 수정이 요구되지 않음을 의미한다. 연방획득규정(FAR: Federal Acquisition Regulations)은 정부가 "불일치" 유닛을 수용하는 경우에 정부 계약상의 "고려사항"을 필요로 한다.

규격변경요청서와 규격포기요청서 간의 차이는 변경요청서의 경우 대상 유닛의 최종 조립 이전에 사용되며, 포기요청서는 대상 유닛의 최종 조립 또는 수락시험(acceptance testing)이 완료된 후에 사용된다는 것이다.

기술검토 및 감사

11.1 진도측정

시스템엔지니어는 개발 일정상의 주요 이벤트에서 진행상태를 평가함으로써 설계 진도(progress) 및 성숙도(maturity)를 평가한다. 특정 이벤트별로 미리 설정된 종료기준과 설계를 비교함으로써 적절한 레벨의 성숙도가 성취되었는지를 판단한다. 일반적으로 이러한 주요 이벤트를 기술검토(technical reviews) 및 감사(audits)라 한다.

시스템은 개념연구 단계에서부터 최종제품에 이르기까지 진행되는 연속적인 단계를 통해 개발된다. 이것을 "개발레벨(levels of development)"이라 한다. 기술검토는 설계성숙도, 기술위험을 검토하기 위한 각각의 레벨 후에 수행되고, 개발의 다음 레벨로 진행할 것인지 여부를 판단한다. 기술검토는 다음과 같은 활동을 통해 프로그램 위험을 감소시키고 생산단계로의 이전을 용이하게 한다.

- 설계/개발 활동의 성숙도 평가
- 설계요구사항을 명확히 정의
- 설계 및 관련프로세스에 대한 이의 제기
- 제시된 설계형상이 기술요구사항, 고객요구사항 및 시스템요구사항에 위배되는지의 여부를 조사
- 서로 다른 단계에서 시스템형상을 평가
- 모든 분야와 IPTs 간의 의사소통, 조정 및 통합을 위한 토의회의 준비
- 다음 설계레벨로 진행하는데 필요한 공통 형상베이스라인을 설정
- 의사결정 데이터베이스에 설계 의사결정의 논리적 근거를 기록

이슈, 문제점 및 관심사들이 표면화되고 언급되는 일련의 기술교환회의를 통하여 공식적인 기술검토가 진행된다. 공식적인 기술검토는 문제를 해결하는 장은 아니지만, 문제를 해결하기 위해 행해지는 일련의 행위를 검증하는 것이다. 즉 이것은 어떤 이벤트라기보다는 프로세스이다.

계획(planning)

기술검토를 위한 계획은 반드시 광범위하게 초기에 선행(up-front-and-early)되어야 한다. 계획 시 중요하게 고려해야 할 사항은 다음과 같다.

- 검토를 준비하는 활동에 대해 효과적인 적시 대응 및 가시화
- 전체적인 검토활동을 달성하기 위해 필요한 자원의 식별 및 할당
- 프로그램 위험레벨과 일치되도록 테일러링
- 적절한 데이터의 가용성(availability)과 일치되는 일정
- 이벤트중심 진입 및 종료기준 설정
- 증분적 검토 수행의 적절한 위치
- IPTs에 의한 구현
- 모든 시스템기능 검토
- 모든 시스템요소의 통합과 균형에 대한 확인

지원제품(enabling product)의 성숙도는 관련 최종제품(end product)을 통해 검토된다. 검토는 시스템, 하부시스템 또는 진행 중인 형상품목의 시험성, 생산성, 교육훈련 및 지원성을 고려해야 한다.

검토는 시스템, 하부시스템 또는 진행 중인 형상품목의 복잡성에 따라 그 심도가 결정된다. 기술적으로 구체화되지 않은 설계에 대한 검토는 상용화된 품목에 대한 검토보다 더욱 심도있게 다뤄진다. 복잡하거나 신기술이 적용된 품목은 더욱 세심한 정밀 조사가 요구된다.

계획시 요령 : 요구되는 예비검토, 검토 및 사후검토 활동의 점검목록을 만들어라. 설계문서의 종료기준(exit criteria)과 요구되는 상세레벨에 대한 점검목록을 만들어라. 대답을 듣고 싶은 주요 의문과 검토프로세스를 용이하게 하는데 유용한 정보를 포함시켜라. 그림 11.1은 주요 활동이 식별되어 있는 검토프로세스를 나타낸다.

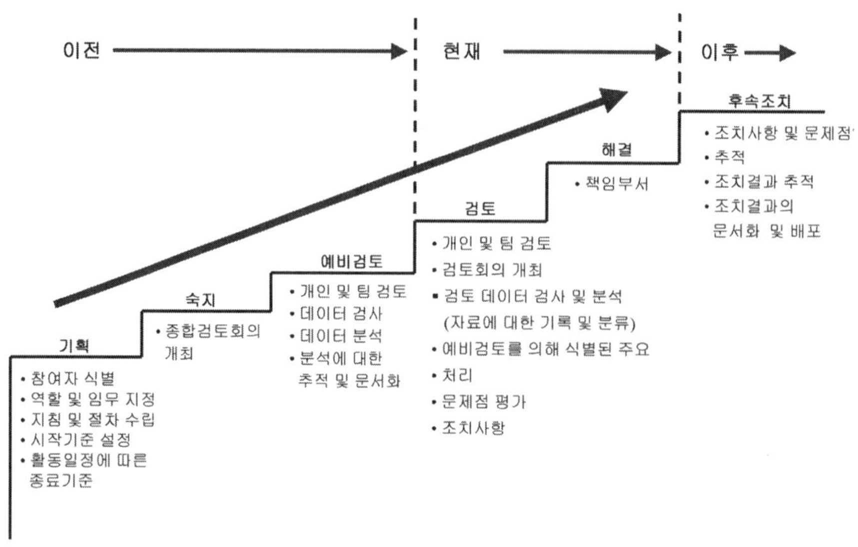

그림 11.1 **기술검토 프로세스**

11.2 기술검토

시스템레벨과 하위레벨(즉 하부시스템)에 대해서도 기술검토(technical reviews)가 수행된다. 검토는 시스템레벨에 초점이 맞춰진다. 하위레벨 검토는 시스템레벨 이벤트를 유지하고 준비하는 이벤트로서 생각할 수 있다. 검토에 대해 참고로 사용되는 명칭은 중요하지 않다. 그러나 프로그램 개발 중 적절한 시점에서 검토되고, 또한 계약업체와 정부 양측이 그 내용과 결과에 대해 공통된 기대를 갖는 것은 매우 중요하다.

검토수행

검토는 이벤트에 의해 시작된다. 즉 개발 중인 제품이 개발 장점검토(development merit review) 시기가 되었을 때 이러한 검토가 수행된다. 주요 검토에 적합한 시기는 그림 11.2와 11.3의 일정을 참고할 수 있으며, 각각의 검토와 관련된 중요 이슈는 표 11.1을 따를 수 있다. 이 것은 과거 미 국방부에서 사용했던 사례이지만 검토 단계를 쉽게 이해할 수 있는 좋은 사례이다. 이러한 것은 모든 프로그램에 적합하다고 할 수 없기 때문에 목적에 맞도록 테일러링이 요구된다. 시점에 맞추어 계획된 검토를 하도록 강요하는 것은 검토의 합리성을 어렵게 할 것이다. 검토 이벤트 이전에 작업을 수행하고, 완료된 활동의 검증 과정으로서 이벤트 검토를 사용해야 한다. 종료기준이 적합한지를 결정하기 위해 필요한 데이터는 검토 이전에 배포되고 분석하며 조정되어야 한다. 기술검토에 필요한 정보 형태는 규격서, 도면, 매뉴얼, 일정, 설계 및 시험데이터, 절충연구, 위험분석, 효과도분석, 실물모형(mock-ups), 실험기판(bread-boards),

프로세스 중 완성된 하드웨어, 시험방법, 기술계획(제조, 시험, 지원, 교육훈련) 그리고 측정기준데이터 등이 포함된다. 검토는 주의가 요구되는 예비검토 분석과 평가를 기본으로 하는 준비된 안건에 따라 간단하게 수행되어야 한다.

단지 정해진 참여자만이 개인적으로 참여할 수 있다. 이러한 참여자는 검토를 위해 준비 작업에 포함된 사람이거나 이벤트 종료기준 충족에 대해 책임이 부여된 IPTs의 일원이어야 한다. 참여자는 적절한 모든 정부활동, 계약업체, 하부계약업체, 매각인 및 공급자로부터 그 대표성을 부여받아야 한다.

검토는 프로세스의 확인 과정이다. 새로운 품목이 검토되어서는 안 된다. 만약 중요한 품목이 나타난다면, 이것은 검토가 조급하게 행해지고 있다는 명백한 신호이며 프로젝트 위험 부담이 크게 증가하게 된다. 잘못 구성되어 수행된 기술검토는 관리상의 문제를 발생시킨다.

검토 결과로 생기는 조치사항은 문서화되고 추적된다. 특정한 명칭과 날짜에 의해 식별된 이들 조치사항은 검토 후 가능한 빨리 작성되어 배포된다. 취해진 조치는 추적되며 품목으로서 배포된 결과들이 완성된다.

기술검토 단계

설계 및 개발 과정을 통해 시스템 개발이 진행됨에 따라 시스템은 주어진 개발레벨에서 더욱 구체화된 개발레벨로 진행된다. 예를 들면, 전형적인 시스템은 단지 요구사항만 알려진 단계로부터 개념적 솔루션이 정의된 다른 단계로 진행된다. 또는 초기 하부시스템의 설계요구사항이 공식화된 단계로부터 그러한 요구사항의 물리적 설계솔루션이 정의된 단계로 진행될 수도 있다 (그림 11.3).

이러한 단계를 여기서는 "개발레벨(levels of development)"이라고 한다. 시스템레벨 기술검토는 일반적으로 어떤 개발레벨로부터 또 다른 개발레벨로의 전이가 일치되도록 순서가 정해져 있다. 기술검토는 기술관리자가 검토하고 있는 시스템 또는 품목의 기술 성숙도가 다음 개발단계로의 진행을 정당화하기에 충분하다는 것을 검증하는 이벤트이다.

프로그램 단계	개념탐색	프로그램 정의 및 위험감소	엔지니어링 및 제조 개발	생산,배치 및 운용지원
규격서		▨ 시스템규격서		
		▨ 개발규격서		
			▨ 제품규격서	
			▨ 프로세스/재료규격서	
		↕ 초안		
베이스라인		▨ 베이스라인		
		▨ 베이스라인		
			▨ 베이스라인	
주요 기술검토	A S R	S R R / S F R	P D R / C D R	S V R / P C A

그림 11.2 DoD 기술검토 단계 사례 A(1996-2000)

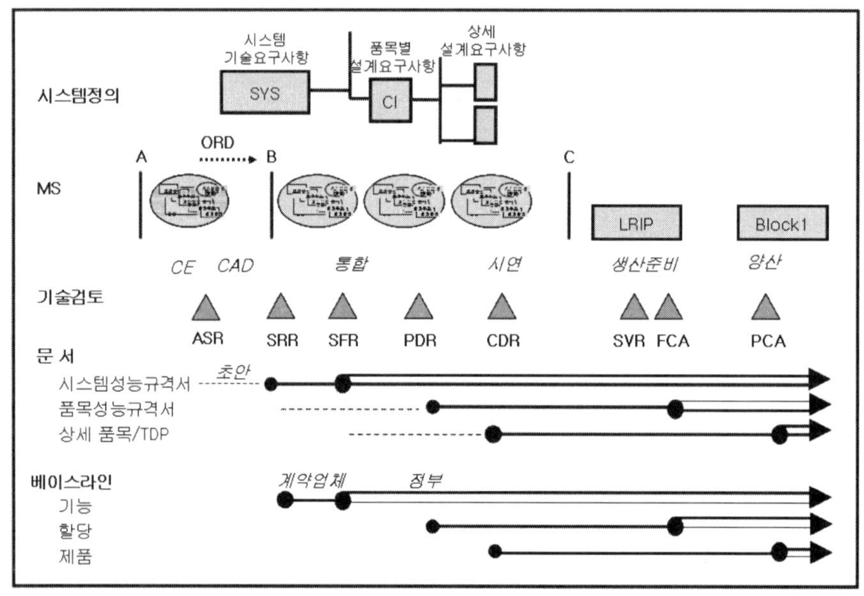

그림 11.3 DoD 기술검토 단계 사례 B(2000-2003)

시스템 또는 제품이 개발을 통해 진행되면서 기술평가의 중점이 달라진다. 초기 프로세스에서 주된 중점은 다음 단계에 이어질 설계 및 개발 활동에 근거가 되는 요구사항을 정의하는데 있다. 이와 유사하게, 개발 초기단계에서 수행되는 기술검토는 대부분 최상위레벨 개념과 시스템정의가 사용자 요구사항의 반영여부를 보증하는데 초점이 맞추어져 있다. 일단 시스템레벨 정의가 완성되면, 하부시스템 이하 레벨에서의 설계에 초점이 맞추어진다. 이와 같이 단계 동안의 기술검토는 설계요구사항을 설정하고 물리적 솔루션과 이러한 요구사항과의 일치성을 검증하는 전형적인 설계검토이다. 마지막 개발단계에서의 기술검토와 감사는 생산된 제품이 개발의 근거가 되는 요구사항을 충족시키는지 검증하기 위해 수행된다. 형태와 중점에 따른 시스템레벨 검토의 전형적인 일정을 그림 11.4에 요약하여 나타냈다.

시스템엔지니어링 프로세스를 수행하는 것과 관련 있는 주요 이벤트뿐만 아니라 기술검토와 연관된 또 다른 이슈는 그러한 이벤트가 DoD 획득수명주기 프로세스의 단계와 연관되어 발생될 때이다. 이러한 이벤트의 시기는 상황이 명백하고 특정요구에 의해 프로그램에 따라 변화된다. 그러나 그림 11.5는 시스템엔지니어링의 전형적인 기술검토가 획득수명주기 단계에 대해 어떻게 발생되는지 일반화된 개념을 나타내고 있다.

특정 시스템레벨 기술검토는 다른 이름으로 많이 알려져 있다. 또한 다른 엔지니어링 표준서와 문서는 동일한 검토를 말하는 경우 자주 다른 명칭을 사용한다. 기술검토를 언급하기 위해 사용되는 이름은 중요하지 않다. 그러나 시스템 개발 시 전형적인 검토일정을 이해하고 각각 검토 중점과 목적이 무엇인지를 이해하는 것은 매우 중요하다. 다음은 개념부터 생산에 이르기까지 기술진도에 대한 평가를 통해 완료되는 검토일정을 개략적으로 나타낸다. 검토의 배치와 각각의 중점은 개발 중인 프로그램의 특정요구에 맞도록 테일러링되어야 하며, 모든 프로그램이 모든 후속검토 수행에 대한 계획을 수립할 필요는 없다.

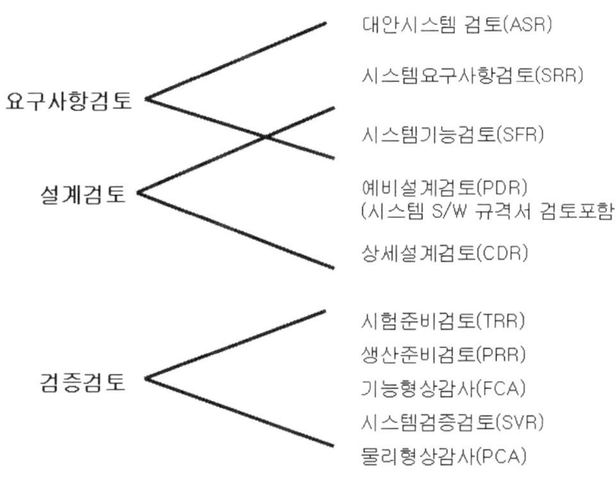

그림 11.4 **전형적 시스템 기술검토**

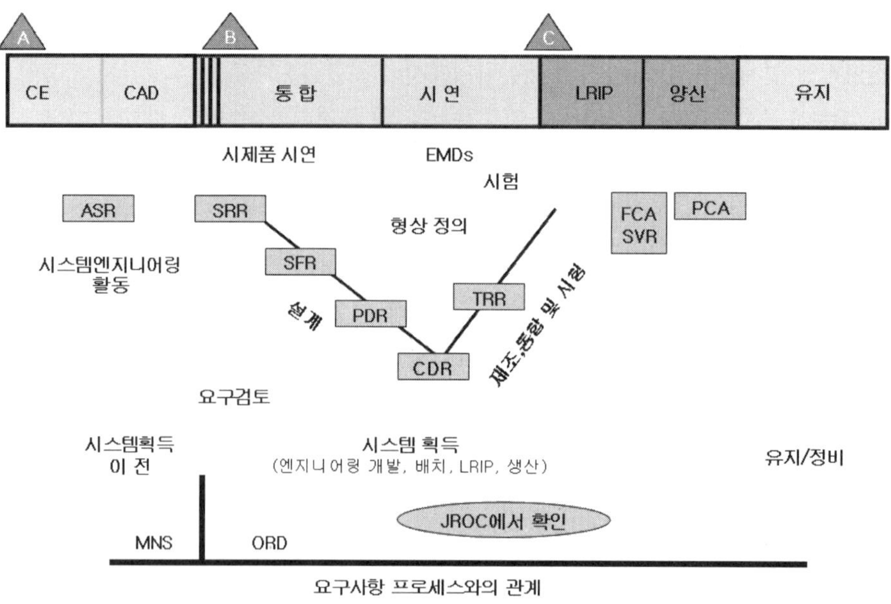

그림 11.5 획득수명주기 단계에 대한 시스템엔지니어링 이벤트의 관계

대안시스템검토(ASR: Alternative Systems Review)

개념연구가 완료되면 선호시스템 개념이 식별된다. 실현 가능성과 위험요소를 결정하기 위해 관련시스템 WBS 초안, 예비 기능베이스라인 그리고 시스템규격서 초안이 검토된다. 제안개념과 관련된 기술의 위험레벨을 타진하기 위해 기술 종속성이 검토된다. 이와 같은 검토는 선호시스템 개념이 다음사항의 수행을 검증하기 위하여 획득프로세스 개념 및 기술개발(Concept and Technology Development) 단계 중 개념탐색(Concept Exploration) 동안 수행된다.

- 선호시스템 개념이 식별된 요구에 대해 비용 대 효과, 운용상 효과적이고 적합한 솔루션을 제공
- 선호시스템 개념이 선정된 여유성기준(affordability criteria) 충족
- 수용 가능한 위험레벨에서의 요구에 대해 적시에 솔루션을 제공하도록 선호시스템 개념개발

이와 같은 검토의 산출물은 개념탐색(CE: Concept Exploration) 이후에 수행되는 의사결정검토(decision review)의 중요한 입력자료가 된다. 의사결정검토는 시스템이 개발을 계속하기 위해 어디서 수명주기 프로세스로 진입해야만 하는지를 결정하기 위해 수행된다. 이와 같은 결정은 주로 기술 및 시스템개발 성숙도를 근거로 이루어진다.

수명주기 프로세스를 통한 시스템 경로가 다른 성숙도의 시스템과는 다르다는 것을 이해하는 것은 중요하다. 따라서 다음에 간략하게 기술한 기술검토의 수행 여부에 대한 결정은 설계범위와 그 시스템을 성숙한 레벨로 이끌기 위한 개발에 달려 있다.

시스템요구사항검토(SRR: System Requirements Review)

시스템레벨의 아키텍처가 개발되고 하향식 설계가 완성되면, 그 시스템은 잘 정의된 보다 세분화된 하위 개발레벨로 진입하게 된다. 이와 같은 경우 잘 정의된 기술검토 일정이 매우 중요하다. 획득수명주기 프로세스상의 개념 및 기술개발의 두 번째 단계인 구성품선행개발(CAD: Component Advanced Development) 단계에서는 시스템레벨 아키텍처가 정의되며 기술위험을 평가하고 조정하기 위해 요구되는 필수적인 선행개발이 수행된다. 시스템이 획득프로세스로 진행됨에 따라 즉 마일스톤 B를 지나 시스템 개발 및 시연(System Development and Demonstration) 단계로 진입할 때 시스템요구사항검토(SRR: System Requirement Review)를 수행하게 된다. SRR은 사용자 요구사항(user requirements)이 시스템의 특정 기술요구사항(technical requirements)으로 변환되고 핵심기술을 정의한다. 또한, 필요한 기술시연이 계획되고 위험이 쉽게 이해되며, 완화계획이 적절한지 확인한다. 시스템규격서 초안은 운용요구사항이 반영되었는지 검증하게 된다.

다음을 포함한 모든 관련문서가 검토되어야 한다.

- 시스템운용요구사항
- 시스템규격서 초안 및 다른 초기성능품목규격서 초안
- 기능분석(최상위레벨 블록선도)
- 실현가능성 분석(시스템 설계방법을 정당화하기 위한 기술평가 및 절충연구 결과)
- 시스템 정비개념
- 중요한 시스템설계기준(신뢰성, 정비성, 군수요구사항 등)
- 시스템엔지니어링 계획
- 시험평가종합계획서
- 최상위레벨 기술성능측정 초안
- 시스템설계문서(배치도면, 개념설계도면, 선정된 공급자의 구성품 데이터)

SRR은 개발업체(계약업체)가 초기 시스템레벨 기능베이스라인을 설정할 수 있을 만큼 시스템레벨 요구사항을 충분히 이해하고 있는지 확인한다. 기능베이스라인이 설정되면 시스템 레벨 이하 품목의 기능, 성능 및 물리적 특성을 정의하고 기능을 수행하는 물리적 요소에 기능을 할당하는 활동이 시작된다.

시스템기능검토(SFR: System Function Review)

시스템레벨 이하의 품목 또는 요소를 정의하는 프로세스는 많은 엔지니어링 노력이 요구된다. 이러한 설계활동은 기능성 및 성능요구사항을 충족하는 시스템을 구성하기 위한 주요 요소의 가장 적합한 정의를 얻기 위한 지속적인 개발시험 뿐만 아니라 분석, 절충연구, 모델링/시뮬레이션을 수반한다. 이와 같은 활동으로부터 다음과 같은 두 개의 주요 시스템엔지니어링 산출물이 만들어 진다; 시스템레벨 이하(품목성능규격서)의 품목을 설명하는 시스템성능규격서 최종버전 및 성능규격서 초기버전. 이러한 문서는 각각 시스템 기능베이스라인 및 할당베이스라인 초안이 된다. 이러한 활동이 종료되면, 시스템은 개념레벨로부터 잘 정의된 시스템설계로 진행되며 일련의 기술검토를 통하여 다른 것들을 수행하기에 적합하게 된다.

전형적으로 시스템기능검토(SFR: System Functional Review)는 다음에 기술된 업무를 포함한다. 가장 중요한 것은 시스템에 대한 기술설명서(기능베이스라인)가 기술개발로 더 이상 진행되기 전에 주요 기술요구사항으로서 인증을 받아야 한다. 이는 시스템아키텍처 상의 하부레벨에서 엔지니어링 설계와 개발을 위한 예비 준비과정이다. 일반적으로 고객인 정부는 성공적으로 SFR을 수행함에 따라 얻어지는 시스템 기능베이스라인을 조정하고 관리한다.

검토는 다음 항목에 대한 평가를 포함하여야 한다. 보다 완전한 목록은 관련 표준서와 교재를 통해 얻을 수 있다.

- 사용자의 기대를 충족시킬 요구사항이 시스템규격서에 반영되었는지 검증
- 시스템레벨 이하 품목에 대한 요구사항할당 및 기능분석
- 품목성능규격서 초안 및 일부 품목상세규격서
- 전체 시스템을 정의하는 설계데이터
- 시스템설계와 관련된 위험이 엔지니어링 개발에 있어 수용 가능한 레벨인지 검증
- 적절한 절충연구 분석을 통해 선정된 설계가 최적임을 검증
- 군수(물류), 인간시스템 통합 등과 같은 지원성 분석 및 계획이 어디서 적절하고 완전하게 식별되는가?
- 기술성능측정 데이터 및 분석
- 점진적으로 진화하는 설계와 개발을 도모하는 계획들이 적절하며 시스템설계가 모듈화되고 개방적인가?

SFR에 이어 각각의 품목에 대한 기능, 성능 및 인터페이스 요구사항 등과 같은 용어를 사용하여 시스템 레벨 이하 품목에 대한 설계정의를 완성시키기 위한 작업이 진행된다. 이와 같은 정의는 일반적으로 품목성능규격서로부터 얻어지며 때때로 중요 품목개발규격서(prime item development specification)로 불리어진다. 이러한 문서가 완성되면 시스템 상위 품목레벨부터 최하위 레벨까지의 모든 설계작업이 품목레벨에서 동의한 요구사항에 근거를 두고 있기 때문에 검토를 통해 수용 가능한 상세설계를 얻을 수 있는 요구사항을 반영한 설계요구사항을 검증해 나가야 한다. 최종 품목레벨 설계요구사항은 시스템에 대한 할당베이스라인의 정의를 나타낸다. 이러한 이벤트와 관련된 두 가지 주요 검토로는 소프트웨어규격서검토(SSR: Software Specification Review)와 예비설계검토(PDR: Preliminary Design Review)가 있다.

소프트웨어규격서서검토(SSR: Software Specification Review)

시스템 설계에 대한 의사결정이 이루어짐에 따라 일반적으로 어떤 기능은 하드웨어 품목에 할당되는 반면, 다른 기능은 소프트웨어에 할당된다. 소프트웨어 품목의 기능, 성능, 인터페이스 그리고 설계와 소프트웨어 품목 개발의 지침을 설명하기 위해 개별적인 규격서가 개발된다. 시스템레벨 PDR을 준비하는 경우, 할당베이스라인을 설정하기에 앞서 시스템소프트웨어규격서가 검토된다. 검토에는 다음과 같은 내용이 포함된다.

- 소프트웨어 요구사항의 성숙도에 대한 검토 및 평가
- 소프트웨어요구사항규격서 및 인터페이스요구사항규격서가 소프트웨어에 할당된 시스템레벨 요구사항을 반영하고 있는지를 검증
- 컴퓨터 하드웨어와 소프트웨어 호환성(compatibility) 평가
- 인간 인터페이스, 통제 및 표시에 대한 평가
- 소프트웨어와 관련된 위험이 식별되고 완화계획이 수립되었다는 것을 보증
- 소프트웨어 설계가 운용개념서(OCD: Operational Concept Document)와 일치하는지를 검증
- 시험에 대한 계획
- 예비매뉴얼 검토

예비설계검토(PDR: Preliminary Design Review)

요구사항관리로서 기능베이스라인, 특히 시스템규격서를 사용할 때 예비설계는 하부시스템과 형상품목에 대한 설계요구사항의 관점에서 표현된다. 이러한 예비설계는 시스템레벨 이하의 품목 설계를 관리하게 될 기능, 성능 및 인터페이스 요구사항에 대해 설명한다. 예비설계검토(PDR: Preliminary Design Review)가 끝난 후 이러한 예비설계(할당베이스라인)는 계약업체에 의해 공식적인 형상통제에 놓이게 된다. 할당베이스라인의 핵심이 되는 SSR을 포함한 품목성능규격서가 시스템규격서를 충족시키는 설계인지를 검증한다.

이러한 검토는 시스템 개발 및 시연 단계 동안 수행된다. 검토는 시스템레벨의 PDR에 앞서 형상품목, 또는 관련그룹에 대해 계속된다. 품목성능규격서는 형상통제 하에 있게 된다(현재 DoD 관례는 계약업체가 품목성능규격서에 걸쳐 형상통제를 유지하도록 하는 반면, 정부는 시스템레벨에서 요구사항 통제를 수행한다). 최소한, 검토과정에서 다음과 같은 항목에 대한 평가가 이뤄져야 한다.

- 품목성능규격서
- 상세품목, 프로세스 및 재료규격서 초안
- 주요 하부시스템, 장비, 소프트웨어 및 다른 시스템요소를 정의하는 설계데이터

- 분석, 보고서, 특수엔지니어링 분석, 절충연구, 군수지원분석 데이터 그리고 설계 문서
- 기술성능측정 데이터 및 분석
- 설계를 지원하기 위해 사용되는 엔지니어링 실험기판(bread-boards), 실험모델, 시험모델, 실물모형 및 시제품
- 특정 구성품을 설명하는 공급업체 데이터

경험에 의한 개략적인 지침 : PDR 시 생산도면의 15%가 만들어진다. 이러한 것은 일반 국방하드웨어 프로그램에 관련된 지침에 불과하다.

상세설계검토(CDR: Critical Design Review)

생산라인을 건설하기에 앞서 생산될 품목의 세부사항에 대한 서로 간의 이해를 검증하고 공식화할 필요가 있다. 시스템 개발 및 시연 단계(System Development & Demonstration phase)에서 수행되는 이와 같은 검토는 시스템 설계문서(품목상세규격서, 재료규격서, 프로세스규격서를 포함한 제품베이스라인)가 제조를 시작하기에 충분한지 결정하기 위하여 생산베이스라인(production baseline) 초안("Build To" 문서)을 평가한다. 이러한 검토에는 모든 형상품목의 평가가 포함된다. 또한 제작을 위한 설계를 공개하기 전에 각각의 하드웨어형상품목 그리고 최종 코딩 및 시험에 앞서 각각의 컴퓨터 소프트웨어형상품목에 대해 수행되는 일련의 검토를 포함한다. 또한 시험준비검토(TRR: Test Readiness Review)가 성공적일 것이라는 것을 알 수 있을 만큼 충분한 시험활동이 이루어지고 있는지를 평가하기 위해 시험계획이 검토된다. 승인된 상세설계(detail design)는 최종 생산계획에 대한 근거가 되며 최종 소프트웨어 코드 개발을 착수하는 시점이 된다.

경험에 의한 개략적인 지침 : 상세설계검토(CDR: Critical Design Review)시, 설계는 최소한 85%가 완료되어야 한다. 많은 프로그램이 설계 완성에 대한 측정기준으로 도면 공개를 활용한다. 이러한 것은 일반적인 국방하드웨어 프로그램에 관련된 지침에 불과하다.

시험준비검토(TRR: Test Readiness Review)

일반적으로 CDR 이후 시스템 개발 및 시연 단계 동안에 수행되는 시험준비검토는 시험 목적, 절차 및 자원시험 조정을 평가한다. 본래 소프트웨어형상품목 검토로서 TRR은 점차 하드웨어 및 소프트웨어 품목으로 그 적용이 확대되고 있다. TRR은 시험절차의 완전성 그리고 시험계획과 설명서의 준수여부를 결정한다. TRR이 완성됨에 따라 공식적인 형상품목 시험이 시작된다.

생산준비검토(PRR: Production Readiness Review)

시스템 개발/시연과 생산/배치 단계의 생산준비 동안 점증적으로 증가되어 수행되는 이러한

일련의 검토는 시스템, 하부시스템 및 형상품목에 대한 생산준비가 완벽하고 포괄적이며 조정되었는지를 판단하기 위해 계속된다. PRR은 생산 수행에 대한 의사결정에 앞서 생산에 대한 준비성을 결정하기 위해 필요하다. 이는 공식적으로 생산설계의 생산성, 계획된 생산프로세스에 대한 통제 및 생산 수행에 필요한 자원이 풍부한지를 조사한다. 제조 위험 부담은 제품과 제조 프로세스의 성능, 비용 및 일정에 관하여 평가된다. 이와 같은 검토는 소량초도생산(LRIP: Low Rate Initial Production) 또는 양산(full-rate production)으로 진행하기 위한 획득 의사결정을 지원한다.

기능형상감사/시스템검증검토(FCA/SVR)

이러한 일련의 감사 및 통합 시스템검증검토(SVR: System Verification Review)에서는 하부시스템 기술성능설명서(기능 및 할당 베이스라인)에 대한 요구 관계를 재조사하고 검증한다. 이는 생산시스템(시제품 또는 LRIP 포함)이 규격서, 시험계획서 등에서 규정된 기술성능요구사항을 충족시키는지를 결정한다. 기능형상감사(FCA: Functional Configuration Audit)는 규격서에 규정된 모든 요구사항, 관련 시험계획서 및 관련문서가 제대로 시험되고 있는지를 검증하고, 또한 품목이 시험을 통과했거나 교정 활동의 시작 여부를 검증한다. SVR에서 만들어진 기술평가와 의사결정은 의사결정에 앞서 양산을 지원하기 위해 제시된다. 제시된 이슈는 다음을 강조한다.

- 계속되는 설계 및 검증, 생산, 교육훈련, 배치, 운용, 지원 및 폐기에 대한 준비 이슈가 해결된다.
- 검증은 포괄적이고 완전하다.
- 모든 변경활동의 완료를 포함하여 형상감사는 모든 형상품목에 대해서도 완료된다.
- 위험관리계획이 생산을 위해 업데이트된다.
- 시스템엔지니어링 계획이 생산을 위해 업데이트된다.
- 핵심성과, 성공기준(success criteria) 및 측정기준이 생산을 위해 설정된다.

물리형상검토(PCA: Physical Configuration Audit)

양산이 승인된 후, FOT&E와 같은 독립적인 후속검증은 사용자의 요구가 어떻게 변경되었는지를 식별한다. 변경이 베이스라인문서 및 생산라인에서 수정되고 나면, 제품 및 제품베이스라인 문서에 모순이 없는지 확인하게 된다. PCA는 사후의 변경이 전체 형상관리 절차를 통해서 얻어질 수 있도록 규격서 및 기술데이터패키지를 포함한 제품베이스라인을 공식화한다. 기본적으로 PCA는 생산제품이 제품베이스라인을 명시한 기술데이터패키지와 잘 일치하는지를 검증한다. 최종 PCA는 다음과 같은 항목에 대해 검증한다.

- 하부시스템과 형상품목 PCA의 성공적인 완료 여부

- 통합된 의사결정 데이터베이스의 타당성 및 제품의 명확한 표기

- 모든 품목의 베이스라인화

- 이전 베이스라인에 대한 변경의 완료 여부

- 시험결함의 해결 및 적절한 변경의 적용

- 시스템 프로세스의 업데이트 및 실현 가능성

PCA는 형상관리 활동이며 형상관리계획 내에 수립된 절차에 의해 수행된다.

구 분	DoD 획득프로세스 개정			목적
	'96	'00	'03	
ASR	개념탐색(CE)	개념탐색(CE)	개념정제(CR) 후반	· 개념연구 완료 · 미래위협 감소계획 평가
SRR	프로그램정의/ 위험감소(PD&RR)	시스템통합(SI) 초기	시스템통합(SI) 초기	· 완성된 시스템규격서 초안 검토 · 시스템아키텍처 초안 검토 ·
PDR	프로그램정의/ 위험감소 (PD&RR)	시스템통합(SI) 후반	시스템통합(SI) 후반	· 예비설계에서 상세설계로의 진행 · CI와 CSCI 검토 · 모든 CI/CSCI의 PDR 완료 후 시스템 PDR 유지 · 기능 및 물리적 인터페이스요구사항 정의
CDR	체계개발 (EMD)	시스템시연 (SD) 초반	SI 후반 또는 시스템시연 (SD) 초반	· 개발진행을 위한 상세설계 만족 · 각각의 CS와 CSCI 검토 · 모든 CI에 대한 CDR 후 시스템 CDR 유지 · ICDs 완성 · CI와 CSCI 제품규격서 초안 완성
SVR	체계개발 (EMD)	초기 P&D (LRIP)	SD 후반 또는 초기 P&D	· 시스템 생산준비 검증 · 각 CI/CSCI 완성에 대한 FCA · 각각의 CI/CSCI 설명서 만족여부 검증 · 제조, 가공, 수용능력 검증 · 안정된 제품 및 프로세스설계검증
FCA	체계개발 (EMD)	초기 P&D (LRIP)	SD 후반 또는 초기 P&D	· 모든 CI 개발규격서에 대한 · 검증 수행 · 요구사항(새로운 CI) 시험 완성
PCA	생산배치/운용유 지(PF&OS)	FRP	LRIP 또는 FRP	· 규격서와 설계문서 완성 · 제조프로세스 요구사항 및 문서 · 제품 제작규격서 최종화 · 최종화

표 11.1 DoD 획득프로세스 단계별 기술검토

11.3 테일러링

앞에서 기술한 검토는 중요한 기술평가가 요구되는 복잡한 시스템개발 프로젝트를 주 대상으로 한다. 또한 시스템의 기술성숙도가 일반적인 경우보다 더욱 발전된 경우이다. 예를 들면, 이전 프로그램 또는 선행개념기술시연(ACTD: Advanced Concept Technology Demonstration) 이후의 변경이 전체 형상관리 절차를 통해서만 얻어질 수 있도록 현존 프로그램에 적용 가능한 레벨의 기술개발을 제공하는 경우를 들 수 있다. 어떤 경우에 이것은 획득단계의 통합, 심지어는 취소까지도 할 수 있다. 이것은 시스템 분석 및 통제의 일반적인 표제 하

에 그룹화된 기술관리 활동의 배제를 정당화하지 않을 뿐더러 이들 원칙의 시행 여부에 대해 감시할 책임이 있는 정부 프로그램관리자의 짐을 덜어 주지도 않는다. 그러나 개발 중인 프로그램에 대한 특정 요구의 유연성(flexibility)과 테일러링(tailoring)의 필요성이 강조된다.

예를 들면, 시스템이 직접 시연단계로 진입하는 것을 제안하는 DoD 획득전략이 완전한 획득프로세스 단계 절차를 생략할 수 있지만, 적절한 기능베이스라인의 공식화와 개발을 지원하는 SFR과 이와 동등한 활동을 생략할 수는 없다. 할당베이스라인의 공식화 PDR과 이와 동등한 일, 그리고 제품베이스라인의 공식화 CDR과 이와 동등한 일을 생략해서는 안 된다. 베이스라인은 다른 레벨의 설계요구사항을 기록하기 때문에 순차적으로 개발되어야 하며, 각각에 대해 만들어져야 한다. 그러나 설계 및 개발 성숙도에 대한 평가는 특정시스템에 대해 독특한 것으로 테일러링될 수 있다. 테일러링 노력은 설계 성숙도가 언제 평가되어야 하고, 평가가 베이스라인 공식화와 통제를 어떻게 할 것인지 결정하는 문제를 다루어야 하며, 시스템이 성숙됨에 따라 설계요구사항을 기록한다.

테일러링 노력에서 시스템의 복잡성 레벨을 결정할 때 매우 주의하여야 한다. 비록 대부분의 하부시스템이 단순하거나 이미 상용화되어 시스템이 단순하게 보일지라도 시스템통합 활동, 단일 첨단기술 또는 복잡한 하부구성품의 개발, 또는 집약적인 소프트웨어 개발에 대한 요구가 전체 시스템을 복잡한 프로젝트로 잘못 규정하기에 충분하다.

11.4 요점

- 제품 개발의 각 레벨이 평가되고, 규격서 작성(시스템, 품목성능, 상세품목 및 재료규격서), 기술검토 및 감사(ASR, SRR, SDR, SSR, PDR, CDR, TRR, PRR, FCA, SVR, PCA)에 의해 개발 진행이 통제된다.

- 기술평가는 다음 단계의 진행에 대한 준비 여부를 결정하기 위해 개발 성숙도, 위험 및 비용/일정 효과도를 평가한다.

- 검토는 계획되고 관리되어야 하며, 분석 및 통제의 도구로서 효과적으로 운용되어야 한다.

- 시스템이 개발노력을 통해 진행됨에 따라, 설계 검토 및 감사의 본질이 기술적 노력과 일치하게 된다. 초기에 이들은 요구사항과 기능에 초점이 맞추어지나, 나중에는 제품 자체에 초점을 맞추게 된다.

- 시스템레벨 검토가 성능베이스라인을 설정한 후 기술검토는 생산을 위한 시스템 준비성을 결정하기 위해 시스템레벨로 다시 초점이 맞추어질 때, 개발의 마지막까지 하부시스템과 형상품목에 중점을 두게 된다.

부록 11-A. 미 국방 획득프로그램 단계별 설계검토

미국의 국방획득프로세스(defense acquisition process)는 1971년 DoDD 5000.1의 획득관리 규정을 시작으로 1996년, 2000년, 그리고 2003년 5월의 개정에 이르기까지 급격한 획득환경과 정책 변화에 따라 지속적인 변화를 추구하고 있다. 표 11.2는 2003년도에 개정된 획득프로세스의 기술검토 및 감사활동을 다른 관련활동과 함께 나타내고 있다.

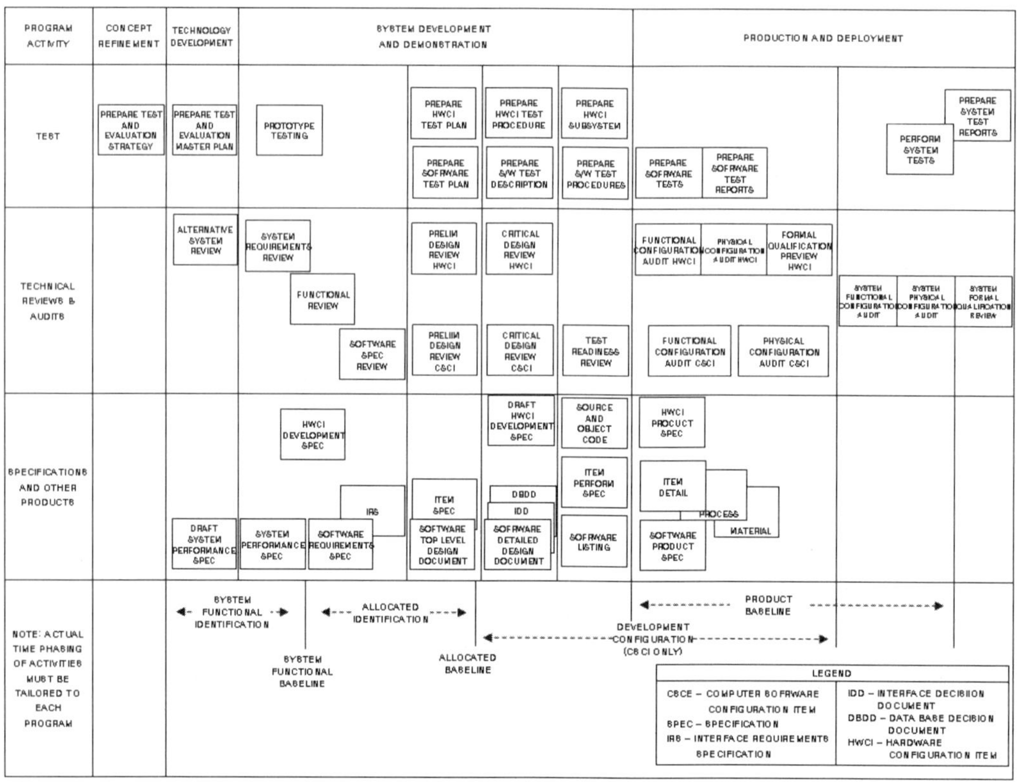

표 11.2 획득프로세스의 기술검토 및 감사활동(2003년)

절충연구

12.1 선정

절충연구(trade-off studies)는 시스템엔지니어링 프로세스 동안 상호 불일치를 선정하여 해결할 때 통합팀에 의해 사용되는 공식적인 의사결정 방법론이다. 좋은 절충연구 분석은 통합팀의 참여가 요구된다. 그렇지 않으면, 도출한 솔루션이 보증되지 않는 가정을 기본으로 할 수밖에 없고, 또한 중요한 데이터가 생략될 수도 있다.

절충연구는 요구사항, 기술목적, 설계, 프로그램 일정, 그리고 기능 및 성능 요구사항 가운데 적합하고 실질적인 대안을 식별하며, 또한 수명주기 비용을 식별하고 산출한다. 그 다음에 정의된 판단기준(criteria)을 사용하여 선정하게 된다. 절충연구는 의사결정을 지원하기 위해 매우 상세한 기능 또는 물리아키텍처의 여러 레벨에서 정의되고 수행되며 문서화 된다. 그리고 균형된 시스템 솔루션을 만들어낸다. 절충연구의 세부 단계는 비용, 일정, 성능 그리고 위험 영향에 대해 균형을 유지하기 위해 요구된다.

모든 공식 및 비공식적 절충연구는 시스템엔지니어링 활동 내에서 수행된다. 공식적인 절충연구는 마일스톤 의사결정과 같은 공식적인 공개회의에서 사용되는 경향이 있다. 이러한 것은 일반적으로 잘 기록되며 시스템 개발에서 표준 의사결정 데이터베이스의 한 부분이 된다. 다른 한편으로, 모든 레벨에서의 공학적 선정은 절충프로세스와 유사한 결정을 포함하고 있다. 이러한 비공식적 연구의 대부분은 요약만을 기록하지만 설계를 정의하는 데 중요하다.

시스템엔지니어링 프로세스와 절충연구

절충연구는 시스템엔지니어링 프로세스 과정에서 의사결정을 지원하기 위해서 요구된다. 요구사항분석 동안, 요구사항은 다른 요구사항 또는 비용을 포함한 제약사항에 대해 균형을 유지해야 한다. 요구사항분석 절충연구는 갈등을 해소시키며 고객 요구를 만족시키기 위해 성능 및 기능요구사항 대안을 검사하고 분석한다.

기능분석 및 할당 동안, 기능은 인터페이스요구사항, 지시된 장비, 기능분할, 요구사항 흐름 및 형상품목의 고려사항 간에 균형을 유지해야 한다. 절충연구는 다음과 같은 기능을 통해 수행된다.

- 기능분석 및 할당을 통해 성능요구사항 및 설계제약을 지원
- 식별된 기능인터페이스를 충족시키는 선호 성능요구사항들에 대한 정의
- 상위레벨의 성능 및 기능요구사항이 하위레벨에서 즉시 해결 될 수 없을 경우, 하위레벨 기능에 대한 성능요구사항을 결정
- 대안 기능아키텍처를 평가

설계조합 동안 절충연구는 가격, 일정, 성능 및 위험을 최적화하기 위해 대안으로 선정된 다른 솔루션을 평가하기 위해 사용된다. 절충연구는 조합과정 동안 다음과 같은 내용을 위해 수행된다.

- 새로운 제품 및 프로세스 개발 대 미개발 제품 및 프로세스에 대한 의사결정 지원
- 시스템, 하부시스템 및 구성품의 형상 설정
- (인원, 부품 및 재료 가용성을 포함하여) 시스템 개념, 설계 및 솔루션 선택에 대한 협조
- 재료 선택, 제조 또는 구매 프로세스, 이율 및 위치 결정을 지원
- 제안된 변경에 대한 검사
- 대안으로 선정된 기술이 높은 위험인 경우, 이 기술이 적절한 대안에서 포함하고 있는 기능 또는 설계요구사항을 충족시키는지에 대한 검사
- 재료 및 프로세스의 환경 및 비용 영향에 대한 평가
- 선호하는 제품 및 프로세스를 선택하기 위한 물리아키텍처 대안을 평가
- 시스템 수명주기비용을 감소시키고 시스템의 효과도 요구사항을 충족시키는 표준 구성품, 기술, 서비스 및 설비를 선택

절충연구는 초기 프로그램 단계, 예를 들면 개념탐색 및 기능베이스라인 개발에서 시스템형상을 만드는데 도움을 주는 대안으로 선정된 시스템레벨 개념 및 시나리오를 검사하기 위하여 사용된다. 후반부의 절충연구는 구성품 및 부품 설계를 선택하는데 도움을 주는 하위레벨의 시스템요소, 하부시스템 그리고 최종품목을 검사하는데 사용된다. 성능, 비용, 안전성, 신뢰성, 위험 및 다른 효과도는 상호간 그리고 물리적 특성에 대해 절충되어야 한다.

획득 프로세스 단계	절충 분석 기능
임무 영역 분석	· 식별된 사용자 요구의 우선순위
개념 탐색	· 기존 개념과 신기술 비교 · 임무 요구를 충족시키는 최적 개념 선정 · 대안 시스템형상 선정
시연/확인	· 기술 선정 · 다수의 대안 형상을 시험 가능한 대상으로 축소
전면 개발	· 구성품/부품 설계 선정 · 시험방법 선정 · 운용시험평가 횟수 선정
생산	· 모든 요구 설계 변경의 효과도 검증 · 제작 또는 구매, 프로세스, 비율 및 의사 결정점 결정

부가적으로 모든 획득단계에서 생산성, 시험성, 생존성, 일치성, 지원성, 안정성 및 신뢰성을 고려한 균형을 얻기 위하여 절충연구를 수행하고 각각의 소스 선정은 절충분석방법을 적용한다.

표 12.1 **시스템 획득프로세스 단계별 절충분석**

12.2 절충연구 기본사항

절충연구(절충분석)는 가장 적합한 대안을 선정하기 위해 여러 가지 대안을 비교 평가하는 절차이다. 결정을 위한 기초로서 통합팀의 모든 구성원이 받아들일 수 있도록 수립된 판단기준이 있다는 것은 중요하다. 부가적으로 절충연구는 판단기준에 대한 대안측정에 대해 동의하는 접근방법이 존재해야 한다. 이와 같은 원칙이 준수된다면, 절충연구는 합리적이고, 객관적이며, 반복적인 결정을 도출하게 된다. 마지막으로 절충연구 결과는 고객 및 의사 결정권자가 쉽게 상호 의사소통을 할 수 있어야 한다. 절충연구 결과가 너무 복잡하여 쉽게 의사소통을 할 수 없다면 프로세스가 적시에 의사결정을 할 수 없게 된다.

절충연구 프로세스

그림 12.1에서 보는 바와 같이 절충분석 프로세스는 문제정의, 문제범위, (의사결정기준의 설정을 포함하기 위해) 절충방법론 설정, 대안솔루션의 선정, 결정한 각 대안의 중요 특성, 대안평가 그리고 솔루션에 대한 선정으로 구성된다.

- 제약사항이 포함된 문제점을 나타내는 문제에 대한 정의. 결국, 올바른 문제를 갖지 못한다면 올바른 해답을 얻을 수 없다.
- 문제에 대한 범위설정 및 이해는 연구에 적용하는 시스템요구사항 식별이 요구된다.

• 연구 중인 제품 또는 프로세스의 요구 특성 사이의 상충 및 가용 데이터 제한. 데이터베이스는 평가 의사결정을 지원하기 위하여 역사적으로 관련된 사실적인 정보를 제공할 수 있어야 한다.

• 설정된 방법론은 비교를 위한 수학적 방법의 선택, 비교를 위해 사용되는 판단기준의 개발 및 정량화 그리고 (필요하다면) 가중치 요소의 결정 등이 포함된다. 그리고 적절한 모델과 방법론의 사용은 연구의 합리성, 목적성 및 반복성을 나타낸다. 경험적으로 이러한 단계는 무지와 설계를 통해 쉽게 남용될 수 있음을 알 수 있다. 어느 정도까지 가능한 선택 방법론은 고객과 개발업체의 진실한 가치를 기본으로 하는 대안을 비교해야 한다. 절충 관계는 관련성이 있고 합리적이어야 한다. 효용성(utility)과 가중치(weights)의 선정은 "향상된 성능의 실질적인 가치가 무엇이고, 어떠한 근거에 기준을 두고 있느냐" 와 같은 질문에 대한 답이 되어야 한다.

• 대안 솔루션의 선정은 문제를 해결하고 실현 가능한 것을 선정하는 모든 잠재적 방법에 대한 식별이 요구된다. 대안은 비용분석이 필요하고, 일반적으로 분명히 실현 가능한 선정으로 제한된다.

• 주요 특성에 대한 결정은 각 대안의 방법론적인 연구에 의해 요구되는 데이터의 도출을 필요로 한다.

• 대안을 평가하는 것은 연구분석의 일부이다. 대안평가는 대안을 비교하기 위해 절충 매트릭스(matrix) 개발, 민감도분석 성능, 선호대안 선정 그리고 대안과 연구절차의 재평가 등을 포함한다. 민감도분석이 중요한 이유는 가중치 요소와 정량화된 데이터가 임의적인 측면을 갖고 있기 때문이다. 만약 솔루션이 데이터 입력에서 상대적으로 약간의 변화가 있을 수 있다면, 그 연구는 타당성이 없을 수 있으며, 방법론은 반드시 검토하고 수정되어야 한다. 앞에서 언급된 업무가 완료된 후 솔루션이 선정되고 문서화 되며, 데이터베이스에 기록된다.

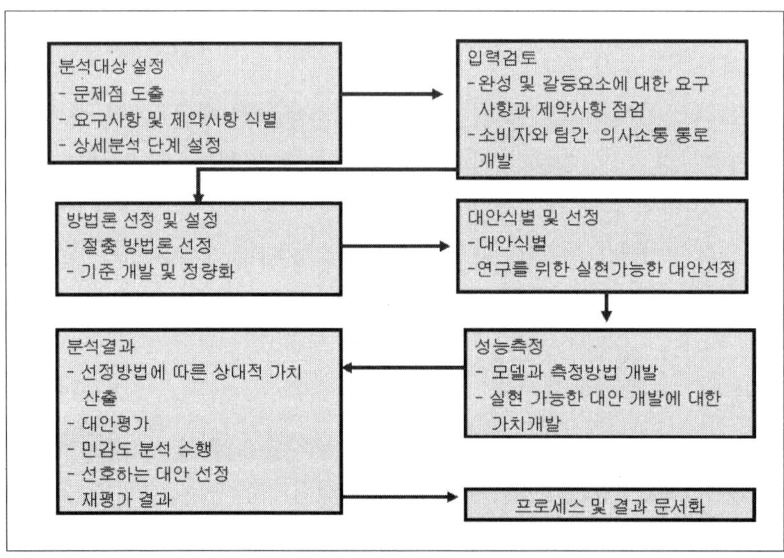

그림 12.1 **절충연구 프로세스**

비용 대 효과 분석(cost effectiveness analysis)

비용 대 효과 분석은 시스템 또는 구성품의 성능을 비용에 대해 비교 분석하는 절충연구의 특별한 경우이다. 이와 같은 분석은 대안 솔루션의 여유성(affordability)과 상대적인 가치를 결정하는데 도움을 준다. 특히 비용 대 효과 분석은 다음과 같은 사항을 위해 수행된다.

- 여유있고 비용적으로 최적인 임무 및 성능요구사항의 식별 지원
- 최적의 기능구조에 대한 성능할당을 지원
- 대안 솔루션 선정을 위한 판단기준 제공
- 설계가 비용 제약조건 내에서 고객의 요구사항을 만족시킨다는 것에 대한 분석적 증거 제공
- 제품 및 프로세스의 검증에 대한 지원

12.3 요점

- 절충연구의 목적은 최상의 대안 솔루션 선정에 있으며, 의사결정이 보다 정확하고 보다 많은 정보가 제공되도록 한다.
- 초기 절충연구는 대안시스템의 개념 및 요구사항에 초점을 맞추고, 그 다음 연구는 구성품 및 부품 설계의 선정에 도움을 준다.
- 비용 대 효과 분석은 비용에 대한 대안 솔루션의 성능판단에 도움을 준다.

부록 12-A. 효용곡선 방법론

효용곡선(utility curve)은 절충분석을 평가하기 위하여 DoD 및 산업체에서 사용되는 일반적인 방법론이다. DoD에서 효용곡선은 비용 대 효과분석 및 제안서 평가에서 폭넓게 사용된다.

효용곡선(utility curve)

그림 12.2와 같은 정규화 효용곡선은 각각의 의사결정 요소를 쉽게 비교하기 위해 사용되는 방법이다. 이 방법은 결정요소값을 최소값부터 증가시킴에 따라 요소의 상대적 가치를 분명하게 나타낸다. 그림의 곡선은 일정(직선), 증가(볼록곡선), 감소(오목곡선), 또는 계단 형태의 값으로 나타낼 수 있다.

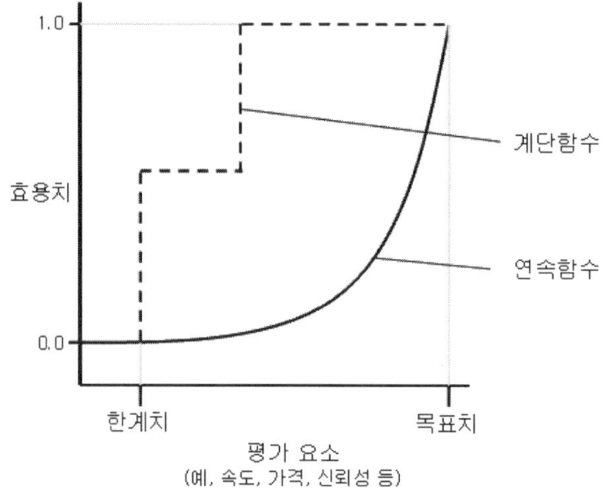

그림 12.2 **평가요소별 효용곡선**

효용곡선은 각각의 평가요소를 쉽게 비교할 수 있다. 예를 들면, 속도, 가격, 신뢰성 등에 대한 평가요소에 대한 효용치는 평가요소의 한계치와 목표치에 따라 선형, 계단 또는 비선형함수로 증가하거나 감소한다. 일반적으로 속도의 경우, 속도가 증가하면 할수록 효용치가 선형적으로 증가한다. 그러나 그림 12.3에서 알 수 있듯이 각각의 효용곡선이 여러 가지 형태의 비선형적 특성을 나타냄을 알 수 있다.

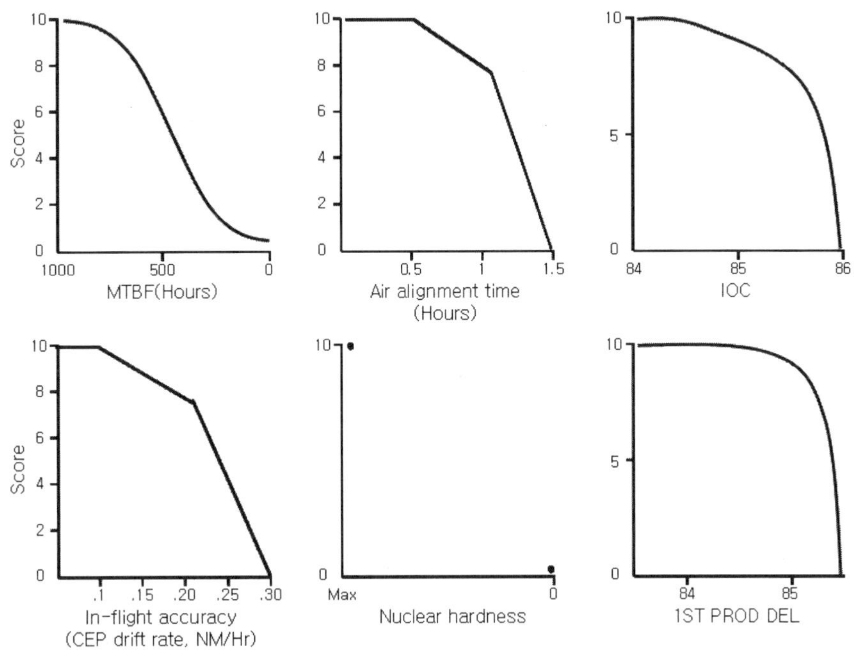

그림 12.3 **비선형 효용곡선 사례**

가중치(weighting value)

의사결정을 위한 각각의 평가요소는 요소 상호간의 상대적인 중요도에 따라 상대치를 갖는다. 이러한 상대치는 각 요소 간 가중치를 부여함으로서 우선순위가 나타나게 된다. 그림 12.4는 수송시스템에 대한 평가요소별 가중치를 나타내고 있다.

수송임무를 수행함에 있어서 수송선박의 속력 및 내구성 가중치는 0.16, 물류지원은 0.09, 적하용량은 0.33, 안전성은 0.06 그리고 적하능력은 0.36으로 설정하였다. 속력 및 내구성에서 최고속도는 0.05, 27노트 내구성은 0.11로 할당되고, 적하용량은 최대 탱크상태 0.24, 최대 Helo상태 0.09로 할당되었다. 그리고 최대탱크상태는 탱크수 0.17, 차량수 0.05, 컨테이너수 0.02로 할당되었다. 최대 Helo상태도 Helo수가 0.06, 차량수 0.02, 컨테이너수 0.01로 할당되었다. 적하능력은 연안부두가 0.27, 강 연안이 0.09로 할당되었다. 그리고 보다 세부적인 가중치 적용사례는 표 12.1과 같다. 이러한 할당을 하기 위해 고객 및 사용자로 하여금 우선순위 조사를 실시한다. SL-7급 분석계층구조 프로세스(AHP: Analytic Hierarchy Process)에 의한 우선순위 조사결과를 도식하면 표 12.2와 같다.

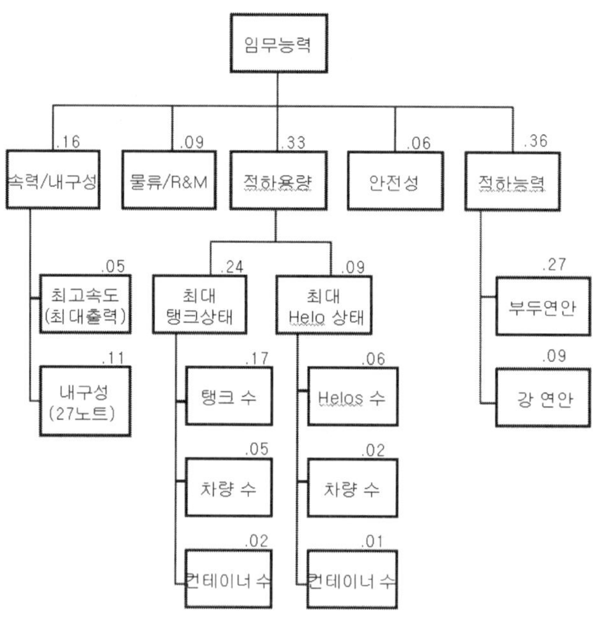

그림 12.4 수송시스템의 임무능력 평가요소별 가중치 사례

Trade Study No. A1		Priorities							
		Baseline		Config. 1		Config. 2		Config. 3	
			Wtd		Wtd		Wtd		Wtd
Criteria	Priorities	Utility	Utility	Utility	Utility	Utility	Utility	Utility	Utility
Pierisde		0.74	0.5	0.37	0.5	0.37	0.5	0.37	0.5	0.37
In-Stream		0.26	0.487	0.1266	0.487	0.1266	0.487	0.1266	0.215	0.0559
Cargo capability	0.36			0.1787		0.1787		0.1787		0.1533
No. of tanks		0.72	0.5	0.36	0.38	0.2736	0.5	0.36	0.5	0.36
No. of vehicles		0.21	0.788	0.164	0.788	0.1654	0.687	0.1442	0.71	0.1491
No. of containers		0.07	0.6	0.042	0.6	0.042	0	0	0	0
No. of containers		0.07	0.6	0.042	0.6	0.042	0	0	0	0
Max tank condition	0.74			0.4199		0.3559		0.3731		0.3757
No. of helos		0.71	0.5	0.355	0.5	0.355	0.5	0.355	0.5	0.355
No. of vehicles		0.22	0.162	0.0356	0.156	0.0343	0.08	0.0176	0.162	0.0356
No. of containers		0.07	0.856	0.0599	0.856	0.0599	0	0	0	0
Max helo condition	0.26			0.1171		0.1168		0.0968		0.1015
Cargo capacity	0.33			0.1772		0.1560		0.1551		0.1578
Speed : max power		0.29	0.49	0.1421	0.49	0.1421	0.49	0.1421	0.49	0.1421
Endurance		0.71	1	0.71	1	0.71	1	0.71	1	0.71
Speed and endurance	0.16			0.1363		0.1363		0.1363		0.1363
Logistics/R&M	0.09		0.5	0.045	0.4	0.036	0.6	0.054	0.6	0.054
Safety	0.06		0.5	0.03	0.5	0.03	0.5	0.03	0.6	0.03
Mission capability				0.5673		0.5371		0.5542		0.5314
Cost (millions)				60		65.72		58.48		58.58
Cost/capability ratio				105.7537		122.3509		105.5156		110.2165

표 12.1 세부 가중치 적용 사례

SL-7 급 변환 절충분석연구 우선순위 조사

당신은 어떠한 임무능력 속성이 임무달성에 더 중요하다고 생각합니까?

임무 속성		임무속성
적하용량	9 - 8 - 7 - 6 - 5 - 4 - 3 - 2 - 1 - 2 - 3 - 4 -⑤- 6 - 7 - 8 - 9	적하능력
적하용량	9 - 8 - 7 - 6 -⑤- 4 - 3 - 2 - 1 - 2 - 3 - 4 - 5 - 6 - 7 - 8 - 9	속력 및 내구성
적하용량	9 - 8 - 7 - 6 - 5 -④- 3 - 2 - 1 - 2 - 3 - 4 - 5 - 6 - 7 - 8 - 9	물류/R&M
적하용량	9 - 8 - 7 - 6 - 5 -④- 3 - 2 - 1 - 2 - 3 - 4 - 5 - 6 - 7 - 8 - 9	안전성
적하능력	9 - 8 - 7 -⑥- 5 - 4 - 3 - 2 - 1 - 2 - 3 - 4 - 5 - 6 - 7 - 8 - 9	속력 및 내구성
적하능력	9 - 8 - 7 -⑥- 5 - 4 - 3 - 2 - 1 - 2 - 3 - 4 - 5 - 6 - 7 - 8 - 9	물류/R&M
적하능력	9 -⑧- 7 - 6 - 5 - 4 - 3 - 2 - 1 - 2 - 3 - 4 - 5 - 6 - 7 - 8 - 9	안전성
속력 및 내구성	9 - 8 -⑦- 6 - 5 - 4 - 3 - 2 - 1 - 2 - 3 - 4 - 5 - 6 - 7 - 8 - 9	물류/R&M
속력 및 내구성	9 -⑧- 7 - 6 - 5 - 4 - 3 - 2 - 1 - 2 - 3 - 4 - 5 - 6 - 7 - 8 - 9	안전성
물류/R&M	9 - 8 - 7 - 6 - 5 - 4 - 3 - 2 -①- 2 - 3 - 4 - 5 - 6 - 7 - 8 - 9	안전성

표 12.2 AHP방법에 의한 요소별 우선순위 평가 사례

의사결정 매트릭스(decision matrix)

각각의 의사결정요소(decision factor)는 요소간의 상대값을 갖는다. 이와 같은 상대값은 각각의 의사결정요소에 대한 가중치 요소를 분명하게 하기 위하여 사용된다. 가중치 요소는 의사결정요소에 우선순위를 매기고, 가중치 요소를 직접 비교한다. 그림 12.3과 유사한 의사결정 매트릭스(decision matrix)는 대안 솔루션의 상대값을 평가하기 위해 적용된다. 그림 12.3에서 거리 2.0, 속도 1.0 그리고 페이로드에 2.5의 가중치가 각각 주어졌다. 각각의 의사결정요소에 대한 효용치는 적절한 가중치가 곱해서 얻을 수 있으며 각각의 대안 솔루션에 대한 가중치는 각 솔루션에 대한 전체 점수를 얻기 위해 더해진다. 가장 높은 점수를 얻은 솔루션이 선호 솔루션이 된다. 표 12.3의 수송분석에서 선호 솔루션은 명확히 수송시스템 3이 된다.

민감도(sensitivity)

표 12.3은 효용곡선 방법에 대한 문제를 나타낸다. 효용곡선 및 가중치 요소는 평가자 사이에서 변경할 수 있는 판단의 정도를 포함한다. 표 12.3은 조합된 세 개의 시스템이 약 3.8임을 보여주고 있다. 이것은 효용곡선 또는 가중치 요소에 따른 약간의 변화가 결과를 바꿀 수 있다는 사실을 나타낸다. 표 12.3에서 민감도 분석(sensitivity analysis)은 효용성과 가중치가 변화함에 따라 솔루션이 어떻게 변화할 수 있는지를 결정하기 위해 수행된다. 이것은 평가자에게 작은

변화에 대한 문제의 민감도를 제거하기 위해 평가기준을 어떻게 조정할 것인가를 결정하는 지침이 된다. 표 12.3 경우의 솔루션은 고객에게 더 좋은 실제값으로 표현하는 재평가 가중치 요소만큼 단순해질 수 있다. 예를 들면, 만약 처음 언급된 것보다 거리가 다소 줄어들고 페이로드의 가치가 좀 더 높아진다면, 수송 시스템 4가 명확하게 선택의 대상이 될 것이다.

의사결정 요소 대안	거리 Wt.=2.0		속도 Wt.=1.0		페이로드 Wt.=2.5		총 가중치
	U	W	U	W	U	W	
수송시스템 1	0.8	1.6	0.7	0.7	0.6	1.5	3.8
수송시스템 2	0.7	1.4	0.9	0.9	0.4	1.0	3.3
수송시스템 3	0.6	1.2	0.7	0.7	0.8	2.0	3.9
수송시스템 4	0.5	1.0	0.5	0.5	0.9	2.25	3.75

표 12.3 의사결정 매트릭스 사례

주의사항

효용곡선 및 가중치 요소를 개발하거나 조정할 때, 고객 및 의사 결정권자와의 의사교환은 필수적이다. 대부분의 민감도 문제는 표 12.3처럼 분명하지 않다. 대안의 총점에 있어 민감도가 명백할 필요는 없다. 연구의 실현 가능성을 확보하기 위해 민감도분석은 항상 방법론적 선택 결과를 검사하는데 사용된다(대부분 의사결정 지원 소프트웨어는 민감도분석 특성을 제공한다).

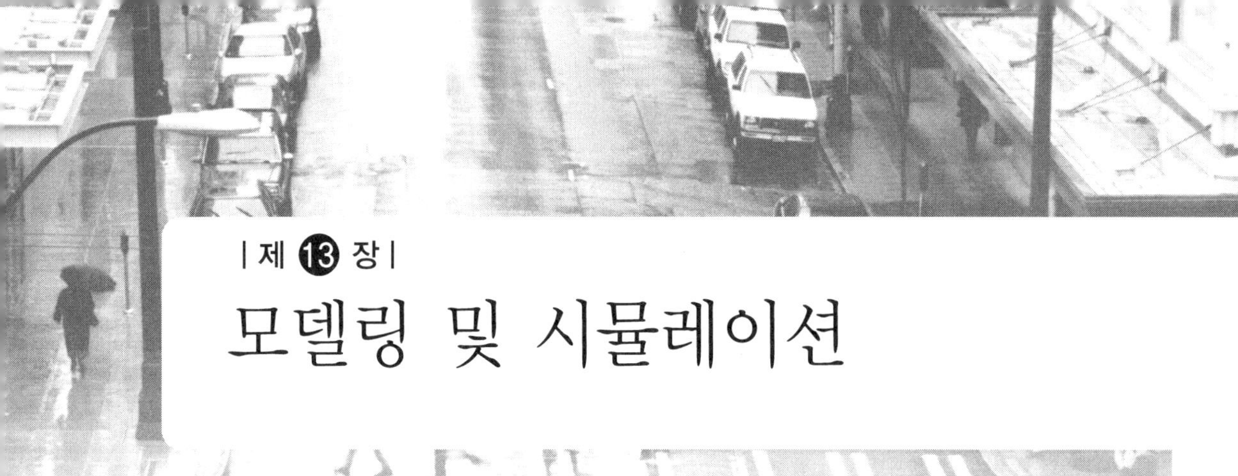

모델링 및 시뮬레이션

13.1 개요

모델은 시스템 속성, 현상, 또는 프로세스의 물리적, 수학적 또는 논리적인 표현이다. 시뮬레이션은 일정 시간에 걸쳐서 모델을 실행시키는 것이다. 시뮬레이션은 모델을 실행시킴으로써, 특정 객체(object)나 현상(phenomenon)이 어떻게 동작하는지를 보여준다. 이것은 모델에 의해 표현되어질 수 있는 개념이나 실제 시스템의 시험, 분석 또는 교육훈련에 유용하다.

모델링 및 시뮬레이션(M&S: Modeling and Simulation)은 시스템분석, 정의 및 주요 기능 스레드의 실현 가능성을 검증하기 위해 기능분석 및 할당 단계에서 사용되며 M&S의 사용은 수명주기 활동의 비용과 위험을 줄일 수 있다. 그림 13.1과 같이 M&S의 이점은 수명주기 전반에 걸쳐 매우 크다.

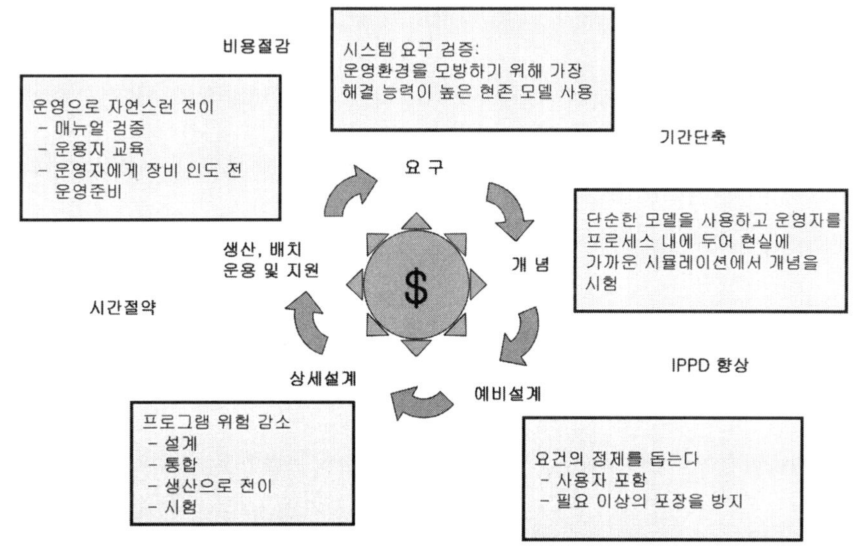

그림 13.1 M&S 이점

13.2 시스템 수명주기 상의 적용

모델링의 사용은 시스템 수명주기의 모든 단계에 적용가능하다. 개념, 설계, 시험결과를 확인하거나, 또는 어떤 점에서 위험을 다루기 위해 사용되던 모델은 필요한 사람에게 경제적 및 시간적 정보를 제공함으로써 시스템엔지니어링 프로세스의 가치를 더해준다.

획득계획

모델과 컴퓨터 시뮬레이션은 획득계획 단계에서 개념 및 솔루션 대안을 비교하기 위해 부각된 문제와 임무를 분석하는데 주로 사용된다. 비용 및 운용효과분석(COEA: Cost and Operational Effectiveness Analyses)과 획득종합계획서(AcquisitionMaster Plan) 등을 작성하는 활동은 시스템 개념 및 대안별 비용과 최대이익을 분석하기 위해 모델링 및 시뮬레이션 방법을 적용하고 있다.

개념개발

M&S는 시스템 개발을 위한 완전한 실행이 이루어지기 전에 시스템 개념을 먼저 확인하기 위해 종종 사용된다. 요구사항 만족, 성능확장, 신뢰성 향상, 비용절감 및 다른 목적을 달성하기 위한 질문이 중점적으로 다루어져야 한다. M&S는 시제품을 만드는 것보다 훨씬 저렴한 가격으로 그 솔루션을 제공한다. 잘 개발된 모델은 직접 시제품으로 변환되거나 또는 시제품을 대신할 수도 있다.

성능예측

시스템의 시뮬레이션 활동은 충족되지 않는 요구사항이나 충족하기 어려운 요구사항을 식별하는데 도움을 준다. 이와 같은 방법에 있어, 가장 필요한 요구사항을 충족시키지 못할 위험이 어디에 존재하고 있는지를 알아내는데 최선을 다해야 한다. 요구사항을 충족시켜나가는 진도를 파악하는 활동은 선정된 성능척도를 지속적으로 예측하면서 기술성능측정(TPM: Technical Performance Measurement)을 추적하고 관리함으로써 이루어진다. 모델은 수명주기 초기에 아이디어와 개념의 변화를 보다 빠르게 적용할 수 있는 유연성을 제공한다.

설계지원

모델과 컴퓨터 시뮬레이션은 하드웨어 또는 소프트웨어의 세부설계를 직접 지원하고 요구사항 개발 및 시스템설계로부터의 전이를 용이하게 한다. 컴퓨터지원 설계, 시뮬레이션에 의한 설계, 그리고 신속시제화(rapid prototyping) 등과 같은 기법은 실제 모델변화가 매우 적은 속성을 지닌 설계로 전환할 수 있는 경우에 사용되는 사례이다. 이 개념은 시스템을 생산으로 전이

시키는 활동이 매우 용이한 레벨까지 확대 적용된다.

시험확인

모델은 시험계획, 출력예측, 시험결과 확인, 재동작, 분석 및 시험결과를 설명하는데 사용된다. 또한 계약이 이루어지고, 실제적으로 시험이 행해지는 경우에 필요하다. 모델은 출력예측, 문제식별, 그리고 사고를 최소화시키기 위해 시험에 포함될 요소를 준비해야 한다. 모델에 의해 지원되는 활동은 야전운용, 초도설계(시제품), 특수시험, 품질자격시험(qualification test) 및 운용 수락시험 등이다.

운용지원

모델은 시스템이 반복되는 가혹한 조건에서 시스템 반응에 대한 독립적 평가와 조사를 통해 운용배치 후 발생하는 운용상의 문제점을 해결하는데 도움을 준다. 만약 시스템이 치명적인 문제를 겪게 된다면, 모델은 이를 진단하고 수리하기 위한 유일한 가용수단으로 사용될 수 있다. 모델은 서비스 기간에 나타난 시스템 향상과 업그레이드를 지원하는데도 사용된다.

13.3 모델링 및 시뮬레이션 종류

모델은 다른 많은 레벨을 통해 개발되며, 충실도, 의도목적, 자원의 형태 및 실행 면에서 차이를 나타낸다. 그림 13.2는 이러한 레벨에 대한 설명과 각각에 대한 잠재적 적용 가능 모델을 나타내고 있다. 이것은 목적과 포함된 인력 및 투자 레벨에 적합한 레벨의 모델을 개발하고 사용하는데 중요한 요소가 된다.

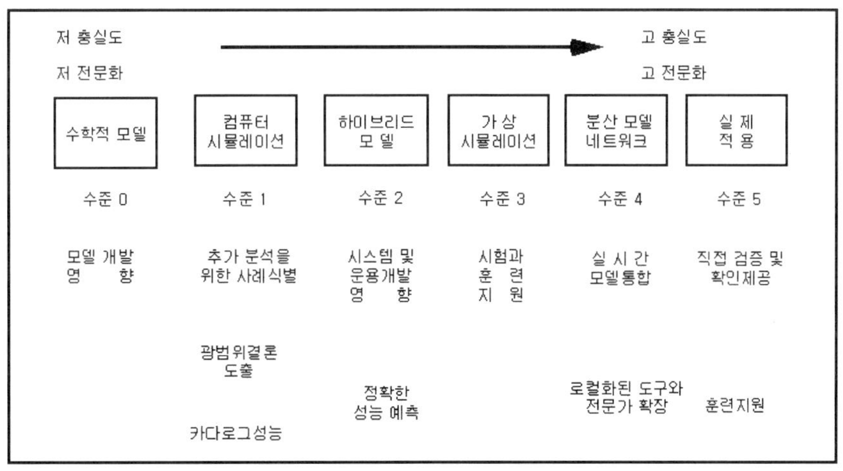

그림 13.2 **사용목적에 따른 다양한 레벨에서의 모델 및 시뮬레이션**

수학적 구조(mathematical constructs)

방정식, 상태매트릭스, 스프레드시트 및 그래프 등은 결정적 형태의 기능 또는 프로세스를 표현하는 수학적 모델의 대표적인 예이다. 수학적 구조는 보편적으로 널리 이해 가능하다. 그러나 이들은 바로 가까이 있는 문제에 대한 개략적인 유사 솔루션을 제공할 뿐이다. 만일 모델링 프로세스가 통계적으로 랜덤하거나 지나치게 복잡하다면, 수학적 구조는 실패하기 쉽다. 최소한, 이는 주요 요소를 이해하고 문제를 접근하는데 있어 매우 좋은 초기자료를 제공한다.

컴퓨터 또는 구조적 시뮬레이션(computer or constructive simulations)

너무 복잡해서 결정적 표현이 어려운 시스템의 거동을 연구할 필요가 있을 때, 컴퓨터 또는 구조적 시뮬레이션기법은 가장 경제적인 접근방식이다. 컴퓨터 프로그램은 어떤 경계 영역 내에서 시스템의 거동을 근사화한 수학적 및 논리적 프로세스를 포함하도록 설계될 수 있다. 프로그램은 적기에, 프로세스 입력으로 운영될 수 있으며, 실제 시스템에 대해 기대되는 유사한 방법으로 외부 영향을 구현하여 적용할 수도 있다. 컴퓨터(구조적) 시뮬레이션은 여러 레벨(단순 모방 최상위레벨)에서 존재할 수 있지만 일반적으로 실제 시스템의 단순화된 대안으로 표현된다.

컴퓨터(구조적) 시뮬레이션은 모든 주요 시스템엔지니어링 업무와 활동의 중요한 산출물이다. 시스템엔지니어의 특별한 관심 대상은 CAE(Computer-Aided Engineering) 도구들이다. 컴퓨터지원 도구들은 시스템설계 초반에 시스템요구사항에 대한 보다 심도있고 완전한 분석을 가능하게 한다. 컴퓨터지원 도구는 동시에 여러 객체에 빠르게 데이터를 보낼 수 있으며, 설계 변경을 신속하게 취합하고 배포할 수 있기 때문에 보다 향상된 의사소통을 가능하게 한다. 주요 컴퓨터지원 도구로는 CAD, CAE, CAM 그리고 CASE(Computer Aided Systems Engineering) 등이 있다.

시스템/시뮬레이션 하이브리드(system/simulation hybrids)

분석과 측정의 정확도가 매우 중요시되지만 광범위한 시험과 실험에 사용할 수 있는 시스템이 없을 때, 시스템/시뮬레이션 하이브리드의 사용이 적합하다. 하이브리드라는 용어가 의미하듯이, 이런 방식에 의한 전체시스템의 실질적 시스템 거동을 결정하기 위하여 모델은 요소(예를 들면, 하드웨어, 소프트웨어, 데이터)를 시뮬레이션되는 다른 부분과 통합한다. "hardware-in-the-loop", "computer-in-the-loop" 그리고 "realistic-data-insertion"과 같은 용어는 하이브리드 접근방법의 사용을 가능하게 하는 모델 구성을 나타낸다. 얻어진 결과는 순수한 시뮬레이션보다 정확하고 실제적이면서도, 실제 시스템을 현장에 투입하는 경우를 요구하지 않는다.

가상시뮬레이션(virtual simulations)

최근 메모리용량, 처리속도, 처리량의 급격한 증가에 따라 믿기 어려울 정도로 상세하고 정확하게 실시간적으로 프로세스나 상황에 대한 모의가 가능해졌다. 가상현실(virtual reality)과 운용시뮬레이터는 거동을 모방하는 레벨의 모델링을 가능케 한다. 가상시뮬레이션은 인간을 순환되는 루프 안(human-in-the loop)에 둔다. 시스템의 운용자 물리인터페이스가 똑같이 복제되며, 모의시스템(simulated system)이 실시스템처럼 수행되도록 만들어진다. 마치 실물처럼 보이고, 느껴지며, 작동하는 환경을 만든다. 보다 발전된 가상 시뮬레이션은 사람이 컴퓨터로 구현된 실제와 같은 환경에서 작동하는 가상적 실물모형(mock-up)과의 인터페이스가 가능하다. 가상시제품은 물리적 시제품과도 비교할 정도의 기능적 현실성을 지닌 시스템 또는 하부시스템의 컴퓨터기반 시뮬레이션이다.

분산모델 네트워크(distributed model network)

모델 자체가 복합시스템이기 때문에, 회사조직은 원거리와 문화적 차이를 통합할 수 있는 특수한 능력을 개발해야한다. 컴퓨터 네트워크 기술성장을 기반으로 한 비교적 새로운 개념으로서 모델 네트워크는 이전 보다 현실적으로 시스템을 표현하기 위해 많은 전문모델 통합에 의해 잠재력을 제공한다. 물론, 모델 상호간의 많은 일치성과 기존모델을 함께 적용하는 엄청난 일이 요구된다. 그러나 독자모델에 중요한 성능향상을 할 수 있는 잠재력이 있다. 아이디어를 확대시킴으로써, 아직 개발하지 못한 매우 복잡한 실제적용(live exercises) 시스템의 거동을 정확하게 표현하기 위해 원격 배치되어 있는 다중 시뮬레이션 기법으로 실시간 데이터를 기록하고 재동작시킬 수 있다.

실제연습(live exercise)

모델의 최종단계에서는 시뮬레이션 시나리오로부터 변환된 실시스템(real system)을 고려하게 된다. 시뮬레이션 시나리오는 자극과 다가올 상황이 아직까지 잘 알려지지 않은 실제 사용단계와는 아직도 거리가 멀다. 실제연습은 실제 환경에서 실제 사람이 실제 시스템을 직접 모의운용하는 것이다. 이러한 의도는 실제와 같은 운용 상황을 만들기 위해 어떠한 조건과 환경을 본뜬 운용시나리오 중에 운용자를 포함한 시스템을 놓는 것이다. 실제연습은 함대 교육훈련부터 사격훈련까지 많은 예를 들 수 있다.

결과적으로 실제연습은 구조적 시뮬레이션과 가상시뮬레이션을 검증하기 위해 반드시 수행되어져야 한다. 그러나 보통 실제연습은 비용이 많이 들고 프로그램을 위해 선택된 유형별 시뮬레이션간의 균형을 위해 절충연구가 수행되어야 한다.

13.4 모델개발

모델은 도달 가능한 방법으로 개발되어야 하며 복잡한 시스템은 반복적인 시스템엔지니어링 접근방법에 따라 개발된다. 모델 구축을 시도하기 전에 모델 영역, 목적, 사용자, 미래 적용 및 확장을 결정하기 위한 노력을 해야 한다. 프로세스는 반복적이다. 이것은 수정되고 보완되는 것을 의미하며, 어떤 경우에 있어서는 이러한 요구를 위해 매우 상세하게 나타내어야 한다. 그림 13.3은 이러한 반복적인 프로세스를 나타낸다.

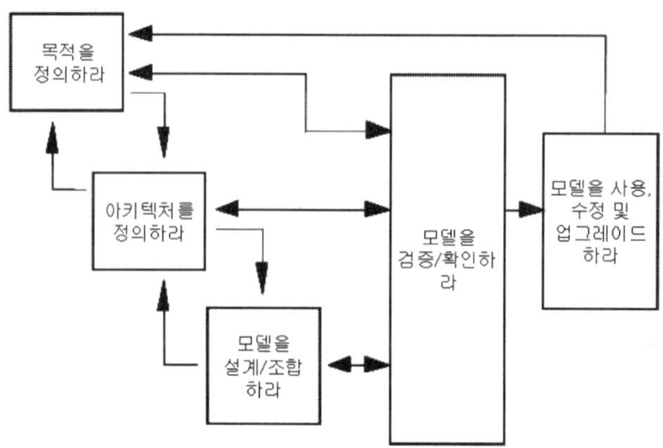

그림 13.3 반복적인 모델엔지니어링 접근방법

목적 정의

모든 모델 개발자에게 가장 중요한 단계는 해결하고자 노력하는 문제에 대한 접근방법과 모델이 하고자 하는 기대가 무엇인지를 간결하게 설명하는 것이다. 이것은 가용입력, 기대출력, 요구 작동시간, 필수기능, 사용자 관점의 요구사항, 그리고 기대되는 충실도 단계에 대한 정의를 포함한다. 목적 목록은 또한 사용언어와 플랫폼을 정의하여야 한다.

아키텍처 정의

시스템에 있어서 모델아키텍처는 주 기능, 모듈분할, 내부인터페이스, 외부인터페이스(사용자 인터페이스를 포함한) 및 데이터구축을 포함하기 위해 정의된다. 이미 정의되지 않았다면, 아키텍처 정의와 함께 컴퓨터 수행도구(즉, 언어, 기계형태, 운영시스템 등)를 포함시켜야 한다. 아키텍처가 개발됨에 따라 목적에 대한 정의가 정제된다. 어떤 목적은 실질적으로 실행이 가능하지 않을 수 있는 반면, 또 다른 목적은 기대보다 수행이 용이하기 때문에 확장될 수도 있다. 아키텍처정의는 아키텍처가 목적을 충족시키고 이들 목적이 모델의 전반적인 요구에 적합하다고 생각될 때 합리적으로 완성된다.

설계 및 조합

일단 목적과 그 목적을 충족시킬 수 있는 아키텍처가 잘 정의되었다면, 모델구축 단계가 시작된다. 일반적으로 이 단계는 소프트웨어 코드작성을 포함할 수 있지만, 컴퓨터 인터페이스, 데이터획득, 또는 모델 아키텍처의 수행에 적합한 장비를 지닌 실험실 환경조건 등을 또한 포함할 수 있다. 어떠한 경우, 이 단계는 정의된 아키텍처와 제공된 모델설계에 기반을 두고 있다. 다른 단계에서, 설계와 조합은 초기단계의 정제활동을 포함할 수 있다. 설계와 조합은 목적이 결정될 때 설정된 성공판단기준에 대해 모델이 합리적으로 시험 가능한 형태일 때 완성된다.

검증 및 확인

검증(verification)은 모델이 무엇을 하기 위해 설계되었는지에 대한 확정(confirmation)이다. 확인(validation)은 모델의 소요(needs)에 적절한 모델 목적, 아키텍처, 설계 및 운용에 대한 수락(acceptance)을 나타낸다. 검증은 (이론적인 경우) 알려진 결과에 대한 시험, 품질자격시험(모델의 한계에 대한 조사와 경계를 벗어난 데이터 반응에 대한 시험), 그리고 다른 유사한 모델에 대한 벤치마킹을 포함해야하며 확인은 초기에 정의된 목적에 대한 모델의 성공 여부를 판단해야 한다. 아직 하지 않았다면, 모델 사용자는 최종 수락을 준비하기 위해 확인과정을 성공적으로 수행해야 한다.

수정 및 업그레이드

모델의 실제 가치는 원래 의도하지 않았던 문제를 적용하는 능력에 달려 있다. 모델의 모듈성, 운송성, 그리고 유연성은 새로운 목적에 맞도록 모델을 수정하기 위하여 얼마나 많은 노력이 요구되는지를 결정한다. 대부분 모델은 이전 모델로부터 어느 정도 도출된다.

13.5 검증, 확인 및 인증

모델 또는 시뮬레이션을 어떻게 신뢰할 수 있을까? 공식적인 검증(verification), 확인(validation) 및 인증(accreditation)을 통해 M&S에 확신을 갖게 된다. VV&A (Verification, Validation & Accreditation)는 보통 소프트웨어를 식별하는데 사용되지만, 기본 개념은 하드웨어에도 적용된다. VV&A는 특별히 다음과 같은 경우에 필요하다.

- 복잡하고 결정적인 상호운용성이 표현되고 있을 때
- 재사용을 하고자 할 때
- 생명의 안전성과 중요한 자원이 포함될 때

이들 용어에 대해 간단히 비교해 살펴보면;

- 검증(Verification)은 모델구현이 개발자의 개념설명서와 정해진 규격서에 맞게 이루어졌는지를 결정하는 프로세스이다.
- 확인(Validation)은 평가를 통해 얻어지는 신뢰 수준 설정 그리고 모델의 의도된 운용 관점으로부터 실제 모델의 정확성에 대한 방식과 정도를 결정하는 프로세스이다.
- 인증(Accreditation)은 모델이나 시뮬레이션이 특정목적의 사용에 적합하다는 공식적인 증명이다. 인증은 평가 중인 모델이나 시뮬레이션의 수용 가능성을 판단할 수 있는 조직에 의해 부여된다. 조직은 목적에 따라 운용 사용자, 사업부서, 또는 계약업체가 될 수 있다.

검증 및 확인 기능

시스템 검증(verification)과 확인(validation) 활동은 매우 유사하지만, 다른 문제점에 역점을 두어 다루어진다. 검증은 시스템, 요소, 인터페이스 그리고 점증적인 작업제품이 그들의 요구사항을 만족하는지에 역점을 둔다. 확인은 만들어진 (또는 만들어질) 시스템이 사용자 요구를 만족시키는 지를 확인한다. 검증은 요구사항에 일치하도록 하며, 확인은 시스템 구현이 고객의 문제에 대한 올바른 솔루션을 제공하도록 보장한다(ANSI/EIA-731). 달리 말하면, 검증은 올바르게 만들도록(you built it right) 보장하는 반면, 확인은 올바른 것을 만들도록(you built the right thing) 보장한다.

검증은 진화하는 시스템 솔루션 (사람, 제품 그리고 프로세스)의 진도와 효과도를 평가하고 요구사항의 이행(compliance)을 측정하기 위해 수행되는 업무(tasks), 행동(actions) 및 활동(activities)이다. (시뮬레이션, 시연, 시험과 검사를 포함한) 분석은 위험, 사람, 제품 그리고 프로세스 성능, 요구사항의 이행 및 개념 증명을 평가하기 위하여 사용되는 검증 접근방법이다.

하드웨어와 소프트웨어는 시스템 통합레벨에서 확인된다. 이것은 소프트웨어와 하드웨어 검증프로세스 이후 단계이다. 확인은 가능한 한도까지 임무형태의 하드웨어를 활용하여 요구사항에 대한 설계를 확인하는 것으로 해석된다. 확인은 종종 개발자와 고객이 아닌 제3자에 의해서 수행되기도 한다. 확인은 운용환경 또는 가상 운용환경에서 수행될 수 있다. 때때로 사용되는 확인 형식은 "요구사항확인(requirements validation)"으로 불리어 진다. 이것은 요구사항이 의도된 환경 하에서 고객 또는 시스템 사용자를 만족시키는 방향으로 개발프로세스를 유도하기 위해 올바른 요구사항이라는 것을 초기에 보증하기 위해 수행된다.

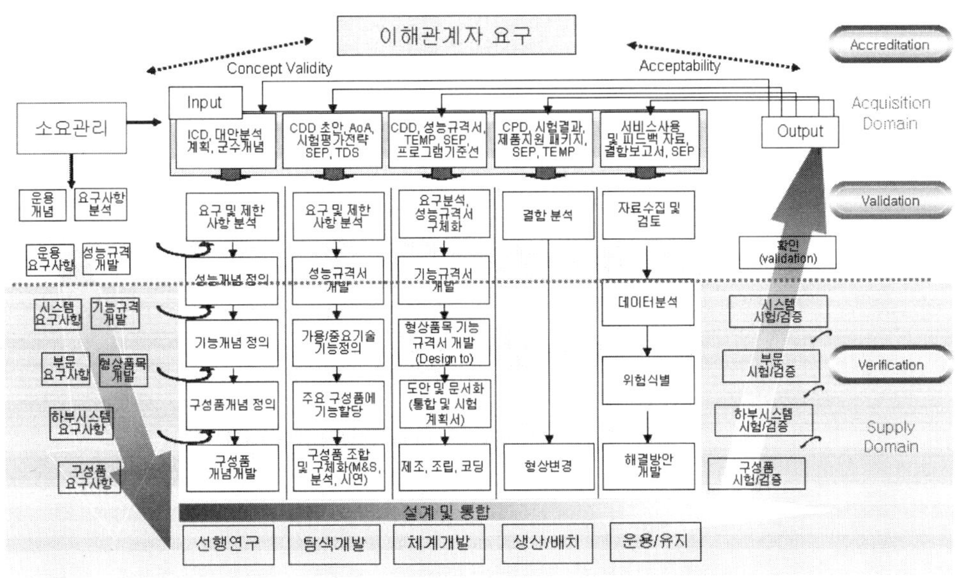

그림 13.4 **획득프로세스 상에서의 VV&A 적용**

VV&A의 적용기간

VV&A는 초기 제품개발과 사용에 적용된다. 이 프로세스는 DoD의 모든 시뮬레이션에 요구되며, 기존의 M&S에 주요 업그레이드나 수정(modification)이 있을 때마다 다시 수행해야 한다. 부가적으로 모델이나 시뮬레이션이 증명 방법이나 고유 영역에서 어긋날 때마다 VV&A는 반드시 재수행해야 한다. 반면에 인증은 인증기관에 의해 폐지되지 않는 한 즉, 사용자나 시뮬레이션 내용이 변하지 않는 한 특정 적용에 대해 지속적으로 유효하다.

13.6 요점

- M&S는 제품과 프로세스의 가상적 복제를 제공하고 쉽게 이용 가능하며, 운용상 유효한 환경에서 그와 같은 제품 또는 프로세스를 나타낸다.
- M&S는 시스템엔지니어링 활동의 지원 속에 시스템 수명주기를 통해 적용된다.
- 모델링은 시스템의 수명주기에 걸쳐 적용된다. 모델은 성능예측, 설계지원 및 위험감소를 위해 시스템이 개발되기 전에 사용된다.
- 모델의 개발과 사용은 그들이 의도하는 목적과 사용자 환경에 일치하는 지를 확인하기 위해 시스템 접근방법을 포함해야 한다.
- 공식적인 VV&A를 통해 M&S에 확신을 갖는다.

14.1 관리 측정기준

측정기준(metrics)은 시간에 따른 측정량의 변화를 관찰함으로써 전반적인 상태와 프로젝트 진행사항을 결정하기 위한 목적으로 설정된 정량적 요구사항이다. 기술활동 관리는 측정기준의 세 가지 기본 유형의 사용이 요구된다.

- 제품개발을 추적하는 제품측정기준(product metrics)
- 계획된 일정과 비용의 일치성을 추적하는 획득가치(earned value)
- 관리활동을 추적하는 관리프로세스 측정기준(management process metrics)

주기적인 보고시스템을 통해 달성되는 측정, 평가 및 통제는 측정기준이 적절히 측정 평가되고, 결과 데이터를 분배하기 위하여 계획, 수립 및 감시되어야 한다.

제품측정기준(product metrics)

제품측정기준은 고객 요구사항을 충족시키는 방향으로 진도를 관찰하기 위하여 주요 설계속성을 추적하는 것이다. 제품측정기준은 다음과 같은 세 가지 유형의 요구사항을 반영한다; 운용성능(operational performance), 수명주기 적합성(suitability), 그리고 여유성(affordability). 시스템엔지니어링 측정기준의 핵심은 기술성능측정(TPMs: Technical Performance Measurements)이다. TPMs는 고객 성능요구사항을 충족시키는 방향으로 설계 진행을 추적하는 제품측정기준이다. TPMs는 설계활동에서 운용요구사항의 추적성을 직접 지원하기 때문에 시스템엔지니어링 프로세스와 밀접한 관계가 있다. 이것은 시스템요구사항을 반영한 성능척도(MOPs: Measures of Performance)로부터 도출되며 MOPs는 운용성능요구사항을 반영한 효과도척도(MOEs: Measures of Effectiveness)로부터 얻어진다.

측정기준은 정량적으로 측정할 수 있는 데이터에 적용된다. 설계에 있어서 만약, 형상품목 레벨에서 측정할 수 있다면 측정기준 데이터의 유용성(usefulness)은 더 커질 것이다. 예를 들면 무게는 업무분해구조(WBS: Work Breakdown Structure)의 모든 단계에서 추정될 수 있다. 비록 속도가 매우 중요한 운용파라미터이지만 WBS를 통해 하향 할당할 수는 없다.속도는 분석과 시뮬레이션을 제외하고는 통합제품이 가용할 때까지 측정할 수 없다. 무게는 속도라는 목적을 달성하기에 중요한 요소이고 시스템이 개발되는 모든 단계에서 다양하게 측정될 수 있기 때문에 무게는 측정기준으로서 최선의 선택이다. 무게는 속도에 직접적인 영향을 주며 운용요구사항을 추적한다. 그러나 더욱 중요한 것은 무게가 WBS를 통해 할당되고, 무게 목표를 달성하기 위한 방향으로의 진행이 제품개발 동안 추적된다는 것이다.

효과도척도 및 적합성척도(MOEs/MOSs)

효과도척도(MOEs: Measure of Effectiveness)와 적합성척도(MOSs: Measure of Suitability)는 운용결과의 척도로 운용상의 효과도와 적합성을 측정하는 것이다. 이것은 시스템레벨에서의 임무목적을 충족시키기 위하여 핵심성능요구사항을 식별하고, 운용요구서(ORD: Operational Requirement Document)에 중요한 운용요구(operational needs)를 반영한다.

운용 효과도는 전체 운용환경을 고려하여 성공적인 임무를 달성하기 위한 전반적인 시스템 능력이다. 예를 들면, 무기체계 효과도는 운용자 조직, 교리, 전술, 생존성, 취약성, 위협 특성과 같은 환경적 요소를 고려해야 한다. 반면에 적합성척도는 시스템이 운용환경과 잘 통합되는지에 대한 정도를 측정하고, 지원성, 인간인터페이스 호환성 및 정비성 등과 같은 이슈를 고려한다.

성능척도(Measures of Performance)

성능척도(MOPs: Measures of Performance)는 임무나 기능 수행과 관련된 물리적 또는 기능적 특성을 나타낸다. MOPs는 MOEs와 MOSs로부터 직접 도출된 기술 또는 성능요구사항을 정량화한다. MOPs는 MOEs 또는 MOSs의 변화를 MOP 변화와 연관시킬 수 있도록 이와 같은 척도와 결부시켜야 한다. 또한 MOPs는 시스템규격서 상의 주요 성능요구사항을 반영해야 한다. MOPs는 설계활동과 프로세스 개발의 기반이 될 성능요구사항을 도출, 개발, 지원하고 입증하는데 사용된다. MOPs는 또한 TPMs를 통해 추적되어질 핵심기술파라미터를 식별한다.

기술성능측정(technical performance measurements)

기술성능측정(TPMs: Technical Performance Measurements)은 MOPs로부터 직접 도출되고, 주기적인 검사와 통제 관점에서 중요하게 선택된다. TPMs는 설계진행과 WBS 내의 요구사항이 잘 적용되도록 돕고 기술위험의 감시와 추적을 보조한다. TPMs는 결함 회복을 위한 요구사항을 식별하고, 비용-성능 민감도 평가를 지원하기 위한 정보를 제공한다. TPMs는 거리, 정확성, 무게, 크기, 가용성, 출력, 요구전력, 처리시간, 그리고 시스템운용요구사항과 직접 관련된 다른 제품특성을 포함한다. 표 14.1은 TPMs의 사례를 나타낸다.

기술성능척도 (TPM)	정량적 요구사항 (metric)	현 "벤치마킹" (완료시스템)	상대적 중요도 (고객 요구)
처리시간(days)	30 days(최대)	45 days(시스템 "M")	10
속도(mph)	100 mph(최소)	115 mph(시스템 "B")	32
가용도(운용)	98.5%(최소)	98.9% (시스템 "H")	21
크기(ft)	길이 10 ft 폭　　6 ft 높이　4 ft (최대)	길이 9 ft 폭　　8 ft 높이 4 ft (시스템 "M")	17
인적요소	연간 1% 오차율 이하	연간 2% (시스템 "B")	5
무게(pounds)	600 pounds(최대)	650 pounds (시스템 "H")	6
정비도(MTBM)	300 miles(최소)	275 miles (시스템 "H")	9
			100%

표 14.1 TPMs 사례

주 : 기술성능척도(TPMs: Technical performance Measures)는 기술성능측정(TPMs: Technical Performance Measurements) 활동 내의 하나의 척도로서 사용되고 있다.

　일반적으로 WBS 요소를 추적할 수 있는 TPMs가 선호되며 이를 통해 전체 시스템뿐만 아니라 시스템 내의 요소도 감시할 수 있다. 필요한 TPMs는 시스템 또는 하부시스템으로 제한된다. 예를 들면, 어떤 엔진의 상세한 연료소모량은 엔진을 개발하는 동안 필요한 TPMs가 될 수 있으나, 연료소모량은 모든 WBS에 할당되어질 수 없다. 연료소모량은 전반적인 엔진성능을 반영하는 하나의 데이터 항목으로 보고된다. 즉, TPMs는 제품품질에 미치는 영향이 커야하고, 계약 당사자 간에 측정 가능한 요소이어야 한다. 이러한 경우 측정기준은 설계 접근방법이 요구되는 성능과 일치되는지를 나타낸다. 그러나 설계목표를 충족시키는 방향으로 진행되는 것을 나타내기 위한 프로세스의 초기 경고장치로는 유용하지 않다. TPMs에 대한 자세한 내용은 부록A에서 설명되어 진다.

　기술성능측정은 다음 항목에 역점을 두고 수행되어야 한다.

- 핵심파라미터의 식별
- SEMS/SEDS에 대한 파라미터 관련성
- 파라미터 계획일자
- TPM 추적과 통제

측정기준 사례

MOE : 차량은 서울부터 부산까지 한 개의 연료탱크로 왕복 운행할 수 있어야 한다.

MOP : 차량은 1,000 마일 이상 운행해야 한다.

TPM : 연료소모율, 차량무게, 연료탱크 크기, 항력, 마찰력 등

적합성 측정기준

운용적합성(operational suitability)과 다른 수명주기와 관련된 측정기준을 추적하는 것은 통합 설계로 진행되는 것을 감시하기에 적절하다. 운용적합성은 가용성, 호환성, 운송성, 상호 운용성, 신뢰성, 사용율, 정비성, 안전성, 인적요소, 문서, 교육훈련, 인력, 지원성, 물류, 그리고 환경적 영향을 고려하여 시스템이 필드 사용에서 만족스러운 정도를 나타낸다. 이런 적합성 파라미터는 운용상 시스템에 적합한 방향으로의 진행을 나타내는 제품측정기준(product metrics)을 생성할 수 있다. 예를 들면, 설계상 자동화 레벨을 지시하는 요소는 인력량과 질적 요구사항을 달성하는 방향으로 진도를 반영해야 한다. TPMs와 적합성 제품측정기준은 대략 일치한다. 예를 들면, 고장평균시간(MTBF: Mean Time Between Failure)은 효과도와 적합성을 반영할 수 있다.

적합성 측정기준은 또한 생산성, 시험성, 설계 단순도, 그리고 설계 강건성(robustness) 등의 성능향상을 나타내는 측정을 포함한다. 예를 들면, 부품, 유사부품 및 마모부품의 수량에 대한 추적은 생산성, 정비성 및 설계 단순도의 지표가 된다.

제품 여유성(product affordability) 측정기준

추정된 단위 생산비용은 현 설계에 기반을 둔 각각의 형상품목 요소 보고로 TPM 접근방법과 유사한 방법의 설계활동 동안 추적된다. 이러한 추정은 하부시스템과 시스템 비용추정을 제공하기 위하여 상위레벨 WBS에서 연결된다. 이것은 단위 생산비용의 운용상 공학적 추정, 설계 대 비용목표의 일치성 추적, 그리고 생산비용과 관련된 설계문제를 분리시키는 방법을 제공한다.

수명주기 여유성은 특정 시스템의 수명주기 비용산정 파라미터 내에서 중요한 요소를 통해 추적된다. 예를 들면, 대부분 운송시스템의 수명주기 비용을 반영한 2개의 요소는 연료소모량과 무게이며, 이 2가지 모두가 추적할 수 있는 측정기준이다.

시기(timing)

제품측정기준은 설계 프로세스와 직접적으로 관련이 있다. 측정기준 식별에 대한 계획, 보고 그리고 분석계획은 개념탐색 단계의 최초 계획으로부터 시작된다. 최초의 시스템엔지니어링 계획은 관리접근방법, 측정 및 추적될 성능 또는 특성, 이와 같은 성능 또는 특성에 대한 예상값을 정의하고 평가시기를 결심하며 그리고 평가대상을 설정해야 한다.

수행은 기능베이스라인의 개발로부터 시작된다. 이 기간 동안 시스템엔지니어링계획은 핵심기술파라미터, 허용 오차폭과 한계치를 지닌 시간관점 계획프로필, 계획프로필의 달성을 위한 검토, 감사, 종속이벤트 그리고 추정법을 식별한다. 설계활동, 즉 기능베이스라인부터 제품베이스라인까지의 기간 동안 계획은 시스템엔지니어링 프로세스에 의해 수행되고, 지속적으로 업데이트된다. 수행을 지원하기 위한 계약서에는 측정, 분석 및 보고를 준비하기 위한 계약업체준비가 포함된다. 제품측정기준 추적을 위한 요구는 보통 제품베이스라인의 설정과 동시에 생산단계에서 끝난다.

제품측정기준에 대한 DoD 및 산업 정책

분석 및 통제 활동은 기술개발/설계, 계획 대 실제 그리고 시스템의 요구사항 충족 범위를 측정하기 위한 성능측정기준을 포함한다(DoD Defense Acquisition Guidance).

제품측정기준 수행활동은 기술파라미터의 지정된 값을 만족시키기 위해 TPM을 설정하고 수행한다. 이것은 시스템 능력에 영향을 미치는 결함을 식별하기 위하여 진화된 솔루션의 적합성을 평가하기 위한 것이다(EIA/IS 632 Section 3).

제품측정기준 수행활동은 시스템 성능의 핵심지표인 기술성능척도를 식별한다. 만약, 프로젝트가 비용, 일정, 또는 성능 위험을 충족하지 않는다면, 이 활동은 핵심 MOP로 한정되어야 한다(IEEE 1220 Section 6).

14.2 획득가치

비용과 일정 성과를 정확하게 측정하는 가장 좋은 방법 중의 하나는 획득가치기법(earned value technique)을 사용하는 것이다. 획득가치(earned value)는 프로젝트 베이스라인에 대한 시스템 개발비용과 일정 프로세스를 추적하기 위해 비용-성능 측정기준을 사용하는 측정기준 보고시스템이다. 획득가치는 "큰 그림(big picture)" 접근방법이고 성능, 비용 그리고 일정과의 관계를 통합한다. 미 국방부는 비용/일정 통제시스템기준(C/SCSC: Cost/Schedule Control System Criteria)으로 정형화된 방식의 획득가치시스템을 제도화 하고 있으며 1999년 8월 미 국방부가 국방획득을 위해 획득가치 측정시스템(EVMS: Earned Value

Measurement System) ANSI 표준(ANSI/ EIA-748)을 채택한 사실에 주목해야 한다. 표준 채택은 미 국방부가 현 C/SCSC를 ANSI 표준지침으로 대체할 것이라는 것을 의미한다. ANSI 표준에 EVMS를 사용하는 회사는 서로 다른 정부요구사항을 충족시키기 위한 다른 노력을 할 필요가 없다.

EVM이 훌륭한 프로젝트관리 도구인 반면, 수행하는데 종종 많은 비용이 드는 단점을 지니고 있다. 요구되는 정형화 절차에 비용이 많이 든다. 그러나 획득가치시스템을 수행하는데 있어 고비용화가 되어서는 안 된다. 정형화된 EVM 시스템은 미 국방부의 대형 프로그램에서 요구된다. 그러나 미 국방부 조직이 아닌 타 기관에 의해 수행되는 소형 프로그램에서는 비공식적으로 사용될 수 있다.

EVM의 기본개념은 기간에 대해 프로젝트 상 완료된 작업에 대한 획득가치를 수립하는 것이다. 획득가치는 '수행작업 예산비용(BCWP: Budgeted Cost of Work Performed)'이라고 불리어진다. 이것은 비용($)과 일정(기일) 측면에서의 일정편차(schedule variance)를 결정하기 위하여 계획된 노력(기일)과 비교된다. 계획된 노력은 '계획일정 예산비용(BCWS: Budgeted Cost of Work Scheduled)'으로 불리어 진다. 일정편차는 다음과 같이 계산된다.

$$SV = BCWP - BCWS$$

여기서, SV가 음(-)의 값을 가질 때는 "일정보다 늦은" 상태를 나타낸다. SV는 달러로 계산되지만, BCWP 대 시간(기일)의 그림을 참고하여 기일로 변환시킬 수 있다. 일정성과지수(SPI: Schedule Performance Index)인 BCWP/BCWS는 실제 성과효율을 나타내는 좋은 표기이다. SPI<1은 측정요소에 대해 일정보다 늦어진 상태를 나타낸다.

BCWP는 다음식과 같은, 비용편차(CV: Cost Variance)를 산출하기 위한 수행작업 실비용(ACWP: Actual Cost of Work Performed)과 비교된다.

$$CV = BCWP - ACWP$$

여기서, (-)의 CV는 달러로 나타낸 일정의 비용초과를 나타낸다. CPI (=BCWP/ACWP)는 실 비용효율을 나타내는 좋은 지표이다. CPI<1는 측정요소의 초과상태를 나타낸다.

완료비용 예측가능성에 대한 산업표준 측정기준은 "목표완료 성과지수(TCPI: To Complete Performance Index)"로서 나타낸다. TCPI는 해당 작업(ETC: Estimate to Complete) 또는 완료추정(EAC: Estimate at Complete) – ACWP)을 수행하는데 요구되는 자금조달에 대한 잔여작업의 비율(예산-EV)이다. 정확한 ETC 상태에서, TCPI〉CPI는 프로그램이 경험해왔던 것보다 잔여작업이 높은 생산성 수준에서 수행될 것이라는 것을 나타낸다. 역으로, TCPI〈CPI 는 EAC를 충족시키기 위하여, 잔여작업에 대해 저생산성이 가정되어 있음을 나타낸다.

만일 TCPI에 의해 계획된 생산성 수준이 비현실적이라면 EAC의 실현가능성은 문제점을 갖게 된다.

TCPI = 잔여작업/요구되는 자금조달
TCPI = (BAC–BCWP)/((EAC–ACWP)

일정시간에 따른 이러한 파라미터들의 상호관계를 그림 14.1에 나타냈다.

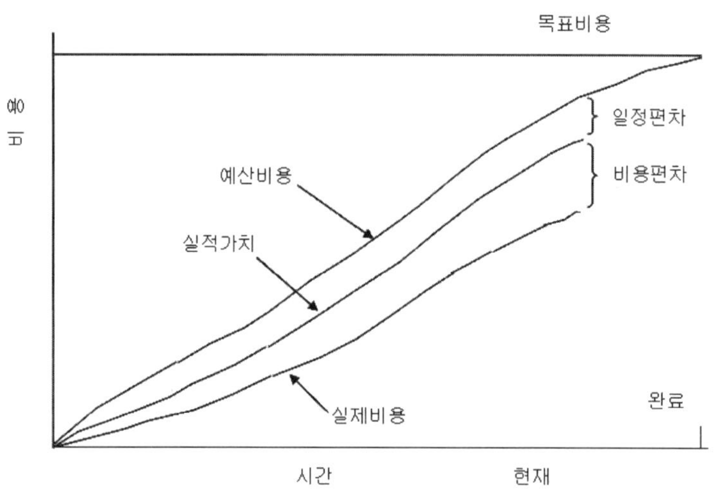

그림 14.1 C/SCSC의 비용 및 일정편차

14.3 프로세스 측정기준

관리프로세스 측정기준은 시스템을 개발, 제조 및 출시 프로세스를 추적하기 위해 행하는 측정이다. 그것은 잠재적 요소의 넓은 범위를 포함하고 선택은 독자적인 프로그램이다. 관리프로세스 측정기준은 자원 가용성, 활동 시간율, 완성된 항목, 완성율, 그리고 고객 또는 팀 만족과 같은 요소를 측정한다. 이와 같은 요소들의 예는, 숙련된 탑승인원수, 정기적 ECPs를 인정/무시하기 위한 평균시간, 코드의 개략적 설명 또는 도면 공개, 월단위 ECPs 분석, 팀 위험정의 또는 피드백평가이다. 적절한 측정기준의 선택은 중요 관리활동의 추적을 통해 이루어진다. 측정기준의 선택은 시스템엔지니어링 계획프로세스의 일부분이다.

측정기준은 얼마나 많은가?

측정기준의 수량과 정도의 선택은 위험과 비용 사이의 균형을 찾기 위한 계획기능이다. 이것은 시스템 복잡성, 조직 복잡성, 보고주기, 계약업체 수, 사업부서의 크기와 구성, 계약업체의 과거 실적, 정치적 가시성과 계약형태와 같은 많은 고려사항에 달려 있다.

14.4 요점

- 기술활동의 관리는 세 가지 기본 형태의 측정기준 사용을 요구한다. 제품개발을 추적하는 제품측정기준, 계획된 일정과 비용의 일치성을 추적하는 획득가치, 관리활동을 추적하는 관리프로세스 측정기준.

- 측정기준의 측정, 평가 및 통제는 측정기준이 적절하게 측정되고, 평가되도록 보증하기 위하여 계획되고 수립되며 그리고 감시되는 정기적인 보고시스템을 통해 수행된다.

- TPMs는 주요기술파라미터의 측정을 통해 진행을 추적하는 제품측정기준에 기반을 둔 성능이다. TPMs는 운용요구사항을 측정 가능한 설계특성과 연결하고 TPMs활동이 요구사항을 어떻게 잘 충족시키는지에 대한 평가를 돕는 중요한 시스템엔지니어링 프로세스이다. TPMs는 미국 Defense Aquisition Guidebook (DoD, 2006.11)에 의해서 보다 상세하게 설명되고 있다.

부록 14-A. 기술성능측정(TPM)

기술성능측정(TPM; Technical Perform Measurements)은 기술파라미터의 예상과 실제 달성정도를 지속적으로 검증하는 것이다. 즉, ① 일정기간 동안 선택된 기술파라미터의 예상성능의 계획, ② 선택된 파라미터의 관측된 실제성능의 기록, ③ 계획성능과 실제성능을 통해 의사결정을 돕는데 사용되는 기술 통제와 분석이다. 잘 반영된 성능측정은 기술적 문제에 대해 초기경고를 하고, 운용요구사항을 충족시키기 위한 평가뿐만 아니라 시스템성능 면에서 제안된 변화에 대한 영향 평가를 지원한다. TPMs은 일반적으로 도식적 표현과 서술적 설명의 형태를 취한다.그림 14.2의 도표는 선택된 파라미터의 계획된 행동을 시간함수로 나타내고, 더욱이 실제 관측값을 보여줌으로써 계획곡선으로부터의 편차를 평가할 수 있다. 보고서의 서술부분은 도표를 설명하고, 계획곡선으로부터의 편차 원인을 설명한다. 또한 편차의 심각성을 평가하고, 수정에 대해 설명을 해야 한다. 필요하다면 주어진 현재의 상황으로부터 미래 성능을 계획한다.

추적을 위한 파라미터는 정부와 계약업체 사이의 합의된 요구에 기반을 둔다. 정부 사업부서는 실현가능성을 WBS 핵심요소의 기술성능으로 규정하는 TPMs를 요구한다.

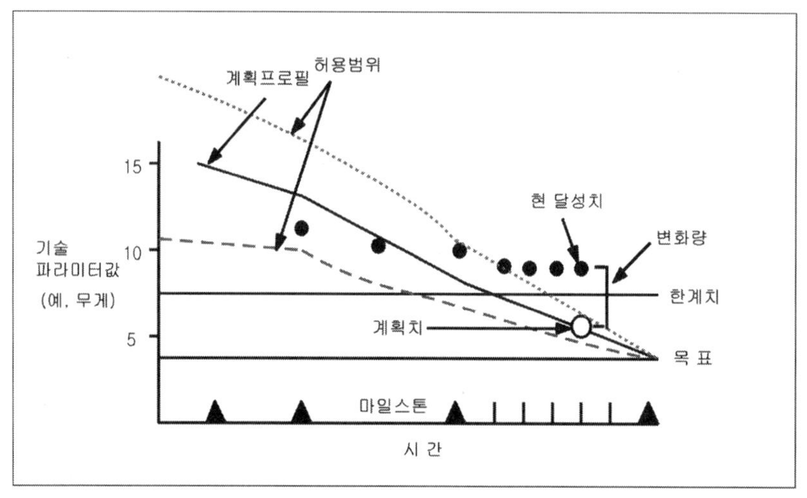

그림 14.2 **기술성능측정 개념**

특히, 사업상 비용발생 요소가 있는 것은 중요한 경로 상에 있으며, 높은 위험항목을 나타낸다.

정부에 제공하기 위해 선택된 TPMs는 운용자 요구에 대한 추적 가능성을 제공한다. 계약업체가 정부 사업부서에 요구하는 것보다 더욱 상세한 레벨의 정보를 필요로 하는 것처럼 계약업체는 일반적으로 정부에 보고된 것보다 더 많은 항목을 추적한다.

정부에 보고하는 TPMs는 계약상의 문제이다. 정부가 받는 보고서에 대한 TPMs는 계약자료

요구목록에서 전달할 수 있는 계약으로서 정의된다. 모든 파라미터는 많은 이슈에 대한 보고와 이 가운데 TPMs를 얻기 위한 자원요소와, 항목을 검토하고 따르기 위한 인적자원의 가용성과, 포함되는 시스템의 복잡성, 개발단계, 그리고 계약업체의 유사시스템에 대한 과거 실적을 통해 선정된다.

전형적인 TPM 도표는 앞에서 보았던 것처럼 다소 비슷한 형태를 갖는다. 계획 성능프로필의 실제 형태와 오차범위의 사용 여부는 선택된 파라미터의 기능과 사업부서의 요구에 따른다.

또 다른 중요한 고려사항은 TPM 프로그램과 위험관리 사이의 연관성이다. 일반적으로 추적을 위해 선택된 파라미터는 프로그램 상의 위험범위와 관련이 있어야 한다. 만약 설계의 특별한 요소가 위험범위로 식별되면, 파라미터는 위험범위 내에서 관리자가 진행을 추적할 수 있도록 선택되어야 한다. 예를 들면, 요구되는 비행거리의 달성이 결정적이고 위험범위로 고려된다면, 추적 파라미터는 항공기 무게, 특정 연료소모량, 항력 등이 된다. 비록 TPM 프로그램이 일반적으로 시험 목적을 위해 중요하게 식별된 TPM 파라미터를 제한하지는 않을지라도 TPMs과 공식적인 시험에 관련된 주요 기술파라미터 사이에 일치성이 있어야 한다.

정부 검토와 후속 TMPs는 계약업체에 의해 제출될 때, 또한 기술검토, 시험이벤트 및 프로그램 관리 검토와 같은 다른 주요 기술 이벤트 때의 주기적인 기준에만 적합하다.

TPMs이 사용자의 요구를 추적할 수 있다고 기대되는 동안, TPMs는 계획되고 추적 가능한 기술파라미터로 구체화되어야 한다. 예를 들면, 운용자는 전투 상황하에서 생존성에 대한 요구사항을 갖는다. 생존성은 본질적으로 저절로 측정 가능한 파라미터가 아니다. 그러나 레이더유효단면적(RCS: Radar Cross Section)이나 속도와 같은 것은 생존성을 결정하는 중요한 기술파라미터이다. 따라서 기술관리자는 TPM 보고를 위한 요소로서 RCS와 속도를 선택하고 추적할 수 있다. TPM 추적을 위해 파라미터를 선택하는 의사결정은 변수 특성을 예상할 수 있는 범위와 그것이 실제로 측정 가능한지 아닌지를 고려해야만 한다. 만약 파라미터의 윤곽을 그릴 수 없고 또한 측정할 수 없으며, 프로그램 성공에 중요하지 않다면, 일반적으로 정부는 TPM 추적에 대해 이 파라미터를 선택하지 말아야 한다. WBS는 TPM 추적의 파라미터 고려사항에 대한 뛰어난 시작점이 된다(그림 14.3 참고).

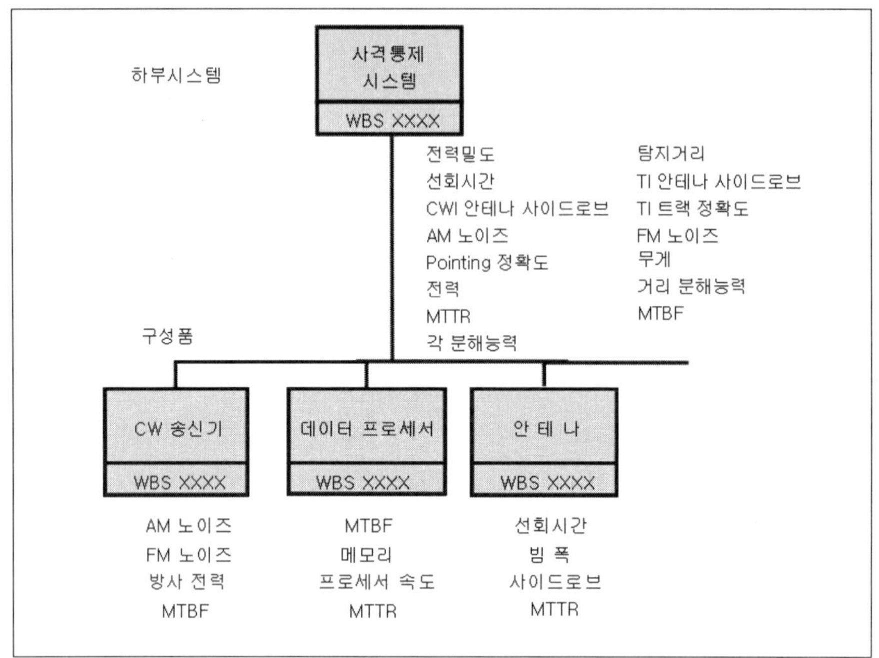

그림 14.3 **함상 사격통제 시스템**

　　기술적 성능을 달성하는 것과 관련하여 위험을 반영하는 획득가치를 계산하는 방식으로 TPM과 획득가치 관리를 연결하려는 실질적인 노력이 최근에 일어나고 있다. 사용된 접근방법은 계획 대비 실제 성능에 대한 통계적 분석을 기초로 한 TPM 측면에서 계획된 성능수준 달성에 대한 통계적 확률로 설정된다.

　　보다 많은 정보는 인터넷 http://www.acq.osd.mil/api/tpm/을 이용할 수 있다.

　　TPMs은 프로그램 관리자의 시스템 분석과 통제 수단 중에서 중요한 도구이다. TPMs는 주요 기술피라미터의 편차에 대한 초기 경고를 제공한다. 이러한 것이 제대로 이루어지지 않는다면, TPMs는 사용자 요구 충족의 시스템 성공에 영향을 미칠 수 있다. TPM은 정기적인 프로그램 보고와 관리 추적을 통합해야 할 뿐만 아니라 기술검토와 관리검토의 이슈 요소를 통합해야 한다. 좋은 TPM 프로그램의 효과적인 사용으로 인해 관리자는 편차가 발생했을 때 기술적으로 근거가 있든 없든 간에 시스템 기술성능에 대하여 지각 있는 판단을 할 수 있고 계약상의 계획과 진행을 따를 수 있다.

제 15 장

위험관리

15.1 개요

위험(risk)은 "목표, 목적 또는 기술성능, 비용 및 일정에 관한 요구사항 달성의 불확실성을 나타내는 척도"로 정의 될 수 있다.

위험은 항상 군용 또는 상용시스템의 수명주기 상에서 나타난다. 시스템은 기술적 위험을 동반하는 기술현황의 한계를 극복하고 기술적인 달성을 위해 기술적 위험을 유발하게 된다. 시스템개발은 일정위험을 이끄는 요구된 위협에 대처하기 위해 가능한 빨리 시스템 배치를 재촉함으로써 개발일정에 대한 위험이 발생된다. 모든 시스템은 예산조달의 제한을 받는다. 기술적 위험이 일정위험을 발생시키고 차례로 비용위험을 발생시킬 수 있기 때문에, 위험은 외부 제약사항에 의해 발생되거나 또는 프로그램 내에서 발생할 수 있다.

시스템개발의 위험 존재에 대한 대안은 없다. 위험을 없애는 유일한 방법은 기술적 목표를 매우 낮게 잡고 일정을 늘리며, 제한 없는 자금을 제공하는 방법밖에 없다. 이러한 경우는 어느 환경에서도 실제로 일어날 수 없다. 따라서 어떠한 현실적 프로그램도 위험 없이 계획될 수 없다. 모든 요구사항을 가장 잘 충족시키고, 위험을 허용하면서 프로그램의 성공기회를 가장 높게 할 수 있는 시스템과 프로그램을 정의하도록 도전하는 길 밖에 없다.

기본 개념

위험은 두 가지 요소, 즉, 원하지 않는 사건(event)이 발생할 수 있는 요소와 그 일이 발생했을 때 사건의 결과(consequence)로 나타낸다. 원하지 않는 사건이 발생할 가능성은 종종 확률로서 표현된다. 사건의 결과는 사건의 특징에 관련된 용어, 예를 들면 달러, 성능손실 등과 같은 용어로 표현된다. 그림 15.1은 이와 같은 두 가지 요소를 나타낸다. 높은 위험은 높은 발생확률과 심각한 결과도 생기는 반면, 낮은 발생 가능성과 미온적인 결과의 결합은 낮은 위험을 나타낸다.

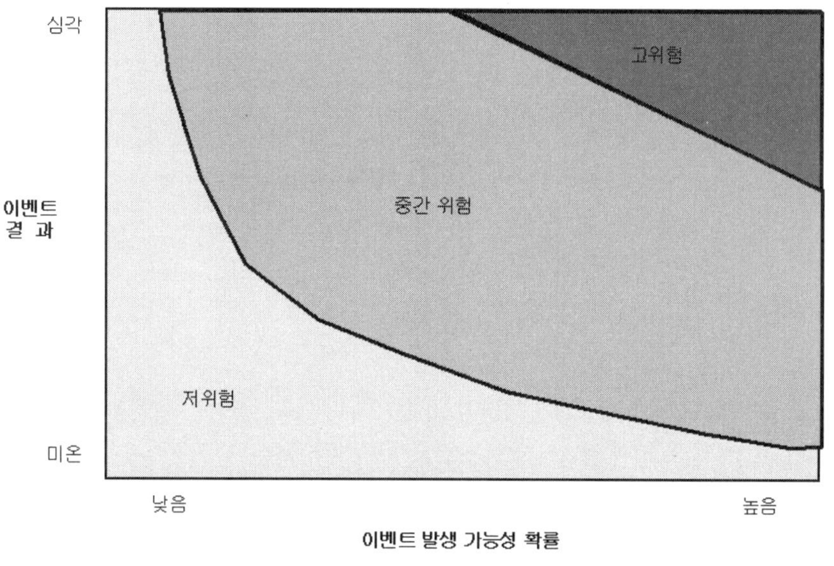

그림 15.1 위험 발생가능성과 결과

항공운송은 이벤트와 그 결과에 대해 다음과 같은 두 가지 예를 들 수 있다. 즉, 일반적으로 15분 늦게 목적지에 도착한 항공기는 사소한 결과를 가져오지만, 항공기의 충돌사고는 심각한 (harsh) 결과와 손실/부상을 가져온다. 대부분의 사람들은 이 두 가지 이벤트가 모두 낮은 위험을 갖도록 바란다. 15분 늦게 도착할 가능성은 높지만 그 결과는 그렇게 심각하지는 않다. 한편 충돌 결과는 매우 심각하지만 그러한 사고가 일어날 가능성은 매우 낮다.

15.2 위험 범주

최소한의 구분 가능한 네 가지 위험범주는 다음과 같다.

- 기술위험(technical risk)
- 비용위험(cost risk)
- 일정위험(schedule risk)
- 프로그램상의 위험(programmatic risk)

종종, 지원성 위험(supportability risk)이 추가적으로 포함되기도 한다.

기술위험(technical risk)

기술위험은 시스템의 기술요구사항이 시스템 수명주기 내에서 이루어 질 수 없을지 모른다는 사실에 대한 가능성이다. 기술적 위험은 시스템이 성능요구사항을 충족시키지 못했을 때 존재한다. 성능요구사항은 거리, 속도, 시간, 생산량(throughput), 신호 대 잡음비, 고장간 평균시간(MTTF: Mean Time To Failure), 요구되는 프로세서 메모리, 또는 특정 시스템의 성능과 효과를 적절하게 나타내는 파라미터 등의 용어로 표현된다. 또한 기술위험은 시스템의 운용성(operability)이나 생산성(producibility) 요구사항을 충족시키지 못하거나 시험성(testability) 요구사항을 충족시키지 못할 때 존재한다. 또한 기술위험은 시스템이 통합요구사항이나 환경보호요구사항을 충족시키지 못할 때 추가로 발생되며 기술적 용어로 표현될 수 있는 요구사항을 충족시키지 못하는 실패는 기술위험의 근원이 된다.

비용위험(technical risk)

비용위험은 가용예산을 초과할 가능성을 나타낸다. 비용위험은 기술적 요구사항의 달성을 위해 계획보다 더 많은 자본을 투자해야 한다거나 프로그램이 어떤 이유에 의해서 지연된 일정을 지원하기 위해 자원을 추가해야 할 경우에 발생한다. 비용위험은 전체 프로그램 레벨에서 또는 WBS의 어떤 요소에 대해 예측된다. 낮은 수준의 비용위험 축적 효과는 전체 프로그램에 대해 비용위험을 만들어 낼 수 있다.

일정위험(schedule risk)

일정위험은 프로그램이 계획된 마일스톤을 충족시키지 못 할 가능성을 나타낸다. 일정위험은 피스-파트(piece-part) 조달시간의 허용수준이 부적절할 때 존재한다. 즉, 일정위험은 부적합한 부품조달시기 때문에 발생될 수 있다. 일정위험은 소프트웨어 개발과 같이 계획된 기술적 이행시기에 완료하지 못 했을 때 일어나며 첫 번 제품 유닛의 배치와 같은 마일스톤의 전체 프로그램레벨에서 발생하거나 WBS의 하위레벨 요소지연으로 발생될 수 있다. 하위레벨에서의 지엽적인 일정지연 효과는 전체 프로그램에 대한 일정위험을 야기시킬 수 있다.

프로그램위험(programmatic risk)

프로그램위험은 프로그램관리자의 통제를 벗어난 이벤트에 의해서 생겨난 경우 상위레벨 부서관리자에 의해 결정된 이벤트에서 발생된다. 프로그램 위험은 프로그램 우선순위의 수정, 프로그램 진행에 대한 권한 부여 지연 및 국가의 목적 변경 등에 의해서 발생된다. 즉, 프로그램 위험은 다른 3개 위험범주 내에 있는 위험의 근원이 될 수 있다.

그림 15.2는 네 개 위험범주 사이의 주요 관계를 나타낸다. 화살표의 표기는 전형적 위험관계를 나타내며 다른 것들도 가능하다.

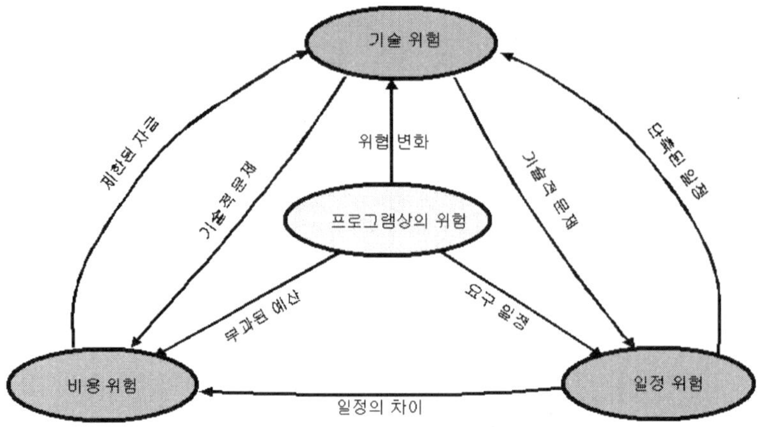

그림 15.2 **위험범주 간의 전형적인 관계**

15.3 위험관리

위험관리(risk management)는 위험을 식별 및 측정하며, 위험처리(handling of risk)를 위해 옵션을 선정, 개발 및 수행하기 위한 조직화된 방법이다. 이것은 이벤트의 연속이 아니라 프로세스이다. 위험관리는 위험관리 계획, 위험의 초기식별/분석, 연속적인 위험 추적/재평가, 조치 개선활동의 수행, 의사소통, 문서, 그리고 조정 작업에 의해 좌우된다. 비록 위험관리의 구조화를 위한 방법에는 여러 가지가 있지만, 이 책에서는 네 가지 부분 즉, 계획(planning), 평가(assessment), 처리(handling), 감시(monitoring)로 구분하여 설명한다. 그림 15.3에서 알수 있듯이 초기 계획 이후 각 부분이 서로 종속되기 시작하는 것을 설명하기 위하여 네 가지 모든 부분을 맞물려 나타냈다. 그림 15.4는 프로세스 내에서의 주요 통제 및 피드백 관계를 나타낸다.

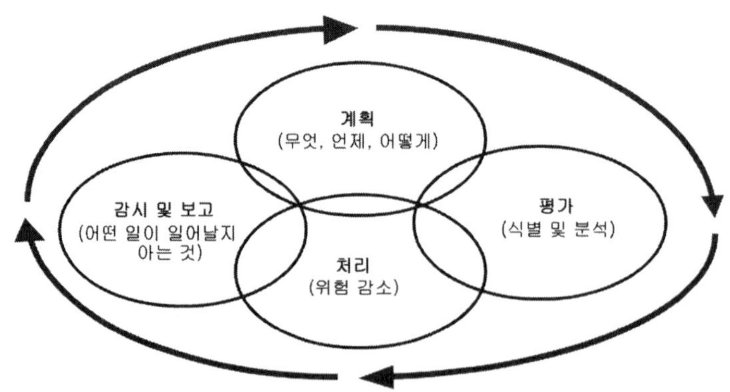

위험관리는 사건이 아니라 연동된 프로세스이다.

그림 15.3 **위험관리의 4대 구성요소**

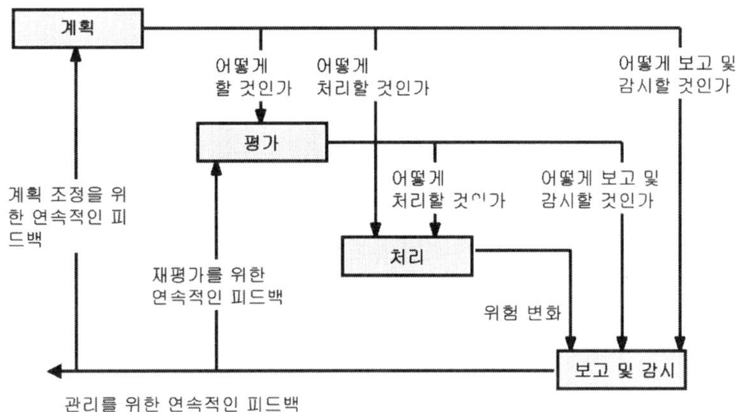

그림 15.4 위험관리 통제 및 피드백

위험계획(risk planning)

위험계획은 위험관리에 대해 조직적이고 포괄적인 접근방법을 개발하는 연속적인 프로세스이다. 초기계획은 전략수립, 목적/목표 설정, 계획, 평가, 조치, 및 감시 활동, 자원, 업무 및 책임의 식별, 위험관리 IPT 구성원의 조직 및 교육훈련, 위험항목을 추적하기 위한 방법 설정, 그리고 연속적인 기반 하에 정보의 문서화 및 분배 방법에 대한 수립 등을 포함한다.

시스템엔지니어링 환경에서 위험계획은 다음과 같아야 한다.

- 시스템엔지니어링 계획과 생산성(producibility), 지원성(supportability), 형상관리(configuration management)와 같은 다른 관련계획 내에 포함되어야 한다.
- 문서를 만들고 연속적인 활동이어야 한다.
- 모든 활동이 통합되어야 한다.
- 시스템엔지니어링 계획, 지원성 분석, 생산계획, 형상 및 데이터 관리 등과 같은 다른 계획과 통합이 이루어져야 한다.
- 이전과 이후 단계를 통합해야 한다.
- 각각의 형상베이스라인에 따라 선택적이어야 한다.

위험은 시간에 따라 변한다. 위험을 통제하거나 변화시킴에 따라 위험 발생확률과 결과는 변한다. 위험의 영향과 처리방법에 대한 판단은 사건이 발생될 때마다 재평가되고 본질적으로 변해야 한다. 이들 사건이 연속적으로 변해가기 때문에 위험관리계획 프로세스도 계속적으로 변해야 한다.

위험평가(risk assessment)

위험평가는 시스템 수명주기와 관련된 위험의 식별(identification)과 분석(analysis)으로 구성된다.

다음은 시스템 단계별 위험평가 모델로 위험 분류에 대한 초기판단을 지원하는데 사용된다. 또한 2장의 기술준비 레벨 매트릭스를 참고할 수 있다.

	낮은 위험	중간 위험	높은 위험
결과	중요하지 않은 비용, 일정, 또는 기술의 영향	프로그램의 목적, 비용, 일정에 영향을 주지만, 비용, 일정 및 성능이 달성 가능	회복을 위한 대안 행동 또는 보존이 요구되는 심각한 영향
발생 확률	거의 없거나 추정된 가능성이 없음	관리에 관심을 둘 정도로 확률이 충분히 높음	발생 가능성이 매우 높음
시연 정도	실제 규모의 통합기술이 이전에 시연됨	시연이 되어졌지만, 설계가 변경되고 요구되는 관련환경 하에서 시험됨	요구되는 결과를 얻기 위해서 심각한 설계변경이 요구됨
능력 존재	알려진 제품에 능력이존재. 새로운 시스템과의 통합 요구	능력이 존재하나, 새로운 시스템에서 요구되는 성능은 아님	능력이 현재까지 없음

표 15.1 **시스템 단계별 위험평가 모델**

위험식별(risk identification)

위험식별 활동은 "위험이 무엇과 관련되어 있느냐"를 정의하는 것이다. 이 활동은 다음 사항을 포함한다.

- 위험/불확실성에 대한 소스(source)와 드라이버(driver) 식별
- 불확실성을 위험으로 변환
- 위험의 정량화
- 확률 설정
- 위험항목의 우선순위를 설정

그림 15.5에서 볼 수 있듯이 초기 식별프로세스는 네 가지 위험의 각 영역에서 본질적인 위험 항목의 식별과 함께 시작된다. 시스템의 성능과 제품 지원에 관련된 위험은 일반적으로 WBS에 의해 조직되고 전문 분석팀과 개발업체의 담당자에 의해 초기에 결정된다. 이들 위험은 정량적인 평가에 따라 수립되는 위험이다. 내부 프로세스와 외부영향의 위험은 또한 DoD 4245.7-M과 유사한 위험영역 템플릿을 사용할 뿐만 아니라 사업상의 전문가에 의해 결정된다. DoD 4245.7-M 템플릿은 시스템 획득관리프로세스와 관련된 위험영역을 설명하고 각 영역의 전형

적인 위험감소를 위한 방법을 제공한다. 이들 템플릿은 전문가의 피드백을 기반으로 특정프로
그램에 대해 테일러링되어야 한다.

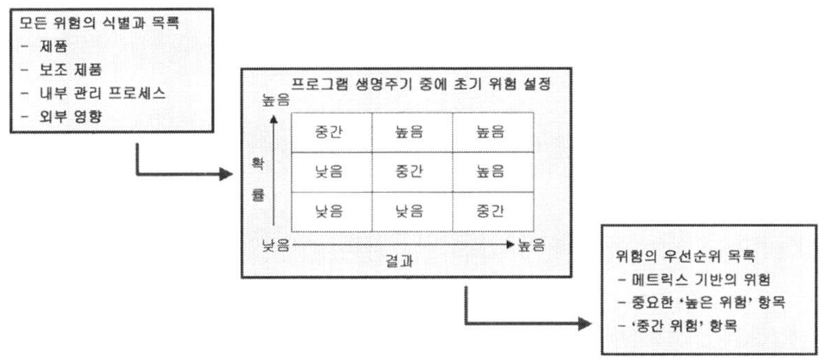

그림 15.5 **초기 위험식별**

위험항목을 식별한 후에 위험수준이 설정된다. 한 가지 일반적인 방법은 그림 15.6과 같은
매트릭스를 사용하는 방법이다. 각 항목은 상호간의 상대적 위험을 규정하는 매트릭스 내의 블
록과 관련되어 있다. 도표 상에서 대각선 방향으로 위험이 증가되며, 상대적 평가를 평가하는
방법을 제공한다. 하나의 상대적 위험이 알려지면, 우선순위 목록이 설정되고 위험분석이 시
작된다.

위험식별 활동은 위험항목의 확률(probability)과 결과(consequences)를 정의하는데 도움을
주는 다음과 같은 활동을 포함할 수 있다.

- 불확실성을 시험하고 분석하는 방법

- 확률과 결과를 이해하기 위해 수행하는 시험

- 높음(high), 중간(moderate) 및 낮음(low)의 추정치를 나타내는 정량적인 속성이 적절한 이해를 위
  해 불충분한 경우의 위험 정량화 활동

그림 15.6 **간단한 위험매트릭스**

위험분석(risk analysis)

위험분석 활동은 위험원인의 격리, 위험이 최대한 미칠 영향 결정, 그리고 대안의 선택과 결정을 재정립함으로써 평가프로세스를 연속적으로 수행하는 것이다. 이것은 어떤 위험이 추적되고, 어떤 데이터가 위험추적에 사용되며, 어떤 방법이 위험처리(risk handling)를 위해 사용되는지를 결정하는데 이용된다.

위험분석은 위험과 관련옵션, 시기 및 대안을 조사한다. 이것은 위험을 다룰 수 있는 합법적인 방법이 얼마나 많이 있는지, 이를 위한 최선의 방법은 무엇인지에 대한 질문을 중점으로 다룬다. 이것은 관련위험 및 성능 변화에 대한 영향과 민감도를 분석함으로써 민감도, 위험 상호 연관성을 설명한다. 위험분석은 잠재적이거나 성취된 외부 및 내부 변화에 대한 영향을 추가로 분석한다.

위험항목의 영역과 민감도를 정의하는데 도움을 주는 위험분석 활동은 다음 질문에 대한 해답을 찾는 것을 포함한다.

- 만약 무엇이 변한다면, 위험이 빠르게, 느리게 또는 같은 속도로 변화하는가?
- 주어진 위험항목이 발생한다면, 어떤 부수적 효과가 발생하는가?
- 다른 위험에 어떻게 영향을 주는가?
- 전반적인 상황에 얼마나 많은 영향을 주는가?
- 위험이 증가, 감소 또는 일정한지를 결정하기 위하여 감시목록(지속적인 관리가 요구되는 위험항목을 우선 순위화한 목록)과 일련의 측정기준을 개발
- 다른 위험관리 데이터와 측정기준을 추적하기 위한 피드백 시스템의 개발
- 정량적 위험평가 개발

정량화된 위험평가는 발생확률과 WBS에 따른 하향식 구조의 프로세스 사용절차를 공식적으로 정량화 하는 것이다. 각각의 요소에 대해 위험은 결과발생을 통해 야기되는 통계적 확률 및 특정조건을 결정하기 위하여 분석, 시뮬레이션 그리고 시험을 통해 평가된다.

위험평가 유의사항

시뮬레이션이나 분석으로부터 얻어진 수치(numerical value)에 대한 맹목적 믿음은 피해야 한다. 위험의 원인과 결과에 대한 관찰을 중단해서는 안 된다. 시험은 위험을 제거하는 것이 아니다. 그것은 단지 위험을 평가하고 분석하기 위한 자료만을 제공한다. 비록 전문가의 의견을 기반으로 했다 하더라도, 정량화된 데이터로서 '위험색인(risk index)' 또는 '위험등급(risk scales)'과 같은 상대적인 숫자의 조작을 주의해야 한다. 이러한 것은 중요한 정보이지만, 매우 주관적이고 상대적이다. 이것들은 위험을 정확하게 정의할 수가 없으므로 이와 같은 숫자는 항

상 민감도 분석의 주제가 된다.

위험처리(risk handling)

일단, 위험이 분류되고 분석되면, 그 위험을 처리하는 프로세스가 초기화된다. 위험처리 활동의 가장 중요한 목적은 위험을 감소시키는 것이다. 이러한 방법들은 많다. 그러나 크게 네 가지 기본 범주로 분류된다.

- 위험회피(risk avoidance)
- 위험통제(risk control)
- 위험수용(risk acceptance)
- 위험이전(risk transfer)

회피(avoidance)

위험을 회피하기 위하여 불확실성과 높은 위험(확률 또는 결과)이 나타나는 요구사항을 제거하는 것이다. 회피(avoidance)는 위험 및 성능, 다른 능력과 절충분석을 포함한다. 그리고 이것은 요구사항분석 동안의 주요 활동이다. 회피는 요구사항과 제약사항의 우선순위에 대한 이해를 요구한다. 회피가 결정적인 임무인가 아니면 강화된 임무인가. 갖는 것이 좋은 것인가, 아니면 'bells and whistles' 처럼 필요한 것인가?

통제(control)

통제는 수용 가능한 위험레벨로 낮추기 위해 설계프로세스를 신중하게 사용하는 것이다. 통제는 시스템엔지니어링 프로세스의 다분야 적용과 설계에 관련된 기술영역에 대한 자세한 지식을 요구한다. 통제기법은 충분하며 다음 사항을 포함한다.

- 솔루션에 대한 한 개 이상의 설계 프로세스를 제공하는 다중 동시적 설계
- 최저의 위험 설계옵션을 사용하여 설계솔루션 위험을 최소화하기 위한 낮은 위험 설계대안
- 개별적으로 개발될 수 있는 높은 위험의 구성품으로부터 설계를 분리시키기 위해 기계획 제품성능 개량(preplanned product improvement)과 같은 점진적 개발
- 기본적인 개발은 위험이 낮고 저 성능의 임시 대용품을 사용하는 반면, 개별적으로 개발되는 높은 위험의 구성품을 가능하게 하는 기술성숙
- 낮은 위험의 설계 변화에 대한 이해를 가능하게 하는 시험, 분석 및 조정(시험은 시연, 조사, 초기 시제품, 검토, 측정기준 추적, 실험, 모델 및 실물모형, 시뮬레이션, 또는 다른 입력자료나 위험을 잘 이해하도록 제공되는 입력자료에 의해 대체될 수 있다)
- 위험이 감소되도록 충분한 여유를 갖는 설계를 만들어 내는 강인 설계

• 구성품 설계 문제에 대한 증명된 솔루션을 제공하는 일반적으로 수용된 인터페이스 표준서의 사용을 강조하는 개방형 시스템 접근방법

수용(acceptance)

수용은 개발활동에 미치는 영향이 없다고 합리적으로 가정된 위험 확률과 결과가 매우 낮기 때문에 위험을 신중하게 수용하는 것이다. 수용된 위험을 다루기 위한 핵심 기법은 계획되지 않은 활동과 계속적인 평가를 위해 유지해야 할 예산과 일정이다(수용된 위험이 수용 가능한 수준으로 유지되도록 보증하기 위해). 시스템엔지니어링에서의 위험관리의 기본적인 목적은 수용 가능한 수준으로 모든 위험을 낮추는 일이다.

DoD 프로그램의 강력한 긴축재정과 꽉 잡힌 일정은 여분을 준비하는 프로그램 관리자와 시스템엔지니어의 능력을 감소시키는 경향이 있다. 수용 가능한 위험식별에 따라 최악의 경우 산물은 수용할 수 있는 수준으로 정의된다. 따라서 DoD 획득프로그램에서 수용 가능하다고 고려된 위험레벨이 매우 조심스럽게 선택되어야 한다.

이전(transfer)

이전은 설계솔루션을 어떠한 영역으로부터 덜 위험한 곳으로 옮겨 위험을 감소시키는 것으로 다음과 같은 내용이 포함된다.

• 하드웨어(대 소프트웨어)에 대한 할당
• 위험요소기반 성능을 할당하기 위한 기능분할의 사용

이전(transfer)은 대부분 위험을 맡기 위해 지정하고 대리로 파견하며, 또는 돈을 지불하는 행동과 관계된다. 좀 더 확대해 보면, 이전은 계약시 또는 다른 활동을 부과할 때 항상 발생한다. 계약서나 업무지시서는 정부로부터 계약업체, 사업부서로부터 정부기관으로 위험을 이전시킬 수 있는 협약을 수립하며, 그 반대도 마찬가지이다. 전형적인 방법은 보험, 보증 그리고 보상 항목이 포함된다. 위험은 결코 완벽하게 이전시킬 수 없다. 만약 위험이 위임된 적절한 활동에 의해 감소되지 않는다면 위험은 여전히 프로젝트 또는 프로그램에 영향을 미친다.

이전을 하기 전에 검토되어야 할 주요 사항은 다음과 같다.

• 신중한 활동이 위험을 얼마나 잘 처리할 수 있을까?
• 신중한 솔루션이 프로젝트 또는 프로그램과 얼마나 잘 통합되는가? 이전은 단지 그 방법이 전반적인 활동과 통합되어질 때만 효과적이다. 예를 들면, 운용자와 관리자를 묶어 주는 보증활동이 있는가?

- 신중한 활동을 부여하기 위한 방법은 적절한가? 이전은 단지 이전된 시스템이 유효할 때만 효과가 있다. 예를 들어, 변화는 처리할 만한가?

- 누가 위험을 대부분 통제할 것인가? 만약에 프로젝트 또는 프로그램이 위험항목에 대해 통제를 하지 않거나 또는 약간의 통제를 한다면, 이전은 위험을 통제하기 위하여 고려되어야 한다.

감시 및 보고(monitoring & reporting)

위험감시(risk monitoring)는 측정기준보고, 감시항목에 대한 엔터프라이즈 피드백, 위험개발 가능성에 대한 정기적인 엔터프라이즈 입력자료(측정기준, 감시목록 그리고 피드백시스템은 평가활동을 통해 개발 유지된다)에 의해 계속되는 위험관리 프로세스를 평가하고 추적하는 것이다. 그 다음 이 프로세스의 결과는 엔터프라이즈를 통해 배포된다. 이는 모든 산출물이 그 활동과 전체 시스템 개발에 영향을 미치는 위험을 인지하는 프로그램을 포함하기 위해서이다.

특별 사례 – 통합위험

복잡한 시스템에서의 기술통합은 그 자체가 기술이다. 설계 과정에서의 기술통합은 높은 위험을 갖는다. 기술통합은 통상 개별적으로 식별된 위험항목의 분석과 평가가 아니다. 만약 통합위험이 기능베이스라인 개발 동안 충분히 식별되지 않았다면, 그것은 제품베이스라인의 개발에서 심각한 문제로 나타날 것이다.

특별 사례 – 소프트웨어위험

과거 경험을 비추어 볼 때, 소프트웨어 개발은 종종 위험이 높은 영역의 작업이다. 시간, 성능 및 비용 전반에 걸친 부족 원인은 다음과 같다.

- 운용요구사항과 소스명령으로의 이전에 대한 불충분한 이해

- 위험의 추적과 처리

- 인터페이스 제약사항에 대한 불충분한 이해

- 충분히 숙련된 인력의 부족

위험인식(risk awareness)

시스템을 개발하는 기업의 모든 구성원은 위험 존재와 변화의 속성에 관심을 가져야 한다. 예기치 못한 결과는 개발 노력을 와해시킬 수도 있다. 모든 것이 잘 되었다는 확신이 있음에도 불구하고 무언가 잘못된 듯한 불안한 느낌이 존재할 수 있다. 이러한 직관은 경험을 통해 인간에게 생명줄과 불확실한 미래에 대한 방향을 제시한다. 비록 일반적으로는 비분석적 관점(견해)이지만 이들의 판단은 무시되면 안 된다. 경험은 명백하지 않은 경고가 가지는 정당성을 암시하고, 경험은 가능한 정량화 되어야 한다.

15.3 요점

- 위험은 모든 활동에 내재되어 있다.
- 위험은 발생 가능한 부정적인 미래 사건의 두 가지 특성으로 이루어져 있다(발생확률과 발생결과).
- 위험관리는 확률의 명백한 이해와 관계가 있다.
- 위험관리는 기술프로그램 관리(시스템엔지니어링)의 필수적이고 통합적인 부분이다.
- 위험과 불확실성은 식별되고 분석되며, 처리되고 그리고 추적된다.
- 위험의 처리는 네 가지의 기본 방법이 있다(회피, 통제, 수용 및 이전).
- 프로그램 위험은 발생결과와 확률에 따라 낮음, 중간, 높음으로 분류된다. 위험 분류는 가능한 범위 내의 정량적 자료를 기반으로 이루어져야 한다.

부록 15-A. 미 국방획득에서의 위험관리

정책

위험관리에 대한 DoD 정책은 매우 명확하다. 그것은 반드시 실시되어야만 한다.

획득프로세스에 있어 프로그램관리자(PM: Program Manager)와 관계자들은 프로그램의 불확실성이 프로그램베이스라인에 부정적이든 긍정적이든 간에 이를 식별하고 이해하기 위해 적극적인 역할을 수행해야 한다.(DoD Defense Acquisition Guidebook, 2006)

위험관리 관점

미 획득관리대학교(DSMC: Defense Systems Management College)의 연구에 의하면 '마일스톤 B에서 중간 레벨의 위험으로 공표된 주요 프로그램이 낮은 위험레벨로 공표된 것 보다 더 비용과 일정 목표 측면에서 성공적이다' 라고한다(DSMC TR 2-95). 이는 위험관리를 이해하고 관심을 갖는 사업부서가 보다 성공적이라는 것을 강하게 의미하고 있다. 이러한 이유 때문에 사업부서는 시스템레벨에서의 위험에 대한 관점을 적용시킬 필요가 있는 것이다. 시스템엔지니어는 이러한 관점을 제공할 뿐만 아니라 시스템엔지니어링은 제품 성숙도와 개발 그리고 최종분석에서 제품이 시스템 획득 간에 진정 얻고자 하는 것을 실질적인 평가와 연결시켜 주기 때문에 시스템엔지니어링은 사업부서 위험관리 프로그램의 초석이다.

그러나 사업부서는 개발단계에서 제한되는 내부 위험뿐만 아니라 외부 위험에 대해서도 다루어야 하기 때문에 시스템엔지니어는 프로그램관리자에게 외부위험을 다루기 위한 지원수단으로서 내부 위험자료를 제공해야 한다. 간단히 말해서 시스템엔지니어는 그것이 상위레벨 부서에 대해 합리적이면서 강제적일 수 있는 나쁜 소식(bad news)을 제시해야 한다. 이와 관련된 보다 깊은 내용은 20장에서 설명된다.

위험관리를 프로세스로 분해

전반적인 프로그램 계획과 관리 프로세스의 통합인 위험관리는 통제되고 일관성 있는 시스템엔지니어링의 적용과 제품 개발 및 관리 통제를 담당하는 IPT를 사용함으로써 강화된다. 프로그램은 위험이 적절한 레벨일 때만 다음 단계로 진행되고 추정 뒤에는 위험이 발생한다는 것을 알아야 한다. 비록 위험이 정량적이거나, 분석적 목적으로 표현되지만, 그 속성에 의해 시스템레벨에서의 위험분석 및 평가는 항상 주관적이다.

위험 및 개발단계

위험관리는 개념 및 기술개발 단계에서 시작된다. 개념탐색 단계 동안 초기 시스템 레벨의 위험평가가 이루어진다. 미검증 사항, 불확실성 그리고 다소 높은 위험요소가 일반적으로 예상될 수 있다. 상당한 기술위험이 존재할 때 구성품선행개발(Component Advanced Development) 단계가 적용된다. 이 단계는 시스템 획득 내의 활동과 일치하는 레벨의 위험을 다루고, 감소하는 기회로서 수명주기 절차에 포함되어진다.

과학기술위원회는 위험감소 활동의 수행과 적용된 기술조사에 사용되는 많은 방법(또는 도구)을 가지고 있다. 이들은 응용기술시연, 응용개념기술시연 뿐만 아니라 합동전투시험도 포함된다. 위험감소 단계에서 이루어지는 활동의 초점은 다음과 같다.

- 시험, 분석 또는 시스템 및 하부시스템의 불확실성 그리고 프로그램의 높은 위험 완화
- 시스템과 하부시스템의 미 검증된 사항(특히, 통합에 대해)을 나타내기 위한 충분한 기술시연
- 특히, 적절한 위험을 다루거나 추적하는 시스템 개발 및 시연 단계 동안 시스템획득의 변화와 유지에 대한 위험관리를 계획

시스템 개발 및 시연 단계는, 기술개발이 엔지니어링 개발을 충분히 지원하지 못하는 경우, 중단되는 제품과 제조 엔지니어링의 적용을 요구한다. 이 단계에서의 위험관리는 다음 상황이 강조된다.

- 중간 위험의 통제와 감소
- 나타난 위험을 포함하여 관리되는 모든 위험
- 위험레벨의 유지와 문제에 대한 대응

객관적인 기술평가

개정된 획득프로세스는 개발되는 제품과 시스템에 관련된 성숙도레벨을 객관적으로 평가하는데 기반을 둔 적절한 위험감소 단계를 통해 프로그램이 진행되도록 신중하게 만들어졌다. 그러므로 프로그램관리자나 부원들이 사업진행에 대한 충고와 선택할 프로세스에 대한 의사결정이 가능한 편견 없이 객관적인 의견에 근거를 두고 이루어진다는 것을 확신하게 것은 매우 중요하다. 주어진 제품이나 시스템의 강인성을 향상시키기 위해 항상 앞으로 나가려하고 지체하지 않으려는 유혹에 빠지기 쉽다. 더 많은 기술개발이 요구되고 있는 중이라는 사실에도 불구하고 시스템이 엔지니어링 개발과 생산으로 급히 진입할 때, 과거 경험에 비추어 볼때 그러한 결과가 결과적으로 상식을 넘어선 속도의 오류를 가져온다는 것을 알 수 있다. 그리고 개발의 마지막 단계나 배치 후에 문제를 수정하는 것은 재정상이나 인간의 노력 측면에서 상당히 많은 비용이 소요된다.

마일스톤 B에서 제시되는 전제는 시스템이 엔지니어링개발에 대해 준비가 되어 있다는 것이

다. 이후에 획득집단은 일반적으로 위험이 중간에서 낮은 쪽으로, 그리고 기술이 사용 가능하다는 가정을 한다. 또한, 엔지니어링 개발과 위험요소가 함께 포함되어 진행된다는 모든 프로그램의 가정은 명백하다. 중간 위험레벨 또는 더 낮은 레벨로 가기 위해 실질적인 탐색 및 응용연구 개발을 요구하는 위험과 함께 엔지니어링개발로 프로그램이 진행한다는 주장을 지원하는 증거가 있다. 객관적인 위험평가를 위해 입증된 성공적인 하나의 접근방법은 독립적인 평가팀을 활용하는 것이다. 보호를 위한 사전에 결정된 이해관계가 없는 또는 날카로운 식견을 지닌 그룹은 종종 엔지니어링과 시스템 개발이 다음 개발레벨 그리고 다음 단계로 진행할 준비 정도에 따른 고려사항을 훌륭하게 충고할 수 있는 능력을 가지고 있다.

시스템(프로그램) 레벨에 대한 위험 분류

분류에 대한 정의는 프로그램을 통해 일관성을 유지하면서 초기에 설정되어야 한다. 사업부서는 발생확률과 결과 모든 관점에서 정확하고 분명하게 성취되어야 할 성능, 일정 및 비용의 위험을 평가해야 한다. 어딘가에 위험에 대해 동의하지 않는 것이 있다면, 평가활동은 즉시 보강되어야 한다. 위험에 대한 혼동은 위험관리 프로세스의 타당성을 의심하게 되기 때문에 가장 나쁜 프로그램위험이다. 그러므로 프로그램 실체성이 진실로 이해되어야 한다.

시스템레벨의 위험평가는 각 부분의 정량화된 위험평가에 대한 통합과 해석이 요구된다. 이것은 합리적 판단을 요구한다. 통합은 위험의 잠재성을 증가시키기 때문에 전체적인 위험이 각 부분의 객관적 자료의 합보다 더 좋게 나올 수 없다는 가정이 가능하다.

현실과 기대

프로그램관리자는 사업부서의 환경에 대해 통제하는 감독자 및 다른 이들의 기대라는 짐이 지워진다. 이들의 기대를 만족시켜야 하는 압력이 높다. 만약 시스템엔지니어가 관리에 대해 이해하고 수용할 수 있으며 또한 충분히 검증 가능하다는 관점에서 서로 의사소통이 되지 않는다면, 이러한 압력은 실제 위험에 대한 계층 간의 의사소통을 무시하게 될 것이다.

위험관리가 구체화된 공식적인 시스템엔지니어링은 검증 정보를 제공할 수 있어야 한다. 그러나 시스템엔지니어는 또한 프로그램관리자가 현실적인 위험을 수용하고 높은 레벨의 기대를 무시할 수 있도록 위험확률과 결과를 적절하게 설명할 책임을 가져야 한다.

불확실성은 특별한 상황이며 높은 레벨을 기대하는 분위기에서는 매우 위험하다. 불확실 이슈에 대한 소개는 결과를 특히 강조하고 확률적 경향을 보이며, 그리고 확률에 대해 가장 가능성있는 대안을 개발해야만 한다.

부록 15-B. 프로그램 위험문서

프로그램 위험문서 요구사항들은 계약에 달려있다. 예를 들면, 미국 DoD 데이터항목기술서 (DID: Data Item Description) UDI-E-G007은 다음의 계약항목을 자세하게 나타내고 있다.

- 위험관리 프로그램계획서(RMPP: Risk Management Program Plan)
- 위험처리계획서(Risk Handling Plan)
- 위험감소보고서(Risk Reduction Reports)
- 위험 민감도분석(Risk Sensitivity Analysis)

위험관리 프로그램계획서(RMPP: Risk Management Program Plan)

초기 위험관리 프로그램계획서는 종종 제안서의 일부로서 제출된다. 이것은 프로그램이 진화됨에 따라 요구되는 만큼 업데이트 되어야만 한다. 15.3절에서 설명된 것처럼, 위험관리는 반복적인 프로세스이다. RMPP 목적은 프로그램 위험관리를 정의하고 설정하는 것이다. 계획서의 가치를 나타내려면 RMPP는 반드시 프로그램에 적합하도록 테일러링되어야 하며 프로그램 관심사와 관리구조를 반영하여야 한다. RMPP 준비를 위한 유용한 지침이 미 국방부 DID UDI-E-G007에 들어있다.

표 15.2의 개략적인 내용은 UDI-E-G007을 기반으로 작성되었다.

위험처리계획서(Risk Handling Plan)

UDI-E-G007은 고 위험 품목에 대한 위험처리계획서의 준비를 요구한다. 다음에 제시된 내용은 모든 아이디어가 이미 논의된 것은 아니지만 대부분을 포함하고 있기 때문에 다음과 같이 재작성 한다. 제안된 계획서는 다음 내용을 포함한다.

- 위험/문제점 기술 및 평가
- 실패결과
- 각각의 위험과 비용이 고려된 대안/옵션
- 추천된 위험감소/완화 방법
- 수행 영향설명(비용/일정/기술)
- 이러한 위험활동의 차단을 위한 판단기준
- 마일스톤

Ⅰ. 서론
    1.1 개관
    1.2 적용문서/정의
    1.3 성능요구사항
    1.4 시스템 설명

Ⅱ.관리구조
    2.1 관리구조/책임
    2.2 일정/의사결정/검토
    2.3 모니터/하청업자와 공지 통제
    2.4 통제 프로세스 변경

Ⅲ. 위험식별과 평가
    3.1 시장조사와 식별
    3.2 위험평가 모델
    3.3 흐름/수준평가
    3.4 시스템 계층구조와 위험트리

Ⅳ.위험감소 기법
    4.1 감소방법
    4.2 위험관리 계획
        프로토타이핑/시뮬레이션/시험
        우발계획
        비용/일정 예산
    4.3 분석방법

부록
    A.시장조사 양식
    B. 보고서 양식과 내용물
    C. 평가표 / 그림

표 15.2 위험관리 프로그램계획서 양식

    또한, 위험처리계획서는 중간 위험품목에 대해 고려된다. 효과적인 위험관리 프로그램을 보장하기 위해 요구되는 부가적인 업무로 인해, 전체적인 노력은 대략 상위 10개 항목으로 제한하는 것이 바람직하다.

위험감소보고서(Risk Reduction Reports)

위험감소보고서는 각각 위험처리계획을 위해 제출된다. 이는 위험감소프로그램 상태(status)를 설명한다. 종합적인 보고서는 반드시 주요 설계검토를 위해 제출된 데이터 패키지에 포함되어야 한다. 요약된 상태보고서(status reports)는 월단위로 제출된다.

위험 민감도분석(Risk Sensitivity Analysis)

위험 민감도분석은 일정과 비용의 용어로 위험에 대한 프로그램의 민감도를 명확하게 나타낸다. 이는 잠재적인 위험완화/감소 활동의 비용과 일정에 미치는 영향을 정량화하고, 대안에 따른 이득을 다룬다. 이로써 가장 효과적인 접근방법을 선택할 수 있게 된다.

제4부

계획, 조직, 계약 및 테일러링

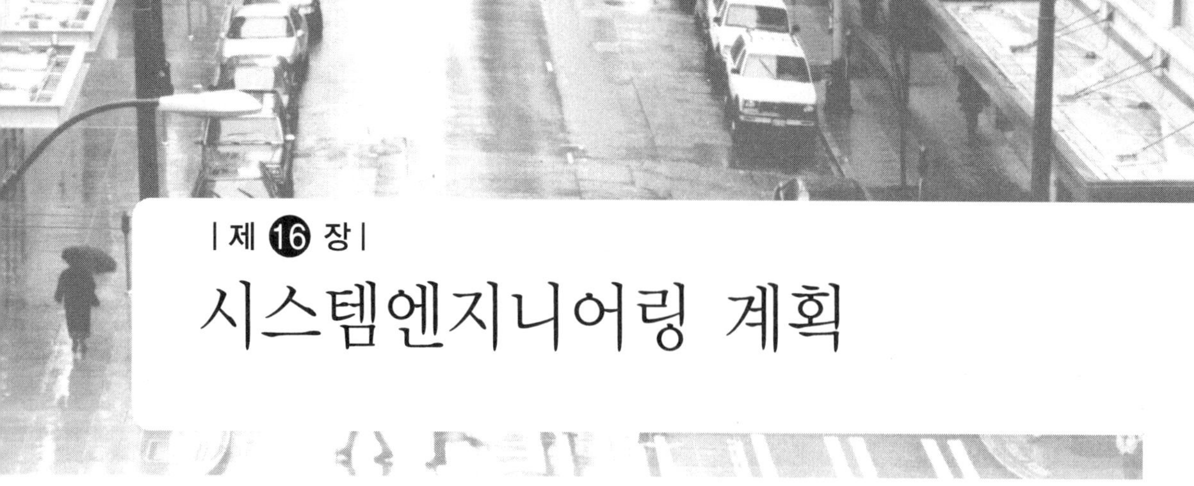

시스템엔지니어링 계획

16.1 개요

시스템엔지니어링 계획(Systems Engineering planning)은 획득계획 의사결정에 직접적 영향을 미치고, 획득 목적을 달성하는 데 실현 가능한 방법을 수립하는 활동이다. 시스템엔지니어링 계획은 다음을 수행하기 위해 사용한다.

- 모든 기술활동(technical activities)이 식별되고 관리되도록 하는 것을 보증
- 광범위한 개발 팀 내부의 기술적 접근방법에 대한 의사소통
- 의사결정과 기술수행을 기록하고 문서화
- 시스템 개발활동이 얼마나 고객과 관리 요구를 잘 만족시키는지를 판단하는 판단기준 수립

시스템엔지니어링 계획은 시스템 개발에 필요한 기술활동 영역에 역점을 두어 다루어진다. "누가 무엇을", "언제"라는 기본적 문제가 다루어진다. 적어도 기술계획은 무엇이 달성되어야 하고, 시스템엔지니어링이 어떻게 수행되며, 활동이 어떻게 예정되어지고, 어떤 자원이 필요하며, 시스템엔지니어링 활동이 어떻게 관리되고 통제되는지를 설명한다. 계획활동은 수명주기 일련의 단계에 대한 기술관리 접근방법을 포함하여 시스템엔지니어링에서 프로그램 요구사항의 수행을 다루는 관리지향 문서로 나타난다. DoD 계획은 정부의 시스템레벨과 계약업체에 의한 보다 상세한 레벨로 시행된다.

기술/시스템엔지니어링 계획

기술계획은 별도의 엔지니어링관리계획서 또는 광범위하게 통합된 프로그램관리 계획서로 문서화될 수 있다. 이 계획서는 초기 요구사항분석 활동 동안 프로젝트나 프로그램 착수에 대한 초안이 된다. 요구사항분석과 기술계획은 본질적으로 관련이 있으며, 이것은 요구사항분석이 무엇을 준비해야 하는지에 대한 이해를 규정하기 때문이다. 이러한 이해는 상세계획서의 개발

에 꼭 필요하다.

효용성(utility)을 위해 시스템엔지니어링계획서는 정기적으로 업데이트되어야 한다. 관리 의사결정을 지원하기 위해 주요 업데이트는 통상 주요 관리마일스톤 의사결정 전에는 어떻게든 이루어져야 한다.

1. 서론
   1.1 범위
   1.2 설명
   1.3 중점
   1.4 목적

2. 기술전략
   2.1 단계화 및 마일스톤
   2.2 병행개발 및 제품 성능개량

3. 전략에 미치는 영향
   3.1 핵심기술
   3.2 독립변수비용(CAIV)
   3.3 관리이슈

4. 시스템엔지니어링 프로세스
   4.1 단계 및 루프
   4.2 분석 및 통제
   4.3 설계 고려사항

5. 조직

6. 자원

표 16.1 기술계획서 양식

16.2 기술계획서 요소

기술계획서는 시스템엔지니어링 활동의 목적과 방법을 문서화하기에 충분한 정보를 포함해야 한다. 이 계획서는 다음 사항을 포함해야 한다.

- 엔지니어링 활동의 목적과 시스템 개발 과정에 대해 설명하는 서론
- 엔지니어링 활동을 보다 상위레벨의 관리계획과 결합시키는 기술전략 설명
- 전략에서 언급된 목적을 달성하기 위해 시스템엔지니어링 프로세스를 어떻게 테일러링하고, 구성할 것인지 설명
- 엔지니어링 목적을 달성하는 조직적 구조를 설명하는 조직계획
- 전략을 달성하기 위해 필요한 추정 예산과 일정을 식별하는 자원계획

서론(introduction)

서론은 다음 사항을 포함해야 한다.

범위(scope) : 계획 범위는 계획이 다루는 커다란 그림(big picture) 중 어느 부분에 관한 것인지에 대한 정보를 제공해야 한다. 예를 들면, DoD 사업부서 계획이라면, 그것은 보다 상위레벨 요구사항의 통제, 시스템정의(기능베이스라인) 그리고 시스템개발에 필요한 모든 활동을 강조한다. 반면에 계약업체의 계획이라면, 하위레벨 요구사항의 통제, 예비상세설계(할당 및 제품베이스라인) 및 계약동의에 의해 요구되고 제한되는 활동을 강조한다.

설명(description) : 시스템 설명은 다음과 같아야 한다.

- 시스템을 특유(unique)하게 만드는 특성을 기술하는 집행요약으로 제한해야 한다.
- 시스템 운용기능에 대한 일반적 논의를 포함해야 한다.
- "시스템은 무엇이며 무엇을 할 것인가"에 대한 질문에 답변을 해야 한다.

중점(focus) : 활동의 지침이 되는 중점은 개발 접근방법에 대한 사업책임자의 비전을 명확히 하기 위해 제공되어야 한다. 예를 들면, 중점은 시나리오 요구사항을 획득하기 위한 가장 낮은 비용이나 예산범위 내에서 뛰어난 성능, 감소된 물류지원에 대한 우수한 표준화, 비용을 절감하기 위한 개방형 시스템 접근방법의 최대 사용 등이다. 중점 설명은 다음과 같아야 한다.

- 혼돈을 피하기 위해 단일 목적이 되어야 한다.
- 오역(misinterpretation)을 피하기 위해 간략히 서술되어야 한다.
- 상위레벨을 지원해야 한다.

목적(purpose) : 엔지니어링 노력의 목적은 요구되는 완제품과 수명주기 기능제품과 같은 일반적 관점에서 산출물을 다루어야 한다. 명시된 목적은 "엔지니어링 노력이 무엇을 생산해야 하는가?"라는 질문에 답변할 수 있어야 한다.

기술전략(technical strategy)

기술전략의 기본 목적은 개발프로세스를 획득이나 계약관리 프로세스와 연결하는 것이다. 기술전략은 다음사항을 포함해야 한다.

- 개발 단계화 및 관련 베이스라인
- 위험관리와 비즈니스 관리마일스톤을 지원하는 주요 엔지니어링 마일스톤
- 관련 병행개발이나 제품향상 고려사항
- 엔지니어링 개발에 영향을 줄 수 있는 생성된 제약사항 관리 또는 높은 가시성을 지닌 활동(예측 가능한 활동)

단계화 및 마일스톤(Phasing and Milestones) : 개발 단계화와 베이스라인 부분은 이 책에서 설명한 기본 프로세스의 테일러링을 포함하여 엔지니어링 노력을 단계화시키는 접근방법을 설명해야 한다. 주요 마일스톤은 일반적으로 기술검토 프로세스와 병행해서 수행되지만, 비즈니스관리 마일스톤과 프로젝트/프로그램의 개발 단계화를 지원하기에 적합하도록 테일러링되어야 한다. 전략적 고려사항은 또한 설계와 검증이 어떻게 생산 및 배치 단계로 전이되는가에 대한 토의를 포함해야 한다. 이 부분은 생산이 어떻게 단계화 되는지를 구체화해야 하고(제한된 소량초도생산과 장기 구매의 이용 포함), 또한 초기 지원 고려사항은 사용자와 획득집단 사이의 충분한 협조를 필요로 한다.

병행개발 및 제품 성능개량(Parallel Developments and Product Improvement) : 사업 목적을 달성하기 위해 시스템에 필요한 병행개발 프로그램이 식별되고, 활동 간의 연관성이 설명되어야 한다. 어떤 제품 개발전략이라도 역시 구체화되어야 한다. 진화적 개발(evolutionary development)과 기계획 제품성능개량(P3I: Preplanned Product Improvement)과 같은 고려사항은 전반적인 활동에서 어떻게 단계화되는지를 보여주기 위해 충분히 상세하게 설명되어야 한다.

전략에 미치는 영향

전략에 영향을 미치는 모든 조건이나 제약사항이 구체화되고, 또한 영향이 평가되어야 한다. 고려해야 할 중점사항은 다음과 같다.

- 핵심기술개발
- 독립변수비용(CAIV: Cost As Independent Variable)
- 전략에 심각하게 영향을 미치는 제약사항이나 활동을 통제하는 비즈니스관리

핵심기술 : 핵심기술에 대한 토의는 다음을 포함해야 한다.

- 핵심기술 개발과 관련 있는 위험과 그것이 전략에 미치는 영향

- 베이스라인 개발과의 관계

- 전반적 개발활동에 대한 잠재적 영향

독립변수비용 : 전략적 고려사항은 독립변수비용(CAIV)이 어떻게 수행되며, 독립변수비용이 전략에 어떠한 영향을 미치는가에 대한 토의를 포함해야 한다. 단위비용, 개발비용, 수명주기비용, 총소유비용(total ownership cost)이 시스템 개발에 적용될 때 어떻게 상호 관계를 가지는가에 대해 토의해야 한다. 이 영역에서는 비용이 어떻게 균형을 이루고 통제되며, 전략과 설계 접근방법에 대해 어떤 영향을 미치는가에 대해 중점을 두어야 한다.

관리이슈 : 개발전략에서 중요한 관심을 가지는 관리이슈는 가능한 광범위하게 다뤄질 수 있다. 일반적으로 엔지니어링 전략이슈로 정의된 관리이슈는 관리전략을 지원하기 위한 능력에 영향을 미치게 된다. 다음은 그 예이다.

- 사업관리 일정이나 자원의 제한으로 유동적인 관리를 수용하기 위한 개발단계 결합의 필요성

- 꽉 짜여진 일정 또는 제한된 예산에 따른 위험

- 기술위험을 증가시키는 계약상의 접근방법

- 기타

모델링 및 시뮬레이션, 개방형 시스템, IPPD 등과 같이 관리상 명시된 기술활동은 관리기대를 충족시키기 위해 전반적 시스템엔지니어링 전략에 영향을 미치지 않는 한 전략요소로 포함시키면 안 된다. 전략 토의는 계획이 어떻게 관리전략과 관계되며, 관리지시가 전략에 어떻게 영향을 미치는가를 계획서에 제시해야 한다.

시스템엔지니어링 프로세스

이 계획분야에서는 시스템엔지니어링 프로세스가 어떻게 전략을 지원하기 위해 설계되는지에 중점을 두어야 한다. 시스템엔지니어링 프로세스는 다음사항을 포함해야 한다.

- 시스템엔지니어링 프로세스 단계와 루프를 수행하는데 사용되는 구체적 방법과 기술

- 시스템엔지니어링 프로세스 단계와 루프 활동을 지원하기 위해 사용되는 시스템 분석과 통제에 대한 구체적 도구

- 엔지니어링 노력과 통합되는 특별한 설계 고려사항

단계 및 루프 : 시스템엔지니어링 프로세스가 어떻게 수행되는가에 대한 토의는 다음 내용을 보장하는 구체적 절차와 제품을 보여 주여야 한다.

- 요구사항이 하부시스템으로 하향 세분화되고 할당되기 전에 이해되어야 한다.

- 설계가 공식화되기 전에 기능설명서가 작성되어야 한다.

- 설계는 요구사항을 추적할 수 있도록 공식화되어야 한다.

- 이전 단계를 재검토할 수 있는 방법이 있어야 한다.

- 검증프로세스는 설계솔루션이 요구(needs)와 요구사항(requirements)을 충족하다는 것을 보장하기 위하여 수행된다.

이 계획분야에서는 각각의 개발 단계에 대해 단계(step)와 루프(loop)를 다루어야 하고, 검증 접근방법에 사용되고 수립되는 단계별 특정도구(기능흐름 블록선도, 시계열분석표 등)의 식별을 포함해야 한다. 검증 토의는 모든 검증활동, 공식적인 개발시험평가 활동과 (운용시험과 같은) 독립적인 시험활동에 대한 관계를 식별해야 한다.

특정기술 분야의 표준과 업무를 수행하는 사령부, 정부기관, 업체의 엔지니어링 프로세스는 계획영역에 큰 영향을 미친다. 그러나 사용된 절차와 기술, 분석 산출물이나 사용된 모델이 무엇이든지 그것은 이 책의 초반부에서 다루었던 시스템엔지니어링 관리의 기본적 원칙을 벗어나서는 안 된다.

이 분야가 다루는 이슈의 한 형태는 시스템정의 단계 동안의 요구사항분석이다. 요구사항분석은 시스템 후반 단계보다 시스템정의 단계에 더 결정적이고 중요하다. 개발활동의 시작에서 고객 요구사항의 올바른 수립은 적합한 개발에 있어 필수적이다. 따라서 시스템정의 단계의 요구사항분석은 확실한 통제와 설계활동을 시작하는데 충분하도록 수립된 요구사항을 검증하기 위한 초기검토가 요구된다. 시스템정의 단계에 필요한 통제 및 검증 프로세스는 전반적 요구사항분석 프로세스와 절차의 일부로 상세하게 기술되어야 한다.

분석 및 통제 : 계획은 대안의 접근방법을 평가하고, 효과도 분석 및 평가, 그리고 성능, 기능 및 설계 요구사항의 선택을 위한 엄격하고 정량적인 기반을 제공한다. 이러한 프로세스는 절충연구, 시장조사, QFD, 실험설계 등을 포함한다.

계획은 통제와 피드백을 수립하고 유지함으로써 이 방법을 식별해야 한다. 통제의 중점은 이벤트기반 일정에 의해 수행되는 성능기반 측정이다. 이벤트기반 마일스톤에 대한 진입 및 종료기준은 적절한 개발프로세스가 완성되는 것을 충분히 시연하기 위해 수립된다. 이벤트기반 일정과 종료기준은 이 책의 후반부에서 좀 더 자세히 다루어진다. 피드백과 통제를 유지하는 방법은 종료기준을 충족시키면서 프로세스를 감독하도록 개발되고 있다. 일반적인 방법은 이 책의 측정기준, 위험관리, 형상관리 및 기술검토에서 이미 다루었다.

설계 고려사항 : 모든 시스템 개발에는 일반적으로 특별한 관심을 필요로 하는 기술활동이 있다. 이것은 관리 고려사항, 법률적 또는 강제적 지침, 사회적 이슈, 조직의 주도권으로부터 생성된다. 예를 들면, DoD 사업부서는 개발활동과 통합되어야 하는 여러 가지 기술활동에 대한 목록을 DoD

Defense Aquisition Guidebook으로부터 수립해내야 한다. DoD 계획은 DoD Defense Aquisition Guidebook의 프로그램 설계분야에 나타나는 각 이슈에 대해 구체적으로 다루어야 한다.

계약업체의 경우, 계약시 설명되고 제안서에서 약속되며 또한 기술활동을 통해 다루어야만 하는 관리상 수립된 이슈가 있을 수 있다. 시스템엔지니어링 계획은 이러한 이슈를 각각 어떻게 개발활동과 통합할 것인지 기술해야 한다.

조직(organization)

시스템엔지니어링 관리계획은 시스템 개발에 대한 기본 구조를 식별해야 한다. 조직 계획은 다른 기술전문가와 주요 기능관리자, 다른 이해당사자가 시스템을 개발하기 위해 어떻게 통합되는지를 다루어야 한다. 이 계획 분야는 각 전문 분야 협력팀들이 어떻게 수행하는지, 즉 팀이 어떻게 조직되고, 업무를 수행하며, 교육훈련되는가에 대해 다루어야 한다. 시스템레벨 팀은 이런 활동을 지원하기 위해 초기에 조직되어야 한다. 시스템레벨 설계팀의 규정, 권위, 기본적 책임은 구체적으로 다루어져야 한다. 설계 조직을 수립하는 것은 시스템레벨 설계팀의 초기 업무 중의 하나다. 시스템레벨 설계팀의 활동조직을 위한 기본적 접근방법은 계획에서 다루어져야 한다. 조직에 대한 더 자세한 내용은 다음 장에서 다룬다.

자원(resources)

시스템엔지니어링 계획서는 기술 개발에 필요한 예산을 식별해야 한다. 필요한 자금은 이벤트기반 일정과 전략에 기초하는 일정표에 대해 매트릭스화 하여야 한다. 자금은 상위레벨에서 추정된 지출프로필를 포함하고 있는 기본적인 개발 시계열일정표를 작성해야 한다. 자금이나 일정의 부족은 자금을 증가하고 일정을 연장함으로써 또는 계획 준비 전에 요구사항을 감소시킴으로써 해결된다. 관리에 의한 개발 진행의 사전분석은 계획 발단에서 '약속된(계획된)' 예산을 기반으로 하는 경향이 있다는 것을 명심해야 한다.

16.3 계획과 프로그램 계획 인터페이스의 통합

시스템엔지니어링 관리계획은 다음과 같은 활동을 인터페이스화하기 위해 조정되어야 한다.

- 획득전략은 기술계획이 획득전략에 반영된 의사결정을 고려한다는 것을 확실하게 한다. 상충 내용은 조기에 식별되고 해결되어야 한다.
- 재정계획은 자원이 기술계획서에서의 요구를 충족하는 것을 보장한다. 상충 내용은 조기에 식별되고 해결되어야 한다.
- 시험평가종합계획서는 검증 접근방법을 보증한다. 시험평가종합계획서는 설계 형상이 고객 요구사

항을 충족하는 것을 증명하기 위해 통합된 접근방법을 제공해야 한다. 이 접근방법은 시스템엔지니어링계획서에서 기술된 검증 접근방법과 일치되어야 한다.

- 형상관리 계획은 개발프로세스가 시스템 베이스라인을 유지하고, 변경을 통제하는 보장한다.

- 설계계획(예; 전기적, 기계적, 구조적 등)은 IPT의 식별을 조정한다.

- 종합군수지원 계획과 지원분석은 전체 시스템 지원을 조정한다.

- 생산/제조는 설계 생산성과 후속생산에 관한 활동을 통합하도록 계획한다.

- 품질관리 계획은 품질을 위한 엔지니어링 활동과 품질관리 기능이 시스템엔지니어링 계획에 포함되도록 한다.

- 위험관리 계획은 전체 프로그램의 위험관리를 지원하기 위해 기술 위험관리 계획을 수립하고 조정한다.

- 상호운용성 계획은 상호운용성 적합성 이슈가 시스템엔지니어링 계획과 통합을 이루도록 한다. (상호운용성은 특히, 의사소통이나 정보시스템과 같은 결정적 요구사항인 반면에 개별 통합팀과 조정, 통제와는 별도의 사항으로 다루어져야 한다).

- 이 밖에 모델링 및 시뮬레이션, 소프트웨어 개발계획, 인간 통합계획, 환경, 안전과 건강계획, 인터페이스 등이 있다.

주의사항

잘 개발된 기술관리 계획은 다음을 포함한다.

- 사용자의 기대이익

- 전체 시스템 개발이 어떻게 시스템엔지니어링 접근방법을 사용하여 달성되는가?

- 기술계획이 획득이나 관리계획을 어떻게 보충하고 지원하는가?

- 점진적인 검토는 어떻게 하여 개발이 제대로 이루어지도록 하는가?

- 비용이 어떻게 감소되고 통제되는가?

- 기술활동에 무엇이 필요하고, 누가 기술활동을 수행하는가?

- 기술활동이 어떻게 작업 달성과 일정에 관련되는가?

- 시스템 형상과 위험이 어떻게 통제되는가?

- 시스템 통합이 어떻게 달성되는가?

- 수명주기 주요 8대 기능의 고려사항이 어떻게 충족되는가?

- 강제적이고 구조적인 요구사항들이 어떻게 달성되는가?

- 계획의 실현 가능성은 기술, 일정 및 비용면에서 실용적이고 집행 가능한 계획이다.

16.4 요점

- 시스템엔지니어링 계획은 엔지니어링 목적을 달성하는 조직적 구조를 수립해야 한다.

- 계획은 이벤트기반 일정계획을 포함하고, 피드백과 통제 방법을 수립해야 한다.

- 계획은 엔지니어링 활동을 수행하는데 필요한 중요한 계획과 통제문서가 된다.

- 계획은 전략을 달성하는 데 필요한 추정된 자금과 세부일정을 구체화해야 한다.

- 시스템엔지니어링 계획은 획득과 기술 프로세스 사이에 적합한 관계를 수립해야 한다.

부록 16-A. 시스템엔지니어링 관리계획서(SEMP)

　시스템엔지니어링 관리계획서(SEMP)는 시스템엔지니어링 노력을 관리하기 위한 최상위레벨 계획서이다. SEMP는 프로그램을 어떻게 조직하고 구성하여 진행할 것인지 그리고 고객 요구사항을 만족하는 제품을 공급하기 위해 어떻게 엔지니어링 프로세스를 통제할 것인지를 정의한다. 개발업체는 SEMP를 작성하여 고객에게 제출해야 하며, 탐색개발과 체계개발 단계(미 국방부 프로그램의 PD&RR과 EMD단계) 의 기술관리 또는 상용분야의 동등한 관리에 사용된다. SEMP 양식은 프로그램, 해당기관 또는 회사 표준에 맞도록 테일러링할 수 있다. 탐색개발 프로그램을 위한 SEMP는 체계개발의 형태와 비슷하지만, 탐색개발 SEMP가 다소 덜 상세하며 보다 낮은 레벨의 요구 노력이 요구된다. SEMP는 사업이 진행됨에 따라 지속적으로 업데이트된다. SEMP의 예는 웹사이트 상에서 쉽게 구할 수 있다.

---

1. 표지
2. 제목 페이지
3. 목차
4. 범위
5. 적용문서
6. 시스템엔지니어링 프로세스
7. 핵심기술전이
8. 시스템엔지니어링 노력 통합
9. 기타 시스템엔지니어링 활동
10. 주석
11. 부록

표 16.2 **SEMP 양식**

　다중 프로그램에 대한 SEMP의 재사용을 극대화하기 위해서, 많은 상용조직은 시스템엔지니어링 프로세스에 초점을 맞춘 회사의 표준 SEMP를 유지 관리한다. 프로그램의 특정부록은 시스템엔지니어링 상세일정(SEDS: Systems Engineering Detailed Schedule), 의사결정 데이터베이스 그리고 일정관련 산출물 등과 같은 상세하고 동적인 정보를 획득하기 위해 종종 사용된다.

부록 16-B. 일정

이벤트기반 일정은 때때로 시스템엔지니어링 종합일정(SEMS: Systems Engineering Master Schedule) 또는 통합종합일정(IMS: Integrated Master Schedule)으로 불리는 제품이나 프로세스 개발과 관계되는(시간주도가 아닌) 기술 이벤트주도 계획이다. 이것은 일정통제와 진도측정에 대한 기반을 수립하고, 엔지니어링관리 이벤트 및 WBS의 완성과 관계된다. 이러한 이벤트는 진입 및 종료 이벤트(예를 들면, 예비설계 검토를 시작하고, 완성하는 것), 또는 각 이벤트에 대한 이벤트 진입 및 종료기준의 형식 모두를 식별한다. 표 16.3과 16.4는 각각 종료기준의 예를 나타낸다.

시스템 요구사항검토(SRR)	시스템기능검토/소프트웨어 규격서검토(SFR/SSR)	예비설계검토(PDR)
· 임무분석 완료 · 지원전략 정의 · 시스템옵션결정 완료 · 설계사용 정의 · 운용성능요구사항 정의 · 인력 민감도 완료 · 아키텍처의 이용 가능성과검토	· 설치환경 정의 · 정비개념 저의 · 예비설계기준 수립 · 예비설계마진 수립 · 인터페이스 정의/인터페이스 규격서 완료 · 소프트웨어/소프트웨어지원 요구사항 완료 · 베이스라인지원/자원요구사항 정의 · 지원장비성능 정의 · 기술아키텍처 준비 · 시스템 정의/요구사항의 달성 가능성	· 설계분석/정의 완료 · 재료/부품의 특성화 완료 · 설계정비성 분석 완료/지원 요구사항 정의 · 예비생산계획 완료 · 자체제작/외주구매 최종결정 · 브레드보드시험 완료 · 쿠폰시험 완료 · 설계마진 완료 · 예비 FMECA 완료 · 소프트웨어 기능, 아키텍처 및 지원요구사항 정의 · 정비임무 절충분석 완료 · 지원장비 개발규격서 완료

표 16.3 이벤트기반 일정완료 판단기준 사례

사업부서는 전반적 개발활동을 나타내는 이벤트기반 일정을 개발한다. 이 일정은 보통 상위 레벨로 획득 마일스톤 의사결정 프로세스를 지원하는 이벤트의 완성에 중점을 둔다. 이벤트기반 일정은 수립된 이벤트의 계약에 앞서 요구되는 진도를 맞추기 위하여 완성되어야만 하는 완성물(accomplishments)을 포함하기 위해 계약업체에 의해 개발된다. 계약업체는 또한 이벤트, 산출물 그리고 특히 계약업체에 의해 식별된 성공 판단기준을 포함한다. DoD 사업부서는 여러 가지 목적을 위해 계약업체의 자원선택, 계약업체 진도 감독, 기술 및 기타 검토, 옵션보상에 대한 준비, 인세티브/보상 결정, 진도지불 결정 그리고 다른 유사한 활동을 계약과 일치시키기 위해 계약자의 이벤트 기반일정을 사용할 수 있다.

상세설계검토/시험준비검토 (CDR/TRR)	시스템검증검토/기능형상감사 (SVR/FCA)	물리형상감사 (PCA)
· 부품, 재료, 공정 선정 · 개발시험 완료 · 검사중점/판단기준 설정 · 구성품 레벨 FMECA 완료 · 수리레벨 분석 완료 · 설비요구사항 정의 · 소프트웨어 시험설명서 완료 · 하드웨어와 소프트웨어 위험분석 완료 · 펌웨어규격서 완료 · 소프트웨어 프로그램 매뉴얼 작성 완료 · 내구성시험 완료 · 정비성분석 완료 · 품질시험 절차 승인 · 생산성분석 완료	· 모든 검증업무 완료 · 내구성시험 완료 · 장기소요 구매품목 정의 · 전자공학 분야 사업관리자에 대한 운용 교육훈련 완료 · 기술매뉴얼 작성 완료 · 비행시험 계획 승인 · 정비지원 및 교육장비 개발 · 배치분석 완료 · 예비데이터 검증	· 품질보증시험 완료 · 품질보증항목 확정 · 제조공정 요구사항 및 문서화 확정 · 제품조립규격서 확정 · 정비지원 및 교육장비 · 품질보증 완료 · 인증시험요구사항 확정 · 수명주기 관리계획 수립 · 시스템지원 성능 시연 · 사후 생산지원 분석 완료 · 소프트웨어 설명서 및 사용자 매뉴얼 최종안 완성

표 16.4 **이벤트기반 일정완료 판단기준 사례(계속)**

이벤트기반 일정은 개발 프로그램의 진도를 결정하기 위한 주요 파라미터를 수립한다. 어느 정도까지 이벤트기반 일정은 위험관리계획, 시스템시험계획, 그리고 프로그램관리의 세부사항을 다루는 주요 계획뿐만 아니라 시스템엔지니어링 관리계획, 통합종합일정 및 통합종합계획 등을 통제하고 인터페이스화 한다. 일정표 또는 상세일정은 작업노력이 어떻게 이벤트기반 일정에서 식별된 업무와 이벤트를 지원할 것인가를 보여주는 시간기반 일정이다. 상세일정은 각각의 중요한 산출물이 성취되어야 할 때를 보여주기 위해 업무과 시간을 조정한다. 상세일정은 획득가치 측정기준을 개발하는데 필수 요소이다. 일정표는 일반적으로 상세일정, 시스템엔지니어링상세일정서, 즉 SEDS(Systems Engineering Detail Schedule)라 한다. 계약업체는 일반적으로 계약에 요구되는 활동을 이벤트와 일정표 사이의 관계를 유지하기 위해 수행한다. 그림 16.1은 시스템요구사항, WBS, 계약요구사항, 이벤트기반 일정 그리고 상세일정 사이의 관계를 보여준다.

일정 요약

이벤트기반 일정은 기대되는 주요한 업무와 결과를 수립한다. 이벤트기반 일정은 유효한 달력기반(세부) 일정표에 대한 기반을 제공한다.

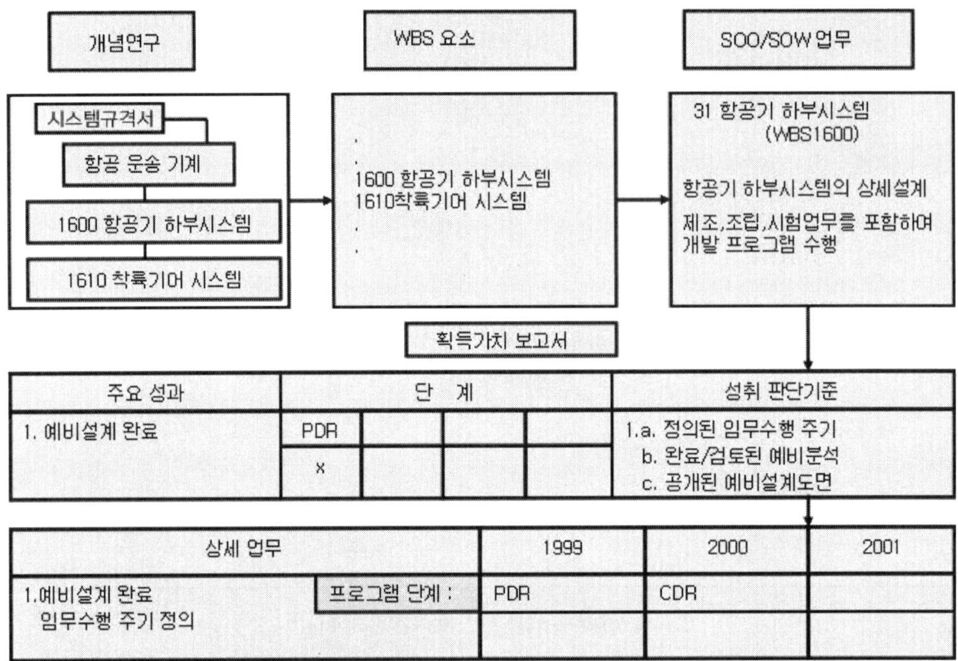

그림 16.1 이벤트기반 - 상세일정 관계

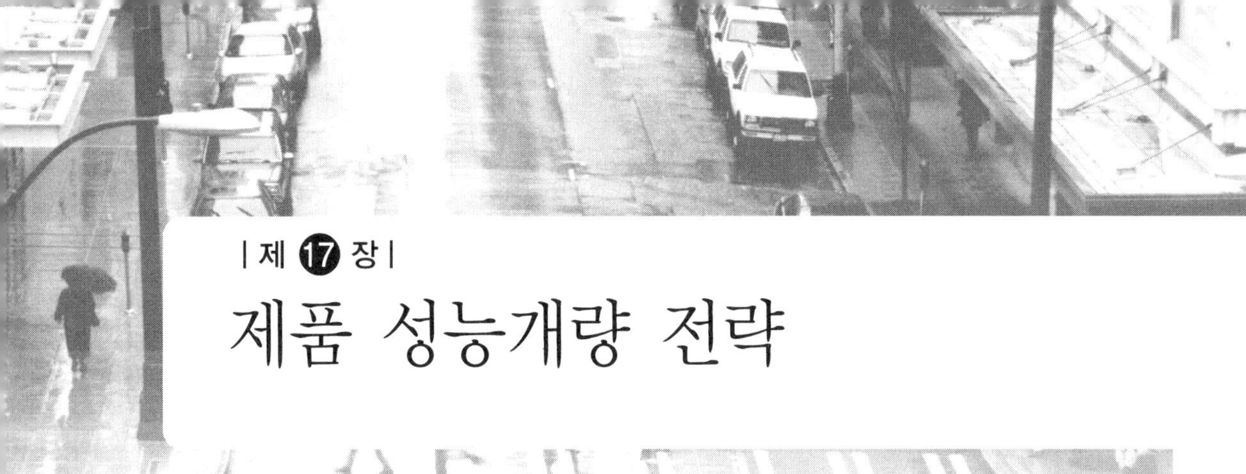

제 17 장

제품 성능개량 전략

17.1 개요

일반적으로 복잡한 시스템은 고정된 형상을 갖지 않는다. 시스템 수명주기 동안 변경 (change)에 대한 요구는 많은 소스로부터 생겨나며 다양한 방법으로 형상에 영향을 줄 수 있다. 대부분의 경우 개발 초기단계에 이러한 변경에 따른 특성과 시기를 예측하기는 쉽지 않다. 따라서 전략이나 설계 접근방법은 예측과 알 수 없는 변경에 관련된 위험을 감소시키기 위해 개발된다.

잘 고려된 성능개량(improvement) 전략은 다음과 같은 어려운 엔지니어링 문제를 통제하는데 도움을 준다.

- 프로그램의 시작 단계에서 완전하게 이해되지 못한 요구사항

- 대부분의 시스템개발보다 더 많은 기간이 소요되는 기술개발

- 증가되고 성능이 향상된 고객요구(예를 들면, 새로운 군사적 위협에서 전투에 필요한 요구)가 서로 다르거나 유동적인 경우

- 정책, 운용개념, 군수지원개념 그리고 수명주기 주요 8대 기능그룹의 계획 또는 실행의 변경으로 인한 요구사항 변화

- 고성능 저비용 시스템을 위한 기술 유용성

- 새로운 지원요소 공급의 개발을 포함한 운용, 정비, 또는 지원을 보다 저렴하게 하는 잠재적 신뢰성 및 정비성 향상

- 안전하지 못한 구성품의 대체를 요구하는 안전에 관련된 이슈

- 시스템의 운용수명을 늘리기 위한 재생과 업그레이드 등의 운용수명 연장 프로그램

DoD의 21세기의 도전은 기존제품을 개량하고, 새로운 제품이 쉽게 개량될 수 있도록 설계하는 것이다. 이것은 40년 이상이나 되는 무기체계의 평균 운용수명 때문에 예측되거나 그렇지 못한 미래 요구사항에 효과적으로 대처할 수 있는 방법이 된다. 이러한 미래 요구사항은 안전

성, 성능, 지원성, 인터페이스 호환성, 또는 상호운용성에 대해 요구되는 업그레이드; 소유비용 (ownership cost)의 감소; 또는 중요한 개조(rebuild) 등으로 나타난다. 이러한 성능개량 (improvement) 또는 수정(corrections) 요구에 따른 준비는 시스템엔지니어 생산 이후 활동의 대부분을 형성한다.

17.2 제품 성능개량 전략

그림 17.1과 같이 이러한 전략은 바로 수명주기에 기반을 둔다. 성능개량 요구를 반영한 전략 또는 설계 접근방법은 계획된 성능개량, 설계 또는 생산 단계에서의 변경, 배치된 시스템의 업 그레이드로 분류된다.

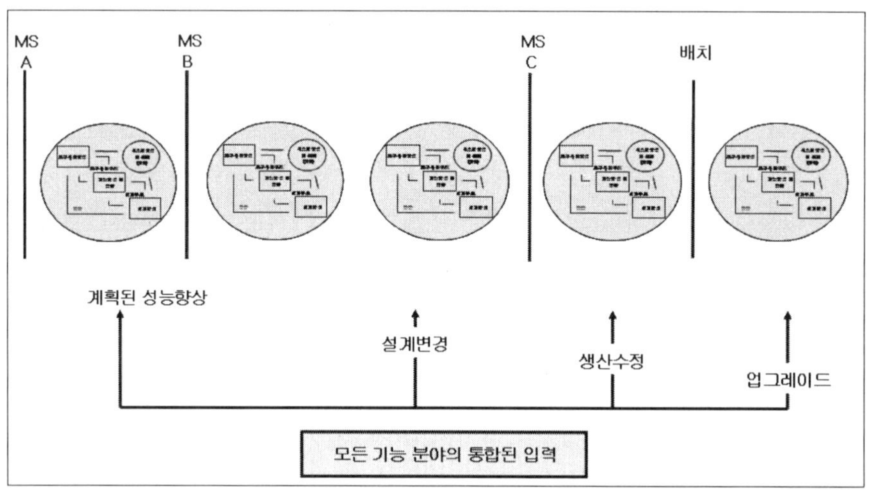

그림 17.1 제품 성능개량 전략의 유형

계획 성능개량(planned improvements)

계획 개량전략에는 진화적 획득(evolutionary acquisition), 기계획 제품개발(preplanned product development), 개방형 시스템(open systems) 등이 포함된다. 이들은 서로 배타적이 아니며, 프로그램 개발단계에서 상승작용을 위해 결합될 수 있다.

진화적 획득(evolutionary acquisition) : 진화적 획득은 DoD에서 선호하는 시스템획득에 대한 접근 방법이다. 기술이 급격히 발전하고 군사적 우위에 대한 핵심이 기술적 우위전력으로 인식되는 환경 에서 요구사항은 후일 발생하게 될 변경에 따른 기반을 준비하면서, 가능한 빠르게 유용한 능력을 개 발로부터 사용자에게 전이(transition)되도록 하는 것이다. 진화적 획득 접근방법은 사용자의 모든 요구사항을 만족시킬 수 있을 때까지 시스템의 핵심능력을 점진적으로(진화적으로) 구축해 나아가는

것이다. 핵심능력은 사용자의 요구기능, 기술성숙도, 위협, 예산 등에 의해 정의된다. 그 다음, 핵심
능력은 요구가 진화되고 언급된 다른 요인의 허용됨에 따라 확장된다.

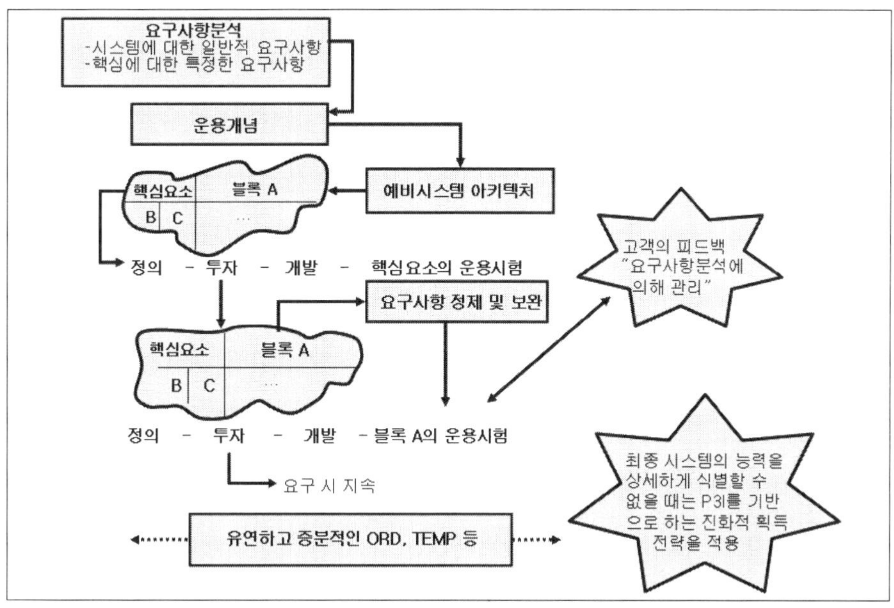

그림 17.2 **진화적 획득**

　　진화적 획득을 달성하기 위한 주요사항은 한 번에 설계를 완료하는 전통적인 접근방법 보다
는 요구사항을 개발 단계에 따라 점진적으로 충족되도록 시간 단계별 요구사항과 최종사용자와
의 지속적인 의사소통을 이용하는 것이다. 진화적 획득을 위한 계획은 또한 이미 배치된 시스템
을 완전하게 재설계 및 재개발하는 부분이 없이 시간에 걸쳐 부가적인 점증적 개발을 가능하게
하는 모듈화 설계개념 및 개방형 시스템에 기반을 둔 엔지니어링 설계를 요구한다. 개방형 설계
는 최근의 기술적 변화를 받아들일 수 있도록 구성되며, 또한 시장경쟁의 이점으로 인해 통제비
용을 지원할 수 있다. 이러한 개념은 새로운 것이 아니다. 시스템이 자주 전체 수명주기에 걸쳐
진화가 이루어지는 C4ISR 분야에서는 오래 동안 적용되어오고 있다.

기계획 제품 성능개량 : P3I(P3I : Preplanned Product Improvement)라고도 하는 기 계획 제품
성능개량은 요구사항이 알려지고 확정되었으나, 제약(통상 기술 또는 예산)으로 요구된 일정 내에 시
스템요구사항의 일부를 달성하지 못할 때 적합한 전략이다. 만약 일부 개발이 아직 진행되고 있는 동
안 군사적으로 유용한 다른 능력이 임시 솔루션으로서 배치될 수 있다고 결론을 내린다면 P3I가 적
합하다. 일반적으로 이 접근방법은 일반적으로 분리된 병행개발에 따른 성능개량을 다루는 것이다.
초기에는 성능개량 없이 시스템을 시험하고 배치한다. 그리고 이것이 사용 가능해짐에 따라 강화된
성능을 입증하고 제공한다. 성공적인 P3I의 주요사항은 시스템과 성능개량에 대하여 잘 정의된 인터
페이스요구사항을 수립하는 것이다. P3I의 사용은 초기비용, 형상관리 활동, 기술적 복잡성을 증가

시키는 경향이 있다. 그림 17.3은 적합성 여부를 결정할 때 고려사항을 나타낸다.

개방형 시스템 접근방법 : 개방형 시스템설계 접근방법은 경쟁 상용제품의 사용을 수용하고 미래 변화에 따른 능력의 증대를 제공하는 유연한 설계인터페이스를 만들기 위해 인터페이스관리를 사용한다. 그것은 운용요구가 확정되었든 아니든, 기술이 아직 가용하지 않을 때 미래요구에 대한 준비를 위해 사용된다. 개방형 시스템의 초점은 표준 인터페이스, 모듈화, 승인된 인터페이스 표준, 공통 인증인터페이스를 통한 표준구성품, 상용품 및 미개발 품목, 구획설계(compartmentalized design)의 사용과 같이 변경하기 쉬운 시스템을 설계하는 것이다.

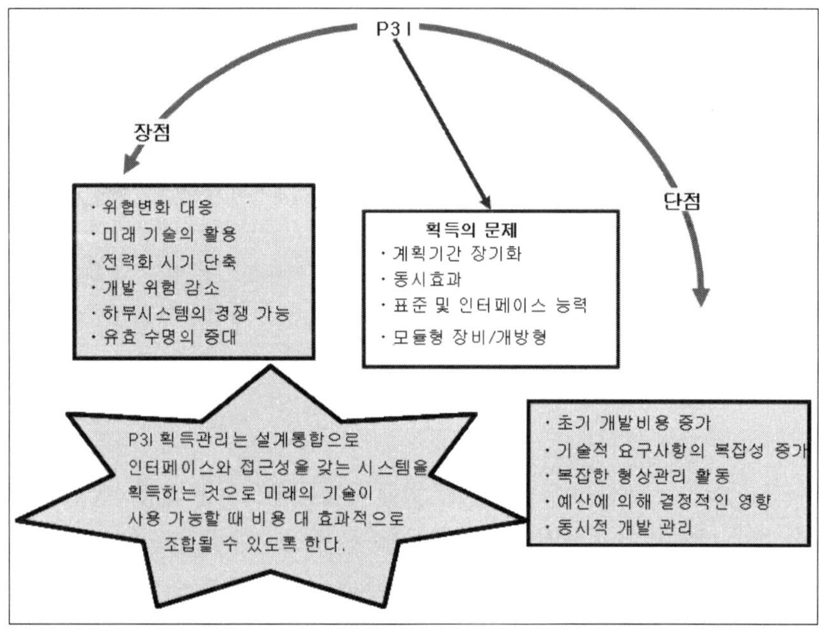

그림 17.3 **기계획 제품 성능개량**

설계 또는 생산 단계에서의 변경

엔지니어링변경제안서(ECPs : Engineering Change Proposals): 주어진 시스템의 개발 및 생산 단계에서 수행된 변경은 엔지니어링변경제안서를 통하여 전형적으로 시작된다. 만일 제안된 변경이(통상 형상통제위원회에 의해) 승인되면, 시스템을 설명하는 참조문서에 대한 변경은 공식적인 형상관리에 의해 이루어지며, ECPs에 의해 승인기준이 변경된다. ECP는 이러한 변경의 관점과 구체화를 수립한다. ECPs는 결함의 수정, 비용감소, 및 안전성을 포함한 요구의 다양성을 다룰 수 있다. 또한 ECP는 긴급성에 따른 일정으로부터 달라지는 우선순위 레벨을 나타낸다. 형상관리 지침 MIL-HDBK-61은 형상변경과 관련된 문제에 대한 훌륭한 소스를 제공한다

배치전 블록변경(Block Change before Deployment) : 블록변경은 생산제품의 그룹에 일관성 있게 적용되는 여러 변경사항을 모아서 한 번에 적용함으로써 형상관리 활동을 향상시키는 방법이다. 이러한 방법은 제품별 변경 또는 단일 지시에 따른 변경과 비교할 때 유사한 품목에 대한 관리와 형상통제 활동을 개선한 것이다. 블록 변경 시 수명주기에 미치는 영향도 세심하게 고려해야 한다. 블록형상의 큰 차이는 시스템에 영역 또는 활동이 할당됨에 따라, 다른 매뉴얼, 보급문서, 교육훈련 그리고 제약의 결과를 낳을 수 있다는 것이다.

배치된 시스템의 업그레이드

중요개조(Major Rebuild): 중요 개조는 현저하게 다른 요구사항 또는 현재 시스템에 증가된 요구사항을 만족시키는 시스템이 요구되거나, 시스템이 유효수명에 도달하여 수명을 연장하고자 할 때 발생된다. 두 경우 모두 시스템은 성능개량 요구사항을 가지며, 기본적으로 새로운 시스템 개발로 취급되어야 한다. 성능개량된 요구사항을 바탕으로 한 개조시스템에 대한 형상베이스라인을 설정하고 통제하기 위해 새로운 개발프로세스가 시작되어야 한다.

중요개조는 재제조(remanufacturing), 수명주기연장 프로그램(service-life extension program) 및 이전 시스템의 중요 부분이 재사용되는 시스템 개발을 포함한다. 비록 어떤 경우에는 기존 시스템의 개조가 새로운 시스템 보다 크게 비용을 줄일 수 있지만, 개조의 경제성은 조작될 수 있다. 그리고 개조를 추구할지에 대한 선택은 절충연구의 세심한 적용 이후에 결정되어야 한다. 이러한 시스템에 대한 엔지니어링의 중점은 이것이 새로운 시스템의 개발이므로 베이스라인작성, 시스템엔지니어링 프로세스, 수명주기의 통합 등 전체 개발 고려사항이 요구됨을 기억하는 것이다.

생산 후 성능개량(Post-Production Improvement) : 일반적으로 시스템을 개량하거나 구성요소가 노후화된 시스템을 정비하기 위해 제품 성능개량이 필요하게 된다. 이러한 프로젝트는 일반적으로 성능개량을 가져오지만 시스템의 실제 목적은 기본요구를 충족시키는 것이다. 이러한 성능개량은 전체 시스템에 대한 개량이 아니라 구성요소 또는 하부시스템의 성능개량으로 볼 수 있다.

블록업그레이드(Block Upgrade) : 생산 후 블록업그레이드는 그 그룹 내에서 연관된 형상을 제공하는 시스템 집합의 형상그룹을 개량하는 것이다. 생산 후 블록업그레이드는 생산 블록업그레이드처럼 개별시스템 형상통제와 동일한 일반적인 목적을 만족시키므로 수명주기 통합과 동일한 레벨을 필요로 한다.

기존 시스템의 수정(modification)

기존 시스템의 업그레이드는 형상관리 및 인터페이스 관리활동이 강조되는 시스템엔지니링 프로세스 문제이다. 시스템 업그레이드시 다음과 같은 활동이 포함되어야 한다.

- 업그레이드 및 전체 시스템 모두에 대해 수정된 요구사항을 벤치마킹

- 수정된 요구사항에 대한 기능분석 및 할당 수행

- 사전에 업그레이드된 시스템의 실제 능력 평가

- 비용 및 위험 요소를 식별하고 감시

- 수정된 시스템 대안을 개발하고 평가

- 선택된 성능개량 대안에 대한 시제품 제작

- 성능개량에 대한 검증

제품 성능개량은 형상 및 인터페이스 관리를 위해 특별히 주의해야 한다. 이것은 통상 기존시스템의 형상이 현 형상자료와 일치하지 않기 때문이다. 형태(form), 상태(fix), 특히 기능인터페이스는 시스템 업그레이드 초기단계에서 잘 나타나지 않는 설계 제약사항을 자주 나타낸다. 업그레이드 계획은 수정된 구성품이 연동시 호환될 수 있도록 해야 하며, 연동이 충돌시에는 광범위한 조정과 일치가 되도록 해야 한다.

배치된 시스템의 업그레이드시 함정

배치된 시스템을 업그레이드시킬 때는 다음과 같은 함정에 주의해야 한다.

운용에 미치는 영향이 최소화되도록 일정 계획: 사용자의 운용위임은 수정을 위한 시스템 가용성(availability)를 지시한다. 만일 일정이 현재의 운용계획 또는 긴급한 운용요구와 상충된다면, 합의된 시기에 수정작업을 수행하지 못하게 된다. 따라서 사용자의 예측하지 못한 운용요구에 대처하기 위해 일정을 변경할 수 있도록 계획과 계약상의 일정조정은 충분히 유연하여야 한다.

형상 및 인터페이스 관리 : 실제의 기존형상, 수정형상, 최종 시스템형상 등 세 가지 형상 모두에 대하여 형상관리 활동이 수행되어야 한다. 인터페이스와 관련된 이해 및 통제 수준이 성공적인 수정의 중점사항이다.

물류지원 호환성 문제 : 수정은 형상을 변경하는 것이므로 대부분의 경우 보급지원과 정비분야의 변경을 유발시키게 된다. 수정된 시스템의 장기간 운용을 보장하기 위해서는 물류지원 전문가와의 협조가 필수적이다.

최소한의 가용자원 : 수정(modifications)을 단순한 변경(changes)으로 간주하려는 경향이 있지만, 이 장에서는 수정이 단순한 변경이 아니므로 주의 깊게 계획되어야 한다고 지적하고 있다. 수정계획에는 가용한 자원의 예측이 포함되어야 한다. 만일 필요한 자원이 불가용 할 때는 프로젝트를 포기하

거나 착수 시점의 위험을 감소시켜야 하므로 추가로 필요한 자원을 확보하기 위한 최소한의 예산이 반영되어야 한다.

한정된 경쟁자 : 오래된 시스템에 대한 실제 기능과 설계에 대한 합체된 지식(corporate knowl-edge)을 가지고 있는 공급자는 많지 않다. 특히, 설계자가 원 시스템 구성품에 대한 제품베이스라인 데이터를 가지고 있지 않은 상용 또는 미개발 품목이라면 문제는 더욱 심각해진다. 이러한 경우에 설계자 또는 공급자는 적절한 수정활동을 지원하기 이전에 자신의 제품에 대한 연구가 선행되어야 한다. 시스템에 따라 특정한 경우 이러한 사전연구 활동이 중요한 노력이 될 수도 있다. 이러한 문제는 심각한 비용의 발생을 초래할 수 있으므로 가능한 한 초기에 고려되어야 한다.

정부의 투자방침 : 그림 17.4와 같이 시스템 업그레이드를 위해 정부 예산을 사용하는 데에는 제약사항이 있다. 업그레이드의 목적은 명확하고 합리적으로 계획되어야 한다.

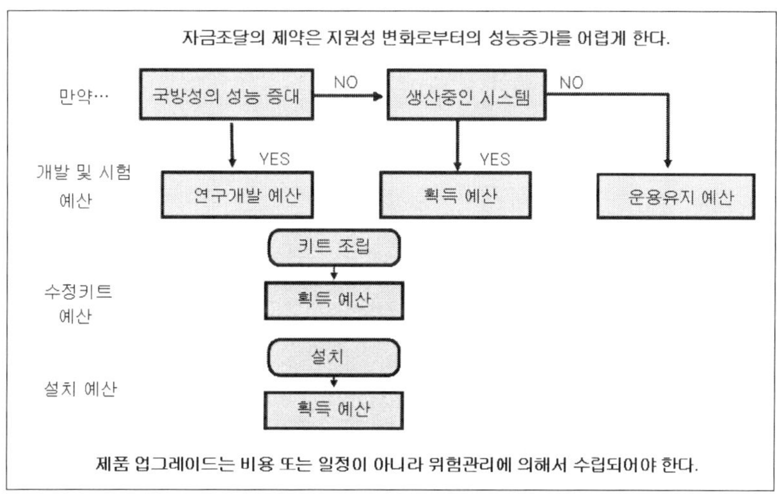

그림 17.4 미 DoD 시스템 업그레이드 투자방침

17.3 역할과 책임

일반적으로 수정관리(modification management)는 정부와 계약업체 모두에게 책임이 있다. 특정한 시스템의 업그레이드는 주변 환경과 관련이 있지만 일반적으로 정부의 책임은 다음과 같은 사항을 포함한다.

- 시스템요구사항에 대한 명확한 기술 제공
- 정부의 기능에 관련된 계획

- 외부인터페이스의 관리
- 성능베이스라인 형상관리
- 요구사항의 만족 여부를 검증

계약업체의 책임은 계약에 따라 결정되지만, 일반적으로 다음 사항을 포함한다.

- 수행과 관련된 기술계획
- 새로운 성능포락선(performance envelope)에 대한 정의
- 수정에 대한 설계 및 개발
- 요구대로 시스템의 수정이 이루어 졌다는 증거 제공

시스템엔지니어링의 역할

제품의 성능개량에 있어 시스템엔지니어링은 다음의 역할을 수행한다.

- 시스템 변경에 대한 계획
- 시스템엔지니어링 프로세스 적용
- 인터페이스 변경관리
- 지속적인 변경이 가능하도록 인터페이스 표준을 검증하고 적용
- 수명주기 관리활동의 수행 여부 검증
- 시스템 수정에 대한 요구를 감시
- 운용 및 지원활동, 초기배치 결과가 계획에 고려되도록 보증

17.4 요점

- 복잡한 시스템은 일반적으로 고정된 형상을 갖지 않는다.
- 계획 성능개량(planned improvements) 전략은 진화된 획득, 기계획 제품개발 및 개방형 시스템을 포함한다.
- 중요개조(major rebuild)는 새로운 시스템 개발로 취급하여야 한다.
- 기존 시스템의 업그레이드는 형상과 인터페이스 관리가 강조되는 시스템엔지니어링 프로세스의 일이다.

부록 17-A. 개방형 시스템 접근방법

개방형 시스템(open systems) 접근방법은 구성품을 대체하여 쉽게 변경(change) 또는 업그레이드할 수 있는 시스템을 개발하기 위한 상업적 기술 접근방법이다. 이것은 유연한 인터페이스와 최대 상호운용성, 상업적 경쟁제품의 최적 사용, 그리고 미래 업그레이드를 위해 강화된 시스템 능력을 강조하는 시스템에 대한 개발 논리이다. 이러한 접근방법의 가치는 개방형 시스템이 유연성을 갖고, 이 유연성이 비즈니스, 관리 및 기술적 관점으로부터 인식할 수 있는 이득으로 변환되는 것이다.

관리 및 비즈니스 관점에서 개방형 시스템 접근방법은 수명주기 비용을 절감시키기 위한 집중적인 설계활동 수단의 직접적인 소스이다. 비즈니스 접근방법은 CAIV의 DoD 정책구상과 상용품 사용을 지원한다. 기술적 접근방법은 시스템엔지니어링, 인터페이스 통제, 모듈화 설계, 그리고 업그레이드 설계를 강조한다. 기술적 접근방법은 설계의 유연성, 위험감소, 형상통제, 장기적 지원성 및 강화된 효용성을 지원한다.

개방형 시스템의 구상

DoD의 개방형 시스템은 C4ISR과 정보시스템의 설계에 중요한 이점을 제공하는 컴퓨터 산업의 급격한 변화에 대한 결과로서 시작되었다. 컴퓨터 산업에 의해 달성된 표준화는 시스템에 기존 구성품을 채택하기 위해 인터페이스 표준을 사용하여 설계된 C4ISR과 IT 시스템의 표준화를 가능하게 한다. 이것은 시스템 내·외부, 기능 및 물리적 인터페이스에 대한 상용 규격서와 표준서, 제품, 관례 및 도구의 사용으로 달성되었다. 개방형 시스템은 개방형 표준에 의해서 완전히 설명되는 인터페이스를 갖는다. 개방형 시스템 접근방법은 다양한 설계솔루션, 특히 개방형 표준, 상용제품의 경쟁, 미개발 품목을 사용할 수 있도록 하는 접근방법으로 장래의 업그레이드에 대한 능력을 확보할 수 있도록 모듈화 설계, 인터페이스 설계 등의 적용으로 확대되고 있다.

C4ISR과 IT 개발의 경우 개방형 시스템 접근방법은 운용, 기술 및 시스템아키텍처의 세 가지 아키텍처 설계를 필요로 한다.

그림 17.5에서와 같이, 가장 먼저 준비해야할 것은 운용기능을 달성 또는 지원하기 위하여 요구되는 임무, 운용요소, 그리고 정보흐름을 정의하는 아키텍처이다. 사용자 집단은 운용아키텍처를 형성하는 운용개념을 생성한다. 운용아키텍처는 암시적이다. 운용아키텍처는 운용요구서(ORD: Operational Requirement Document)처럼 사용자에 의해서 작성되어야 하는 특정문서가 아니지만, 운용 속성때문에 사용자는 운용아키텍처의 구성품을 제공하여야 한다. 일반적으로 개발자는 시스템을 정의하는 요구사항분석의 일부인 정보를 수집하고 조합한다. 운용아키텍처가 명확하게 정의되면, 시스템아키텍처의 개발이 착수된다.

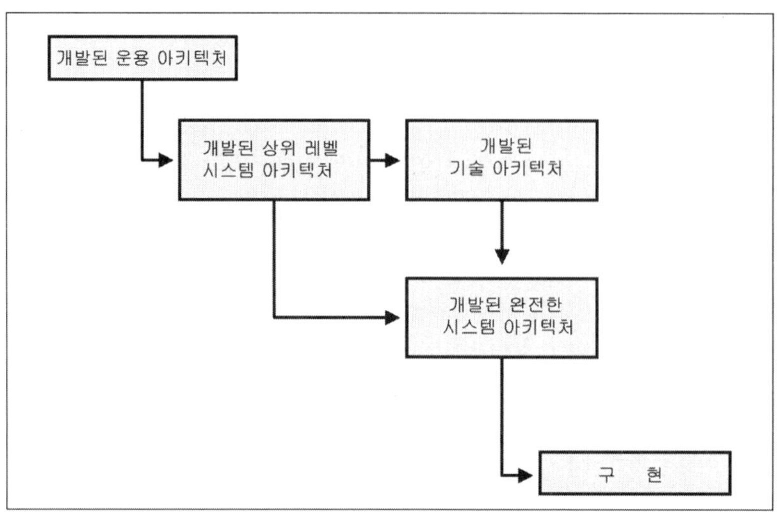

그림 17.5 C4I와 IT 개발

시스템엔지니어링 관리

개방형 시스템 접근방법은 시스템엔지니어링 관리의 다음 세 가지 필수요소 모두에 영향을 미친다; 시스템엔지니어링 단계, 시스템엔지니어링 프로세스 및 수명주기 고려사항. 이것은 시스템엔지니어링 프로세스에서 강화된 인터페이스 관리를 요구하고, 엔지니어링 측면의 이벤트 마일스톤에 앞서 개발되는 상세설계 제품을 요구한다. 또한 개방형 시스템 접근방법은 본질적으로 수명주기와 부합되는 것으로 생산과 지원 기능에는 바람직한 영향을 미치지만 인터페이스 관리에 대한 수명주기를 보장하는 부가적인 활동을 요구하기도 한다.

개방형 시스템 제품과 시스템엔지니어링 단계

시스템은 운용요구에 대한 이해로부터 설계솔루션으로 진화해 가는 구분된 단계에 따라 개발된다. 비록 이 개념은 몇몇 테일러링이 적절하지만, 기본 단계화(운용개념, 시스템정의, 예비설계, 상세설계)는 전반적인 설계프로세스를 조정하고 요구사항 하향세분화를 통제하기 위하여 필요하다. 그림 17.6에서 알 수 있듯이 개방형 시스템 접근방법은 이들 개발 단계를 잘 결합시킨다.

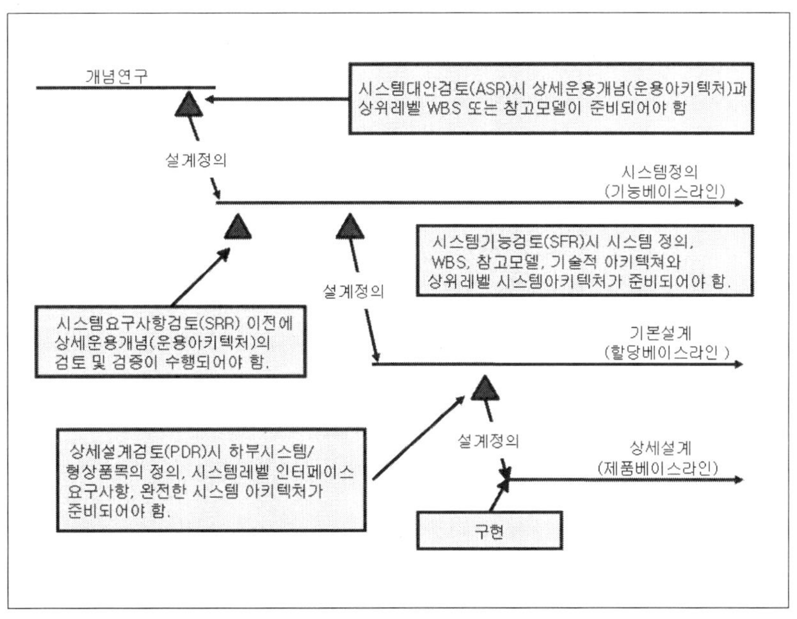

그림 17.6 개방형 시스템개발 단계화

개념연구(concept studies) 단계

운용아키텍처를 포함하는 초기 상세 운용개념은 다양한 자원 솔루션과 연관된 운용개념을 강조하는 개념연구 단계 동안 얻어진 사용자그룹 산출물이어야 한다. 그 다음, 운용개념은 후속 개발단계의 필요에 따라 업그레이드된다. 초기 운용개념 분석은 이를 요구하는 시스템정의 단계 운용뷰(operational view) 출력의 주요 요소가 되어야 한다. 시스템설명서를 지원하기 위해 개발된 운용아키텍처는 완전하고 쉽게 이해되며, 명확해야 하고 대안시스템검토(ASR: Alternative System Review) 시에 검증되어야 한다. 만약 운용아키텍처가 완전하지 못하면, 핵심 운용능력(core operational capability)은 구체적 개발에 대한 기본을 수립하기 위해 개발되어야만 한다. 핵심능력이 사용될 경우, 핵심요구사항은 완전하고 확정적이어야 하며 확장된 요구사항을 추가하기 위한 프로세스는 명확하고 통제되어야 한다.

시스템정의(system definition) 단계

기술아키텍처와 같은 시스템 인터페이스 정의와 상위레벨의(개방형) 시스템아키텍처는(다른 기능베이스라인 문서에 따라) 시스템정의 단계 마지막에서 초기형태로 완성되어야 한다. 이러한 항목의 성공적인 완성은 예비설계 수행을 위해 요구된다. 이 들은 시스템정의검토(SDR: System Definition Review) 또는 시스템설계검토(System Design Review)라고 불리어지는 시스템기능검토(SFR: System Function Review)에 대해 사용 가능하다. 개방형 시스템의 문서는 다른 기능베이스라인문서와 분리되거나 통합될 수 있다. 수락여부를 판단하기 위한 기준은 단계 종료기준으로서 시스템엔지니어링관리계획서(SEMP: Systems Engineering Management Plan) 내에서 수립된다.

예비설계(preliminary design) 단계

다른 할당베이스라인문서와 함께, 인터페이스정의문서도 업데이트되어야 하며, 개방형 시스템아키텍처도 예비설계 노력의 마지막까지 완료된다. 또한, 이 문서는 산업사례로부터 가용한 최대 비용과 물류이득을 얻기 위하여 적절한 개방 레벨(즉, 개방형 인터페이스가 수립된 시스템 분해 레벨)을 식별해야 한다.

예비설계는 모든 구성품을 통합하는 인터페이스와 구조 설계뿐만 아니라 성능기반 시스템구성품 설명서를 작성해야 한다. 개방형 시스템 접근방법이 가장 큰 영향을 미치는 단계는 예비설계 단계이다. 인터페이스 통제는 가장 강조되어야 하고 상용제품의 상호 교환을 최대한 보장할 수 있는 모듈화 설계에 초점이 맞추어져야 한다. 기술 아키텍처 검토(또는 인터페이스 정의)는 요구사항분석의 주요 요소가 되고, 개방형 시스템중심 기능분할은 기능분석 및 할당의 주요 요소가 되며, 또한 반복적인 모듈화 설계 분석은 설계조합의 주요 요소가 된다. 또한 일치성 관리는 검증의 주요 요소가 된다. 기술아키텍처, 인터페이스관리문서, 일치성 관리문서 등과 같은 개방형 시스템 관련산출물은 예비설계검토(PDR: Preliminary Design Review) 시 검토된 주요 데이터가 되어야 한다. 또한 수락에 대한 판단기준은 단계종료 판단기준으로서 시스템엔지니어링관리계획서 내에서 수립된다.

상세설계(detail design) 단계

상세설계 단계에서의 설계활동은 개방형 시스템을 이루는 시스템 부품에 대해 수행된다. 일치성 관리(conformance management)는 성능 및 인터페이스 요구사항을 충족시키기 위하여 상용 구성품이 선정됨에 따라 매우 중요한 활동이 된다. 일치성 시험과 인터페이스 설계시험은 개방형 시스템 또는 하부시스템의 달성 여부와 선정된 구성품이 인터페이스 요구사항 및 표준을 충족시키는 지를 검증하는 동안 추진되는 활동이다.

시스템엔지니어링 프로세스

시스템엔지니어링 문제해결 프로세스는 시스템 분석 및 통제 도구의 지원을 받는 프로세스 단계와 루프로 구성된다. 개방형 시스템엔지니어링 프로세스의 초점은 구획설계, 유연한 인터페이스, 인증된 인터페이스 표준, 공통 인터페이스를 갖는 표준 구성품, 상용 및 미개발 품목의 사용과 인터페이스의 통제이다. 그림 17.7과 같이 개방형 시스템 접근방법은 업그레이드 설계를 제공하기 위하여 시스템엔지니어링 프로세스를 수행한다.

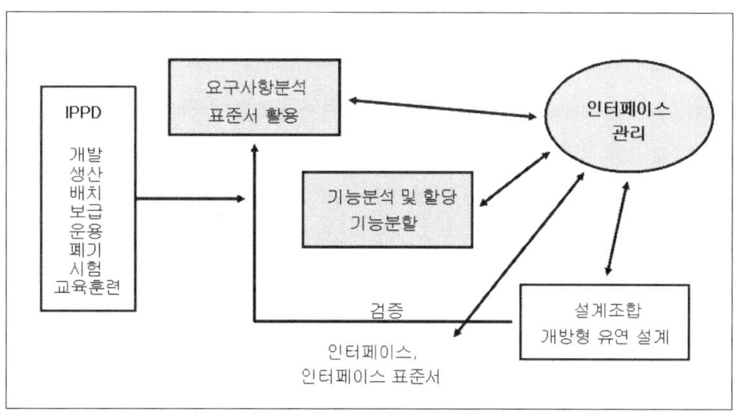

그림 17.7 시스템엔지니어링 프로세스의 개방형 시스템 접근방법

요구사항분석은 인터페이스 표준과 이전의 시스템엔지니어링 프로세스의 산출물로 만들어진 기타 인터페이스정의에 대한 검토 및 업데이트 활동을 포함한다. 기능분석 및 할당은 서로의 기능인터페이스를 최소화하고, 상호 독립적으로 기능이 수행될 수 있는 기능을 정의하는 것에 초점을 둔다. 설계조합은 개방형 인터페이스를 갖는 모듈 설계, 개방형 표준을 따르는 상용부품의 사용, 성능 및 인터페이스 규격의 개발에 중점을 두어야 한다. 검증프로세스는 인터페이스 요구사항의 적절성을 확인하고, 인터페이스 요구사항을 만족시키는 설계 구현을 위한 구성품 여부를 검증하기 위해 일치성 시험(conformance test)을 포함한다. 엔지니어링 개방형 설계는 시스템엔지니어링의 기본적인 관례를 벗어나지는 않지만, 보다 프로세스 내의 활동에 특별한 중점을 갖어야 한다.

시스템엔지니어링 통제: 인터페이스 관리

개방형 시스템엔지니어링 프로세스의 핵심은 인터페이스 관리이다. 인터페이스 관리는 모든 인터페이스를 엄격하게 정의하고, 인터페이스 요구사항을 할당하며, 통합을 통제하기 위해 보다 공식적이며 포괄적인 방식으로 수행된다. 인터페이스는 형상과 일치하는(또는 형상의 일부로 여겨지는) 통제된 베이스라인 요소가 된다. 개방형 시스템 인터페이스 관리는 인터페이스 시스템 사이의 인터페이스 요구사항 상호관계를 강조한다(인터페이스 시스템 설계를 동일한 방법으로 인터페이스 요구사항을 이해하는가?). 개략블록선도(schematic block diagram)를 생성하는 CASE(Computer-Aided System Engineering)는 인터페이스 설계활동의 추적에 사용될 수 있다.

또한 개방형 시스템은 최대한 상업적 관례에 대한 투자를 강조하는 인터페이스 내의 다양한 설계 솔루션에 의해 특성화된다. 인터페이스 관리활동은 다음과 같은 우선순위를 기반으로 설계된 개방형 시스템 접근방법을 위해 특별히 선정된 인터페이스의 설계를 통제해야 한다.

- 경쟁제품을 수용하는 개방형 표준
- 최소의 변화를 통하여 경쟁제품의 설치를 가능하게 하는 개방형 인터페이스 설계
- DoD에서 현재 사용 중이거나 장차 사용하려고 하는 상용 또는 미개발 품목을 최소한의 변경으로 허용하는 개방형 인터페이스 설계
- 업그레이드 이슈를 고려하여 설계된 인터페이스에 대한 독자 설계

개방성(openness) 레벨

개방성에 초점이 맞춰져야만 하는 인터페이스 설계에 대한 레벨 또한 고려되어야 한다. 각 시스템은 복잡성과 사용되는 기술의 차이에 따라 여러 레벨의 개방성을 갖기도 한다. 개방형 인터페이스를 정의하기 위해 선택된 레벨은 산업계의 지원과 프로그램의 목적과 일치되어야 한다. 예를 들면, 대부분 디지털 전자장비의 경우는 그 레벨은 LRU(Line-Replaceable Unit) 또는 SRU(Shop-Replaceable Unit)이다. 한편 JSF(Joint Strike Fighter)는 프로그램의 주요 목적인 공동 조립블록(필수적으로 항공기계열에 대한 참고모델로 활용)을 사용한 다른 비행기 개발을 달성하기 위해 매우 높은 하부시스템의 개방성을 확립하고자 했다. 대규모 시스템의 부문으로 설계된 개방형 시스템 접근방법은 보다 하부레벨에서 추가적인 개방성을 갖는다. 예들 들면, AAAV(수륙양용강습차량)의 엔진부는 다른 엔진 설치와 미래 업그레이드를 위한 개방형 설계 접근방법이다. 구획 내의 하위레벨에서, 연료필터, 파이프 및 커넥터는 개방형 표준기반 인터페이스에 의해 정의된다. 다른 시스템은 다른 개방성 레벨을 갖는다(상호운용성, 업그레이드, 비용 대 효과 지원, 수용성, 그리고 위험감소 등과 같은). 프로그램 목적과(시장 조사를 기반으로 하는) 산업계 관례는 개방형 시스템 접근방법의 최적 효용성과 가용성을 가장 잘 보장할 수 있는 개방성 레벨을 선택한다.

수명주기 고려

수명주기 통합은 설계와 수명주기 계획을 조합하는 통합 팀의 활용을 통하여 주로 수행된다. 수명주기 활동에 미치는 주요 영향은 다음과 같다.

- *시스템을 업그레이드시키기 위한 시간과 비용이 감소된다.* 일반적으로 국방시스템의 평균 수명주기는 40년을 초과하며, 최초 구성품의 마모와 위험 증대, 성능과 경제성을 증대시키는 기술 발전 등으로 수명주기 기간 내에 업그레이드가 요구된다(대부분 상용제품은 군용 시스템 그리고 시스템의 수명주기를 통하여 가용할 필요가 없는 최초의 상용 구성품을 기대해야만 하는 상용제품에 관련된 설계에 비하여 매우 짧은 수명주기에 대해 설계된다). 개방형 시스템 접근방법의 사용을 통해 하나 이상의 구성품을 교체하여 시스템 능력이 쉽게 업그레이드된다. 더욱이 개방형 시스템 접근방법은 부품을 교환함으로써, 시스템 능력의 업그레이드를 위해 소요되는 비용 및 일정을 단축할 수 있으며, 운용상의 영향을 줄일 수 있도록 하여 설계상의 문제를 쉽게 하였다.

- *개방형 시스템 접근방법은 시스템을 지원하는 경쟁제품의 사용을 증대시킨다.* 이러한 유연성(flex-ibility)은 보급지원과 관련된 비용을 감소시키지만 보다 중요한 것은 구성품과 부품의 가용성(availability)을 개선하는 것이다.

- *일치성 관리(conformance management)는 수명주기 형상관리 활동의 일부분이다.* 개방형 시스템에서 구성품의 교체는 정부기관이 (많은 소스 및 다양한 형상으로부터 생겨나는) 상세 구성품에 대한 형상통제가 없이 시스템을 통제하기 때문에 더욱 주의 깊게 통제되어야 한다. 정부는 상용제품의 공급자들이 정부 시스템과 무관하게 그들의 구성품을 통제한다고 생각해야 한다. 따라서 정부기관은 획득 프로세스를 통해 승인된 것도 동일한 성능을 발휘하는 구성품을 보증하기 위해 성능 및 인터페이스를 기반으로 하는 규격서를 사용해야만 한다. 일치성 관리는 수명주기 동안의 인터페이스 요구사항을 추적하고 새로운 제품이 이들 요구사항에 만족하는지 보증하기 위한 프로세스이다.

요점

개방형 시스템 설계가 단지 시스템엔지니어링과 일치되는 것은 아니다. 그것은 전체 시스템엔지니어링의 활동을 증대시키는 방법으로 표현된다. 이것은 포괄적으로 인터페이스를 통제하고, 인터페이스의 가시성을 제공하며, 다중설계 솔루션을 통해 위험을 감소시키고, 수명주기 인터페이스 통제를 강조한다. 이것은 인터페이스의 식별을 강조하고 시스템을 통합하기 위한 시스템엔지니어의 능력을 향상시키는, 아마도 그들이 해야 할 가장 어려운 일이 될 것이다. 또한 이것은 할당된 인터페이스 요구사항의 추적성을 향상시키며, 시스템엔지니어의 주요 직무가 된다. 가장 중요한 것은 이러한 엄격한 인터페이스 관리는 상용품목이 어디에 적절히 사용될 수 있는지를 올바르게 결정하는 시스템엔지니어의 능력을 향상시킨다는 것이다.

시스템 개발의 조직 및 통합

18.1 시스템 개발

미 국방부는 여러 해 동안 시스템 설계가 성능(performance), 비용(cost), 지원성(support-ability), 생산성(producibility) 그리고 시험성(testability)과 같은 경쟁 요구사항이 상충되는 압박 속에서 균형 유지를 위해 통합되어야 한다고 요구해 왔다. 다 분야 팀(multi-disciplinary teams)의 운용은 미 국방부와 산업계에서 점진적으로 통합된 설계를 얻기 위해 사용해 온 접근방법이다. 다 분야 팀은 생산 개념에서 폐기까지 비용, 성능 그리고 다른 목적을 만족시켜 왔다.

설계에서 다 분야 전문팀은 통합 제품 및 프로세스개발(IPPD: Integrated Product and Process Development), 동시공학, 통합된 제품개발, 설계수립과 같은 개념을 표현하는 독점적 또는 비독점적인 다른 명칭들로 알려져 있다. 미 국방부에서 사용하는 IPPD라는 용어는 하나의 구성요소로서 시스템엔지니어링 활동을 포함하는 광의의 개념이다. 어떤 이름이 사용되었든 기본적인 개념은 제품 및 프로세스 개발에 동등하게 강조된 요구사항과 일정을 함께 도출하는 다기능의 통합팀을 포함한다. 이 통합은 다음 사항을 필요로 한다.

- 설계프로세스에 포함된 팀의 8대 주요 기능 포함
- 품질, 위험관리, 안전성 등의 기술적 프로세스 설명
- 재정, 법규, 계약 그리고 다른 비기술 지원과 같은 비즈니스 프로세스(일반적으로 감독 기능)

이점
팀기반 통합으로부터 기대되는 이점은 다음을 포함한다.

- 설계, 제조, 계획, 세공 등의 감소된 재처리
- 높아진 초기 품질과 제품 가변성 감소

- 감소된 비용 및 주기시간
- 감소된 위험
- 향상된 운용 및 지원
- 수명주기 동안 고객의 만족과 제품 품질에 대한 일반적 향상

특성

잘 통합된 노력의 특성을 나타내는 핵심 속성은 다음을 포함한다.

- 고객 관점
- 제품 및 프로세스의 동시개발
- 조기 및 지속적인 수명주기 계획
- 최적화를 위한 최대의 유연성
- 견고한 설계와 향상된 프로세스 성능
- 이벤트주도 일정
- 다 분야의 팀워크
- 권한 위임
- 빈틈없는 관리도구
- 위험의 사전식별 및 관리

시스템 개발을 위한 조직

대부분의 미 국방부 프로그램부서는 시스템 지휘통제와 같은 일반적으로 기능 조직에 의해 지원받는 프로그램 집행부서(PEO: Program Executive Office)의 일부분이다. 계약업체와 다른 정부기관의 활동은 부가적으로 필요한 지원을 제공한다. 시스템 개발 조직의 설립은 모든 이러한 조직으로부터 도출된 팀의 네트워크를 요구한다. 때로는 이러한 네트워크가 기업에 참고되며 모든 이해관계자의 관심을 나타내고, 수직?수평적인 커뮤니케이션을 제공한다.

이들 통합된 팀은 WBS를 이용하여 구조화되고, 개발과정 동안 최대의 수직/수평적인 의사소통을 제공하기 위해 설계된다. 그림 18.1은 일반적으로 어떻게 팀이 구조화되는가를 보여준다.

시스템 레벨에서는 일반적으로 관리팀과 설계팀이 존재한다. 관리팀은 보통 정부기관과 계약업체의 프로그램매니저, 하부프로그램 매니저, 가용한 계약업체 CEO(Chief Executive Officer), 계약 담당관, 프로그램 매니저에 의해 선택된 고문, 시스템 설계팀 리더, 업체 그리고 시스템 설계팀의 다른 중요 구성원으로 구성된다. 설계팀은 일반적으로 첫 번째 레벨 하부시스템과 수명주기 통합팀 리더로 구성된다.

팀의 다음 레벨은 그림 18.1에서와 같이 제품팀 또는 프로세스팀으로 도식되어 있다. 이들 팀은 시스템요소를 설계하거나(제품팀), 제품의 지원 또는 관련품목에 대한 설계(프로세스팀)에 대해 책임을 진다. 이 레벨에서 프로세스팀은 시스템레벨 프로세스 개발을 조정한다. 예를 들면, 지원팀은 하위레벨의 설계와 지원 프로세스팀으로부터 생성된 부분에 대한 지원성 분석을 통합한다. 이 레벨보다 낮은 하위 팀은 분해된 보다 하위레벨 프로세스를 계속한다. 팀은 통합을 통제하기 위해 필요한 최하위 레벨에서만 수립된다. 계약업체팀이 하부레벨로 확장될 수 있는 반면, 미 국방부 팀은 사업의 복잡성과 관리에 의해 편중된 접근 때문에 WBS에서 쉽게 3단계 또는 4단계 아래로 확장되지 못한다.

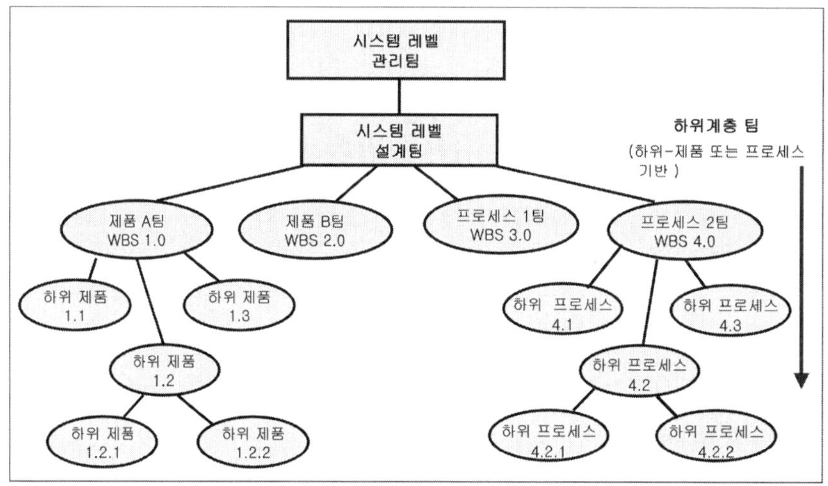

그림 18.1 IPT 수직조직

그림 18.1의 팀 구조는 지속적인 수직 의사소통을 허용하는 계통도로 나타난다. 이것은 주로 팀의 리더에 의해 이루어진다. 만약 가능하다면, 팀의 다른 핵심 구성원이 다음 최상위팀의 팀 구성원이 될 수 있다. 이 방법으로 상위 레벨팀의 결정은 즉시 다음 레벨팀에게 전파되고 설명되며, 하위팀의 결정은 정기적으로 상위팀에게 제시된다. 이런 방법을 통하여 하부 레벨팀의 결정은 상위팀의 의사결정에 따르며, 상위팀의 결정은 하위팀의 관심사을 통합시킨다.

수평 의사소통을 얻기 위한 전형적인 방법이 그림 18.2에 제시되어 있다. 제품 A팀으로부터 최소한 한 멤버는 또한 통합 및 시험팀(integration and test team)의 구성원이어야 한다. 이 구성원은 시험과 제품 A 모두에 대한 기본적이고 전문적인 지식이 있어야 한다. 그 구성원의 역할은 두 팀을 그들의 최종제품(end product) 또는 지원제품(enabling product) 설계측면과 결정이 어떻게 다른 팀에 영향을 주는지 이해시키는 측면의 지원활동이다. 유사하게 제품 A팀과 B팀에 모두 속한 구성원은 모든 구성품과 관련된 기술 및 인터페이스를 이해해야 한다.

　위의 경우는 이상적인 상황이다. 각각의 시스템 형태, 계약업체 조직 형태 그리고 각 레벨에서 사용 가능한 자원은 이러한 구조를 테일러링해야 한다. 매 단계의 초점과 업무뿐만 아니라 구조도 변해야 한다. 단계가 이전됨에 따라, 회사 구조와 팀 소속감은 재평가되고 업데이트되어야 한다.

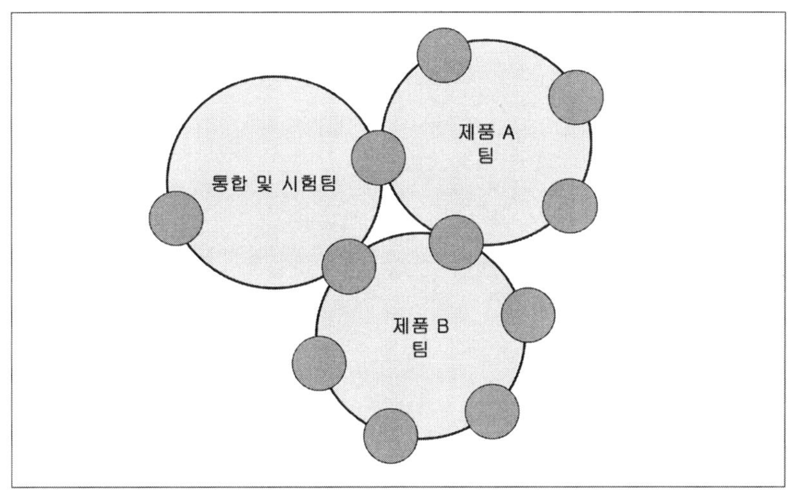

그림 18.2 IPT 수평조직

팀조직

　동시공학 업무를 수행하는 팀은 고객, 공급자 그리고 주요 도메인 전문가를 포함한 여러 분야로 이루어져야 하며 최종품목 지향적이어야 한다. 그림 18.3은 이와 같은 팀 구조의 예를 나타낸다. 모든 프로젝트는 시스템 총괄팀(system team of teams)에 의해 통제된다. 이 팀은 선임 시스템엔지니어(lead system engineer), 기술책임자(technical director) 그리고 부문 총괄팀(segment team of teams) 대표로 구성된다. 이 팀은 프로그램관리자, 재정관리자 그리고 전체 프로그램 수행을 위한 다른 주요 분야의 관리자를 포함할 수 있다. 또한, 매우 심각하거나 위험이 높은 하부시스템 또는 최종품목의 대표자와 가능하다면 많은 최종품목과 관련된 하나 이상의 주요 성능전문가팀(thread tiger team) 대표자를 포함한다. 최종품목 정보에 대한 정상적 협조는 관련 최종품목의 기능화로부터 하부시스템 총괄팀 구성까지의 대표를 통해 이루어지며, 하부시스템은 차례로 부문팀(segment team)에 대표를 파견한다. 전반적인 프로젝트팀이 형성될 때까지 이러한 과정이 수행된다.

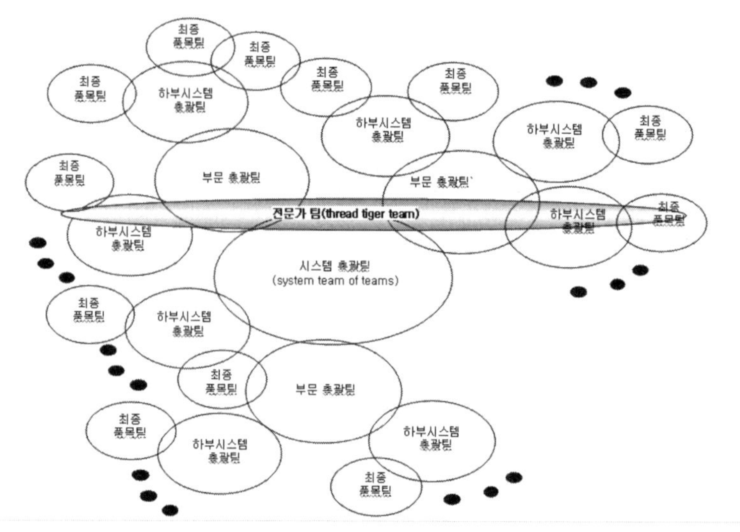

그림 18.3 **팀 조직 예**

18.2 통합 제품 및 프로세스 개발

동시공학과 IPPD

동시공학(concurrent engineering) 기법은 오늘날 관점에서 엄청난 투자비와 가장 높은 투자 우선순위를 가졌던 스푸트닉(Sputnik)사업 이래 지금까지 미국 항공업계에서 주도적으로 사용되어 왔다. 무기 프로그램은 국가생존 차원에서 다루어졌기 때문에 동시공학 및 PERT(Program Evaluation & Review Technique)와 같은 다양한 혁신적인 관리기법이 탄생할 수 있었다.

무기시스템을 최단 기간 내에 개발하기 위해서 먼저 인터페이스를 확실하게 정의하고 모든 하부시스템 상호간에 이를 유지시켰다. 그 다음 동시에 모든 하부시스템 개발이 병행해 진행되었다. 하부시스템이 개발되어짐에 따라 앞서 정립된 인터페이스 정의와 일치되도록 연결되었다. 이러한 접근방법은 대부분의 핵심기술(핵무기, 고체연료 추진, 관성유도, 추력벡터제어 그리고 튼튼하고 신뢰성 높은 전자제품 등)이 아직 미흡한 여건에 있기 때문에 매우 높은 위험을 내포하고 있었다. 따라서 공급자가 인터페이스에 관한 제약사항을 달성하지 못했을 때 이를 대체할 수 있는 여러 가지 협상대안이 나타나기 시작했다. 몇몇 부품은 물리적으로 조립할 수 없을 정도로 너무 컸다. 프로젝트관리는 가능한 일정과 성능에 대한 영향을 최소화 시키도록 수행하게 되었다. 이러한 활동은 동시공학이었으나 오늘날의 동시공학 개념과는 많은 차이가 있다.

미 국방부는 동시공학을 "제조 및 지원을 포함하여 제품과 관련된 프로세스를 통합하여 동시적으로 설계해 나가는 체계적인 접근방법"으로 정의하고 있다. 이러한 동시공학 정의의 바탕은 개발자로 하여금 제품구상 시작부터, 품질(quality), 비용(cost), 일정(schedule) 및 사용자요구사항(user requirements)을 포함하여, 개념에서 폐기까지 제품수명주기의 모든 요소를 고려하도록 하는 것이다. 상기 두 가지 정의에서 오늘날 동시공학 개념은 엔지니어링 이상의 차원에서 생각하고 있다는 것이다. 제조와 지원을 포함한 전반적인 요소를 고려해야 한다는 것이다. 그렇기 때문에 몇몇 미국 회사에서는 동시성(concurrency)이라는 용어 대신 통합제품개발(IPD: Integrated Product Development)이라는 용어를 사용하고 있다. 이러한 통합제품개발은 제품수명주기에 걸친 엔지니어링, 제조, 시험 및 지원을 포함한 전반적인 활동을 제품팀으로 하여금 지속적으로 통합토록 한다. 이후 프로세스의 중요성이 대두됨에 따라 이러한 용어는 프로세스를 포함한 통합 제품 및 프로세스 개발(IPPD: Integrated Product and Process Development)로 수정되었다.

동시/통합제품개발 프로그램과 전통적 또는 순차적 개발 프로그램에 관한 비교를 그림 18.4에 나타냈다. 경험적으로 전통적인 개발은 이전단계가 완료될 때 순차적으로 다음 단계를 시작한다. 이는 시스템 개발 및 호환성에 대해 위험이 낮은 접근방법이지만, 그 기간이 매우 긴 프로세스이다. 제품개발이 채 완료되기 전에 단절되는 경우가 발생되기도 한다. 전체 팀을 포함하는 통합제품개발은 좋은 인터페이스 정의와 통제로 그림과 같이 개발 프로세스를 단축시킬 수 있다. 통합 또는 동시개발은, 상향활동(upstream activities)이 설계 및 인터페이스요구사항을 충족시킬 것이라는 가정 하에 하향활동(downstream activities)이 시작되기 때문에 개발과정에서 보다 많은 위험이 나타날 수 있다. 그러나 계층구조적인 상호기능제품팀(cross-functional product team)을 활용함으로써 제품개발 및 제작의 위험을 줄여 보다 빨리 생산할 수 있게 된다.

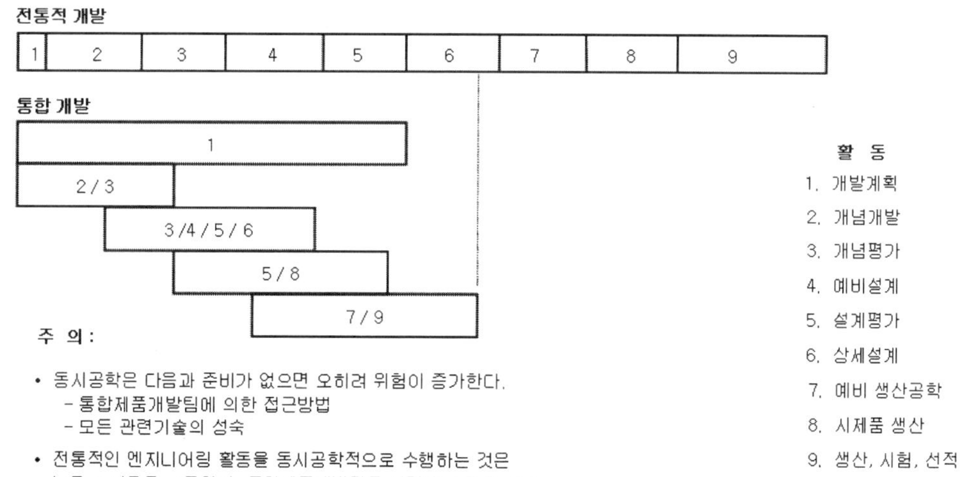

그림 18.4 **동시개발과 전통적 개발**

통합제품개발팀

통합제품개발팀(IPDTs: Integrated Product Development Teams)은 적절한 자원과, 제품 및 서비스를 정의하고 개발, 생산 및 지원하기 위하여 책임 및 권한이 부여된 프로세스 중심의 통합된 상호기능 팀(예를 들어 다수의 소규모 팀으로 구성된 전체 팀)을 말한다. 프로세스 지향은 개발 및 생산단계의 전체 또는 일부를 포함하는 지정된 프로세스를 완료하는데 필요한 모든 기술(skills)을 지닌 인원에 의해 이루어지는 것을 의미한다. 비록 이 팀이 프로세스를 기반으로 형성되지만 총괄 팀의 조직구조는 제품을 조립 하고 통합하는 방법에 따라, 제품의 계층구조 방법을 적용해도 좋다.

상호기능 팀의 서로 다른 구성원은 프로젝트 진행단계에 따라 1차, 2차 또는 약간의 지원역할을 수행하게 된다. 예를 들어 제조 및 시험 요원은 초기 제품정의 단계에서 시간제(part-time) 자문역할을 하게 되지만 실제 생산 및 시험 단계에서는 1차적 역할을 하게 된다. 기본적인 생각은 프로그램 초기에 그들이 원하는 요구사항을 반영하여 후에 생기게 되는 값비싼 변경을 피할 수 있을 만큼의 활동에 참여하도록 하는 것이다. 이 팀에게는 업무를 수행하기 위하여 필요한 권한과 책임이 부여되어야 한다. 아무도 책임이 없다면 그 일은 수행될 수 없다. 해당 팀에게 그 업무를 수행할 권한을 주어야 한다. 핵심 결정을 함에 있어서 상위 관리자를 의식할 필요는 없다. 그러나 인터페이스 팀, 시스템통합 팀 및 프로젝트관리 팀을 포함한 이해관계자에게 관련 활동을 반드시 알려야 한다.

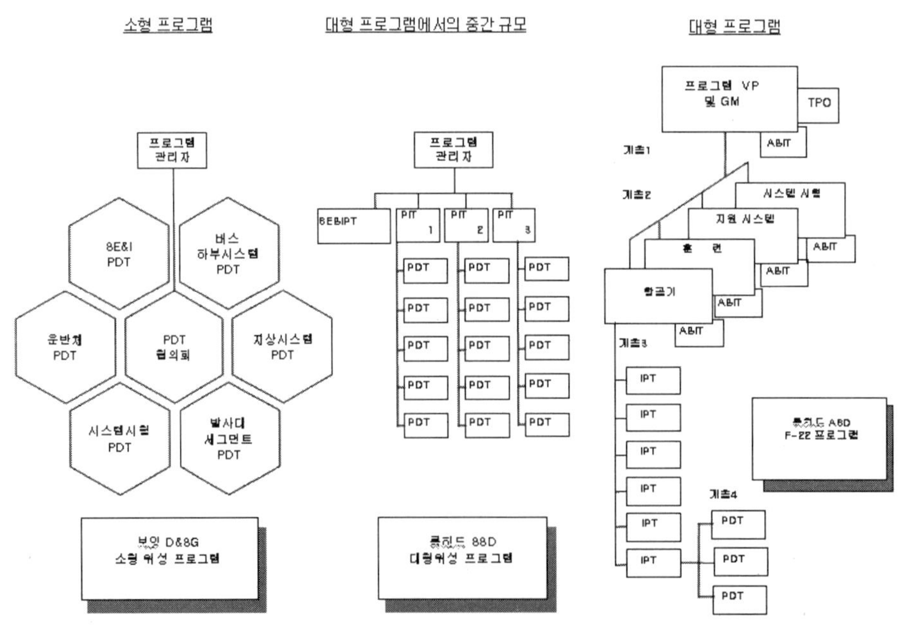

그림 18.5 IPDT 조직 대안(예)

18.3 IPDT 프로세스

IPDT의 기본원칙은 개발프로세스 초기에 요구사항이 전반적으로 제시되었는지 그리고 제품의 전수명주기에 걸쳐 기술되었는지를 확인하기 위하여 이에 필요한 모든 전문가를 모으는 것이다. 이와 같은 초기 활동을 시스템엔지니어링프로세스로 생각할 수 있다. 역사적으로 초기 요구사항도출은 시스템엔지니어로부터 이루어져 왔다. IPDT에서도 시스템 엔지니어가 요구사항 개발프로세스를 도출하지만 이전보다 더 많은 전문가의 참여로 이루어진다.

요구사항이 시스템레벨에서 처음 만들어 지고, 그 다음 연속적으로 하위레벨로 요구사항이 하향 세분화된다. 시스템엔지니어가 주도하는 팀은 각 레벨에서 선행 시스템엔지니어링 기능을 수행한다. 바로 이러한 점은 시스템엔지니어가 초기 활동을 수행하고 설계가 주 활동인 개발엔지니어에게 요구사항을 넘겨주는 역할을 했던 과거의 전형적인 개발 접근방법과 다르다. 일반적인 접근방법은 모든 제품과 서비스에 대한 상호기능의 제품/프로세스 팀 외에도 시스템에 관한 이슈를 처리하고, 제품 팀 사이 요구사항 균형과 팀 통합을 지원하는 시스템엔지니어링 통합팀(SE&IT: Systems Engineering & Integration Team)을 조직하는 것이다. 그림 18.6은 이러한 프로세스를 나타낸다. 각 팀은 그림의 왼쪽에서와 같이 다른 분야를 대표하는 전문가로 구성된다.

이러한 팀 구성원의 참여는 요구사항개발에서 개념설계, 예비설계, 상세설계, 제작, 조립/시험, 배치, 운용지원, 및 폐기(대체)에 이르기까지 제품개발주기에 따라 다르다. 적어도 몇몇의 구성원은 팀의 활동유지를 위해 전 제품기간 중 지속적으로 활동하는 것이 바람직하다. 제품 팀은 자신들의 내부 통합을 수행한다. 각각의 SE&I 팀 대표는 내부 및 외부 팀에 대해 책임을 지며, 하나 또는 그 이상의 제품 팀에 속하게 된다.

요구사항과 설계개념에 수렴하기 위하여 제품 팀과 SE&I 팀 사이에 폭넓은 반복활동이 수행된다. 이러한 활동은 예비설계검토가 이루어진 후 설계가 시작되면 줄어들기 시작한다.

IPDT에는 다음과 같은 전형적인 세 가지 유형이 있다.

- 시스템엔지니어링 및 통합 팀(SE&IT: Systems Engineering & Integration Team)
- 제품통합 팀(PITs: Product Integration Teams)
- 제품개발 팀(PDTs: Product Development Teams)

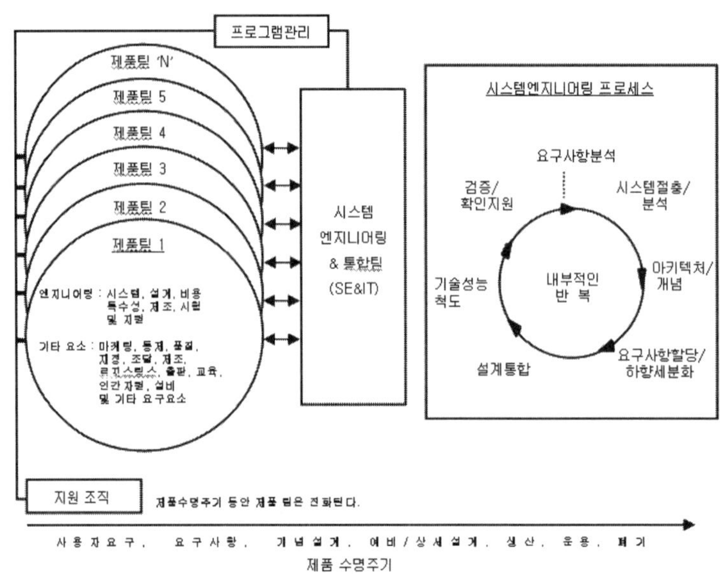

그림 18.6 IPDT 프로세스 개요

그림 18.7은 IPDT의 세 가지 유형에 대한 일반적인 책임을 나타낸다. 이러한 조직은 대형, 다양한 요소 및 하부시스템 프로그램에 적합하다. 이것은 반드시 특정 프로젝트에 적용되어야만 한다. 예를 들어, 소형 프로그램의 PITs는 적거나 없어도 된다. 서비스지향 프로젝트의 경우, 시스템계층구조, 목적 그리고 팀의 책임이 서비스에 적합하도록 적용되어야 한다. 팀은 구성품 또는 보다 복잡한 하부시스템과 요소의 통합에 초점을 둔 프로세스 지향적이어야 한다. SE&I 팀은 통합시스템, 시스템 프로세스, 외부 및 시스템 이슈에 초점을 두며 다른 팀은 보다 낮은 하위 우선순위 활동에 관련되어 있다.

PDTs와 PITs의 수와 구성 선택은 유동적이지만, 가공하지 않은 본래의 작업산출물과 형상품목 산출물을 기반으로 이루어 져야 한다. 각 팀은 해당 제품과 제품통합을 이루는 모든 관련 시험과 제품검증에 대한 내용을 책임져야 한다. 만일 이러한 통합과 조립 프로세스에 문제가 발생되면, 이에 관련된 팀은 이를 해결해야 한다.

시스템 엔지니어는 SEIT와 PIT에 깊이 관여를 해야 하나, PDT에 대해서는 그렇지 않아도 된다. 본 핸드북에 기술된 시스템엔지니어링프로세스는 이전의 조직형태에서 IPPD 환경의 모든 팀에 적용했던 것과 동일하다. 반복적인 시스템엔지니어링프로세스가 유효하다. 사실, 시스템 엔지니어가 모든 관련 팀과 매일 함께 일하고 있기 때문에 프로그램에 프로세스를 적용하기가 더욱 쉽다.

시스템 계층구조	팀 형태 + 중점사항 및 책임
외부인터페이스/시스템	시스템엔지니어링 및 통합 팀(SE&IT)
	· 통합 시스템 및 프로세스
	· 외부 및 프로그램 이슈
	· 시스템 이슈 및 통합
	· 팀의 통합 및 감사
요소/하부시스템	제품통합 팀(PITs)
	· 통합 하드웨어 및 소프트웨어
	· 제품 이슈 및 통합
	· 다른 팀에 대한 지원(SE&IT와 PDTs)
구성품/부품	제품개발 팀(PDTs)
	· 하드웨어 및 소프트웨어
	· 제품 이슈 및 통합
	· 주요 참여재(설계 및 제조)
	· 다른 팀에 대한 지원(SE&IT와 PITs)

이러한 다기능 팀들은 제품과 시스템의 수명주기(개념부터 폐기까지) 동안 책임이 있다.

그림 18.7 IPDTs의 형태, 중점 및 책임

모든 제품 팀은 다양한 역할을 수행한다. 시스템통합 역할은 제품 팀의 형태와 통합 레벨에 기준 할 때 중복되는 경우도 있다. 다양한 프로그램의 프로세스와 시스템 기능에 대한 예를 그림 18.8에 나타냈다. 이 그림에서 보면 프로그램 프로세스는 프로그램에서 요구된 사실만을 다룬다. 왼쪽의 3개 막대는 서로 상이한 시스템레벨의 3개 제품 팀 역할을 나타내고 있다. 예를 들면 SE&I 팀은 외부통합과 시스템통합 활동에 대한 내용을 주도(leads)하고 감사(audits)하게 된다. 그러나 구성품, 하부조립품, 또는 부품에 대한 프로그램 프로세스는 SE&IT와 PIT의 지원을 받아 PDT에 의해 주도적으로 이루어진다.

기본적인 시스템 기능은 시스템 요구사항도출, 시스템 기능분석, 요구사항할당 및 하향세분화, 시스템 절충분석, 시스템조합, 시스템통합, 기술성능측정, 그리고 시스템검증 활동을 포함한다. 도표의 f_1, f_2 및 f_3 막대는 구성품과 하부시스템 팀이 적극적으로 참여하고 있는 동안 SE&IT가 상이한 시스템기능에 대한 활동을 주도하고 감사하는 것을 나타낸다. 하위레벨의 부품 및 하부조립품 팀은 필요시 지원을 하게 된다. 그림 4.8의 오른쪽 박스는 모든 팀이 관여해야 할 기타 통합영역을 나타내고 있다. 다양한 팀의 역할 또한 이들 활동과 서로 협의되어야 하나, 그 과정은 그림의 사례와 비슷하다.

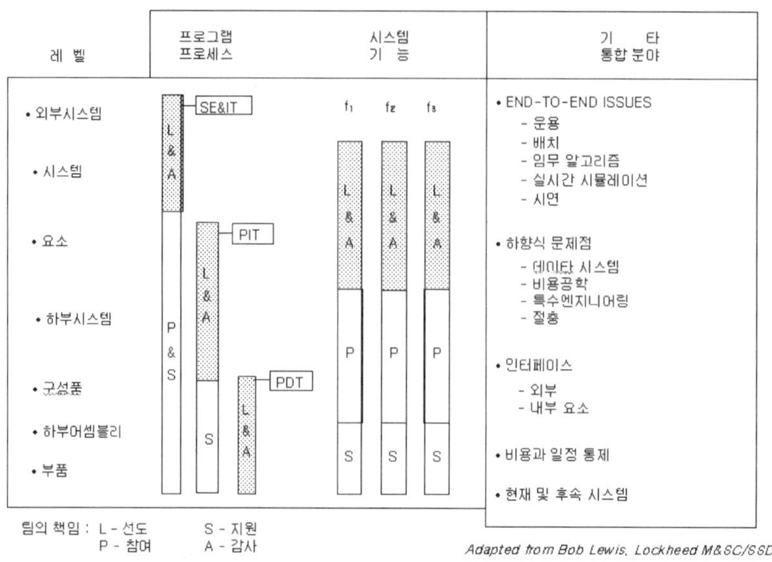

그림 18.8 PDTs의 상호보완적인 통합 예

18.4 통합팀 운용

이 책 앞에서 언급된 것처럼 팀은 시스템엔지니어링관리의 원리로부터 이러한 프로세스들을 개발한다. 팀의 산출물은 최종제품(end product) 구성품과 지원제품(enabling product)을 모두 포함한 시스템아키텍처 상에서 식별된 제품과 관련된 설계문서이다.

팀은 생산성을 높이고 팀 구성원간의 의사소통을 높이기 위해 여러 가지 도구를 이용한다. 그 예는 다음과 같다.

- 설계에 대한 이해와 통제를 향상시키기 위한 구조적인 모델링(CAD/CAE/ CAM/CASE)
- 절충연구 및 우선순위 결정
- 이베트주도 일정
- 시제화
- 측정기준
- 무엇보다도 수명주기에 걸친 이해관계자를 대표하는 통합된 소속감

통합팀 규칙

다음은 시스템설계 환경에서 팀의 활동과 우선순위를 유도하기 위해 필요한 일반적인 규칙들이다.

- 설계 결과는 반드시 명확하고 효과적으로 시기적절하게 의사소통 되어야 한다.

- 설계 결과는 반드시 초기에 정의된 요구사항과 일치되어야 한다.

- 연속적인 선행 의사소통이 제도화되어야 한다.

- 각각의 구성원이 모든 시스템요구사항에 친숙해야 한다.

- 팀에 속한 모든 사람이 동일한 데이터베이스를 기반으로 일해야 한다.

- 팀 중 오로지 한 사람만이 기본문서를 변경할 수 있는 권한을 가진다.

- 모든 구성원은 같은 레벨의 권한을 가진다(한 사람이 하나의 투표권).

- 팀 참여는 일관되며, 성공 지향적이며, 사전 행동적이어야 한다.

- 팀의 논의는 아무 비밀 없이 공개되어야 한다.

- 팀 구성원의 반대는 이유 있는 반대이어야 한다(행동의 대안계획 대 단호한 반대).

- 절충연구 및 다른 분석기술은 논쟁을 해결하기 위해 사용되어야 한다.

- 논쟁은 일어나야 하고 조기에 해결되어야 한다.

- 팀에 대한 불평이 밖으로 노출되면 안 된다. 갈등은 내부적으로 해결되어야 한다.

회의관리를 위한 지침

비록 한 팀이 작업단위로 같은 장소에 있어도 정규적인 회의는 필요하다. 이런 회의의 적절한 운용은 팀이 같은 장소에 있지 않거나 회의가 주로 1:1 대면의 의미를 가질 때 그 의미가 점점 더 중요해진다. 아주 잘 운용되는 기술회의(technical meeting)는 다음과 같은 고려사항들을 통합해야 한다.

- 회의는 오직 하나 만의 특정목적으로 개최되고, 계획된 기간이 목표로 선정되어야 한다.

- 회의의 사전통보는 규칙적으로 구성원들 간의 의사소통과 준비를 위해 최소 2주전에 이루어져야 한다.

- 주제에 대한 시간 배정 및 지원 물품을 포함한 협의사항은 적어도 팀 회의 3일(근무일 기준)전에는 배포되어야 한다. 회의목적이 명확히 정의되어야 한다.

- 회의 동안에는 협의사항은 고정되어야 한다. 그 다음에 새로운 업무를 다루고, 그 다음에 행동항목을 재검토해야 한다.

- 회의요약은 참석, 어떤 결정이나 동의에 도달한 문서, 실행항목과 관련되거나 만기일에 관한 문서를 기록해야 하고, 다음 회의의 협의사항초안으로 제시되어야 하며, 상위레벨의 결정을 위한 주요 안건이 되어야 한다.

- 회의요약 초안은 적어도 회의 하루(근무일 기준)전에 구성원들에게 배포되어야 한다. 최종 요약은 평가초안 마감 기간 후 이틀 내에 배포되어야 한다.

통합 장애요인 및 해결책

능숙한 기능팀 조직을 수립하고 유지하는 데는 많은 장애물이 있고, 그것들은 극복하기 어렵다. 이런 장애물들 중 어떤 하나는 통합된 개발 접근의 효율성을 무효화시킬 수도 있다. 통합에 대한 일반적인 장애요인은 다음과 같다.

- 최고 관리층의 지원 부족
- 권한이 없는 팀 구성원
- 공통 데이터베이스의 접근 제한
- 문화 변화에 대한 수용 부족
- 팀의 프로세스에 완전히 통합되지 못한 기능적 조직
- 팀 활동을 위한 계획 부족
- 참모 요구사항과 팀과의 갈등
- 한 자리에 배치되지 못한 팀 구성원
- 팀 교육훈련 부족
- 팀끼리 공유되지 못한 교훈의 습득과 성공적인 실습
- 팀 구성원간의 불평등
- 파악된 불확실성에 기초한 수용 부족
- 불충분한 자원
- 정부와 계약업체에서 모두 요구되는 전문성 부족

이러한 장애요인을 제거하기 위한 일반적인 방법은 다음과 같다.

- 지속적인 교육훈련. 이것은 변화의 불확실성을 없애고, 성공을 향한 목표와 방법을 제공한다.
- 팀을 수립하고 유지할 뿐 아니라 관리 · 관찰하고 충고하기 위한 사업조정자 활용
- 사전관리 지원 획득. 관리는 사람들을 관리하기 위한 시도보다는 팀의 환경을 관리하는 리더십을 보여야 한다.
- 모든 기업 구성원들에게 공개된 공통의 데이터베이스를 사용
- 설계를 통합하고 수직/수평적 의사소통을 제공하는 팀들 간 네트워크 구축
- 사용 가능한 자원을 낭비하지 못하게 하는 네트워크를 수립. 어떤 능력이 관련된 조직에서 사용 가능하지 않다면, 지원 계약업체를 통하여 그것을 수령
- 공동 배치가 가능하지 않다면 여러 날 동안 규칙적으로 작업회의를 개최. 텔레커뮤니케이션, 화상회의 그리고 다른 기술에 기초한 방법들이 공동 배치되지 않는 것에 따른 문제 완화 노력

18.5 요점

- 통합된 시스템 개발은 설계, 제조, 가능성 프로세스를 최적화하기 위하여 다 분야 팀을 사용하여 모든 필수적이고 중요 기능 활동을 통합하는 시스템엔지니어링 접근법이다.

- 팀 수립은 네 가지 단계(형성, 격동, 규정화, 수행)를 통하여 이루어진다.

- 팀의 프로그램 네트워크상의 주요 리더십 지위는 프로그램 관리자, 사업조정자 그리고 팀 리더이다.

- 팀 조직은 수립하고 유지하기 어렵다. 그것은 팀이 포함된 기간 동안의 관리 주목과 수용을 요구한다.

부록 18-A. 미 국방 IPPD 관리 프로세스

DoD 획득 정책인 통합 제품 및 프로세스개발(IPPD: Integrated Product and Process Development)은 시스템엔지니어링뿐만 아니라 시스템 개발과 관련된 공식 의사결정에 속한 다른 영역까지 포함하고 있는 통합된 시스템개발에 대한 폭넓은 관점이다. DoD 정책은 사업관리자(PM: Program Manager) 레벨과 그 상위에서 통합된 관리를 강조한다. 그것은 시스템엔지니어링 수준의 IPPD를 요구하지만, 모든 개별적 상황에 대한 적응된 IPPD 과정을 설계하기 위한 요구의 인식이며, 특정하게 구조화된 구조나 절차를 강요하지는 않는다.

통합제품팀(integrated product teams)

핵심 IPPD의 원리 중 하나는 통합제품팀(IPTs: Integrated Product Teams)의 사용을 통해 달성되는 다 분야 통합과 팀워크이다. IPTs가 모든 관리 상황에 대한 최고의 솔루션은 아니지만, 기술적이며 사업적인 관련사항이 폭넓게 고려되는 통합 설계를 이루기 위한 요구사항은 대부분의 조직을 IPTs가 시스템 관리를 위한 최선의 조직적 접근이라 할 수 있다. 사업관리자는 IPT에 참여한 계약업체와 참여가 유력한 계약업체가 조달무결원칙(procurement integrity rule)과 같은 합법적인 요구사항과 일치되어야 한다는 것을 주지해야 한다. 서비스 구성요소의 법적 조언자는 IPTs에 대한 미래 계약업체의 포함을 반드시 검토해야 한다.

DoD IPTs 구조

DoD의 감독기능은 DoD로부터 프로그램레벨에 이르는 모든 관리 단계를 포함하는 팀의 계층을 통해 이루어진다. IPTs에는 표 18.1에 나타낸 초점과 책임을 갖는 총괄 IPTs(OIPT: Overarching IPT), 실무레벨 IPT(WIPT: Working-Level IPT), 프로그램 IPT(PITP: Program IPT)의 세 가지 기본 단계가 있다. 각각의 ACAT I 프로그램에 대해 하나의 OIPT와 최소한 한 개의 WIPT가 있다. WIPT는 예를 들면, 검사, 비용/성능, 계약 등의 특정한 기능적 주제를 개발한다. 통합 IPT(IIPT: Integrating IPT)는 WIPT 결과를 조정하고, 다른 IPT에게 배정되지 않은 많은 주제를 담당한다. 이들 팀은 그림 18.9처럼 구조적으로 조직되어 있다.

조 직	팀	초 점	참여자 책임
OSD 및 구성품	OIPT*	• 전략적인 지침 • 적응성 • 프로그램 평가 • WIPT에 의해 제기된 문제 해결	• 프로그램 성공 • 기능영역 리더쉽 • 독립적인 평가 • 문제 해결

	WIPTs*	• 프로그램 성공을 위한 계획
		• 획득개선을 위한 기회
		  (예, 혁신, 능률화)
		• 프로그램문제점 확인/해결
		• 프로그램 상황
			• 기능적 지식 및 경험
			• 자격이 주어진 기여
			• 프로그램 성공을 위한 개조
			• 상황 및 미해결 문제점에
			  대한 의사소통

프로그램팀 및
시스템 계약자
	Program IPTs**	• 프로그램 실행
		• 획득개선 식별 및 방법
			• 프로그램 자원 및 위험의
			  완전한 관리
			• 프로그램 상황과 문제점을
			  보고하기 위한 정부와
			• 계약업체 활동의 통합

* Covered in "Rules of the Road" ** Covered in "Guide to Implementation and Management of IPPD in DoD Acquisition"			

표 18.1 IPTS의 초점과 구조

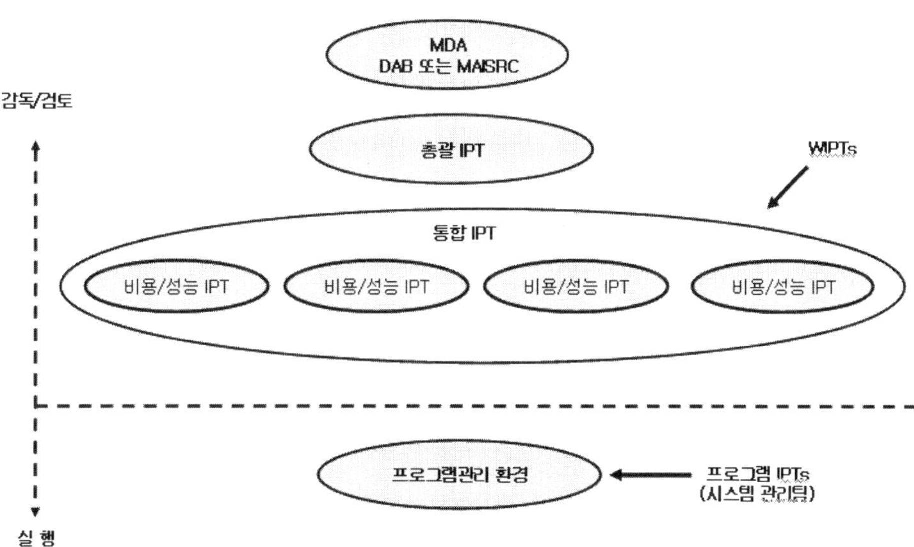

출처: *Rules of the Road, A Guide for Leading Successful Integrated Product Teams*

그림 18.9 IPT 구조

총괄 통합제품팀

총괄 통합제품팀(OIPT: Overarching IPT)은 그 레벨에서 관리될 수 있는 프로그램에 관련된 이슈에 대해 국방획득 행정부에 조언하는 것이 주요 책임인 DoD 레벨의 IPT이다. OIPT 회원은 국방부(OSD: Office of the Secretary of Defense)의 많은 기능 부서를 책임지고 있는 단체장으로 구성된다. OIPT는 다음사항을 제시한다.

- 최고레벨의 전략적 지침

- 기능영역의 리더십

- 이슈 해결을 위한 포럼

- MDA에 대한 독립적 평가

- 다음 마일스톤 검토를 위한 의사결정 정보선정

- WIPT 구조와 자원의 적용 제공

실무레벨 IPT(WIPT)

실무레벨 IPT(WIPT: Working Level IPT)는 PM과 OIPT를 연결하는 팀으로 생각할 수 있다. WIPT는 전형적인 기능 전문화 팀이다(시험, 비용-성능 등). PM은 WIPT의 임명된 선임자이며, 일반적으로 구성원은 프로그램으로부터 OSD 담당자까지 다양한 레벨의 대표자를 포함한다. WIPT의 주요 기능은 전문화된 영역을 PM에게 조언하는 것과 프로그램 상태를 OIPT에게 조언하는 것이다.

WIPT의 업무는 다음과 같다.

- PM에 의해 요구된 전략개발과 프로그램계획 단계 지원

- 활동과 마일스톤을 계획하는 IPT 수립

- 적응된 문서와 마일스톤 요구사항을 제안

- 문서에 대한 입력물을 조기에 검토하고 제시

- OIPT 구성원과 WIPT 활동을 조정

- 시기적절한 방법으로 이슈들을 평가하고 해결

- 적용 가능한 문서나 문서의 부분과 동시에 주요 자재 획득

프로그램 IPTs

프로그램 IPT는 프로그램 업무를 수행하는 팀이다. 이슈에 대해 정부와 계약업체의 통합은 IPT 레벨에서 발생하는 주어진 프로그램과 관련되어 있다. 이 장의 앞부분에 소개된 개발팀(제품 및 프로세스 팀)은 프로그램 IPT으로 여겨질 수 있다. 프로그램 IPT는 또한 프로그램의 목적을 위해 수립된 팀을 포함한다. 예를 들어 팀은 계획, 프로그래밍 그리고 예산집행시스템(PPBS) 문서화를 준비하기 위해 마일스톤 적용에 대한 승인을 준비, RFP나 그와 비슷한 것의 개발을 준비하기 위해 수립된다.

계약 고려사항

19.1 개요

　여기서는 사업 목적을 달성하기 위해서 세부작업을 수행하고 관리하는 계약업체와 사업부서 간의 합의를 개발 및 유지함에 있어 시스템엔지니어가 어떻게 지원하는가를 설명한다. 이러한 합의는 여러 이해관계자를 만족시켜야 하며, 기술적, 관리적, 재무적, 계약적 및 법적 책임을 지는 인원들 간의 공조를 필요로 한다. 이것은 연방획득규정(및 보안규정), 프로그램 계획관리 및 예산체계 문서와 시스템아키텍처를 따르는 문서를 필요로 한다. 그림 19.1에 나타난 것과 같이 이는 또한 통합팀의 구성을 필수적으로 가능하게 하는 실행 가능한 공조적 환경의 결과를 나타낸다. 기술관리자나 시스템엔지니어의 핵심적인 역할은 이러한 다양한 요구사항들을 만족시키기 위해 매우 중요하다. 이들의 중요한 책임은 다음사항을 포함한다.

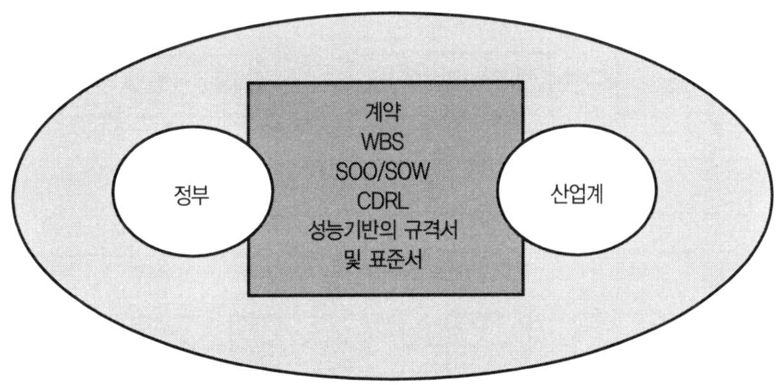

그림 19.1 **계약체결 과정**

- 계획활동의 지원 또는 초기화 기술위험은 차례로 계약선정 접근방식의 유형을 도출해야 하는 일정 및 비용의 위험이 따름
- 제안요구사항 및 선정기준에 관련된 자원선택 계획과 추천 조항의 준비 및 지원.
- 업무기술서(task statements)의 준비

- 계약자료요구목록(CDRL)의 준비
- 협상 지원 및 계약업체 선정평가 참여
- 통합팀 수립 및 정부와 업체 통합팀 구성의 정부측면을 조정
- 계약업체의 진행 상황 감시
- 계약담당관 지원에서의 정부의 조치 조정

19.2 거래 개발

그림 19.2에 나타난 바와 같이 DoD의 계약체결은 계획 활동으로부터 시작한다. 계획에는 제안요구서(RFP: Request for Proposal), 규격서(specifications), 목표기술서(SOO: Statement of Objective) 또는 작업기술서(SOW: Statement of Work), 계약업체선정계획 및 계약자료요구목록(CDRL: Contract Data Requirements List) 등의 개발을 포함한다.

제안요구서(request for proposal)

제안요구서(RFP: Request For Proposal)는 제안을 위한 거래이다. 정부는 이 제안요구서를 잠재적 계약업체에게 배포한다. 이것은 정부의 요구와 계약을 위해 공급자들이 무엇을 해야 하는지를 설명한다. 이는 준수되어야 할 계약의 기준을 구성한다.

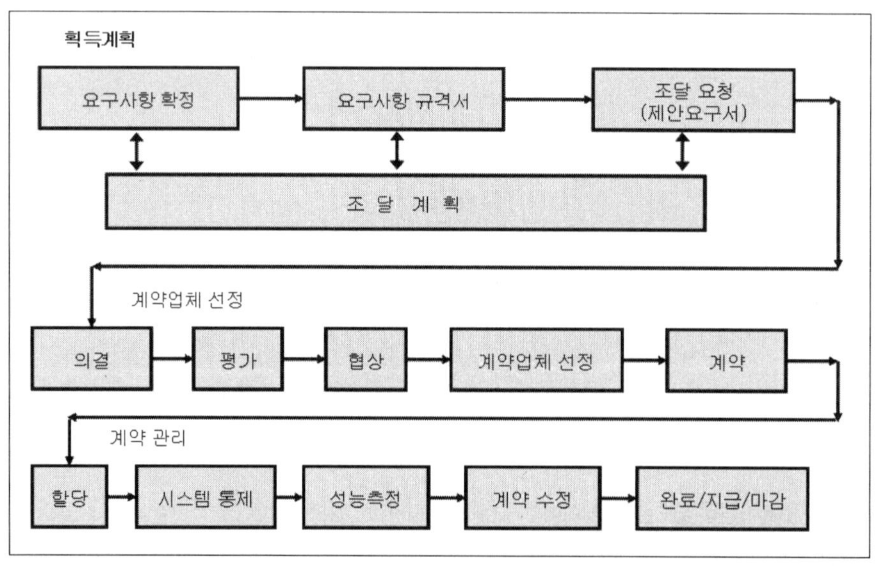

그림 19.2 **계약체결 과정**

거래에 포함되어야 할 주요 시스템엔지니어링 문서는 다음과 같다.

- 수행될 작업에 대한 기술서. DoD에서는 이를 SOW라 한다. SOO는 선정과정에서 SOW 또는 동등한 자료를 획득하기 위하여 사용될 수 있다.
- 시스템정의. 적절한 규격서 및 이 문서를 수립하는데 필요한 추가적인 기본 정보는 이 책의 앞에서 설명한 것과 같이 시스템엔지니어링 프로세스에 따라 생성된다.
- 고객이 요구하는 모든 데이터의 정의는 CDRL의 사용을 통해 이를 구현한다.

주요 거래 내용에 따른 제안들에 요구된 정보는 시스템엔지니어에게 매우 중요하다. 엔지니어링 팀은 제안의 기술적 및 기술관리적 장점을 결정하게 된다. 제안자에 대한 방침이 분명하지 않으면, 제안서는 제안을 평가하는 데 필요한 정보를 포함하지 못한다. DoD의 경우, RFP의 섹션 L 및 M은 이런 중요부분에 해당된다.

업무기술서(task statement)

거래를 위해 준비된 업무기술서는 실질적으로 정부로부터 받은 것을 관리하고 계약업체의 능력을 판단하는 기준을 확립하게 된다. 업무요구사항은 SOW에 기술되어 있다. 거래단계에서 업무는 SOO에 의해 아주 일반적인 방법으로 정의될 수 있다. SOO 및 SOW에 관한 특정 세부사항은 본 장의 끝 부분에 첨부되어 있다.

그림 19.3에 나타난 바와 같이 거래수행 접근법은 4개의 기본 옵션으로 분류될 수 있다. 이는 기본적인 ORD, SOO, SOW 또는 상세규격서(detail specification)의 사용이다.

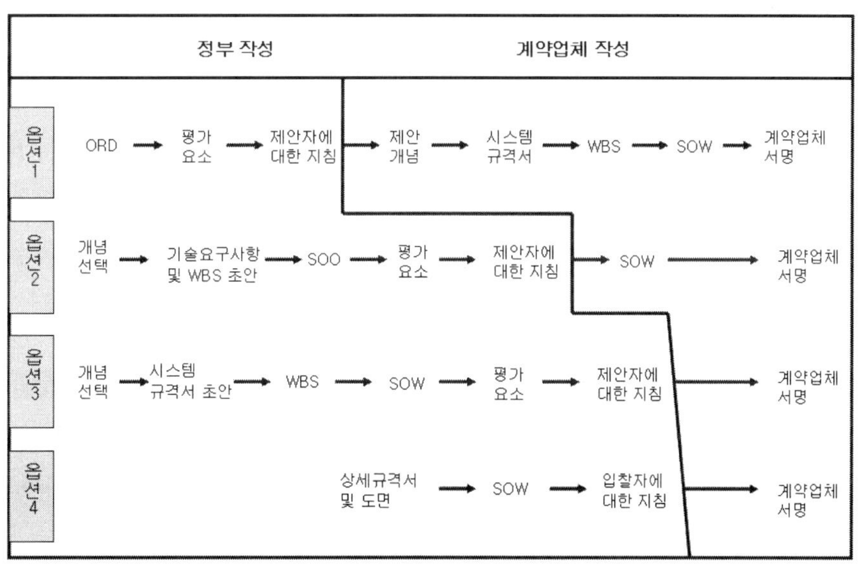

그림 19.3 **개발 방안별 계약 내용**

옵션 1은 요구사항문서로서(예를 들면, SOO/SOW 대신) 제안자에게 운용요구서(ORD: Operational Requirements Document)를 제시함으로써 계약업체의 유연성을 극대화한다. 그리고 제안자는 ORD에 대한 솔루션의 개발방법을 제안하도록 요청받는다. 정부는 지침을 제공하기 위해 RFP의 섹션 M(평가요소)과 관련된 분야를 정의한다. 섹션 L(제안자에 대한 지침)은 제안의 일부로서 ORD에 근거하여 입찰업체에게 SOW를 작성하도록 한다. 제안자는 시스템 형태를 제안한다. 계약업체는 시스템규격서와 WBS를 작성한다. 일반적으로 이 옵션은 물리적 솔루션과 대안 시스템 접근법에 대한 이해를 넓히기 위해 계약업체의 입력자료가 필요한 초기 노력에 대해 적합하다.

옵션 2는 섹션 C 작업문서로서 (예를 들면, SOW 대신) SOO를 제안자에게 제시함으로써 계약업체에게 적당한 유연성을 제공한다. 정부는 안내를 제공하기 위해 섹션 M(평가요소)상의 관련 분야를 정의한다. 섹션 L(제안자에 대한 지침)은 제안의 일부로서 SOO에 근거하여 제안자들에게 SOW를 작성하도록 한다. 이 경우 정부는 일반적으로 시스템의 종류를 선정하고, 기술 요구사항 문서의 초안이나 시스템규격서를 작성하며, WBS 초안을 작성한다. 이 옵션은 예비 획득단계의 활동이 시스템을 확실하게 정의하지 않은 경우에 가장 적합하다. 이 활동은 예비획득단계로부터 어떠한 중요 설계 자료도 가져서는 안 된다. 이 방법은 제안 단계에서 입찰자들이 혁신적인 사고를 할 수 있게 한다. 설계 계약에 있어서 선호되는 방법이다.

옵션 3은 계약업체의 유연성을 낮추고 계약 요구사항의 명확성을 높인다. 이 옵션에서 SOW는 계약 SOW의 형태로 계약업체에게 제공된다. 정부는 SOW를 구현하는 계약업체의 능력을 평가하는 데 필요한 정보를 서술하도록 섹션 L상의 지침을 제안자에게 제공한다. 정부는 거래 요구사항의 우선순위에 대한 지침을 제공하기 위한 섹션 M상에 평가요인을 정의한다. 대부분의 경우, 정부는 시스템의 종류를 선정하고 시스템규격서 초안뿐만 아니라 WBS 초안을 제공한다. 이 옵션은 예비획득단계의 활동이 낮은 레벨의 WBS로 시스템을 정의하거나 제품베이스라인이 시스템을 정의한 경우에 가장 적합하다. 특히 예비단계의 설계 단계로부터 충분한 입력이 있으며, 새로운 작업에 대한 다른 계약업체의 가능성이 존재하는 경우에는 SOW 방법이 적합하다.

옵션 4는 계약업체의 유연성을 최소화하며, 계약 요구사항에 대한 명확성 및 특성의 최대화를 요구한다. 이 옵션은 RFP 보다는 입찰참여요청서(IFB: Invitation For Bid)를 사용한다. 이는 입찰자들에게 특정 상세규격서나 계약의 인도 내용을 설명하는 업무기술서(task statements)를 제공한다. 그들은 정확히 계약업체에게 무엇이 필요하며 어떻게 해야 하는지를 설명한다. 계약에는 어떤 유연성도 없기 때문에 계약은 최저입찰가에 따라 이루어진다. 이 옵션은 정부가 상세규격서 또는 생산을 위해 충분하게 조달 항목들을 정의하는 다른 제품베이스라인을 가진 경우에 적합하다. 이는 일반적으로 단순한 "build-to-print" 형식의 재조달에 사용된다.

데이터요구사항(data requirements)

입찰참여요청서(IFB) 또는 제안요구서(RFP) 개발의 한 부분으로서, 사업부서는 보통 계획된 조달 내역을 설명하고, 통합 팀장 및 관련 기능 관리자에게 그들의 계약에 대한 데이터요구사항을 식별하고 정당화하는 요청서를 발행한다. 이 데이터는 계약업체가 수행하여야 하는 프로세스와 직접적으로 연관되어야 한다. 그리고 나서 관련 팀 또는 기능 관리부서는 필요한 각 데이터항목에 대한 기술서를 개발하게 된다.

획득관리시스템 및 데이터요구사항통제목록(AMSDL:AcquisitionManagement Systems and Data Requirements Control List) 상에 위치한 데이터항목설명서(DIDs: Data Item Descriptions)는 이러한 설명자료를 개발하는 지침으로 사용될 수 있다. 설명서는 성능을 기반으로 해야 하며, 그 형식은 모든 관련 데이터가 포함되는 한 계약업체를 따라야 한다. 그 다음 설명서는 제안서에 포함될 수 있도록 종합하여 제출된다. 계약상의 자료 요구사항 목록은 분명한 형식을 따라야 하며, CDRL에 참조된다.

경우에 따라 정부는 데이터 요청을 계약업체에 위임하게 된다. 이 경우, 데이터요청은 정부/계약업체 팀에 의해 관리되어야 하며 어떤 의견 차는 데이터 요구사항을 수반하는 공식적 계약변경 이전에 해결되어야 한다. SOO 접근방식을 사용하는 경우, 계약업체는 섹션 L에 의해 제안된 SOW에 해당하는 데이터 요구사항을 제안하도록 요구된다. 계약상 요구되는 자료의 전산화된 제출이 현재 강조된다. 전자데이터 교환은 데이터 통신방식에 대한 호환성 기준을 설정한다.

데이터 관리, 데이터의 종류, 계약 고려사항 및 데이터의 소스에 대한 추가적인 정보는 10장과 13장에 설명되어 있다. CDRL에 대한 추가 정보는 본 장의 마지막 부분에서 제시된다.

기술데이터패키지(technical data package)

시스템을 설명할 때 기제조(as built)로 표현되는 상세베이스라인의 유지는 일반적으로 기술데이터패키지(TDP: Technical Data Package)로 불리우며, 아주 비싸고 노동 집약적이 될 수 있다. 이러한 이유로 일부 획득프로그램은 이러한 제품설명서의 구매요구를 선택하지 않을 수도 있다. 정부가 TDP를 소유하지 않는 경우, 제안서를 발행하기 전에 다음의 질문사항을 해결되어야 한다.

- 계약업체가 소유한 TDP와 관련된 장점(Pros) 및 단점(Cons)은 무엇인가?
- 지원 및 재조달 효과는 무엇인가?

- 제품 성능개량 효과는 무엇인가?
- 개방형 시스템의 효과는 무엇인가?

일반적으로 정부는 제품의 유지 및 갱신 같은 수명주기에 관련한 문제를 처리할 수 있는 충분한 자료에 대한 권한을 가져야 한다. 정부에 필요한 형상 및 데이터 통제의 범위는 지원 및 재조달 전략에 따른다. 이는 반대로 데이터가 프로그램 수명주기 상에서 나중에 요구되는 가능성에 대한 방책으로서의 데이터 권한의 구매를 피하기 위해 시스템 개발에 있어서 이러한 전략적 결정은 가능한 한 빨리 내려져야 한다.

계약업체 선정

계약업체 선정은 사업 위험에 커다란 영향을 미칠수 있는 선택을 하는데 있어서 어떤 제안자가 계약업체가 될 것인지를 결정한다. 시스템엔지니어는 계약업체 선정에 있어서 세심한 주의를 필요로 한다. 왜냐하면 많은 계획 결정들이 제품 수명주기 상 초기에 결정되는 것과는 달리 계약업체 선정 관련 결정은 일단 프로세스가 시작되면 쉽게 변경될 수 없기 때문이다. 프로세스의 공정성이 적용되는 법규 및 규정은 주의 깊게 변경되야 하며, 사업관리 부서와 계약 인원의 상당한 시간과 노력의 투자를 통해 이루어진다. 이 환경에서 작은 실수조차도 올바른 선정의 왜곡을 불러올 수 있다.

이 프로세스는 운용 및 관리 구조, 평가요소 및 제안자의 응답을 분석하는 방법과 관련된 계약업체 선정계획(SSP: Source Selection Plan)에서부터 시작한다. 평가요소와 우선순위는 RFP의 섹션 L과 M상에 제안자에게 제공된 정보로 변환된다. 그리고 나서 제안자의 제안은 SSP 상에 서술된 절차에 따라 평가된다. 이러한 평가는 어떤 제안자들이 적합하고, 협상을 유도하며, 계약업체 선정 상에 주요 요소가 되는지를 결정한다. SSP는 본 장의 끝 부분에 자세하게 설명되어 있다.

시스템엔지니어링 책임 영역은 다음과 같은 방법을 통한 계약업체 선정계획 개발의 지원을 포함한다.

- 평가요소들의 기술 및 기술관리 부분의 준비
- 기술평가팀의 운용
- 제안자의 제안서(기술 및 기술관리)를 평가하는 방법 개발

19.3 요점

- 거래 프로세스 계획은 RFP , 규격서, SOO 또는 SOW, 계약업체 선정계획 및 CDRL의 개발을 포함한다.

- 사업부서는 계약업체 유연성에 부과된 지침 및 제약사항에 따라 다양한 옵션을 사용할 수 있다. 정부는 일반적으로 성능기반 제안을 선호한다.

- 계약업체가 정부에 제공할 자료는CDRL 상에 제시된다.

- 계약업체 선정은 SSP 상에 개략적으로 설명되며, RFP의 섹션 L 및 M에 제시된 평가기준을 기반으로 이루어진다.

부록 19-A. 운용요구서(ORD)

　운용요구서(ORD: Operational Requirements Document)는 획득프로세스의 기반이 되며, 장비를 획득하는 모든 프로그램의 초기에 요구된다. ORD는 다음사항을 명확히 설명하는 참고 문서이다. ① 왜 대상 시스템을 필요로 하는지? ② 그 시스템은 어떻게 사용될 것인지? ③ 그 시스템은 어디에서 운용될 것인지? ④ 누가 어떤 기능을 위해 그 시스템을 필요로 하는지? ⑤ 그 시스템은 언제 사용될 것인지? ⑥ 주요성능파라미터(KPPs: Key Performance Parameters)와 다른 요구성능의 식별을 통해 그 시스템이 무엇인지? ⑦ 그 시스템은 비용이 얼마나 소요되는지?

　ORD는 통상 프로그램 초기 이후에는 새로운 정보가 수집되고 승인될 때 업데이트된다. ORD는 다음과 같은 사항을 위해 소스문서로 활용된다. ① 누가 실제로 그 시스템을 개발할 것인지를 나타내는 BOIP(Basis of Issue Plan) 개발, ② 그 시스템이 사용자가 원하는 임무를 수행하는지를 나타내는 시험평가문서(test and evaluation document) 개발, ③ 사용자가 새로운 시스템을 사용할 수 있도록 어떻게 훈련시킬 것인지에 대한 훈련 요구사항 개발, ④ 새로운 시스템을 어떻게 지원하고 정비할 것인지에 관한 종합군수지원(ILS: Integrated Logistics Support) 문서 개발, ⑤ 어떠한 기술이 새로운 시스템을 운용하고 유지하는데 요구되는 지에 관한 정량 /정성적 인적요구사항정보(QQPRI: Quantitative and Qualitative Personnel Requirements Information) 문서 개발. 또한 ORD는 전술, 기술 및 절차(TTP: Tactics, Techniques and Procedures)와 교범의 개발을 위한 소스 문서 중 하나이다.

　다음은 국방획득프로그램 과정에서 작성되는 ORD에 대한 양식이다.

운용요구서(ORD)

1.0 운용능력 개요
2.0 위협
3.0 현존 시스템의 문제점
4.0 요구능력
　　4.1 시스템 성능
　　4.2 군수 및 준비
　　4.3 핵심시스템 특징
5.0 종합군수지원
　　5.1 정비계획
　　5.2 지원장비
　　5.3 인간요소 시스템 통합
　　5.4 컴퓨터 자원
　　5.5 기타 군수 고려사항
6.0 기반 지원 및 상호운용성
7.0 군 구조

표 19.1 ORD 양식

부록 19-B. 목표기술서(SOO)

목표기술서(SOO: Statement of Objectives)는 정부에서 준비하는 SOW의 대안이다. SOO는 정부의 전반적인 목표와 계약목적 달성을 위해 제안자에게 요구되는 지원사항을 제공한다. 제안자는 정부가 계약업체 선정시 평가하는 통합된 제안이 포함된 SOW의 준비를 위한 근거로 SOO를 사용한다.

목적

SOO는 획득의 기본 및 최상위 레벨 목적을 나타내고, 정부가 작성한 SOW를 대신하여 RFP상에 제시된다. 이러한 접근 방식은 제안자에게 비용 효과적인 솔루션을 개발할 수 있는 유연성과 혁신적인 대안을 제안할 수 있는 기회를 제공한다.

접근방법

정부는 RFP 상에 간략한(1~2페이지) SOO를 포함시키고, 제안자가 자신들의 제안서에 SOW를 제공하도록 요구한다. SOO는 보통 RFP의 섹션 J에 첨부되지만 계약의 일부가 되지는 않는다. 계약업체가 작성한 SOW에 대한 지침은 일반적으로 섹션 L에 포함되고 참조된다.

목표기술서(SOO)의 개발

제1단계 : RFP팀은 다음과 같은 전체 프로그램의 방향에 적합한 일련의 목적을 개발한다.

- 사용자 운용요구사항,
- 프로그램의 방향
- 기술요구사항 초안
- WBS 초안 및 종합목록

제2단계 : 일단 사업의 목적이 정의되면, 제품중심 목표 및 성능중심 요구사항을 다루기 위해 SOO를 작성한다.

목표기술서 및 제안서의 평가

RFP의 섹션 L(제안자를 위한 지침)은 반드시 제안자에게 SOW를 작성 및 제출하기 위해서 SOO를 이용하도록 하는 지침을 포함해야 한다. 섹션 M(평가기준)의 경우, 사업부서는 계약업체의 SOW 초안을 포함해서 평가되는 제안의 판단기준이 포함되도록 해야 한다. 이러한 중요성 때문에 제안된 SOW를 평가하는 정부의 입장이 섹션 L과 M에 강조된다.

제안자의 SOW 작성

제안자는 명확하고 이해 가능한 용어를 사용하여 다음을 정의하고 작성해야 한다.

- 미규격(non-specification) 요구사항(계약업체가 반드시 수행하여야 하는 작업)

- 계약 대금을 받기 위해 조달 또는 제공할 사항

- 활동을 지원하는데 필요한 자료

- 제안평가 및 계약업체 선정 시, 제안자들을 차별화 할 수 있었던 작업에 대한 제안자의 수행방법을 나타내는 정보

목표기술서(SOO) 예
합동 공–대–지 스탠드오프 미사일(JASSM) 목표기술서

공군과 해군의 전투기는 적의 구역방어 범위 밖에서 미사일을 발사하여 적의 전쟁 유지 능력을 파괴할 수 있는 스탠드오프 미사일이 필요하다. 제안서와 프로그램 계획을 준비할 때, 제안자는 JASSM 프로그램의 예비 EMD 및 EMD 획득 단계에 대해 다음과 같은 목적을 RFP의 다른 응용 부분과 함께 사용하여야 한다. IMP 이벤트는 본 SOO에 대해 추적이 가능해야 한다.

예비 EMD 목표

a. 최소한 하부시스템 레벨에서 시스템 개념의 처음부터 끝까지의 성능을 시연한다. 성능은 이 단계 동안 주요성능파라미터 내의 계약업체 개발 시스템성능규격서 요구사항 레벨에서 결정된다.

b. 평균단위 조달가 또는 그 이하의 가격으로 구매 및 생산 가능한 시스템을 조달하는 능력을 시연한다.

c. 최종 시스템 설계, 기술적 완성품, 잔존하는 기술적 위험 및 EMD상에서 성취될 주요 작업을 포함하는 JASSM 시스템 검토를 제시한다.

EMD 목적

a. 운용요구서로부터 파생되어 계약업체가 작성한 시스템성능규격서에 명시되고, 군사적 효용성(운용 효과도 및 적합성)을 포함하여 운용요구사항으로부터 도출된 모든 요구사항이 충족되는지를 시험/분석을 통해 시연한다.

b. 평균단위 조달가 또는 그 이하의 가격으로 구매 및 생산 가능한 시스템을 조달하는 능력을 시연한다.

c. 모든 생산프로세스를 시연한다.

d. 결합된 개발/운용시험평가를 포함하여 운용시험평가를 위한 대표적인 생산시스템을 만들어낸다.

표 19.2 **SOO 사례**

부록 19-C. 작업기술서(SOW)

작업기술서(SOW: Statement of Work)는 계약업체에 의해 수행되는 특정업무 기술서이다. 이것은 프로그램 WBS로부터 만들어 진다. 이것은 요구되는 모든 작업의 논리적이고 명확한 정의일 뿐 아니라 최소한 관점과 의도를 포함해야 한다. SOW는 일반적으로 다음과 같은 세 부분으로 구성된다.

섹션 1 : 범위 – 프로그램 전체 목적 및 SOW의 적용대상을 정의

섹션 2 : 적용문서 – 섹션 3에 참조되는 규격서 및 표준

섹션 3 : 요구사항 – 결과물을 제공하기 위해 계약업체가 수행해야 하는 업무를 기술

업무는 WBS에 따라 추적되야 한다. SOW는 계약업체가 수행하여야 하는 업무를 설명하고 규격서는 제품을 설명한다.

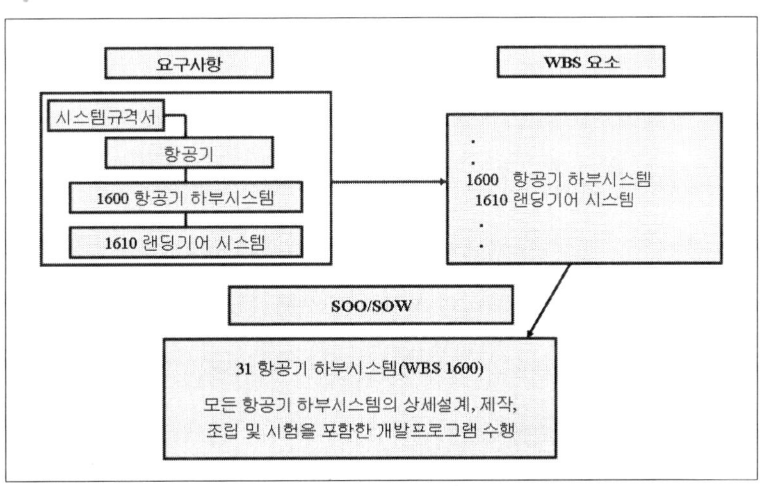

그림 19.4 **요구사항 – WBS – SOW 흐름**

업무기술서(SOW)
(조직 명칭)

[제안 프로젝트 명]

1. 목표

2. 배경

3. 요구사항

   3.1 범위

   3.2 임무

   3.3 일정

4. 정부 제공정보

5. 인도 요구사항

6. 수행기간

   6.1 프로젝트 시작일

   6.2 프로젝트 완료일

7. 정부평가

   7.1 프로젝트 기간

   7.2 평가총액

8. 독점적 공급의 정당화 정보

   8.1 독점적 공급계약을 위해 선정된 회사

   8.2 독점적 공급계약을 위한 기준

표 19.3 SOW 양식

작업기술서(SOW) 준비 및 평가전략

SOW는 유능하고 경험 있는 구성원으로 편성된 통합팀에 의해 작성하여야 한다. 팀은 다음과 같은 내용을 수행해야 한다.

- SOW 형태에 적합한 WBS의 검토 및 사용

- 획득계획 및 시스템엔지니어링계획에 따른 SOW 목적 설정

- SOW의 업무 개요 및 점검목록 작성

- 일정 및 종료일을 설정

- 상기 사항을 고려하여 포괄적인 SOW의 작성

성능기반 작업기술서(performance based SOW)

성능기반 SOW라는 용어는 계약업체가 요구 산출물을 제공하는데 필요한 직무를 수행하는 SOW와 관련된 공통 표현이나 구체적인 특정 프로세스는 아니다. 기본적으로 모든 SOW는 성능을 기반으로 작성되어야 한다. 반면에 과거 DoD는 SOW를 과도하게 지시적이라는 평판이 생기도록 했었다. 잘 작성된 SOW는 업무를 어떻게 성취하는지를 설명하지 않고도 계약업체가 업무를 수행하도록 한다.

작업기술서(SOW) 평가

WBS는 SOW 구성요소의 논리적 배치 및 각 업무분해구조 요소에 전개된 작업활동의 추적을 용이하게 한다. 이는 통합팀이 모든 요구사항의 포함여부를 검증할 수 있도록 도와주며 프로그램의 진화에 대한 추적과 변경프로세스의 통제를 위한 기반을 제공한다. 그림 19.4에 나타난 바와 같이 WBS는 요구사항과 SOW간의 연결 역할을 한다.

과거에 DoD에서는 보통 SOW를 작성하고 시간이 흐르면서 그에 대한 초안 작성을 지원하기 위해 일련의 비공식적 규칙을 개발하였다. 오늘날의 정부는 일반적으로 SOW를 작성하지 않고, 계약업체가 제안하는 SOW를 보다 자주 평가하며, 이러한 규칙은 평가자로서의 정부 역할을 도와준다.

작업기술서 규칙

섹션 1. 범위 :

금지사항

- 지시된 SOW 포함
- 데이터 요구사항 또는 산출물 포함

섹션 2. 적용 문서 :

금지사항

- 정부의 사업부서에만 적용되는 지침서 포함

섹션 3. 요구사항 :

금지사항

- 조달될 자료 형태의 업무 정의
- 주문, 설명 또는 계약자료요구목록(CDRL) 자료 논의

- 데이터 형식의 업무 표현
- 실시, 인용 또는 데이터항목설명서(DID)의 논의
- 핸드북, 서비스 규정, 기술적 지시 또는 MIL-STD-961/962와 관련되어 상세히 작성되지 않은 기타 문서의 인용
- 업무가 어떻게 달성되는지 설명
- 계약규격서 수정에 SOW를 사용
- 기술제안서, 성능기준(performance criteria) 또는 평가요소의 상세화
- 조달일정 설정
- 과도한 상세화

권장사항

- 계약에 따라 수행되어야 할 작업요구사항의 상세화
- 획득계획 및 시스템엔지니어링 계획을 반영하기 위한 SOW 목표 수립
- 가격화할 수 있는 업무 수립을 제공
- 달성되어야 할 작업을 업무용어로 표현
- 작업이 필수적일 때에는 "'shall"을 사용.
- 목적의 선언이나 단순한 미래를 나타내는 경우에만 "will"을 사용
- WBS를 개요로서 사용
- 시간 순서로 업무를 목록화
- 정부의 규칙을 존중하여 문단 번호 부여는 3단계 하부레벨까지로 제한(3.3.1.1.)
- 계약업체의 창의적 활동을 허용

부록 19-D. 계약자료요구목록(CDRL)

계약자료요구목록(CDRL: Contract Data Requirements List)은 계약의 일부를 구성하는 상세조달에 대한 인증된 자료요구사항에 대한 목록이다. 이는 자료요구사항 및 조달지침을 포함하는 일련의 DoD 형식 1423(개별 CDRL 양식)으로 구성된다. CDRL은 SOW 업무와 직접 연결되어야 하고 사업부서의 데이터 관리자에 의해 관리되어야 한다. 표 19.4는 CDRL에 대한 사례이다.

자료 요구사항은 또한 상세 계약조항(연방획득 조항)을 거쳐 계약상에서 정의될 수 있다. 연방획득규정(FAR) 조항에 필요한 자료는 보통 계약담당 관리자에 의해 요구되고 관리된다.

계약자료 요구목록 (CDRL)

ATCH NR:3   TO EXHIBIT: SYSTEM/ITEM: ATF DEM/VAL PHASE
TO CONTRACT/PR: F33657-86-C-2085   CATEGORY: X   CONTRACTOR: LOCKHEED

| 1) 3100 | 2) SOW 3.1
3) | 6) ASD/TASE | 10) ONE/R | | 12) 60DAC | 14)
ASD/TASE 2/0 |
| 4) OTE62011 | 5) SOW 3.1 | 7) IT | 8) D | 9) | 11) | 13) SEE 16 | ASD/TASM 2/0
ASD/TASL 2/0
ACO 1/0 |

BLK 4: 자료항목설명서(DID)에 대한 내용은 계약자료 요구사항목록(CDRL)에 대한 부록을 참조하시오.

본 자료항목설명서(DID)는 다음의 사항들로서 맞추어 작성되어 있다:

(1) 계약자 형식은 수용 가능함

(2) 프로그램 위험분석이라고 불리는 자료항목설명서(DID)의 2a 단락을 변경한다. 이 부분은 프로그램 시스템의 기술적 요소, 지원성, 비용 및 일정준수 위험성의 지속적 평가를 위한 계획과 방법론을 서술한다. 이 부분은 한 개의 계획이 다른 계획에 참조되므로 시스템 통합 계획은 복사되지 말아야 하며, 일관성을 지켜야 한다. (DI-S-3563/T 참조)

BLK 13: 개정판은 시스템엔지니어링 프로세스로부터 결정된 변경사항에 의해 요구되듯이 제시되어져야 한다.

NOTE: 본 계획과 관련된 일정들은 DI-A-3007/T 에 따라서 마그네틱 매체상태로 제출된 주 프로그램 계획일정과 함께 통합되어져야 한다

15)
7/0

PREPARED BY: DATE: 86 JUN 11   APPROVED BY: DATE: 86 JUNE 11

DD FORM 1423 ADPE ADAPTATION SEP 81 (ASD/YYD)

표 19.4 CDRL의 단일 데이터품목요구사항 사례

자료요구사항 소스(Data Requirement Sources)

표준 자료항목설명서(DIDs)은, 준비 지침, 형식, 용도 및 조달을 위해 계약업체에서 요구되는 자료의 권장된 배포 방법을 정의한다. 획득관리시스템 및 데이터요구사항통제 목록(AMSDL)은 획득관리시스템, 소스문서 및 표준 자료항목설명서(DID)를 정의한다. 획득 개정을 통해 DIDs는 퇴보하고, 이제 자료항목 요구사항은 테일러링된 DIDs 또는 계약업체와 정부가 동의하는 형식의 RFP에 대해 특별히 작성된 일련의 요구사항이 된다.

DD 형식 1423 로드맵

블록 1 : 자료 항목 번호 – CDRL 순서 번호를 나타냄

블록 2 : 자료 항목 제목 – DID 항목 1에 입력한 제목과 동일(DD 형식 1664)

블록 4 : 권한 (자료획득 문서 번호) – DID 양식의 항목 2와 동일하며 DID가 적응됨을 나타내는 경우 '/t'를 포함

블록 5 : 계약 참조 – 블록 4에서 인증된 DID 와 적용문서 및 자료흐름으로부터 SOW상의 단락 번호를 정의

블록 6 : 요구사항 관련부서 – 자료의 기술적 적절성을 조언하는 활동 책임

블록 7 : 상세 요구사항 – 자료의 검사/승인에 필요할 수 있음

블록 8 : 승인 코드 – 'A' 인 경우, 최종 자료항목의 배포 이전에 상세한, 진보된, 서면 승인된 핵심자료 항목임

블록 9 : 요구되는 기술의 분포

범주 A : 공공에 무제한 공개

범주 B : 정부기관으로의 제한된 공개

범주 C : 정부기관 및 계약업체들에게 제한된 공개

범주 D : DoD 관련부서 및 그들의 계약업체에게 제한된 공개

범주 E : DoD 내에서만 공개

범주 F : 지시된 대로만 공개, 일반 내용과 구분

블록 12 : 최초 제출일 – 최초 제출한 날의 연/월/일을 나타내며 상세이벤트나 요구되는 마일스톤 데이터 정의

블록 13 : 추가 제출일 – 자료가 한번 이상 제출된 경우, 추가 제출일을 표시

블록 14 : 배포 – 각 수신자를 표시하고 각 부서가 받게 될 사본의 수를 표시. 부서 기호, 제공될 자료의 형식, 명령의 머릿글자 등을 사용

블록 16 : 비고 – DID의 적용된 상태만을 설명. 블록 1~15에 대한 추가 정보 및 재제출 일정 또는 정부 승인을 위해 제출된 자료의 갱신을 위한 상세 조건

부록 19-E. 계약업체 선정계획

계약체결 문서 발행 이전에 계약업체 선정계획이 사업관리자에 의해 준비되고, 계약 담당 관리자에 의해 검토되어야 하며, 계약업체 선정기구(SSA: Source Selection Authority)에 의해 승인되어야 한다. 계약업체 선정계획(SSP: Source Selection Plan)은 일반적으로 다음과 같은 세 부분으로 구성된다.

- 첫 번째 부분은 조직, 구성원 및 계약업체 선정팀의 책임에 대해 설명한다.
- 두 번째 부분은 평가 요소를 정의한다.
- 마지막 부분은 제안서의 평가를 위한 세부절차를 수립한다.

계약업체 선정조직

계약업체 선정기구(SSA: Source Selection Authority)는 정부에 가장 유리한 제안을 하는 계약업체를 선정할 책임이 있다. 계약업체 선정 자문협의회는 계약업체 선정 평가위원회(SSEB: Source Selection Evaluation Board)의 평가결과 및 계약업체 선정 자문협의회(SSAC: Source Selection Advisory Council) 회원들의 경험을 기반으로 SSA에 조언을 제공한다. SSEB는 각 제안자의 RFP에 대해 포괄적인 평가를 수행함으로써 SSA가 필요로 하는 정보를 만들어낸다. 기술평가 검토팀은 제안서의 기술적 부분들을 평가하여 SSEB을 지원한다. 그 프로세스는 그림 19.5과 같다.

프로그램 관리자는 획득전략의 개발과 수행, 계약업체 선정계획을 준비, 공식거래가 산업계에 논의되기 전에 계획을 입증하기 위한 계약업체 선정 위원회를 구성할 책임이 있다. 시스템엔지니어 또는 기술관리자는 PM의 활동을 지원한다. 계약 담당관은 거래와 계약의 준비, 잠재적 제안자와 제안자들과의 의사소통, 연방획득 규정과 DoD 획득 규정 부록의 요구사항과 관련된 SSP의 구성, 계약 수여의 책임이 있다.

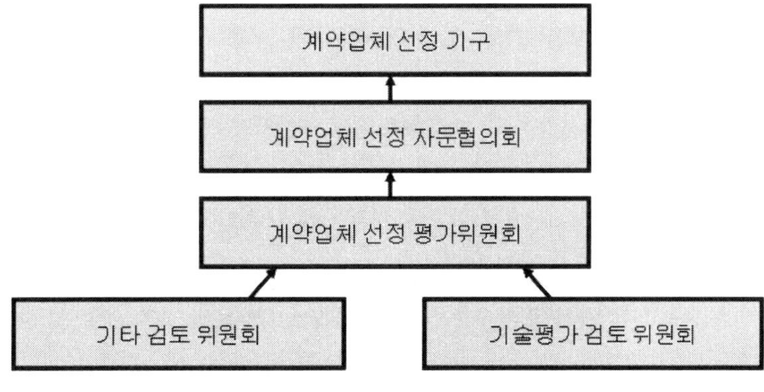

그림 19.5 **계약업체 선정과정**

계약업체 선정계획 평가

평가요소는 상대적 중요성과 거래 문서에 기술된 대로 정부의 요구를 가장 잘 만족시킬 수 있는 제안서인지를 통합 평가하기 위한 정량적이고 정성적인 제안의 관점을 위해 목록화 된다. 표 19.5는 평가기준이 수명주기 비용인 경우의 사례를 나타낸다. SSP(source selection plan) 평가의 목적은 제안의 다양한 관점과 제안간의 차이를 공정하고 합리적으로 정부의 의도에 맞는 제안자를 선정하는 것이다.

- 평가요소의 숫자 제한

- 정부 평가요소(예를 들면: SOO/SOW, 규격서, CDRL 등의 산출물을 종합)의 적응

- 비용은 항상 평가 요소이다 사용될 비용의 정의와 제안 등급화의 상대적인 비용의 중요성이 명확하게 식별되어야 한다.

요소에 대한 고려

계약업체 선정에 영향을 줄 수 있는 모든 요소를 자세하게 나타낼 수는 없지만, 다음은 일부 핵심적인 고려사항을 나타낸다.

- 공급자의 제안은 RFP에 명시된 대로 정부의 요구를 반영하는가?

- 공급자의 제안은 직접적으로 시스템규격서 및 SOO/SOW에 명시된 시스템요구사항을 지원하는가?

- 성능특성은 제안된 항목에 대하여 충분히 구체적인가? 이들은 시스템 레벨의 요구사항으로부터 충분한 의미를 가지며, 측정이 가능하고 또한 추적이 가능한가?

- 유효성 요소들은 구체적인가? (예를 들면, 신뢰성, 정비성, 지원성 및 가용성) 이들은 시스템레벨의 요구사항으로부터 충분한 의미를 가지며, 측정이 가능하며 또한 추적이 가능한가?

- 공급자는 제안된 시스템 구성요소의 시험평가에 대한 요구사항을 다루는가?

- 수명주기 지원요구사항들은 정의되었는가? (예를 들면, 정비 자원, 예비/수리용 부품, 시험 및 지원 장비, 개인적 숙련도 및 기술 등) 이러한 요구사항은 설계를 통해 가능한 범위까지 최소화되었는가?

- 제안된 설계형상은 성장 잠재력이나 변경의 유연성을 반영하는가?

- 공급자는 포괄적인 생산 및 건설 계획을 개발하였는가? 핵심 제조 프로세스는 그 특성들과 함께 정의되었는가?

- 공급자는 충분한 품질보증 및 통계적 프로세스통제 프로그램을 보유하고 있는가?

- 공급자는 포괄적인 계획 활동을 하고 있는가? (예를 들면, 프로그램 업무, 조직화된 구조 및 책임, 업무분해구조, 작업 일정, 프로그램 감시 및 통제 절차 등을 다루는가?)

- 공급자의 제안은 수명주기 비용의 모든 면을 다루는가?

- 공급자는 제안된 품목과 본질적으로 유사한 시스템 구성요소/구성품의 설계, 개발 및 생산의 경험을 갖고 있는가?

등급(점수)	평가기준 수명주기 비용
9–10	업체 제안서에 완전한 수명주기 비용분석을 포함
7–8	완전한 수명주기 비용분석을 포함하지는 않았으나 수명주기 비용을 수행할 방법을 제시하고 지원
5–6	계약활동의 일환으로 수명주기 비용분석을 완료할 예정이며 수행되어야 할 절차 명시
3–4	계약활동의 일환으로 수명주기 비용분석을 완료할 예정이며 수행되어야 할 절차 미명시
0–2	업체 제안서에 수명주기 비용 미포함

표 19.5 **평가요소 사례**

제안평가

제안평가 요소는 합리적인 절충연구 접근법으로 분석될 수 있다. 표 19.6은 일반적인 접근방법을 보여준다. 이 방법에서 각 요인은 표 19.5에 나타난 것처럼 각 판단기준에 대해 성립된 평가요소 측정기준에 근거하여 등급화 되었다. 이후 이것은 각 판단기준이 인지되는 우선순위를 기반으로 가중치 요소에 의해 증대된다. 모든 가중평가는 합산되어 가장 높은 점수를 받은 제안이 선정되는 것이다.

이러한 절충연구와 같이 프로세스는 민감도 문제에 대해 검토되어야 한다. 반면에 계약업체 선정의 경우에 RFP를 공개 전에 예상된 값들로 검증 작업을 반드시 수행해야 한다.

평가기준	가중치 (%)	제안 A		제안 B		제안 C	
		등급	점수	등급	점수	등급	점수
A 기술 요구사항	25						
1. 성능특성	6	4	24	5	30	5	30
2. 유효성 요소	4	3	12	4	16	3	12
3. 설계접근 방식	3	2	6	3	9	1	3
4. 설계문서	4	3	12	4	16	2	8
5. 시험 및 평가 접근방식	2	2	4	1	2	2	4
6. 제품 지원요구사항	4	2	8	3	12	2	8
B 생산능력	20						
1. 생산설비	8	5	40	6	48	6	48
2. 생산공정	5	2	10	3	15	4	20
3. 품질보증	7	5	35	6	24	4	28
C 관리	20						
1. 기획(계획/일정)	6	4	24	5	30	4	14
2. 운용구조	4	4	16	4	12	4	16
3. 가용인적 구조	5	3	15	3	20	3	15
4. 관리통제	5	3	15	3	20	4	20
D 총비용	25						
1. 획득가격	10	7	70	5	50	6	60
2. 수명주기비용	15	9	135	10	100	8	120
E 추가요소	10						
1. 사전경험	4	4	16	3	12	3	12
2. 과거실적	6	5	30	5	30	3	18
총합계	100		476		516*		450
제안 B가 선정됨							

표 19.6 **계약업체 평가**

프로세스 테일러링

20.1 개요

시스템엔지니어링 프로세스를 목적에 맞도록 수정하는 테일러링(tailoring)은 계획 중이거나 재계획되는 특정 프로젝트에 적합한 중간산출물(interim)과 특정 프로세스 활동의 식별로 이루어진다. 테일러링은 제작될 제품, 수행될 검토, 각 시스템엔지니어링 프로세스 활동에서 예상되는 분석의 깊이(depth of detail), 프로세스 수행의 정식절차(formality), 그리고 밀접하게 연관된 프로세스 활동을 통해 계획된 반복 횟수 등에 초점이 맞추어 진다.

시스템엔지니어링 프로세스는 반드시 경험 있는 시스템엔지니어에 의해 수행되어야 하는 중요한 프로세스 활동을 포함한다. 그러나, 프로젝트/제품 수명주기에 대한 프로세스 활동은 실제로 매우 다양하게 변한다. 투입되는 시간, 에너지 및 노력은 제기된 프로젝트의 경제성과 위험을 고려해야 한다. 하나의 프로젝트에 대한 절충연구는 많은 공수(people months)가 소요되며 많은 문서가 요구된다. 반면에, 또 다른 프로젝트에 대한 절충연구는 반나절 내에 완성될 수도 있고 약간의 문서에 위해 이루어질 수 도 있다.

20.2 테일러링 목적

특정 프로젝트에 대해 시스템엔지니어링 프로세스를 테일러링하는 목적은 엔지니어링 자원을 가장 비용 대 효과적으로 사용하는 동시에 허용가능 수준으로 프로젝트 위험을 줄이는 적절한 행위에 적절한 양의 시스템엔지니어링 노력이 사용되도록 보장하는 것이다. 그러나, 어느 정도의 시스템엔지니어링이 주어진 프로젝트에 적합한지를 정확하게 설명하기는 어렵다. 일반적인 지침은 시스템, 시스템요구사항, 형상 그리고 성능이 잘 정의되고 검증되도록 보장하기 위하여 시스템엔지니어링이 프로젝트 상에서 충분하게 수행되도록 하는 것과 모든 엔지니어링 위험이 식별되고, 평가되도록 하는 것이다.

20.3 참여자

시스템엔지니어링의 충분성을 결정하기 위해서는 프로젝트의 기술복잡성, 위험 및 비용이 얼마만큼 허용 가능한가를 결정해야 하기 때문에 경영진과 시스템엔지니어 모두 테일러링의 결정에 참여해야 한다. 일반적으로, 경영진에 의해 허용 가능한 위험과 비용의 수준이 결정된다. 경영진과 시스템엔지니어링 사이의 충분한 의사소통과/또는 협상노력은 인력배치, 업무, 위험 그리고 비용영향 사이의 복잡한 절충을 명확히 하기위해 필요하다. 위험과 최종비용에 대한 잠재적인 부정적 영향을 인식하지 않은 채 많은 프로젝트들이 미흡한 수준의 시스템엔지니어링 노력으로부터 시작된다.

프로젝트 요원이 주의하지 않는다면, 이러한 비현실적인 기대는 다음과 같은 어려움이 따르는 사이클을 동반할 수 있다.

- 프로젝트 시작 시 지나치게 적은 시스템엔지니어링 노력은 불충분하게 정의된 요구사항, 인터페이스, 및 하부시스템 절충을 야기하고 주요품목 규격서 개발지연과 허술한 하부시스템설계를 초래한다.
- 일부 하부시스템 개발의 과도한 위험과 부적절한 대책 및 조립을 사전인지 하지 못하면 재설계를 초래하게 된다.
- 여러 엔지니어링 분야 간 자원분배는 그들의 개발작업과 반드시 일치하지는 않는다. 자원소요를 보다 잘 이해하게 되었을 때는 이미 대부분의 자원이 소비된 후가 된다.
- 시스템을 통합 및 시험하는 동안 또는 설계에서 생산 및 지원으로 전이되는 동안 생기는 심각한 기술적 문제는 많은 비용이 소요되는 재작업과 일정지연의 결과를 초래한다.

프로젝트에 대한 시스템엔지니어링 관심사를 훌륭한 의사결정의 기초로 사용 가능하도록 변환시키는 것은 시스템엔지니어링 요원의 책임이다. 프로젝트 비용과 위험이 충분히 이해되고 정보에 근거한 의사결정이 이루어지도록 보장하기 위하여 충분한 분석과 계획을 갖도록 하는 것은 경영진과 시스템엔지니어의 책임이다.

20.4 테일러링 단계

프로젝트를 위한 시스템엔지니어링 프로세스의 테일러링 단계는 다음과 같다.

1. 테일러링을 위한 시스템엔지니어링 프로세스 베이스라인을 식별하라. 상위레벨의 시스템엔지니어링 성숙도를 지닌 조직의 경우, 이것은 조직에서 표준으로 사용하고 있는 문서화

된 시스템엔지니어링 프로세스로 이전 프로젝트로부터 배운 교훈을 기반으로 정제된다. 문서화된 표준 시스템엔지니어링 프로세스가 없는 조직은 반드시 이것을 정의해야 한다. 이 프로세스 핸드북과 적절한 시스템엔지니어링 표준은 좋은 시작점이다. 최근 일부 초안/임시 시스템엔지니어링 표준이 EIA(Electronic Industries Association)와 IEEE에 의해 출판되었다. 더 많은 정보는 1.3절을 참조하라.

2. 프로젝트의 비용목표(cost targets)와 위험 허용한계(risk tolerance)를 결정하라. 만일 프로젝트의 목표가 수용 가능한 비용과 위험수준 내에서 달성될 수 없다면, 프로젝트 목표, 비용, 위험수준의 수용 가능한 수준은 그것이 경영면에서 수용 가능하고 시스템엔지니어에 의해 달성 가능한 것으로 가시화될 때까지 조정되어야 한다.

3. 프로젝트의 시스템엔지니어링을 위해 어떤 다른 엔지니어링 분야들이 무엇을 필요로 하는지 그 특성을 기술하라. 전체 엔지니어링 팀의 규모와 함께 이것은 성공적인 엔지니어링을 위해 시스템엔지니어링이 만들어 내게 될 제품의 형태와 내용을 결정한다.

4. 시스템엔지니어링에 의해 산출되어야 하는 문서(deliverable documents)를 식별하라. 조직의 어떤 테일러링 지침으로도 수정될 수 없는 기준 시스템엔지니어링 프로세스 내의 산출물도 식별하라(단계1 참조).

5. 단계3과 4에서 식별된 시스템엔지니어링 산출물에 대해, 산출물이 취해야 하는 형식(form)과 목적을 이루기 위하여 필요한 세부레벨을 식별하라. 이것은 팀원들에게 형식과 상세레벨에 대한 공동적인 이해를 돕기 위해 이전 프로젝트로부터의 산출물을 예로 사용하여 종종 이루어진다. 미 국방부 프로젝트의 경우 데이터항목기술서(DID: Data Item Description)는 문서형식을 제공한다. 상세레벨은 일반적으로 각 절에있는 내용에 의해 잘 기술되고 있다.

6. 산출물, 형태, 또는 (단계 5의 결정과 같은) 상세레벨이 주어진 프로젝트 목표, 비용목표, 그리고 (단계2의 결정과 같이) 허용 위험수준에 대해 얻을 수 있는 것인지 그 여부를 평가하라. 바꾸어 말하면, 주어진 환경(프로젝트팀, 프로젝트에 포함된 엔지니어링 프로세스에 대한 친밀도, 적용과 제품영역 기술에 대한 친밀도, 부원의 재편성 가능성 등)에서 프로세스가 잘 작동할 수 있기 위해 필요한 산출물이 무엇인가를 살펴보아라. 일반적으로, 경험이 부족한 팀일수록 또는 인력의 재편성이 용이할수록, 프로세스가 성공적이기 위해서는 보다 더 명백하고/공식적인 시스템엔지니어링 산출물이 선정되어야 한다. 시스템엔지니어

링 프로세스의 대부분 산출물의 기본목적은 무엇을 해야 하느냐와 어떻게 그것을 해야 하
느냐에 대한 엔지니어링 프로젝트 팀원 간의 의사소통이다.

7. 프로젝트를 위해 계획된 전 수명주기의 프로세스를 식별하라. 이것은 계획되어야하는 관
   련프로세스를 통하여 반복 횟수에 대한 지침을 제공한다. 만일 프로젝트가 대형 프로젝트
   의 일부라면, 이것은 어떠한 시스템엔지니어링 프로세스 활동이 부분적으로 완성되고 있
   는지를 명백하게 한다. 프로젝트에 적합한 반복 횟수에 관한 결정은 프로젝트의 목표와 제
   약사항에 달려있다. 설계비용목표를 지닌 프로젝트의 경우, 비용목표를 초과하게 만드는
   모든 요구사항의 식별과 변경이 확실하도록 프로세스 활동을 여러 번 반복하게 된다.

8. 프로젝트 상의 위험을 식별하고 평가하라. 시스템엔지니어링이 영향을 미칠 수 있는 각각
   의 위험을 완화시켜 위험수준을 수용 가능한 수준으로 낮추는데 필요한 비용 대 효과적인
   활동을 결정하라.

9. 각각의 프로세스 활동에 대해 필요한 상세레벨을 식별하라. 이러한 방법 가운데 하나는 적
   절한 관련 핸드북을 사용하고, 프로세스 활동에 대한 각 주제의 내용을 식별하는 것이다.
   다른 접근방법은 활동 목적과 만일 그것이 적절하게 되지 않았을 경우 프로젝트에 대한 위
   험을 기술하고, 그 후 이러한 목적을 위해 요구되는 상세레벨을 도출하여 위험을 피하는
   것이다. 만일 이 프로세스 활동의 상세수준을 구현하기 곤란하면, 위험증가를 허용할 수
   있는 영역이 어떤 것인지 결정해야 한다.

10. 시스템엔지니어링 프로세스 기준에 대한 테일러링을 문서화하고 승인을 받아라. 만일 관
    련조직의 공식적인 승인이 요구되지 않으면, 동일한 고객과 경험이 있는 선임 시스템엔지
    니어에게 제시된 테일러링에 대한 비공식적 검토를 요청하라.

11. 계획된 시스템엔지니어링 프로세스, 산출물 그리고 검토를 문서화 하라. 각 프로세스에
    대한 완료 판단기준을 기술하라.

20.5 입력

시스템엔지니어링프로세스의 테일러링을 위한 주요 입력사항은 다음과 같다.

- 프로젝트의 목표와 제약사항
- 시스템엔지니어링 프로세스 또는 산출물에 대한 조직상 또는 계약상의 요구사항
- 조직 시스템엔지니어링 기준프로세스와 테일러링 지침
- 프로젝트 비용목표와 수용 가능한 위험수준

20.6 출력

시스템엔지니어링 테일러링 프로세스의 주요 산출물은 프로젝트를 위해 계획된 시스템엔지니어링 활동을 기술한 문서이다. 이 출력물의 형식은 규모, 복잡도 그리고 프로젝트의 수용 가능한 비용/위험에 따라 변하게 된다. 테일러링 활동으로부터 산출되는 수용 가능한 산출물의 예를 표 20.1에 나타냈다.

프로젝트 특성	SE 프로세스 테일러링 계획
고위험 허용한계 내의 소규모, 간단, 저비용	간단한 2-4 페이지 계획
보통의 위험 허용한계 내의 소규모, 간단, 저비용	더욱 구체화된 5-10 페이지 계획
보통의 위험 허용한계 내의 중간규모, 복잡하지 않음, 보통의 비용	모든 엔지니어링 활동을 포함한 세부적인 SEMP 20-30 페이지 계획
대규모, 복잡, 고비용, 보통의 위험 허용한계보다 낮음	프로세스/제품 및 검토를 포함한 전반적인 SEMP, 50 페이지 이상(4.7.1 절 참조)

표 20.1 SE 테일러링프로세스로 부터의 허용 가능한 산출물

시스템엔지니어링 프로세스 테일러링이 어떤 형태로 기술될지라도, 그 기술서는 다음 사항을 포함해야 한다.

- 다른 엔지니어링 분야, 관리 그리고/또는 고객의 사용을 위한 산출물과 시스템엔지니어링 팀의 사용을 위한 임시산출물(interim products)을 포함한, 시스템엔지니어링 노력에 의해 생산될 특정산출물
- 각각의 검토활동에서 시스템엔지니어링의 역할을 포함한 시스템엔지니어링에 의해 수행되거나 지원되는 검토활동

- 각 시스템엔지니어링 프로세스 활동에서 기대되는 분석 깊이에 대한 설명

- 밀접하게 연관되어 있는 프로세스 활동을 통하여 계획된 반복 횟수(예를 들면, 초기 시스템 통합과 설계가 일단 이루어진 후 요구사항이 재검사될 것으로 기대되는가? 낮은 단위 생산비용이 특정요구사항 충족보다 더욱 중요한 경우, 대량으로 제작되는 제품에 대한 설계를 할 때 이것은 보통 일어나는 일이다)

- 시스템엔지니어링 프로세스의 수행이 얼마나 공식적이어야 하는가(즉, 누가 각각의 시스템엔지니어링 프로세스 활동완료에 대해 알 필요가 있는가, 그리고 프로세스 활동에 대한 기록 사실에 따라 얼마나 많은 프로세스가 재구성될 필요가 있는가).

- 각 프로세스 활동의 완료 판단기준

- 상기 절차에 대한 통합된 일정

20.7 성공완료 판단기준

시스템엔지니어링 프로세스 테일러링의 성공적인 완료에 대한 가장 명확한 판단기준은 경영진과 선임 시스템엔지니어리더가 시스템엔지니어링에 할당될 자원의 총량과 (시간 또는 수명주기 단계에 걸친) 분배에 관한 합의에 도달하였는가 하는 것이다. 부가적인 판단기준은 다음 사항을 포함한다.

- 시스템엔지니어링이 프로젝트 위험분석을 완료했으며, (완화 또는 효과적인 완화 비용이 너무 높기 때문에 위험을 그대로 두는 것에 대해서 시스템엔지니어와 경영진 사이의 합의에 의해) 모든 중대한 위험들이 중점적으로 다루어진다.

- 시스템엔지니어링에 의해 생산될 모든 임시 및 최종산출물이 식별되고, 각각에 대한 상세레벨이 합의되었다.

- 시스템엔지니어링에 의해 지원되거나 수행되는 모든 검토가 식별되고, 검토에서 예상되는 상세레벨과 내용이 정의되었다.

- 프로세스 활동의 시퀀스와 각각에 적용될 자원을 포함하는 시스템엔지니어링 활동에 대한 계획과 일정이 합의되었다.

| 약어 정리 |

A

ACR	Alternative Concept Review	대안개념검토
ACTD	Advanced Concept Technology Demonstration	선행개념기술시연
AMSDL	Acquisition Management Systems Data List	획득관리시스템 데이터목록
ASR	Alternative Systems Review	대안시스템검토
AUPP	Average Unit Procurement Price	평균조달품목가격
AWP	Awaiting Parts	대기부품

B

| BL | Baseline | 베이스라인 |
| BLRIP | Beyond Low Rate Initial Production | 초과소량초도생산 |

C

C4ISR	Command, Control, Communications, Computers, Intelligence, and Reconnaissance	지휘, 통제, 통신, 컴퓨터,정보 및 정찰
CAD	Computer-Aided Design	컴퓨터지원 설계
CAE	Computer-Aided Engineering	컴퓨터지원 엔지니어링
CAIV	Cost As an Independent Variable	독립변수비용
CALS	Continuous Acquisition and Life Cycle Support	연속적획득 및 수명주기지원
CAM	Computer-Aided Manufacturing	컴퓨터지원 제조
CASE	Computer-Aided Systems Engineering	컴퓨터지원 시스템엔지니어링
CATIA	Computer-Aided Three-Dimensional Interactive Application	컴퓨터지원 3차원 상호적용
CBA	Capability Based Assessment	능력기반평가
CCB	Configuration Control Board	형상통제위원회
CCR	Critical Change Review	핵심변경검토
CDD	Capability Development Document	능력개발서
CDR	Critical Design Review	핵심설계검토
CDRL	Contract Data Requirement List	계약자료요구목록
CDS	Concept Design Sheet	개념설계표
CE	Concept Exploration	개념탐색
CEO	Chief Executive Officer	최고경영자
CI	Configuration Item	형상품목
Circular A-109	Major Systems Acquisitions	중요시스템획득
CM	Configuration Management	형상관리
CM	Control Manager	통제관리자
CONOPs	Concept of Operations	운용개념

COTS	Commercial Off-The-Shelf	상용품
CPD	Capability Production Document	능력생산서
CSCI	Computer Software Configuration Item	컴퓨터소프트웨어 형상품목
CWI	Continuous Wave Illumination	지속파조사

D

DAU	Defense Acquisition University	미 국방획득대학교
DCMC	Defense Contract Management Command	미 국방계약관리사령부
DDR	Detail Design Review	상세설계검토
DFARS	Defense Supplement to the Federal Acquisition Regulation	연방획득관리규정 국방관련부록
DID	Data Item Description	데이터항목설명서
DoD	Department of Defense	미 국방부
DoD 5000.2-R	Mandatory Procedures for Major Defense Acquisition Programs (MDAPs), and Mauor Automat Information System Acquisition Programs(MAIS)	–
DoDISS	DoD Index of Specifications and Standards	미 국방성 규격서 및 표준서 색인
DSMC	Defence Systems Management College	미 국방시스템관리대학
DT	Developmental Testing	개발시험
DTC	Design To Cost	설계비용
DT&E	Developmental Test and Evaluation	개발시험평가

E

EC	Engineering Change	엔지니어링변경
ECP	Engineering Change Proposal	엔지니어링변경 제안서
EDI	Electronic Data Interchange	전자데이터교환
ELA	Electronic Industries Alliance	전자산업협정
ELA IS 632	Electronic Industries Association Interim Standard 632, on Systems Engineering	–
ELA IS-649	Electronic Industries Association Interim Standard 649, on Configuration Management	–
EMD	Engineering & Manufacturing Development	엔지니어링/제조개발
EOA	Early Operational Assessments	조기운용평가

F

FAR	Federal Aquisition Regulation	연방획득규정
FCA	Functional Configuration Audit	기능형상감사
FEO	Field Engineering Order	야전엔지니어링요구
FFBD	Functional Flow Block Diagram	기능흐름블럭선도
FIPS	Federal Information Processing Standard	연방정보처리표준

FMCA	Failure Modes, Effects, and Criticality Analysis	고장모드,효과 및 치명도분석
FOT&E	Follow-On Operational Test and Criticality Analysis	후속운용시험 및 치명도분석
FOR	Formal Qualification Review	공식품질검토

G

GFE	Government Furnished Equipment	관급장비
GFM	Government Furnished Material	관급물자

I

ICD	Interface Control Document	인터페이스통제문서
ICD	Initial Capability Document	초기능력서
ICWG	Interface Control Working Group	인터페이스통제실무그룹
IDE	Integrated Digital Environment	통합디지털환경
IDEF	Integration Definition Function	통합기능정의
IDEFO	Integrated Definition for Function Modeling	통합 기능모델링정의
IDEF1x	Integration Definition for Information Modeling	통합 정보모델링정의
IEEE	Institute of Electrical and Electronics Engineers	미 전기/전자공학학회
IEEE/EIA 12207	IEEE/EIA Standard 12207, Software Life Cycle Processes	IEEE 초안 표준1220,시스템엔지니링 프로세스 적용, 관리
IEEE P1220	IEEE Draft Standard 1220, Application and Management of the Systems Engineering Process	IEEE/EIA 표준12207,소프트웨어 수명주기프로세스
IFB	Invitation For Bid	입찰참여요청서
IIPT	Integrating Integrated Product Teams	통합제품팀통합
IMS	Integrated Master Schedule	통합종합일정
IOC	Initial Operational Capability	초기운용능력
IOT&E	Initial Operational Test and Evaluation	초기운용시험평가
IPPD	Integrated Product and Process Development	통합 제품 및 프로세스개발
IPR	In-Progress/Process Review	진행/프로세스검토
IPT	Integrated Product Teams	통합제품팀

J

JASSM	Joint Air-to-Surface Stanoff Missile	합동공대지스탠드오프미사일
JCIDS	Joint Capabilities Integration & Development System	합동능력통합개발체계
JFC	Joint Function Concepts	합동기능개념
JOC	Joint Operations Concepts	합동운용개념
JOC	Joint Operating Concepts	합동작전개념
JROC	Joint Requirements Oversight Council	합동요구사항감독협의회
JTA	Joint Technical Architecture	합동기술아키텍처

K

KPPs	Key Performance Parameters	주요성능파라미터

L

LFT&E	Live Fire Test and Evaluation	실운용시험평가
LRU	Line-Replaccable Unit	라인대체유닛
LRIP	Low Rate Initial Production	소량초도생산

M

M&S	Modeling and Stimulation	모델링 및 시뮬레이션
MAIS	Major Automated Information System	중자동화정보시스템
MAISRC	Major Automated Information Systems Review Council	중자동화정보시스템 검토협의회
MBTF	Mean Time Between Failure	평균고장시간
MDA	Milestone Decision Authority	마일스톤의사결정기구
MDAP	Major Defense Acquisition Program	주요국방획득프로그램
MIL-HDBK-61	Military Handbook 61, on Configuration Management	국방핸드북61,형상관리
MIL-HDK-881	Military Handbook 881, on Work Breakdown Structure	국방핸드북881,업무분해구조
MIL-STD 499A	Military Standard 499A, on Engineering Management	국방표준499A,엔지니어링관리
MIL-STD-961D	Military Standard 961D, on Standard Practice For Defense Specifications	국방표준961D,국방규격서표준관례
MIL-STD-962	Military Standard 962, on Format and Content of Defense Standards	국방표준962D,국방표준양식 및 내용
MIL-STD-973	Military Standard 973, on Configuration Management	국방표준973,형상관리
MNS	Mission Need Statement	임무요구서
MOE	Measure of Effectiveness	효과도척도
MOP	Measure of Performance	성능척도
MOS	Measure of Suitability	적합성척도
MRPII	Manufacturing Resource Planning II	제조자원계획 II
MS	Milestone	마일스톤
MTTR	Mean Time To Repair	수리평균시간

N

NDI	Non-Developmental Item	비개발품목
NIST	National Institute of Standards and Technology	표준 및 기술 국가협회
NRTS	Not Repairable This Station	현단계수리불가

O

OA	Operational Assessment	운용평가
OIPT	Overarching Integrated Product Teams	최상위통합제품팀
OMB	Office of Management and Budget	관리 및 예산부서
OPS	Operations	운용
ORD	Operational Requirements Document	운용요구서

OT&E	Operational Test and Evaluation	운용시험평가

P

P3I	Preplanned Product Improvement	기계획제품 성능개량
PAR	Production Approval Reviews	제품승인검토
PCA	Physical Configuration Audit	물리형상감사
PDR	Preliminary Design Review	예비설계검토
PDRR	Program Definition and Risk Reduction	프로그램 정의 및 위험감소
PEO	Program Management Office	프로그램관리부서
PM	Program Manager	프로그램관리자
PME	Program/Project Manager-Electronics	프로그램/사업 관리자-
PMO	Program Management Office	프로그램관리부서
PMT	Program Management Team	프로그램관리팀
PPBS	Planning, Programming and Budgeting System	기획,계획,예산시스템
PRR	Production Readiness Review	생산준비검토

Q

QA	Quality Assurance	품질보증
QFD	Quality Function Deployment	품질기능배치

R

R&D	Research and Development	연구개발
RAS	Requirements Allocation Sheets	요구사항할당표
RCS	Radar Cross Section	유효레이더탐지면적
RDT&E	Research, Development, Test and Evaluation	연구개발,시험평가
RFP	Request for Proposal	제안요구서
RGS	Requirement Generation System	요구사항생성체계

S

S&T	Science and Technology	과학기술
SBA	Simulation Based Acquisition	시뮬레이션기반획득
SBD	Schematic Block Diagram	도식블럭선도
SD&E	System Development and Demonstration	시스템 개발 및 시연
SDeFR	System Definition Review(as referred to in IEEE P1220)	시스템정의검토(IEEE P1220에 언급)
SDR	System Design Review	시스템설계검토
SE	Systems Engineering	시스템엔지니어링
Section L	Instructions to Offerors(Portion of Uniform Contract Format)	공급자지침(일정계약양식의 분배)
Section M	Evaluation criteria(Portion of Uniform Contract Format)	평가기준(일정계약양식의 분배)
SEDS	Systems Engineering Detail Schedule	시스템엔지니어링 상세일정
SEMS	Systems Engineering Master Schedule	시스템엔지니어링 종합일정

SEP	Systems Engineering Process	시스템엔지니어링 프로세스
SFR	System Functional Review	시스템기능검토
SI	Software Item	소프트웨어항목
SI&T	System Integration and Test	시스템통합 및 시연
SOO	Statement of Objectives	목표기술서
SOW	Statement of Work	작업기술서
SPEC	Specification	규격서
SSA	Source Selection Authority	계약업체 선정기구
SSAC	Source Selection Advisory Council	계약업체 선정자문협의회
SSEB	Source Selection Evaluation Board	계약업체 선정평가위원회
SSP	Source Selection Plan	계약업체선정계획
SSR	Software Specification Review	소프트웨어사양검토
SRR	System Requirements Review	시스템요구사항검토
SRU	Shop-Replaceable Unit	작업장대체유닛
STD	Standard	표준
SVR	System Verification Review	시스템검증검토
S/W	Software	소프트웨어

T

T&E	Test and Evaluation	시험평가
TDP	Technical Data Package	기술자료패키지
TEMP	Test and Evaluation Master Plan	시험평가종합계획
TLS	Timeline Analysis Sheet	시계열분석표
TOC	Team Operating Contract	계약수행팀
TPM	Technical Performance Measurement	기술성능척도
TPWG	Test Planning Work Group	시험계획실무그룹
TRR	Test Readiness Review	시험준비검토

V

| VV&A | Verification, Validation, and Accreditation | 검증,확인 및 인증 |

W

| WIPT | Working-Level Integrated Product Team | 작업레벨 통합제품팀 |